西方古典哲学原著选辑

古希腊罗马哲学

北京大学哲学系
外国哲学史教研室　编译

商务印书馆

图书在版编目（CIP）数据

古希腊罗马哲学 / 北京大学哲学系外国哲学史教研室编译. — 北京：商务印书馆，2021（2025.7 重印）
（西方古典哲学原著选辑）
ISBN 978-7-100-19691-8

Ⅰ.①古… Ⅱ.①北… Ⅲ.①古希腊罗马哲学 Ⅳ.①B502

中国版本图书馆 CIP 数据核字（2021）第 047408 号

权利保留，侵权必究。

西方古典哲学原著选辑
古希腊罗马哲学
北京大学哲学系
外国哲学史教研室 编译

商 务 印 书 馆 出 版
（北京王府井大街36号　邮政编码100710）
商 务 印 书 馆 发 行
北京市十月印刷有限公司印刷
ISBN 978-7-100-19691-8

2021年7月第1版　　开本 850×1168　1/32
2025年7月北京第3次印刷　印张 15⅞

定价：78.00 元

前　言

这部"西方古典哲学原著选辑",是供学习哲学史的同志参考用的。如果同志们感到学习哲学史时需要阅读原著,但是因为西方古典哲学著作卷帙浩繁,一时不知如何着手,或者由于语文的隔阂,直接阅读西方古典哲学著作原文还有一定的困难,那么,把这部选辑当作参考资料来阅读,可以有所帮助。

这部选辑按照时代先后,分为下列六卷:古希腊罗马哲学,欧洲中世纪与文艺复兴时代哲学,十六—十八世纪西欧各国哲学,十八世纪法国哲学,十八世纪末—十九世纪初德国哲学,十九世纪俄国革命民主主义者的哲学。

这部选辑以马克思主义的哲学史观点为选录的指导原则,选录的重点是唯物论著作,然而并不因而忽略主要的唯心论派别。我们希望在有限的篇幅内,能够通过所选的材料,不仅体现出唯物论学派的本来面目,而且体现出唯心论学派的本来面目,从而显示哲学史之为唯物论对唯心论的斗争史。

这部选辑以大量的原始材料为根据,并曾参考过许多国家出版的选本。但是我们的科学修养和语文修养水平都还不高,而且这种选译工作对于我们来说还是第一次,因此,无论就编选或就翻译说,一定还存在着不少的缺点,我们诚恳地希望专家和广大读者多提意见,以便改善。

北京大学哲学系外国哲学史教研室

目 录

一 米利都学派 1
  甲 泰利士 1
    文献记载 1
  乙 阿那克西曼德 6
    文献记载 6
  丙 阿那克西美尼 11
    文献记载 11
    著作残篇 14

二 赫拉克利特 15
    文献记载 15
    著作残篇 19
    疑伪的残篇 31

三 毕泰戈拉学派 33
    文献记载 33

四 爱利亚学派 42
  甲 克塞诺芬尼 42
    文献记载 42
    著作残篇 46
    哀歌 46

         讽刺诗 47
         论自然 48
    乙 巴门尼德 49
         文献记载 49
         著作残篇 51
         论自然 51
    丙 芝诺 57
         文献记载 57
         著作残篇 61
         芝诺论自然 61
    丁 麦里梭 62
         文献记载 62
         著作残篇 63
         麦里梭论自然或论存在 63
五 阿那克萨戈拉 67
     文献记载 67
     著作残篇 70
     论自然 70
六 恩培多克勒 75
     文献记载 75
     著作残篇 82
     论自然 82
七 留基波与德谟克里特 95
     文献记载 95
     著作残篇 109

		道德思想 111
八	智 者 130	
	甲	普罗泰戈拉 130
		文献记载 130
		著作残篇 143
	乙	高尔吉亚 144
		文献记载 144
	丙	其他智者 149
		文献记载 149
九	苏格拉底 151	
	文献记载 151	
	苏格拉底论"自知其无知" 151	
	苏格拉底的使命	
	——照顾心灵,以及他的"灵异" 155	
	苏格拉底的方法	
	——问答法,以及定义的寻求 158	
	苏格拉底论"美德即知识" 169	
	苏格拉底论事物为目的而形成以及神统治世界 ... 173	
	苏格拉底论寻求原因即寻求目的 178	
十	柏拉图 183	
	著作选录 183	
	理念论 183	
	善的理念 185	
	灵魂不死说,回忆说,理念论 190	
	知识就是回忆 198	

两个世界，知识和意见 199
　　知识的四个等级 207
　　柏拉图论"辩证法" 210
　　神创世界 215
　　柏拉图的神学及其对于无神论的攻击 219
　　柏拉图理想国的组织及其中的四德 229
　　柏拉图论"哲学王" 239
　　柏拉图论统治者的共同生活——所谓柏拉图的
　　"共产主义" 240
　　神以各种金属造成各种不同的人 241
十一　亚里士多德 243
　　著作选录 243
　　"第一哲学"的目的和对象 243
　　科学分类的原则 252
　　自然及自然物 255
　　四因 259
　　寻求四因是自然哲学的目的 263
　　自然的活动是否具有一个目的 265
　　第一推动者 269
　　实体的一般意义 272
　　实体的统一性 274
　　潜能与现实以及运动 276
　　被动的精神：认识和思维的机能 292
　　对柏拉图"理念论"的批判 295
　　论科学知识 304

四种宾词及其与十个范畴的关系 307
　　命题的对立 311
　　论逻辑的第一格 314
　　十范畴 319
　　善是一切活动的目的；人的最高的善是伦理学和
　　政治学的研究对象 329
　　道德上的美德是什么 331
　　如何获得美德 335
　　心智上的美德是沉思生活 338
　　一般的国家在实践上所能达到的好政体 341
　　诗的产生 346
　　悲剧的作用 348
　　剧本的安排和长度 349
　　剧情的统一性 350
　　悲剧中细节的选择 351

十二　怀疑派 353
　　文献记载 353
　　著作残篇 355
　　　甲　梅特罗多洛 355
　　　乙　阿那克萨尔柯 355
　　　丙　皮罗 356
　　　丁　蒂孟 356

十三　伊壁鸠鲁 357
　　著作残篇 357
　　　格言 357

		致赫罗多德的信 362
		致美诺寇的信 380
十四	斯多葛派 386	
		文献记载 386
十五	卢克莱修 394	
		著作选录 394
		实体是永恒的 394
		虚空 403
		原子和虚空之外别无他物存在 406
		宇宙的无限性 410
		原子的运动 419
		原子的结合、形状 432
		没有第二性质 441
		无限多的世界 445
		怕死的愚蠢 449
十六	罗马斯多葛派 455	
	甲	爱比克泰德 455
		著作选录 455
		著作残篇 463
	乙	奥勒留 463
		著作选录 463
十七	晚期希腊哲学派别 472	
	甲	晚期怀疑派 472
		著作选录 472
	乙	新柏拉图派 475

著作选录 475
　　　柏罗丁论"太一" 475
　　　柏罗丁论"流溢"的过程 480
　　　柏罗丁论神秘的灵魂解脱 483

后　记 485
专名译音对照表 488

一 米利都学派

甲 泰利士

（鼎盛年①约在公元前585年）

文 献 记 载

1.〔第欧根尼·拉尔修："著名哲学家"，第一卷，§22—38；D②1〕泰利士，据赫罗多德、杜里和德谟克里特说，父亲是艾克萨弥亚，母亲是克莱奥布琳娜；根据柏拉图的说法，他是卡德谟和阿格诺罗嫡系的腓尼基人特利德家族的一员。他在达马西亚作雅典执政官的时期③，第一个得到贤者之名。就是在这一任执政官的时期，形成了"七贤"的说法（参看法来勒人德梅特留的"历任执政官名录"）。当泰利士和奈雷从腓尼基被放逐而来到米利都的时候，他就被接受为米利都的公民。另一个很流行的传统说法认为他是米利都本地人，并且出身于一个高门望族。他在研究自然之前，曾经从事过政治活动。人们认为他没有留下任何著作，因为人们归之于他的那部"航海星象学"实际上是

---

① "鼎盛年"（ἡ ἀκμή）是古希腊历史家的术语，用来概指生卒年月不明的古人的生活时代。一般认为"鼎盛年"指一个人四十岁左右。——编者
② 柏林版第尔斯（Diels）辑"苏格拉底以前哲学家残篇"标准序数。——编者
③ 即公元前582年。——编者

萨摩斯人弗科的作品。

卡利马科认为他发现了小熊星座，并且用长短体①的诗句述说了这件事：

> 他测量过小熊座诸星，
> 腓尼基人就是据此规范他们的航行。

另一些著作家说他只写了两部著作，一部论冬至夏至，一部论春分秋分，因为他认为其余的事情是无法获知的。他被认为是第一个研究星象学的人，并且预言了日蚀和冬至夏至（参看欧德谟的"星象学史"）。克塞诺芬尼和赫罗多德为此赞扬了他，赫拉克利特和德谟克里特也同意他们所提出的见证。人们还说（参看诗人科依里洛）他是第一个肯定灵魂不死的人。

他第一个测定了太阳从冬至到夏至的运行，并且指出了月亮只有太阳的一百二十分之一大。规定一个月为三十天的也是他，他是第一个写论自然的论文的人。

亚里士多德和希比亚也说，他承认那些被认为无生命的东西有一个灵魂；他拿琥珀和磁石来证明这一点。

据潘斐勒说，他向埃及人学习过几何学，在一个圆里面画出了直角三角形，并且为这个发现宰了一头牛献祭。另外一些人，例如计算家阿波罗多洛，则把这个发明归之于毕泰戈拉。泰利士还大大地推进和明确了卡利马科在长短体诗中所引述的弗吕吉亚人欧弗尔布关于不等边三角形的发明，以及一切有关线的

---

① 古希腊一种诗体，以长音短音相间，通常用来写讽刺诗。——编者

考察的东西。

他似乎在政治方面还是一个有好策略的人。因此当克娄苏①派遣使节到米利都要求联盟的时候，他反对结盟，他的阻止结盟挽救了城邦，因为居鲁士②讨伐了克娄苏。……

据罗得斯的歇罗尼谟说，为了表现他是多么容易致富，他预见到这一年橄榄油丰收，于是租了一所油房，结果大发其财。

他曾经猜测水是万物的始基，世界是有生命的，并且充满了神。据说他发现了一年的季节，并且把一年分成三百六十五天。他没有从过任何老师，只是在埃及与当地的祭司们往来过。因此歇罗尼谟说他根据计算金字塔的影子和我们身体的影子之间的比例而测量过金字塔。……

阿各斯人罗朋说他的著作一共约有二百行诗，并且说他的雕像下面刻着：

> 米利都的泰利士长眠在这块养育过他的土地里，他是一位贤者，又是第一个天文学家。

下面是他的一首诗：

> 多说话并不表示有才智。
> 去找出一件唯一智慧的东西吧，
> 去选择一件唯一美好的东西吧，

---

① 吕底亚国王。——编者
② 波斯国王。——编者

这样你就会箝住许多饶舌汉的嘴。……

阿波罗多洛在他的"编年史"中说泰利士生于第三十五届奥林比亚赛会的第一年①。他死于七十八岁时,或者如索西格拉底所说,死于九十岁时,因为他是死于第五十八届奥林比亚赛会的。他曾答应过克娄苏不架桥而渡过哈吕斯河,用的是使河流改道的办法。……

2.〔**亚里士多德:"形而上学",第一卷,第三章,柏克尔本**② 页983b;**D**12〕在那些最初从事哲学思考的人中间,多数人都是只把物质性的始基当作万物的始基(ή άρχή)。因为,一个东西,如果一切存在物都由它构成,最初都从其中产生,最后又都复归为它(实体常住不变而只是变换它的性状),在他们看来,那就是存在物的原素和始基。因此他们便认为并没有什么东西产生和消灭,因为这种本体是常住不变的。例如,当苏格拉底变得漂亮和有教养的时候,我们并不说他是绝对地产生了,当他失去这些特质的时候,我们也不说他是绝对地消灭了,因为这个基质——苏格拉底本身,是依然如故的。别的东西情形也是如此。因为一定有某种本体存在,或者是一种,或者多于一种,其他的东西从它产生出来,而它本身则常住不变。不过这种始基的数目有多少,以及属于哪一种,他们的意见并不是都一致的。

这一派哲学的创始人泰利士把水看成始基(因此他宣称地浮在水上)。他之所以得到这个看法,也许是由于观察到万物都

---

① 即公元前640年。古希腊历史家以奥林比亚赛会纪年,赛会每届四年,第一届赛会在纪元前776年。——编者

② 柏林版柏克尔编"亚里士多德全集"标准页码,下同。——编者

以湿的东西为滋养料，以及热本身就是从潮湿中产生，并且靠潮湿来保持的（万物从其中产生的东西就是万物的始基）。他得到这种看法，可能是由于这个缘故；也可能是由于万物的种子就其本性说是潮湿的，而水则是潮湿的东西的本性的来源。

然而有些人认为，那些活在离现在很久很久以前，最初对神圣的事物进行思考的古人，对本体也是持这样的看法，因为他们把"奥克安诺"①和"德蒂丝"②当作创造万物的祖先，而神灵们对着起誓的见证也是水，就是那个为诗人们所歌颂的斯底克斯③。最受尊崇的东西乃是最古老的东西，而人们对着起誓的东西就是最受尊崇的东西。这种对于本体的看法，究竟是不是原始的和古老的看法，也许是不确定的，不过据说泰利士对最初的原因是像上面所说的那样的主张的。

3.〔辛普里丘："物理学"，第二十三章，§21（德奥弗拉斯特论自然哲学家的意见，残篇1）；D13〕在那些承认一个唯一的推动始基，并为亚里士多德恰当地称作自然哲学家的人中间，有些人把始基看成是有限的；艾克萨弥亚的儿子米利都人泰利士，以及希波（从另一方面说，他似乎曾经是无神论者）就说过水是始基。感性的现象使他们得出了这个结论。因为热的东西需要潮湿来维持，死的东西就干燥了，凡是种子都是湿的，所有的食物都充满着汁；所以，说每一种东西都以它所从来的东西为营养，是很自然的；而水则是潮湿的本性的始基，又是养育万物的东西；因此他们得出结论，认为水是一切的始基，并宣称地浮在

---

① 海洋之神。——编者
② 海洋女神。——编者
③ 黄泉。——编者

水上。

4.〔亚里士多德:"论天",第二卷,第十三章,柏克尔本页294a;D14〕另一些人说地浮在水上。这确乎是保存下来的最古的理论,据说这是属于米利都人泰利士的。地被假定为静止的,因为它浮在那里,就像木头和其他类似的东西一样,这些东西的构造使它们浮在水上而不浮在空气上。

5.〔亚里士多德:"论灵魂",第一卷,第五章,柏克尔本页411a;D22〕人们还说,灵魂是作为组成部分存在于全宇宙中的,泰利士也许就是因此而得到万物都充满着神灵这个看法的。

6.〔亚里士多德:"论灵魂",第一卷,第二章,柏克尔本页405a;D22〕根据关于泰利士的记载来判断,他似乎是把灵魂看成某种具有引起运动的能力的东西,如果他确实说过"磁石有灵魂,因为它吸动铁"这句话的话。

乙　阿那克西曼德

（约公元前611—前546年）

文 献 记 载

1.〔第欧根尼·拉尔修,第二卷,§1—2;D1〕普拉克夏德的儿子阿那克西曼德,是米利都本地人。他认为始基是"无限",然而却没有指明这个"无限"究竟是空气,是水,还是别的东西。他认为"无限"变换其部分,而全体则常住不变;大地的位置是在世界的中央,是世界的中心,并且是球形的;月亮并不是本身发光,而是反射太阳的光;太阳和大地是一样大的,是一团绝对

一　米利都学派

纯粹的火。他第一个发明了日晷的指针，把这指针安装在拉栖代孟①的日晷上（参看法博里诺的"历史杂记"）来测定冬至夏至和昼夜平分点，并且造了计时器。他也第一个描绘了海陆的轮廓，并且造了地球仪。他曾经给他的理论作出了一个文字的说明，这个说明曾在雅典人阿波罗多洛手中。这位作者在他的"编年史"中说，阿那克西曼德在第五十八届奥林比亚赛会的第二年②是六十四岁，以后不久就死了，并且说他的鼎盛年几乎正好在波吕格拉底作萨摩斯僭主的时候。

2.〔辛普里丘："物理学"，第二十四章，§13（德奥弗拉斯特论自然哲学家的意见，残篇2）；D9〕米利都的阿那克西曼德是普拉克夏德的儿子，泰利士的继承人。他被认为是那些说始基是唯一并且能动和无限的人之一。他说"无限"（τὸ ἄπειρον）是一切存在物的始基和原素，他是第一个用这个名词来描述始基的。他说始基并不是水，也不是大家所认为的任何其他原素，而是另一种不同的本体，这种本体是无限的；从这个始基中产生出一切的天，以及其中所包含的一切世界。

万物由之产生的东西，万物又消灭而复归于它，这是命运规定了的。因为万物在时间的秩序中不公正，所以受到惩罚，并且彼此互相补足。这是他以颇带诗意的语言说出的话。

很显然地，他是由于观察四种原素互相转化的途径，因而想到不以其中某一原素，而以另一种高于这一切原素的东西为基质才合适。他不认为这一原素中的任何变化是"产生"（ἡ

---

① 即斯巴达。——编者
② 公元前546年。——编者

γένεσις），而认为永恒运动所造成的对立物的分离是"产生"。就是因为这个缘故，所以亚里士多德把他的看法拿来与阿那克萨戈拉的相比。

3.〔**亚里士多德："物理学"，第一卷，第四章，页**187a；**D**9〕据另一些人说，对立物是包含在一个东西里面，并且借着分离作用从这个东西里跑出来的。阿那克西曼德，以及其他研究存在物是一与多的问题的人，如恩培多克勒和阿那克萨戈拉，就是这种人；因此，这些人便认为万物是借分离而从混沌中产生出来的。

4.〔希波吕特："参考资料"，第一卷，第六章；D11〕他并且说，这个包容一切世界的始基是永恒的和无始无终的。此外还有永恒的运动，在这永恒的运动中产生出天。

5.〔辛普里丘："物理学"，第一五〇章，§29〕还有另外一种看法，不把任何物质的变化当作原因，也不认为产生是任何基质的转化，而认为产生就是分离。阿那克西曼德说，对立物蕴藏在基质之内，基质是一个无限体，从这个无限体中分离出对立物。他是第一个把基质称为始基的人。"对立物"就是热和冷，湿和干等等。

6.〔**亚里士多德："物理学"，第三卷，第四章，页**203b；**D**15〕任何一件东西，若不是始基，就是从一个始基里产生出来的；然而"无限"没有它的始基，因为说"无限"有它的始基就是说它有限。"无限"之为始基，是不生不灭的。凡是产生出来的东西都要消灭，而一切毁灭都是有限的。因此"无限"没有始基，而它本身就是其他事物的始基。它包容万物，并且支配万物。那些在"无限"以外不假定别种原因如"心灵"（ὁ νόος, νοῦς）和

"爱"(φιλία)的人,就是持这种意见的。这就是神,因为它是不死的和不灭的。这是阿那克西曼德和多数自然哲学家的共同主张。

7.〔**艾修斯:"学述",第一卷,第三章,§3;D**14〕普拉克夏德的儿子米利都的阿那克西曼德说,存在物的始基是"无限",因为万物都从无限中产生,而又消灭复归于无限;因此有无穷个世界连续地从它们的始基中产生,又消灭复归于它们的始基。他说出理由来证明始基是无限的,因为那化生一切的产生作用应当什么都不欠缺。但是他没有说这个"无限"是什么,是空气,是水,是土,还是某种别的物体。这却是错了。

8.〔**希波吕特:"参考资料",第一卷,第六章,§**4—5;**D**11〕地悬在空中,没有什么东西支撑它。它保持着它的位置不变,是因为它在中央(就是与一切东西的距离相等)。它是凸的和圆的,就像一根石头柱子一样。它有两个彼此相反的表面,我们就住在其中的一个表面上。

星辰是一些火圈,是从那包围世界的火分离出来的,火又为空气整个包裹着。不过有一些通气的洞,一些管状的开口,通过这些开口便显现出星辰。当这些洞关闭的时候,就发生蚀的现象;月亮的盈亏就是由这些洞的开闭而表现出来的。……太阳是一切天体中最高的,那些恒星圈则是最低的。……雨是从太阳由地上蒸发起来的水蒸气而来的。

9.〔**艾修斯,第二卷,第十三章,§7;D**18〕阿那克西曼德说:星辰好像空气做的毡帽,是轮形的,充满着火,有些地方有喷着火焰的气孔。〔同上,第十五章,§6〕阿那克西曼德、奇奥斯的梅特罗多洛和格拉底说:太阳位于全宇宙最高的地方;太阳的后面跟着月亮;下面是恒星和行星。〔同上,第十六章,§5;D18〕阿那克西曼德说:星辰是由一些圆圈和球荷负着,每一颗星的位置都是在这些圆圈和球上面。

10.〔艾修斯,第二卷,第二十五章,§1;D22〕月亮是一个比地大十九倍的圆圈,很像一个车轮,轮子的边沿是凹的,充满着火,就像太阳的圆圈一样,不过它的位置和太阳比起来是斜的;也只有一个唯一的气孔,就像一个风箱管子一样,随着轮子的运转而表现出种种变象。〔同上,第二十八章,§1〕月亮的光是它所固有的。〔同上,第二十九章,§1;D22〕阿那克西曼德说:月蚀是由轮子上的开口关闭所造成的。

11.〔艾修斯,第三卷,第三章,§1;D23〕论到雷、电、霹雳和飓风时,阿那克西曼德说:是风造成了这一切现象;因为,当风被关在一片密云中的时候,由于它是精细和轻巧的,它就努力要跑出来,于是撕破云层而发出声响,而裂口的扩大则照亮了黑夜。

12.〔艾修斯,第三卷,第七章,§1;D24〕阿那克西曼德说:风是空气的一种流动,因为空气的最轻和最湿的部分为太阳所发动或膨胀起来。

13.〔艾修斯,第三卷,第十章,§2;D25〕阿那克西曼德说,地好像一个柱子的础石。

14.〔伪普鲁泰克:"述要",第二章;D10〕在产生世界的时候,永恒的始基分出某种能够产生热和冷的东西,从这个东西生出一个火焰的球,围绕着包围大地的空气,就像树皮围绕着树木一样。当这个球破裂而成个别的环时,太阳和月亮以及星辰就产生了。

15.〔希波吕特:"参考资料",第一卷,§6; **D**11〕生物是从太阳所蒸发的湿的原素里产生的。人是从另一种动物产生的,实际上就是从鱼产生的,人在最初的时候很像鱼。

16.〔伪普鲁泰克:"述要",第二章; **D**10〕阿那克西曼德说,人最初是从另一种动物产生的,他的理由是别的动物都很快就能给自己寻找食物,而只有人需要很长的一段吃奶时期;如果人一起初就是像现在这个样子,那他是不会存留下来的。

17.〔艾修斯,第四卷,第三章,§2; **D**29〕阿那克西美尼,阿那克西曼德,阿那克萨戈拉和阿尔刻劳认为,灵魂是有着空气的性质的。

18.〔艾修斯,第五卷,第十九章,§4; **D**30〕阿那克西曼德说,最初的动物是从湿气里生出来的,并且有一层硬皮包裹着;等到长得够大了,它们就爬到岸上来,不久硬皮破裂了,于是它们就活下去了。

丙　阿那克西美尼

（鼎盛年约在公元前546年）

文 献 记 载

1.〔第欧根尼·拉尔修,第二卷,§3; **D**1〕欧吕斯特拉特的儿子阿那克西美尼,米利都本地人,是阿那克西曼德的学生,根据另一种传统的说法,则是巴门尼德的学生。他肯定万物的始基是无限的空气,星辰不是在大地下面运行,而是环绕大地运行。他是用简单而纯朴的伊奥尼亚方言写作的。据阿波罗多洛的说法,他生于萨尔德陷落之际,死于第六十三届奥林比亚赛会时①。

2.〔亚里士多德:"形而上学",第一卷,第三章,页984a;D4〕阿那克西美尼和第欧根尼②认为空气在水之先,并且是一切物体的最单纯的始基。

3.〔辛普里丘:"物理学",第二十四章(德奥弗拉斯特论自然哲学家的意见,残篇2);D5〕欧吕斯特拉特的儿子,米利都的阿那克西美尼,是阿那克西曼德的同伴,也和他一样主张自然界的基质是唯一的和无限的;不过他不同意阿那克西曼德认基质为不定的主张,因为他说基质是空气。基质借稀薄和浓厚而形成不同的实体。当它很稀薄的时候,便形成火;当它浓厚的时候,则形成风,然后形成云,而当它更浓厚的时候,便形成水、土和石头;别的东西都是从这些东西产生出来的。他也主张永恒的运动使这些变化产生。

4.〔伪普鲁泰克:"述要",第三章;D6〕据说阿那克西美尼认为空气是宇宙的始基。这空气在种类上是不定的,但因其所具有的性质而定,一切存在物都由空气的浓厚化或稀薄化而产生。运动是永恒地存在的。大地的第一次进于存在是由于空气的压缩。大地是扁平的,因此为空气所支撑着。至于太阳、月亮和其他星辰,都是从大地产生出来的;所以他把太阳看成一块土,由于它的运动迅速而获得一种完全相称的热。

5.〔艾修斯,第三卷,第十章,§3;D20〕阿那克西美尼和阿那克萨戈拉与德谟克里特都认为大地扁平如桌面。

---

① 公元前528—前525年。——编者
② 指阿波罗尼亚的自然哲学家第欧根尼。——编者

6.〔希波吕特:"参考资料",第一卷,第七章,§4;D7〕大地是扁平的,并且浮在空气上。

7.〔艾修斯,第二卷,第十四章,§3;D14〕星辰是固定的,就像水晶穹窿上的钉子一样。

8.〔艾修斯,第二卷,第十一章,§1;D13〕阿那克西美尼和巴门尼德说,天是离地最远的漩涡。

9.〔艾修斯,第二卷,第十三章,§10;D14〕阿那克西美尼说,星辰具有火的性质;有一些也包含着具有土的性质的物体,这些物体都为同一运动所牵引着。

10.〔艾修斯,第二卷,第二十章,§2;D15〕阿那克西美尼肯定太阳是有火的。〔同上,第二十二章,§1〕阿那克西美尼说,太阳是像一片叶子一样平的。〔同上,第二十三章,§2;D15〕阿那克西美尼说,在凝聚的坚固空气的推动之下,各个天体才在它们的轨道上循环。

11.〔艾修斯,第三卷,第三章,§2;D17〕阿那克西美尼〔对闪电的解释和阿那克西曼德一样〕,不过他补充了一点,认为闪电现象的发生有如海上闪光现象的发生:当船桨划破海水时,海面便发出闪光。〔同上,第四章,§1〕阿那克西美尼说,当空气更加浓厚起来的时候,便产生出云来;当它的凝聚作用更大时,便下雨了;然后,当雨在下降中冻结时,便是雹子,最后,当水里封闭了空气时,便是雪。

12.〔艾修斯,第三卷,第五章,§10;D18〕阿那克西美尼说,当太阳的光线投射在极浓厚的云上时,便产生出虹来。云总是暗的,因为光线向它投射,但是并不能穿过它。

著 作 残 篇

1.〔D1〕使物质集合和凝聚的是冷,使它稀薄和松弛的则是热。

2.〔D2〕正如我们的灵魂是空气,并且是通过灵魂使我们结成一体一样,嘘气(τό πνεῦμα)和空气也包围着整个世界。

二　赫拉克利特

（鼎盛年约在公元前504—前501年）

文 献 记 载

1.〔**第欧根尼·拉尔修，第九卷，§1—3；7—11；D1**〕赫拉克利特是布吕孙的儿子，或者按照另一种传统说法，是爱非斯人赫拉贡德的儿子。他的鼎盛年约在第六十九届奥林比亚赛会时①。

他是一个傲慢的人，比任何人都要傲慢，从他所写的这几句话里，可以看出他的目空一切："博学并不能使人智慧。否则它就已经使赫西阿德、毕泰戈拉以及克塞诺芬尼和赫卡泰智慧了。"在他看来，智慧只在于一件事，就是认识那善于驾驭一切的思想。他一再地说"该当把荷马从赛会中逐出，并且加以鞭笞，阿尔其罗科也是一样"。他还说："扑灭放肆急于扑灭火灾"，以及"人民应当为法律而战斗，就像为自己的城垣而战斗一样"。他猛烈地攻击爱非斯人，因为他们把他的朋友赫尔谟多罗放逐了。他说："爱非斯的成年人都吊死，把他们的城邦让给未成年的少年去管理，那就对了。因为他们放逐了赫尔谟多罗，放逐了他们中间那个最优秀的人，并且说：'我们中间不要最优秀的人，要是有的话，就让他上别处去和别人在一起吧。'"

他的同胞们要求他为城邦立法，他不理他们，因为在他看

---

① 公元前504—前501年。——编者

来，城邦早已风俗陵夷了。他隐居在狩猎女神的庙宇附近，和小孩们玩骰子。爱非斯人挤着来看他，他向他们说："无赖！有什么值得大惊小怪！这岂不比和你们一起搞政治更正当吗？"最后他变得十分讨厌和人们在一起，于是隐居到山里去，吃草根树皮过活。可是这种生活使他得了水肿病，只好下山回城，去找医生。他用哑谜来问医生们能不能使洪水干涸。医生们不懂他的意思，他就藏到畜厩里，希望用牛粪的热力把身体里的水弄干。可是这种方法一点效果都没有，他在六十岁的时候死了。……

他的学说大体上是这样的：火产生了一切，一切都复归于火。一切都服从命运。一切都为对立的过程所宰制。一切都充满着灵魂和精灵。他讲到过宇宙间的一切，并且说太阳正是像人们所看到的那么大。他还说："灵魂的边界你是找不出来的，就是你走尽了每一条大路也找不出；灵魂的根源是极其深的。"他认为自负是一种不好的毛病，眼睛是骗人的。有时他在著作中表述得非常清楚明白，就是资质最鲁钝的人也能了解，并且能掌握他的思想线索。他的文章的简练和丰富是无比的。

他的学说的个别方面是这样的：火是元素，一切都由火的转化而形成，或者是由于火的稀薄化而形成，或者是由火的浓厚化而形成。但是他无论对什么都不是讲得很清楚。他说一切都由对立而产生，一切都像一条河一样流着。他认为宇宙是有限的，只有一个世界，是由火产生的，经过一定的时期后又复归于火，永远川流不息。这是命运要它如此的。在对立物中，有一种是引向产生的，就是所谓战争与冲突，另一种是引向焚烧的，就是所谓和谐与和平。上升的运动和下降的运动以下列方式产生

二 赫拉克利特

了世界；火浓厚起来变成液体，水浓厚起来变成土，这就是下降的运动。反过来，另一方面，土融解变成水，从水形成其余的一切，因为他认为几乎一切都是由海的蒸汽而产生的。这就是上升的运动。因此从土到水是有一些蒸汽存在的，其中有一些是明亮的和纯洁的，有一些则是黯淡的。火借纯洁的蒸汽而增加，水借黯淡的蒸汽而增加。至于空气，他却没有说明是什么性质。

然而他却说过那凹面向着我们的穹窿上有些小窝，明亮的蒸汽便聚集在小窝里面，发出亮光，这就是星辰。太阳的火焰是最明亮和最热的。因为其他的星辰距离大地较远，所以它们的光芒和热度较弱。月亮离地很近，却并不是在纯净的地方。相反地，太阳却在一个明亮纯净的地方，它与我们的距离是很合适的。因此太阳最热最亮。当那些小窝反转过来开口朝上时，便发生日蚀和月蚀。每一个月中月亮的盈亏是由于小窝逐渐翻转而来。日、夜、月、年、雨、风等等，都是由于不同的蒸汽而造成。明亮的蒸汽在人亮的圈子里燃烧时便是白天，与此相反的蒸汽便造成黑夜。由明亮的蒸汽产生的热度造成夏季，由黯淡的蒸汽产生的潮湿聚集造成冬季。赫拉克利特也是以类似的方式来说明其余的现象的。他没有说明土的性质是什么，也没有说明小窝。这就是他的学说。

2.〔艾修斯，第一卷，第三章，§11；**D**5〕赫拉克利特和梅大邦丁的希巴索主张万物的始基是火。他们说，万物都从火产生，也都消灭而复归于火。当火熄灭时，宇宙间的万物就形成了。最初，火的最浓厚的部分浓缩起来形成土；然后，当土为火所融解时，便产生出水，而当水蒸发时，空气就产生了。整个宇宙和一切物体后来又在一场总的焚烧中重新为火烧毁。

3.〔辛普里丘:"物理学",第二十三章,§23;**D**5〕梅大邦丁的希巴索和非斯的赫拉克利特也提出一个唯一的、能动的、有限的始基,不过这个始基是他们所了解的那种火。万物是借着浓厚化和稀薄化而从火产生,又重新分解而为火,因此这个实体乃是唯一的基质。所以赫拉克利特说,一切都是火的转换。他也承认世界的转化有一个确定的次序和一个确定的周期,适应着不可避免的必然性。

4.〔柏拉图:"克拉底洛"篇,斯特方本①页402A;**D**6〕赫拉克利特在某个地方说:一切皆流,无物常住;他把万物比作一道川流,断言我们不能两次走入同一条河。

5.〔艾修斯,第一卷,第二十三章,§7;**D**6〕赫拉克利特否认宇宙间是静止和常住不变的,因为这种状态只包含着死亡;他认为万物都在运动:永恒的事物永恒地运动着,暂时的事物暂时地运动着。

6.〔亚里士多德:"形而上学",第四卷,第三章,页1005b;**D**7〕任何人都不能设想同一事物既存在又不存在,像有些人认为赫拉克利特所主张的那样。

7.〔艾修斯,第一卷,第七章,§22;**D**8〕赫拉克利特说〔神就是〕②永恒地流转着的火,命运就是那循着相反的途程创生万物的"逻各斯"(ὁ λόγος)。

8.〔艾修斯,第一卷,第二十七章,§1;第二十八章,§1;

---

① 巴黎版斯特方(Stephanus)编"柏拉图全集"标准页。下同。——编者
② 第尔斯辑补。——编者

二 赫拉克利特

D8〕赫拉克利特断言一切都遵照命运而来,命运就是必然性。——他宣称命运的本质就是那贯穿宇宙实体的"逻各斯"。"逻各斯"是一种以太的物体,是创生世界的种子,也是确定了的周期的尺度。

9.〔**亚里士多德:"论天",第一卷,第十章**,页279b;D10〕所有的人都说天是产生出来的,但是有些人断言天一旦产生出来以后就是永恒的,而另一些人则断言天可以消灭,就像一切由自然产生出来的东西一样。而且另外一些人主张天可以毁灭,时而采取这种方式,时而采取他种方式,而且始终是这样流转着,阿格里根丁的恩培多克勒和爱非斯的赫拉克利特就持这种看法。

10.〔**亚里士多德:"物理学",第三卷,第五章**,页205a;D10〕赫拉克利特说万物在一定的时刻都变成火。

11.〔**艾修斯,第二卷,第三十二章**,§3;D13〕赫拉克利特主张"大年"由一万零八百个太阳年组成。

著 作 残 篇

1.〔D1〕这个"逻各斯"(ὁ λόγος),虽然永恒地存在着,但是人们在听见人说到它以前,以及在初次听见人说到它以后,都不能了解它。虽然万物都根据这个"逻各斯"而产生,但是我在分别每一事物的本性并表明其实质时所说出的那些话语和事实,人们在加以体会时却显得毫无经验。另外一些人则不知道他们醒时所做的事,就像忘了自己睡梦中所做的事一样。

2.〔D2〕因此应当遵从那人人共有的东西。可是"逻各斯"虽是人人共有的,多数人却不加理会地生活着,好像他们有一种独特的智慧似的。

3.〔D3〕太阳有人的脚那么宽。

4.〔D4〕如果幸福在于肉体的快感,那么就应当说,牛找到草料吃的时候是幸福的。

5.〔D5〕人们用为祭神而宰杀的牺牲的血涂在身上来使自己纯洁是徒然的,这正像一个人掉进污泥坑却想用污泥来洗净自己一样。任何人见到别人这样做,都会把他当作疯子看待。他们向神像祷告,这正和向房子说话是一样的。他们并不知道什么是神灵和英雄。

6.〔D6〕太阳每天都是新的。

7.〔D7〕如果一切事物都变成了烟,鼻孔就会把它们分辨出来。

8.〔D8〕互相排斥的东西结合在一起,不同的音调造成最美的和谐;一切都是斗争所产生的。

9.〔D9〕驴子宁愿要草料不要黄金。

10.〔D10〕〔自然也追求对立的东西,它是从对立的东西产生和谐,而不是从相同的东西产生和谐。例如自然便是将雌和雄配合起来,而不是将雌配雌,将雄配雄。自然是由联合对立物造成最初的和谐,而不是由联合同类的东西。艺术也是这样造成和谐的,显然是由于模仿自然。绘画在画面上混合着白色和黑色、黄色和红色的部分,从而造成与原物相似的形相。音乐混合不同音调的高音和低音、长音和短音,从而造成一个和谐的曲调。书法混合元音和辅音,从而构成整个这种艺术。在晦涩的

二　赫拉克利特

哲学家赫拉克利特的话里面,也说出了这样的意思:]① 结合物既是整个的,又不是整个的,既是协调的,又不是协调的,既是和谐的,又不是和谐的,从一切产生一,从一产生一切。

11.〔D11〕凡是〔在地上〕② 爬行的东西,都被〔神的〕③ 鞭子赶到牧场上去。

12.〔D12〕走入同一条河的人,经常遇到新的水流。灵魂也是从湿气中蒸发出来的。

13.〔D13〕〔猪〕④ 在污泥中取乐。

14.〔D14〕〔赫拉克利特向谁作预言?〕⑤ 夜游者、波斯教士、酒神祭司、酒神女侍、传秘密教的人。〔他威吓这些人死后要受罚,他向这些人作火焚的预言。〕⑥ 因为他们以一种不虔诚的方式来传授那些流行于人间的秘法。

15.〔D15〕因为如果不是为了酒神,他们举行赛会和唱诵阳具颂歌,就是最无耻的行为。可是地狱之神和酒神是一样的,为了酒神,人们如醉如狂,举行祭赛。

16.〔D16〕人怎能躲得过那永远不息的东西呢?

17.〔D17〕多数人对自己所遇到的事情不加思索,即便受到教训之后也还不了解,虽然他们自以为了解。

18.〔D18〕如果对意外的东西不作希望,也就不会找到它。因为意外的东西每每是很难以追究、难以达到的。

19.〔D19〕人们既不懂得怎样去听,也不懂得怎样说话。

---

① 据亚里士多德:"论世界",第五章,页396b。——编者
②③⑤⑥ 依第尔斯辑补。——编者
④ 依柏奈特(Burnet):"早期希腊哲学"辑补。参看以下残篇第37。——编者

20.〔D20〕〔赫拉克利特似乎把诞生看成不幸,他说:〕①当他们诞生的时候,他们就期待着活下去,并且期待着死去或安息,他们遗留下子女,子女也是要死去的。

21.〔D21〕死亡就是我们醒时所看见的一切,睡眠就是我们梦寐中所看到的一切。

22.〔D22〕找金子的人挖掘了许多土才找到一点点金子。

23.〔D23〕如果没有那些〔非正义的?〕②事情,人们也就不知道正义的名字。

24.〔D24〕神和人都崇敬战争中阵亡的人。

25.〔D25〕更伟大的死获得更伟大的奖赏。

26.〔D26〕人在夜里为自己点上一盏灯,当人死了的时候,却又是活的。睡着的人眼睛看不见东西,他是由死人点燃了;醒着的人则是由睡着的人点燃了。

27.〔D27〕人们死后所要遭遇到的事,并不是人们所期待的,也不是人们所想象的。

28.〔D28〕最可信的人所认识和坚持的事,只不过是一些幻想;然而正义一定会击倒那些作谎言和作假证的人。

29.〔D29〕最优秀的人宁愿取一件东西而不要其他的一切,就是:宁取永恒的光荣而不要变灭的事物。可是多数人却在那里像牲畜一样狼吞虎咽。

30.〔D30〕这个世界对一切存在物都是同一的,它不是任何神所创造的,也不是任何人所创造的;它过去、现在和未来永远是一团永恒的活火,在一定的分寸上(μέτρια)燃烧,在一定的

---

①② 依第尔斯辑补。——编者

分寸上熄灭。

31.〔D31〕火的转化是：首先成为海，海的一半成为土，另一半成为旋风(ὁ πρηστήρ)。〔意思就是说，火凭借着那统治一切的"逻各斯"或神，通过空气而化为水，水是世界结构的胚胎，他称之为海。从海再产生出天和地，以及天地之间的东西。至于以后世界又如何回到火，产生世界焚烧，他以下面的话很明白地指出：〕①它(指土)化为海，并且遵照着以前海化为土时所遵照的"逻各斯"。

32.〔D32〕只有一个人是唯一智慧的人，他既不愿意而又愿意接受宙斯②的称号。

33.〔D33〕法律也就是服从一个唯一的人的意志。

34.〔D34〕他们即便听见了它③，也不了解它，就像聋子一样。关于他们有谚语为证：人在场却又不在场。

35.〔D35〕爱智慧的人应当熟悉很多的事物。

36.〔D36〕对于灵魂来说，死就是变成水；对于水来说，死就是变成土。然而水是从土而来，灵魂是从水而来的。

37.〔D37〕猪在污泥中洗澡，家禽在尘土和灰烬中洗澡。

38.〔D38〕泰利士〔据一些人说是〕④第一个天文学家。〔赫拉克利特和德谟克里特也都证明了这件事。〕⑤

39.〔D39〕条塔梅的儿子比亚士曾住在普列尼，他的声望超过其他的人。

40.〔D40〕博学并不能使人智慧。否则它就已经使赫西阿

---

① ④ ⑤　依第尔斯辑补。——编者
② 　古希腊人的天神。——编者
③ 　指"逻各斯"。——编者

德、毕泰戈拉以及克塞诺芬尼和赫卡泰智慧了。

41.〔D41〕智慧只在于一件事,就是认识那善于驾驭一切的思想。

42.〔D42〕该当把荷马从赛会中逐出,并且加以鞭笞,阿尔其罗科也是一样。

43.〔D43〕扑灭放肆急于扑灭火灾。

44.〔D44〕人民应当为法律而战斗,就像为自己的城垣而战斗一样。

45.〔D45〕灵魂的边界你是找不出来的,就是你走尽了每一条大路也找不出;灵魂的根源是极其深的。

46.〔D46〕〔他说自负是〕[①]一种不好的毛病,〔眼睛是骗人的〕[②]。

47.〔D47〕不要对重要的事情过早地下判断。

48.〔D48〕弓(ὁ βιός)的名字是生(ὁ βίος),它的作用是死。

49.〔D49〕一个人如果是最优秀的人(ὁ ἄριστος)[③],在我看来就抵得上一万人。

50.〔D49a〕我们走入又不走入同一条河,我们存在又不存在。

51.〔D50〕如果你不听从我本人而听从我的"逻各斯",承认一切是一,那就是智慧的。

52.〔D51〕他们不了解如何相反者相成:对立造成和谐,如弓与六弦琴。

---

①② 依第尔斯辑补。——编者
③ 即贵族。——编者

二 赫拉克利特

53.〔D52〕时间是一个玩骰子的儿童,儿童掌握着王权!

54.〔D53〕战争是万物之父,也是万物之王。它使一些人成为神,使一些人成为人,使一些人成为奴隶,使一些人成为自由人。

55.〔D54〕看不见的和谐比看得见的和谐更好。

56.〔D55〕可以看见、听见和学习的东西,是我所喜爱的。

57.〔D56〕人们认为对可见的事物的认识是最好的,正如荷马一样,然而他却是希腊人中间最智慧的人。有些捉虱子的小孩嘲笑他这一点,他们向他说:我们看见了并且抓到了的,我们把它放了,我们没有看见也没有抓到的,我们把它带着。

58.〔D57〕赫西阿德是多数人的老师。人们深信他知道得最多,但是他却不知道日和夜,其实这是一回事。

59.〔D58〕善与恶是一回事。医生们用各种办法割、烧和折磨病人,却向他们索取酬金,他们是完全不配得酬金的,因为他们所做的事情和疾病是一样的,就是说,经过他们一治,病反而严重了。

60.〔D59〕压榨器里面的直的纹路和弯曲的纹路是同一条纹路。

61.〔D60〕上升的路和下降的路是同一条路。

62.〔D61〕海水是最纯洁的,又是最不纯洁的:对于鱼,它是能喝的和有益的;对于人,它是不能喝的和有害的。

63.〔D62〕不死的[①]是有死的,有死的[②]是不死的:后者死

[①] 即神。——编者
[②] 即凡人。——编者

则前者生,前者死则后者生。

64.〔D63〕〔他还说到肉体的复活,说到我们诞生于其中的那种尘世的可见的身体的复活,并且认为是神促成了这种复活。他的话是这样说的:〕①在那个存在者面前,他们②升天了,变成了活人和死人的警醒的守护者。〔他还说,有一个世界和世间一切事物的审判,是通过火以下列方式进行的:〕③

65.〔D64〕雷霆支配着一切,〔就是说,雷霆驾驭着一切。他所谓雷霆就是那永恒的火。他还说,这个火是赋有思想的,并且是整个世界的原因。〕④

66.〔D65〕〔他把火称为〕⑤不足和多余。〔按照他的看法,世界的构成是不足,世界的焚烧则是多余。〕⑥

67.〔D66〕〔他说,〕⑦一切变成火,火烧上来执行审判和处罚。

68.〔D67〕神是日又是夜,是冬又是夏,是战又是和,是不多又是多余。他变换着形相,和火一样,当火混合着香料时,便按照各人的口味而得到各种名称。

69.〔D67a〕正如蜘蛛坐在蛛网中央,只要一个苍蝇碰断一根蛛丝,它就立刻发觉,很快地跑过去,好像因为蛛丝被碰断而感到痛苦似的,同样情形,人的灵魂当身体的某一部分受损害时,就连忙跑到那里,好像它不能忍受身体的损害似的,因为它以一定的联系牢固地联结在身体上面。

70.〔D68〕〔他把那种对灵魂起作用的救赎剂称作〕⑧药剂。

---

①③④⑤⑥⑦⑧　依第尔斯辑补。——编者
②　指英雄们。——编者

二 赫拉克利特

71.〔**D**69〕〔献祭分为两种。第一种是内心完全净化的人所奉献的,例如像赫拉克利特所说的那样,偶尔出现在一个个人那里的那种献祭,或者在少数几个很容易数出的人那里出现的那种献祭。另一种则是物质的献祭。〕①

72.〔**D**70〕〔他把人们的意见称为〕②儿戏。

73.〔**D**71〕〔我们也应当记着那个〕③忘了道路通到什么地方〔的人〕④。

74.〔**D**72〕对于"逻各斯",对于他们顷刻不能离的那个东西,对于那个指导一切的东西,他们格格不入;对于每天都要遇到的那些东西,他们显得很生疏。

75.〔**D**73〕不可以像睡着的人那样行事和说话。〔因为在睡梦中我们也以为在行事和说话。〕

76.〔**D**74〕〔不可以像父母膝下的儿童那样行事,就是说,不要一味单纯地仿效。〕⑤

77.〔**D**75〕〔我以为,赫拉克利特是把睡着的人称作〕⑥宇宙间各种事件的工作者和协同工作者。

78.〔**D**76〕火生于土之死,气生于火之死,水生于气之死,土生于水之死。

火死则气生,气死则水生。

土死生水,水死生气,气死生火;反过来也是一样。

79.〔**D**77〕对于灵魂来说,变湿乃是快乐或死亡。〔灵魂进入生命乃是快乐。在别的地方他又说:〕⑦我们生于灵魂的死,灵

---

① 见扬布利可:"论神秘",第五卷,第十五章。——编者
②③④⑤⑥⑦ 依第尔斯辑补。——编者

魂生于我们的死。

80.〔D78〕人的心没有智慧,神的心则有智慧。

81.〔D79〕在神看来人是幼稚的,就像在成年人看来儿童是幼稚的一样。

82.〔D80〕应当知道,战争是普遍的,正义就是斗争,一切都是通过斗争和必然性而产生的。

83.〔D81〕〔雄辩教育的全部命题都归结到一点,照赫拉克利特说,它是〕①屠杀的引导者。

84.〔D82〕最美丽的猴子与人类比起来也是丑陋的。

85.〔D83〕最智慧的人和神比起来,无论在智慧、美丽和其他方面,都像一只猴子。

86.〔D84〕在变化中得到休息;服侍同样的主人是疲乏的。

87.〔D85〕与心做斗争是很难的。因为每一个愿望都是以灵魂为代价换来的。

88.〔D86〕我们对于神圣的东西大都不认识,因为我们没有信心。

89.〔D87〕浅薄的人听了无论什么话都大惊小怪。

90.〔D88〕在我们身上,生与死,醒与梦,少与老,都始终是同一的东西。后者变化了,就成为前者,前者再变化,又成为后者。

91.〔D89〕清醒的人们有着一个共同的世界,〔然而在睡梦中人人各有自己的世界。〕

92.〔D90〕一切事物都换成火,火也换成一切事物,正像货

---

① 依第尔斯辑补。——编者

物换成黄金,黄金换成货物一样。

93.〔D91〕人不能两次踏进同一条河流,〔照赫拉克利特说,也不能在同一状况下两次接触到同一件变灭的东西,因为变化得剧烈和迅速,〕①所以它分散又团聚,接近又分离。

94.〔拜瓦特尔81〕我们既踏进又不踏进同样的河流;我们既存在又不存在。

95.〔D92〕女巫用狂言谵语的嘴说出一些严肃的、朴质无华的话语,〔用她的声音响彻千年。〕②因为神附了她的体。

96.〔D93〕那位在德尔斐发神谶的大神不说话,也不掩饰,只是暗示。

97.〔D94〕太阳不越出它的限度;否则那些爱林尼神——正义之神的女使——就会把它找出来。

98.〔D95〕掩盖自己的无知是很好的:〔但是在放纵和饮酒时,这是很难的。〕③

99.〔D96〕死尸比粪便更应当被抛弃。

100.〔D97〕狗咬它不认识的人。

101.〔D98〕灵魂在地狱里嗅着。

102.〔D99〕如果没有太阳,纵然有别的星辰,也还是黑夜。

103.〔D100〕太阳是时间的管理者和监守者,它建立、管理、规定并且揭示出变迁和带来一切的节季。

104.〔D101〕我寻找过我自己。

105.〔D101a〕眼睛是比耳朵更可靠的见证。

106.〔D102〕对于神,一切都是美的、善的和公正的;对于

---

①②③ 依第尔斯辑补。——编者

人，则一些东西公正，另一些东西不公正。

107.〔D103〕在圆周上，起点与终点是重合的。

108.〔D104〕他们的心灵或理智是什么呢？他们相信街头卖唱的人，以庸众为师。因为他们不知道多数人是坏的，只有少数人是好的。

109.〔D105〕荷马是个星相家。

110.〔D106〕每一天都与另一天相似。

111.〔D107〕眼睛和耳朵对于人们乃是坏的见证，如果他们有着粗鄙的灵魂的话。

112.〔D108〕我听过许多人讲演，在这些人中间，没有一个能够认识到智慧是与一切事物有别的东西。

113.〔D109〕掩盖自己的无知要比公开表露无知好些。

114.〔D110〕如果一个人所有的愿望都得到了满足，对于这个人是不好的。

115.〔D111〕疾病使健康舒服，坏使好舒服，饿使饱舒服，疲劳使休息舒服。

116.〔D112〕思想是最大的优点；智慧就在于说出真理，并且按照自然行事，听自然的话。

117.〔D113〕思想是人人所共有的。

118.〔D114〕如果要想理智地说话，就应当用这个人人共有的东西武装起来，就像一座城市用法律武装起来一样，而且还要武装得更强固些。然而人类的一切法律都因那唯一的神的法律而存在。神的法律从心所欲地支配着，满足一切，也超过一切。

119.〔D115〕"逻各斯"是灵魂所固有的，它自行增长。

120.〔D116〕人人都秉赋着认识自己的能力和思想的能力。

121.〔D117〕一个人喝醉了酒,便为一个未成年的儿童所领导。他步履蹒跚,不知道自己往哪里走;因为他的灵魂是潮湿的。

122.〔D118〕干燥的光辉是最智慧、最优秀的灵魂。

123.〔D119〕人的性格就是他的守护神。

124.〔D120〕黎明与黄昏的界限是大熊星,大熊星的对面是光辉的宙斯山①。

125.〔D121〕如果爱非斯的成年人都吊死,把他们的城邦让给未成年的少年去管理,那就对了。因为他们放逐了赫尔谟多罗,放逐了他们中间那个最优秀的人,并且说:"我们中间不要最优秀的人,要是有的话,就让他上别处去和别人在一起吧。"

126.〔D122〕接近。

127.〔D123〕自然喜欢躲藏起来。

128.〔D124〕最美丽的世界也好像一堆马马虎虎堆积起来的垃圾堆。

129.〔D125〕混合的饮料,如果不去搅动它,也是会分解的。

130.〔D125a〕可能你们不缺乏钱财,爱非斯人啊,这可就使你们在放荡了。

131.〔D126〕冷变热,热变冷,湿变干,干变湿。

〔疑伪的残篇〕

132.〔D126a〕根据时间的法则,七这个数在月亮里是合在

---

① 即天球南极。——编者

一起算的,但是在大熊星和小熊星里则显得是分开的,这是两个忘不了的星座。

133.〔D126b〕事物各自按照自己的需要,这一个这样生长,那一个那样生长。

134.〔D127〕〔赫拉克利特向埃及人说:〕①如果有神灵,你们为什么向他们哭?你们要是向他们哭,就是不再把他们当作神灵了。

135.〔D128〕〔赫拉克利特看见希腊人向神灵献祭,于是说道:〕②他们向听不见的神像祈祷,好像它们听得见似的;它们是不会回报,而且也不能提出任何要求的。

136.〔D129〕姆奈萨尔科的儿子毕泰戈拉,是在所有的人中间最用功研究学问的,当他挑选这些著作之后,他便从其中得出一种自己的智慧:博闻强记,矫揉造作。

137.〔D130〕不可以那样跟人开玩笑,弄到自己倒成了笑柄。

138.〔D131〕自满是进步的退步。

139.〔D132〕颂扬使神灵和人们俯首帖耳。

140.〔D133〕坏人是诚实人的对头。

141.〔D134〕教养是有教养的人的第二个太阳。

142.〔D135〕获得好名誉的捷径是做好人。

143.〔D136〕战死的灵魂比染疫而亡的灵魂纯洁。

144.〔D137〕因为在任何情况之下都是命运规定的……

---

①② 依第尔斯辑补。——编者

三 毕泰戈拉学派

（毕泰戈拉的鼎盛年约在公元前532—前529年）

文 献 记 载

1.〔第欧根尼·拉尔修，第八卷，第一章，§1—46〕在讲完从泰利士发端的伊奥尼亚哲学，并且研究了这一派的几位著名人物之后，现在我们来谈一谈意大利学派。

这一派的开山祖是指环雕刻匠姆奈萨尔科的儿子毕泰戈拉，据赫尔米波说，他是萨摩斯人；或者根据阿里斯多克森的说法，他是底仑群岛人，生在雅典人加以占领并且逐尽土著居民的那些岛屿中的一个岛上。……

起初他是叙鲁人费雷居德的门徒，费雷居德死后他到了萨摩斯，做了克雷奥斐洛的侄儿赫尔谟达玛的门徒，这是一个很老的人。他在年青好学的时候，离开了母邦，参加了一切希腊的和外国的神秘教派。他到了埃及，当时波吕格拉底为他写了一封介绍信给阿马西，他并且学习了埃及语言。他也到迦勒底人和波斯僧侣那里去过。他在克里特的时候，曾经与艾比美尼德一同下过伊达洞。在埃及，他进过一些神庙，在那里学了关于神灵的秘密。后来他回到萨摩斯，可是发现他的母邦正处在波吕格拉底的僭主统治之下，于是他就跑到意大利的克罗顿去了。他在那里为意大利人立了法，收了门徒，出了名。他的学生有三百人，出色地治理着城邦，把他们的政治搞成了地道的贵族政治。……

他禁止人为自己祈求，因为人们不知道什么东西对自己真正有益。他一语断定醉酒是伤身的，并且指斥一切过度的事，说既不应当劳动过度，也不应当饮食过度。关于色欲，他的话是这样说的："行乐应该在冬天，不可以在夏天，在春秋二季要很有节制，可是不管在哪一季都是有害健康的。……"

据蒂迈欧说，他是第一个说出"朋友之间一切都是共有的"、"友谊就是平等"的人。他的门徒曾把所有的财产都放在一起。在五年之内，他的门徒要保持沉默，只是听讲，他们在通过考试之前，是不能看毕泰戈拉的。通过考试以后，他们才许进老师的屋子，才能看他。……

毕泰戈拉是使几何学完备的人，最初发现几何学原理的人则是摩爱里多。他对算术也非常有兴趣，并且发现了单弦的原理。对于医术他也不忽视。计算家阿波罗多洛说，他曾经举行了一次百牛大祭，因为他发现了直角三角形斜边的平方等于其他二边的平方和。……

传说还认为他是第一个发现灵魂轮回的人，他宣称灵魂依照命运的规定，从一个生物体中转移到另一个生物体中。据音乐家阿里斯多克森说，他也是第一个把秤和尺介绍到希腊的人。他还是第一个指出晓星与昏星是同一颗星的人。……

下面是他的诫命：不要用刀子拨火，不要使天平倾斜，不要坐在斗上，不要吃心，不要与人共抬一件重东西，要把它放下，要经常把行李卷好，不要在指环上面刻神像，要把锅在灰上留的痕迹抹去，不要用火把揩拭座位，不要朝太阳小便，不要在大路上行走，不要轻率地与人握手，房子里不要有燕子，不要养脚爪有钩的鸟,不要在剪下的指甲和头发上小便和行走,不要用利刃,出门到外地去的时候,不要在边境上回转来。……

首先他禁食红鱼和黑尾鱼,并且还禁食动物的心脏和豆子。据亚里士多德说,他还禁食胞衣和鲂鲱鱼。有些人说他惯常吃蜂蜜或面包,并不每天喝酒。大部分时间他是吃些煮熟的或生的蔬菜,很少吃鱼。他穿一件纯白的袍子,用白羊毛的被子,因为麻布还没有传入这个地区。……

亚历山大在他的"哲学家的师承"中说他在那些关于毕泰戈拉的回忆录中发现了下面这些思想:

万物的始基是"一元"(μονάδος)。从"一元"产生出"二元"(ἡ δυάδος),"二元"是从属于"一元"的不定的质料,"一元"则是原因。从完满的"一元"与不定的"二元"中产生出各种数目;从数目产生出点;从点产生出线;从线产生出平面;从平面产生出立体;从立体产生出感觉所及的一切物体,产生出四种元素:水,火,土,空气。这四种元素以各种不同的方式互相转化,于是创造出有生命的、精神的、球形的世界,以地为中心,地也是球形的,在地面上都住着人。还有"对地",在我们是下面的,在"对地"上就是在上面。

在地球上光明的部分与黑暗的部分是相等的,冷与热、干与湿也是相等的。热占优势时就是夏天,冷占优势时就是冬天,干占优势时就是春天,湿占优势时就是多雾的秋天。最好的季节是这些元素均衡的季节。清新的春天是卫生的季节,日子一天比一天短的秋天是不卫生的季节。在一天里,清晨是清新的,夜晚是浑浊的,所以夜晚比较不卫生。

下界的空气是不动的,不卫生的,浸沐在其中的一切都会死亡。上界的空气则相反，永远是运动的，是纯洁的，卫生的，浸沐在其中的一切都是不死的，因而是神圣的。

太阳、月亮和其他的星辰都是神灵，因为在其中占统治地位的是热元素，热元素就是生命之源。月亮从太阳取得它的光。人类与神灵是亲戚，因为人类分享了热元素，神灵之所以眷顾人类，原因就在于此。

一切都服从命运，命运是宇宙秩序之源。太阳光穿过冷元素和浓厚的元素，亦即穿过空气和水。这些太阳光一直穿透地球的深处，在地球上创造了生命。一切有生命的东西都分享着热，所以植物也是活的。不过所有的生物都没有灵魂。

灵魂是由热元素和冷元素组成的一个部分：它与生命不同，因为它是不死的，乃是由不死的元素构成的一个部分。动物借受精而繁殖；从土中是不能产生什么的。

精液是一滴脑髓，包含着热的蒸汽。精液进入子宫后，就生出淋巴液、体液和血液，从而生出神经、肌肉、骨头、头发，并且生出整个身体。热的蒸汽产生出灵魂和感觉。这精液在四十天内形成一个胎儿，并且按照和谐的规律，在七个月，或者至多十个月内，婴儿便长成出世了。婴儿身上有各种生命的缘由，这些缘由都是根据和谐的规律联系在他身上的，每一个缘由都在规定好的时间显现出来。

一般的感觉，特别是视觉，乃是一种很热的蒸汽。所以说我们是通过水和空气看的，因为热由冷抗衡着（如果眼睛里的蒸汽是冷的，它就会在周围的空气中被冲淡）。实际上，是一种热的蒸汽存在于所谓"太阳之门"中，即眼中。毕泰戈拉也提出同样的理论来说明听觉与其他各种官能。

他把人的灵魂分为三个部分：表象、心灵和生气。动物有表象与生气，只有人有心灵。灵魂的位置是从心到脑。它在心里的部分是生气，心灵和表象是在脑子里面。各种感觉就是这两个部分的点滴。灵魂的理性部分是不死的，其余的部分则会死亡。灵魂从血液取得养料，语言就是灵魂的嘘气。灵魂是形成语言的元素，是与语言不可分的。灵魂的纽带是血管、肺和神经。当灵魂精力充盈并且在其中集中了其余一切时，反省和行动便成了它的纽带。当灵魂为暴力所迫，被击倒在地时，它便在空气中逡巡，好像幽灵一样。……

整个空气里充满着灵魂，我们称之为精灵和英雄。就是它们给人带来梦境以及疾病与健康的征象，不但带给人，而且带给羊群和所有的牲畜。……

在人身上最有力的部分是灵魂，灵魂可善可恶。人有了好的灵魂便是幸福的，他们从不休止，他们的生命是一个永恒的变化。……

美德乃是一种和谐，正如健康、全善和神一样。所以一切都是和谐的。友谊就是一种和谐的平等。……

一切立体图形中最美的是球形，一切平面图形中最美的是圆形。……

毕泰戈拉是这样死的：他和他的门徒有一天在米隆家里，那时有一个人因为没有被收作门徒而心怀妒嫉，放火把这所房子烧了。也有人把这件罪行归之于克罗顿人，说他们怕毕泰戈拉会成为他们城邦的僭主。当时毕泰戈拉逃走了，但是在一块豆子地附近被追上了。他不肯穿过豆子地，宣称他宁可被逮住也不愿践踏豆子，并且还说他宁愿死也不招供。追他的人们把他弄死了，一同死的还有他的大多数同伴，大约有四十人；只有少数的逃脱了。……

毕泰戈拉的鼎盛年是在第六十届奥林比亚赛会时[①]，他的学派一直传了七代或十代。最后的毕泰戈拉派分子是阿里斯多克森亲眼看到的，他们就是：色雷斯的卡尔其人克塞诺斐洛，弗里雍的方东、艾刻克拉底、狄奥克勒、波林拿斯多，他们都是弗里雍人。这些人都是塔仑丁人费罗劳与欧吕多的学生。

2.〔**亚里士多德**："**形而上学**"，第一卷，第五章，页 985b；D4〕在这个时候，甚至在更早的时候，所谓毕泰戈拉派曾经从事数学的研究，并且第一个推进了这一个知识部门。他们把全部时间用在这种研究上，进而认为数学的始基就是一切存在物的始基。由于数目是数学中很自然的基本元素，而他们又认为他们自己在数目中间发现了许多特点，它们与存在物以及自然过程中所产生的事物的相似之处，比在火、土或水中所能找到的更多，所以他们认为数目的某一种特性是正义，另一种是灵魂和理性，另一种是机会，其他一切也无不如此；由于他们在数目中间见到了各种各类和谐的特性与比例，而一切其他事物就其整个本性说都是以数目为范型的，而数目本身则先于自然中的一切其他事物，所以他们从这一切进行推论，认为数目的基本元素就是一切存在物的基本元素，认为整个的天是一个和谐，一个数目。因此，凡是他们在数目与各种和谐之间所能指出的类比，以及他们在数目与天的特性、区分和整个安排之间所能指出的类比，他们都要把它们收集起来，拼凑在一起。如果在什么地方出

---

① 公元前532—前529年。——编者

三 毕泰戈拉学派

现了漏洞,他们就贪婪地去找个东西填补进去,使他们的整个系统能够自圆其说。例如,因为他们认为十这个数目是一个完满的数目,包括了其他一切数目,所以他们就认为天体的数目也应当是十个,但是可见的天体只有九个,于是他们就捏造出第十个天体,称之为"对地"。

这些哲学家显然是把数目看作始基,把它既看作存在物的质料因,又拿来描写存在物的性质和状态。他们把数目的元素描写成奇和偶,前者是有限的,后者是无限的;一这个数目他们认为是由这两个元素合成的(因为它既是奇数又是偶数),并且由一这个数目中产生出其他一切的数目,整个的天都只不过是一些数目。

这个学派中的另一些人拟定了十个始基,把它们排成平行的行列:

有限	无限	静	动
奇	偶	直	曲
一	多	明	暗
右	左	善	恶
阳	阴	正方	长方

克罗顿的阿尔克迈恩似乎也持这种看法,也许是他从他们那里得到了这个理论,也可能是他们从他那里得到了这个理论。后一种情形是可能的,因为阿尔克迈恩是与毕泰戈拉同时而较幼的人。他说出了一些很像毕泰戈拉派的看法,因为他曾经说大多数关于人的事情都是成双的;但是他并没有像他们那样明白地规定出一些对立来,而是按照实际上的那些对立来讲的,如

白，黑；甜，苦；善，恶；大，小。对于其余的对立，他只是含糊地说出一点胡乱的意见；而另一方面，毕泰戈拉派则明白地告诉我们有多少对立和哪些对立。

至少我们可以从这两个学派归纳出一点，就是：对立是存在物的始基；并且从其中的一个学派，我们可以知道，这些对立共有多少以及这些对立究竟是什么。不过究竟怎样可能把他们的观点归结到我们自己所提出的那些原因上去，这一件事他们并没有明白而确定地指出来。显然他们是把他们的那些元素放在质料因项下，因为他们说实体是由这些已经存在的元素产生的，并且是由这些元素组成的。

3.〔同上书，第一卷，第八章，页989b；**D22**〕所谓毕泰戈拉派所讲的始基和元素，比自然哲学家们所讲的更特别些，其原因在于他们不从感觉对象中引导出始基：因为数学所研究的实在，如果把天文学所研究的实在除开的话，都是没有运动的。可是尽管如此，他们却讨论自然的所有各个方面，提出他们的看法；他们说明天的起源，并且着眼于天的各个部分、各种属性和各种活动，他们在仔细地观察所发生的事件时，把他们的始基和原因应用来解释这些事物，就好像他们与自然哲学家们看法完全一致，认为存在仅仅属于感觉可以察知的东西和包含在我们所谓天宇之内的东西似的。可是，我们曾经说过，他们所提出的始基和原因，是用来引导他们达到一种更高级的实在的，而且确实比较适于用来解释这种更高级的实在，而比较不适于用来解释自然。可是，他们所设定的前提只是有限和无限、奇和偶，究竟运动是从哪一种原因产生出来的，他们却没有说到，他们也没有告诉我们，在运动和变化之外，怎样可能会有生、灭或天体的运行。

此外，就算我们承认他们的论点，认为大小是从这些元素产生的，就算我们假定他们证明了这一点，问题也还是依然存在，就是：怎样会有些物体是重的，有些物体是轻的？因为根据他们所假定的那些始基并且从他们对这些始基所说的话来看，这些始基之能够用于感性事物，是不亚于能够用在数学所研究的对象上的。他们就是像这样地，对于火、土或这一类的物体什么话都没有说，我猜想，他们对于专门适用于感性事物的东西是根本没有话可说的。还有，如果除了构成天的那种数目以外，并没有别种数目同时存在，那么，又怎样能够假定，天底下存在的每一件事物的原因，以及从开天辟地直到现在所产生的一切，都只不过是数目的特性和数目本身呢？因为当他们在数目系列的某某部分发现了"意见"，或者发现了"机会"，而在上一点或下一点的地方发现了"非正义"、"判断"或者"混合"的时候，当他们向我们提出证明，说这些事物中间的每一个都是一个数目的时候，……就产生了一个问题：要我们认定就是这些事物中间的每一个的这种数目，究竟是否与在天上所发现的那种数目完全相同，还是那种数目乃是另一种高于这种数目的数目？

四 爱利亚学派

甲 克塞诺芬尼

(鼎盛年约在公元前540—前537年)

文 献 记 载

1.〔第欧根尼·拉尔修,第九卷,第二章,§18—20；**D**1〕克塞诺芬尼是德克修的儿子,或者按照阿波罗多洛的说法,是科罗封人奥尔托门尼的儿子。蒂孟在下面这句诗里称赞了他：

　　克塞诺芬尼并不自负,但是他指责了荷马的错误。

他曾被逐出母邦,住在西西里的仓克勒,又住在加丹纳。有些人说他是无师自学的,也有些人说他是雅典人波东的学生,另外还有人说他的老师是阿尔刻劳。梭蒂雍说他生活在阿那克西曼德的时代。他写了一些叙事诗、哀歌和讽刺诗来反对赫西阿德和荷马,斥责他们对于神灵的全部看法。他公开地歌唱自己的诗。人们说他有一些理论与泰利士和毕泰戈拉相反,他也攻击艾比美尼德。他活的时间很长,这一点可以见之于他自己的诗：

四 爱利亚学派

> 自从我的思想在希腊土地上漫游以来，
> 六十九年已经过去，
> 但是在这以前直到我生时，还有二十五年，
> 关于这一点，我是会说出真话的。

他宣称事物从四种元素而来，各个世界都是无限的，由变化的云形成，在太阳所造成的蒸汽上升到周围的空气中的时候。神的实体是球形的，与人的实体毫无相似之处。神全视全听，然而并不呼吸。神是全体，是精神、智慧和永恒性。是他第一个指出凡是产生出来的都要消灭，并且指出灵魂是嘘气。他说大多数事物都低于精神。……

梭蒂雍说他是第一个宣称一切都不可知的人，不过梭蒂雍是说错了。……

他的鼎盛年约在第六十届奥林比亚赛会时①。……

2.〔辛普里丘："物理学"，第二十二章，§22；**D**31〕德奥弗拉斯特说，科罗封的克塞诺芬尼是巴门尼德的老师，他假定了一个唯一的始基，把整个存在看成唯一的东西，认为它既不是无限的，也不是有限的，既不是运动的，也不是静止的。德奥弗拉斯特还认为，他提出这个意见，与其说是说明自然，不如说是说明另一个东西；因为据克塞诺芬尼说，这个唯一的宇宙就是神。他指出它是唯一的，因为它比任何东西都更加有力；因为他说，如果有若干个存在，那么力量就一定会为这些存在平均分有，然而神却比任何东西都更高超，它的力量是高于一切的。它不是产

---

① 公元前540—前537年。——编者

生出来的,因为产生出来的东西应当或者从同类的东西生出,或者从不同类的东西生出;可是照他说,同类的东西不能有产生同类的东西的作用,因为既有理由说这个产生那个,也有同样的理由说这个为那个所产生;而另一方面,如果存在是从不同类的东西产生的,那它就是从不存在的东西生出;这样也就证明了它不是产生出来的,而是永恒的。"一"既不是无限的,也不是有限的,因为一方面,无限的既然没有开始、中间与终结,也就是非存在,而另一方面,彼此互相限制的乃是多数的事物。他也同样地否定了运动和静止,因为不动的就是非存在,非存在不会变成别的东西,别的东西也不会变成非存在;相反地,运动则属于多,因为这样就有了一物转化为另一物。同样地,当他说存在保持同一状态不变时,也不可以把它了解为与运动相反的静止,而应当了解为既不运动又不静止的稳定状态。大马士革的尼古劳在他关于神灵的论文中提到他时,把他描写成主张始基是无限和不动的。根据亚历山大的说法,他是主张始基有限并且具有球形的。但是我们很清楚地看到了他是怎样证明非无限和非有限的;至于有限和球形的说法,是当他说存在的各方面都相等时暗示出来的;他还说过存在思维着一切事物。

3.〔艾修斯,第二卷,第四章,§11;**D**37〕克塞诺芬尼说:世界不是产生出来的,而是永恒的、不可毁灭的。

〔同上,第十三章,§14;D38〕星辰是从火云生出来的,它们一到白天就熄灭,晚上又重新燃起,就像炭一样;它们的升和落其实就是燃烧和熄灭。

〔同上,第十八章,§1;D39〕有一种星辰出现在银河上,有些人称之为双星,这种星是一些由于某种运动而变得发光的小云。

〔同上，第二十章，§3；D40〕太阳也属于火云这个范畴。德奥弗拉斯特曾经写道，在自然哲学家中，克塞诺芬尼认为太阳是由一些火花结合而成的，这些火花则是由湿的嘘气中发出的。

4.〔艾修斯，第二卷，第二十四章，§4；D41〕一个太阳熄灭了，另一个太阳又形成在东方。他曾经说到一次延续了整整一个月的日蚀，还曾经说到一次从昼到夜的全蚀。

5.〔艾修斯，第二卷，第二十四章，§9；D41a〕因气候、区域和地带的不同而有许多太阳和许多月亮；在一定的时刻，日轮或月轮落在地上无人居住的区域上面，当它变成无益时，便产生出日蚀或月蚀。克塞诺芬尼还说太阳向着无限前进，由于距离的缘故，所以显得在转动。

6.〔艾修斯，第二卷，第三十章，§8；D42〕太阳对于产生是有益的，乃是世界以及世界上各种生物的良好的维持者；月亮则不然。

7.〔艾修斯，第二卷，第二十五章，§4；D43〕月亮是一团羊毛状的云。

〔同上，第二十八章，§1〕克塞诺芬尼说：月亮有着自己的光。

〔同上，第二十九章，§5〕月亮每月的亏损也是由于熄灭造成的。

8.〔艾修斯，第三卷，第二章，§1；D44〕这一切（彗星、流星等）都是由火云的形成或运动造成的。

9.〔艾修斯，第三卷，第三章，§6；D45〕运动使一些云发光，这些云便产生出闪电。

10.〔艾修斯,第三卷,第四章,§4;D46〕太阳的热是产生一切气象的主要原因。它吸引海里的湿气;淡水因为分量轻便分开了,然后分解为雾气,形成了云;云积厚了,只要它不散而为风,便下起雨来。

著作残篇
〔哀　歌〕

1.〔D1〕现在地是干净的,人人的手和酒盅也都干净。我们一些人在头上戴了编织成的花冠,另一些人用一只碗奉献着香膏。调酒壶已经放在那里,装满悦人的香醇,别的酒也早已盛在壶中,谁都可以来痛饮,这酒既甘美又芬芳。在我们中间香烟缥缈,发出圣洁的异香;这里有清冽的水,甜美,纯净。旁边放着棕色的面包,豪华的餐桌被重重的乳酪和浓蜜压得沉沉。中央是祭坛,满盖着鲜花,歌声和节日的欢笑洋溢在整个屋宇中。首先聪明的人们必须用神圣的歌词和纯洁的语言颂赞神明。然后奠酒并且祈请神明赐予力量,使人们能够做得允当(因为恳求这种力量是首先要做的事情),不要有一个人喝得过量,只要不太老,人人都能不用搀扶回到家门。在人们中间,要赞美那个饮酒之后仍然清醒、心里仍然不忘记美德的人。不要歌颂泰坦诸神、巨人或半人半兽的怪物们的斗争,这些都是古代人的虚构,也不要去管那些纷乱的争吵,这里面并没有什么平安吉庆;而要时时对神灵崇敬,这才是可贵的事情。

2.〔D2〕如果一个人在奥林比亚——宙斯的庙堂就在那里,靠近比撒河源——参加赛跑或五项竞赛得胜,或者在角力时得胜,或者在猛烈的拳斗中得胜,或者在那种称为全能竞赛的可怕的比赛中得胜,这个人就会在公民们的眼中充满荣誉,便会在竞技会中赢得一个显著的荣誉地位,便会被邀参加城邦公费举办的筵会,便会得到一件奖品,这乃是他的珍宝;如果他在驾车比赛中获胜,他也会得到一切奖赏,然而他却没有我那样值得受奖。因为我们的智慧要比人和马的体力更加优良。这当然是一种毫无根据的习俗,重视体力过于重视可贵的智慧,乃是一件不公道的事情。因为纵然在人民中间有一位优秀的拳斗家,或者有一个人在五项竞赛或角力中获得冠军或者赛跑得胜(虽然赛跑重视敏捷有过于人们竞技时所表现的各种体力成分),城邦却并不因此而治理得更好。当一个人在比撒河边竞技得胜时,城邦得到的快乐是很小的,因为这并不能使城邦的库藏充盈。

3.〔D3〕当他们摆脱了可恶的奴役时,他们从吕底亚人那里学会了过度的奢侈。他们身穿紫袍走进市场,常常不下一千人,举止阔绰,高视阔步,头发卷得漂漂亮亮,遍身搽着精工调制的香膏。

4.〔D4〕吕底亚人最先铸造钱币。

〔讽 刺 诗〕

5.〔D10〕从最初的时候起,所有的人都向荷马学习。

6.〔D11〕荷马和赫西阿德把人间认为是无耻丑行的一切都加在神灵身上:偷盗、奸淫、彼此欺诈。

7.〔D14〕凡人们幻想着神是诞生出来的,穿着衣服,并且有着与他们同样的声音和形貌。

8.〔D15〕可是假如牛、〔马〕和狮子有手,并且能够像人一样用手作画和塑像的话,它们就会各自照着自己的模样,马画出和塑出马形的神像,狮子画出和塑出狮形的神像了。

9.〔D16〕埃塞俄比亚人说他们的神的皮肤是黑的,鼻子是扁的;色雷斯人说他们的神是蓝眼睛、红头发的。

10.〔D18〕神并没有从一起头就把一切秘密指点给凡人,而是人们探索着逐渐找到更好的东西的。

〔论 自 然〕

11.〔D23〕有一个唯一的神,是神灵和人类中间最伟大的;他无论在形体上或思想上都不像凡人。

12.〔D24〕神是全视、全知、全听的。

13.〔D25〕神毫不费力地以他的心灵的思想力左右一切。

14.〔D26〕神永远保持在同一个地方,根本不动,一会儿在这里一会儿在那里动来动去对他是不相宜的。

15.〔D27〕一切都从土中生,一切最后都归于土。

16.〔D28〕大地的上面的边沿我们看见是在我们脚下,与空气相接触;下面的边沿则伸展到深不可测的地方。

17.〔D29〕一切出生和生长的东西都是土和水。

18.〔D30〕海是水的源泉、风的源泉。因为如果没有大海,在云中就不会产生从里面刮出来的风暴,也不会有江河的泛滥,也不会有天空的雨水;大海可以说是风、云和江河之父。

19.〔D31〕太阳在大地上面逡巡,温暖着大地。

20.〔D32〕人们称之为伊里斯①的,按照其本性说只不过是一团云,看起来是紫的、鲜红的和黄绿色的。

---

① 即虹。——编者

21.〔**D**33〕我们都是从土和水中生出来的。

22.〔**D**34〕真正说来,从来没有、也决不会有任何人认识神灵以及我所说的一切事物。因为即使有人偶然说出了极完备的真理,他自己也不会知道的。因为决定一切的只是意见。

23.〔**D**35〕把意见当作或然性的东西吧!

乙　巴门尼德

（鼎盛年约在公元前504—前501年）

文 献 记 载

1.〔第欧根尼·拉尔修,第九卷,第三章,§21　23;**D**1〕爱利亚的巴门尼德是毕勒斯的儿子,曾做过克塞诺芬尼的学生,但是德奥弗拉斯特在他的"述要"中说,他是阿那克西曼德的学生。尽管他是克塞诺芬尼的学生,他的看法却与克塞诺芬尼并不完全一致。据梭蒂雍说,他曾经与阿枚尼雅和毕泰戈拉派的狄奥开塔交朋友,狄奥开塔是一个穷人,但却是一个好人,巴门尼德怀着敬意与他交游,并且在他死后为他建立了一座祠堂。阿枚尼雅是一个富有并且著名的人,引导巴门尼德进入智慧生活的是他而不是克塞诺芬尼。

他第一个指出地是球形的,位置处在宇宙的中央。他认为有两种元素：火与土。火是创造性的元素,土则是质料。人是从土中生的。在这两种元素中有热和冷,万物都由热和冷造成。心灵与灵魂他认为是同一个东西,在德奥弗拉斯特的记载"自然哲学家"中也是这样说的,其中几乎搜集了一切哲学家的理论。

哲学分为两种，一种是关于真理的，一种是关于意见的。所以他在一个地方说：

> 你应当学习认识一切，
> 既要知道真理的坚固核心，
> 也要知道人们的那些不可以真正相信的意见。

他也和赫西阿德、克塞诺芬尼和恩培多克勒一样，用诗句来讲哲学。他以理性为真理标准，宣称感官是欺骗我们的。所以他说：

> 不要遵循这条大家所习惯的道路，
> 以你茫然的眼睛、轰鸣的耳朵以及舌头为准绳，
> 而要用你的理智来解决纷争的辩论。……

他的鼎盛年约在第六十九届奥林比亚赛会时[①]。……

2.〔亚里士多德："形而上学"，第一卷，第五章，页986b；D6〕据说巴门尼德是克塞诺芬尼的学生。

3.〔柏拉图："泰阿泰德"篇，页183E〕麦里梭等人说"一切是一并且是静止的"，和伟大的领袖巴门尼德本人一样。

4.〔亚里士多德："形而上学"，第一卷，第五章，页986b；D24〕巴门尼德似乎主张理论（ὁ λόγος）的一，麦里梭则主张物质的一，所以前者说一是有限的，后者说一是无限的。……巴门

---

① 公元前504—前501年。——编者

尼德似乎说得比较有见地。因为他提出"存在"以外并无"非存在"存在时,想到了"存在"必然是一,没有任何别的东西存在。

5.〔柏拉图:"泰阿泰德"篇,页180 **E**〕"只有'存在'始终不动,这是用来称呼一切的名称。"这就是巴门尼德、麦里梭以及他们的继承者的话,他们坚决主张整个"存在"是一,并且自己包含着自己,并无运动的余地。

6.〔柏拉图:"巴门尼德"篇,页127A;**D**5〕巴门尼德和芝诺曾在泛雅典娜大节来到雅典;巴门尼德在这次访问雅典的时候大约六十五岁,由于年老,所以头发雪白,但是相貌堂堂。芝诺那时近四十岁,身材高大,看起来很美;在他青年的时候,据说曾为巴门尼德所钟爱。

著 作 残 篇
〔论 自 然〕

1.〔**D**1〕载着我的驷马高车引我前进,极力驰骋随我高兴,后来它把我带上女神的天下闻名的道路,这条路引导有知识的人走遍所有的城。于是我的马车在那条路上趱行;拉车的马儿们十分聪颖,曳引着我前进,少女们指出了路径。车轴奔腾,在毂臼中磨出震耳的啸声,因为它的两端在旋转的车轮中飞速地滚。那时太阳的女儿们抛开黑夜的居所,掠过头上的纱巾,向着光明迈进。那里矗立着一座大门,白天和黑夜的路径就在这里两边分;门楣和石头的门限分明,以太的大门上两扇巨大的门扉闭得紧紧;保管启闭之钥的是狄凯,那司报应的正直女神。少女们用恭维的词令央告这位女神,聪明地劝诱她把拴牢的门闩从大门上挪开。于是门闩除去,嵌在轴函中的两根镀金柱子一根跟着一根转动,门道洞开。少女们正对着门道驱过驷马高车。女神亲切地将我接待。她握着我的右手,用下边的话语向我说:年青人啊,你由不朽的向导伴同着,乘着驷马高车来到我们的门庭,十分欢迎!领你上这条路的不是恶煞(因为这条路离开人们的道路确实很远),而是公平正直之神。所以你应当经验一切:圆满真理的不可动摇的核心,以及不含任何可靠真理的凡人们的意见。意见虽然不含真理,你仍然要加以体验,因为必须通过全面的彻底研究,才能制服那种虚幻之见。

要使你的思想远离这种研究途径,不要遵循这条大家所习惯的道路,以你茫然的眼睛、轰鸣的耳朵以及舌头为准绳,而要用你的理智来解决纷争的辩论。你只剩下一条道路可以放胆前进。

2.〔D2〕要用你的理智牢牢地注视那遥远的东西,一如近在目前。因为理智不会把存在物从存在物的联系中割裂开来,既不会使存在物的结构分崩瓦解,也不会使它聚集会合。

3.〔D3〕在我看来存在物是一个共同体①,我也就从这里开始。因为我将重新回到这里。

4.〔D4〕来吧,我告诉你(你要谛听我的话),只有哪些研究途径是可以设想的。第一条是:存在物是存在的,是不可能不存在的,这是确信的途径,因为它通向真理;另一条则是:存在物是不存在的,非存在必然存在,这一条路,我告诉你,是什么都学不到的。因为你既不能认识非存在(这确乎是办不到的),也不能把它说出来。

---

① 即联系体。——编者

四 爱利亚学派

5.〔D5〕因为思维与存在是同一的[1]。

6.〔D6〕我们不能不这样说和这样想：只有存在物是存在的。因为存在物的存在是可能的，非存在物的存在则不可能。这就是我教你牢记在心的。这就是我吩咐你避开的第一条研究途径。然后你还要避开另一条途径，在那条路上什么都不知道的凡人们两头彷徨。由于无计可施，因而摇摆不定的念头进入胸中，所以人们又瞎又聋，无所适从，为无判断力的群氓所推动。群氓认为存在与非存在同一又不相同，认为一切事物都在相反的方向中行动。

7.〔D7〕因为勉强证明非存在物的存在，乃是不可能的事情。你要使自己的思想远离这条研究途径。

8.〔D8〕所以只剩下一条途径可说，就是：存在物存在。在这条途径上有许多标志表明：因为它不是产生出来的，所以也不会消灭，完整、唯一、不动、无限。它没有过去和未来，因为它整个在现在，作为完整、统一、联系的（连续的）东西。因为，你要想给它找出哪种来源来呢？它是怎样生长，又是从哪里生长出来的呢？〔它既不能从存在物中产生，这样便会有另一个存在物预先存在了〕[2]，我也不能让你这样说或想：它从非存在物中产生。因为，存在物可以不存在，这件事是无法言说和不可思议的。它有什么必要不迟一点或早一点从虚无中出现和产生呢？所以它或者是永远存在，或者是根本不存在。

信心的力量也决不容许从非存在物中产生出任何异于非存

---

[1] 据策勒尔和柏奈特的考订，这句话的意思是："能够设想的东西与能够存在的东西是同一的。"——编者

[2] 依第尔斯辑补。——编者

在物的东西来。因此正义并不放松它的锁链,听任存在物产生和消灭,而是牢牢地抓住存在物。关于这一点,可以判定的乃是:或者它存在,或者它不存在。所以必然要断定:把一条途径当作不可思议、不可言说的途径抛在一边(这确实不是真正的途径),而把另一条途径看作存在的、实在的途径。这样看来,存在物怎样能在将来产生,又怎样能在过去产生呢?因为如果它在过去或将来产生,现在它就是不存在的了。所以产生是没有的,消灭也是没有的。

存在物也不可分,因为它的各个部分都是完全同样的,决不会有一个比较强大的存在物,能够妨碍它的联系;也决不会有一个比较细小的存在物。毋宁说存在物是整个充满着存在的东西的。因此存在物是整个联系着的,因为一个存在物与另一个存在物紧密地连接在一起。

但是存在物是不动地局限在无始无终的巨大锁链之内;因为产生和消灭已经被赶得很远,被真正的信念赶得无影无踪。存在永远是同一的,居留在自身之内,并且永远固定在同一个地方。因为强大的必然性把它局限在这个锁链之内,这个界限四面八方地围绕着它。因此存在物不应当没有穷尽。因为它是没有缺陷的。如果没有穷尽,它就是完完全全有缺陷的了。

思想与思想的目标是同一的;因为你决不能遇到一个思想是没有它所表达的存在物的。在存在物之外,决没有任何别的东西,也决不会有任何别的东西,因为命运已经把它固定在那不可分割而且不动的实体上。因此凡人们在他们的语言中加以固定的东西,都应当是空洞的声音;他们却自以为这些东西是真的,比如产生和消灭,存在和不存在,位置的改变和色彩的变更。

然而有一条最后的边界存在着，所以存在物各方面都是锁闭的，很像一个滚圆的球体，从中心到每一方面距离都相等。不应当有任何地方大一点或小一点。因为既没有一个"虚无"使联合解体，也没有一个存在物在这里比存在物大，在那里比存在物小，因为它是完全不可毁损的。因为那个与每一方面距离都相等的中心点，距离边界是均等的。

现在我结束我对于真理的可靠的言辞和思想。从这里起你将熟悉人们的意见，且听我的诗句的欺人虚构吧。

人们把看法固定在一点上，要提两种形式，这两种形式中有一种当然是不应当提的，他们就是在这一点上犯下了错误。他们把这两种形式加以分别，认为是对立的，并且把它们的标志互相分开：一种是以太的火焰，柔和，轻妙，自身各方面相等，与别的东西则不相等。另一种则正好相反，是无光的黑暗，一个又浓又重的形体。这种对世界的看法是表面的，我把它通统告诉你，这样，任何一种凡人的看法就都不能胜过你了。

9.〔D9〕由于一切个别事物被称为光明和黑暗，这两个名称按照其力量被分配给这些和那些事物，所以一切充满着光明，同时也充满着看不见的黑暗，这两者彼此是均等的。因为两者各不相谋。

10.〔D10〕你将经验到以太的实体，以太中的一切星体，纯净光明的太阳火炬的燃烧作用，以及它们是从哪里产生的，你也会察知那圆眼睛的月亮的迷惑作用和实质，你也会经验到那四面八方包围着的天是从哪里生出来的，以及必然性如何支配它们，迫使它们处在星辰的界限之内。

11.〔D11〕我要开始讲，大地、太阳、月亮、包罗万象的天上的以太、天上的银河、最外面的奥林普斯,以及星辰的炽热力量是怎样产生出来的。

12.〔D12〕那些较窄的环充满着纯粹的火,跟随在这些环带后面的环充满着黑暗,两者之间则流出火的一部分。在这些环的中央是支配一切的女神。因为她处处鼓动着充满痛苦的诞生和交配,把阴性的送给阳性的去匹配,把阳性的送给阴性的去匹配。

13.〔D13〕在一切神灵中,她(女神)首先创造了爱神。

14.〔D14〕夜间照耀的、借来的、绕着大地乱转的光[①]。

15.〔D15〕月亮始终瞧着太阳的光线。

16.〔D15a〕大地植根于水中。

17.〔D16〕因为在任何情况之下,心灵对它那些多方迷误的器官的混合状态的关系是怎样,心灵对人所起的作用就是怎样。因为在人身上思想的东西是同一的,就是他的各种器官的性质,所有的人都是如此,个别的人也是如此。因为思想是更多一点的东西。

18.〔D17〕在〔子宫的〕[②]右边〔生出〕[③]男孩,在左边〔生出〕[④]女孩。

19.〔D18〕因为当男人和女人把爱情的种子混合起来的时候,便形成一种力量,这种力量是爱情的种子在血管中由不同的血液造成的;当爱情的种子保持等量的混合时,便形成构造完善的身体。然而当不同的力量在混合的种子里冲突起来,并且在

---

① 指月光。——编者
②③④ 依第尔斯辑补。——编者

混合的身体中不能造成统一的时候,这种力量就以可怕的方式通过阴阳同体的现象殃及萌芽状况的生命。

20.〔D19〕按照意见看来,事物就是像这样产生的,现在是像这样存在着,从现在起到将来也会像这样生长,然后消灭。人们给这些事物中的每一种都加上一个固定的名称。

丙　芝　诺

（鼎盛年约在公元前464—前461年）

文 献 记 载

1.〔第欧根尼·拉尔修,第九卷,第五章,§25—29;D1〕芝诺是爱利亚人。阿波罗多洛在他的"编年史"中说,他是德娄泰戈拉的亲生子,被巴门尼德收为义子。……

这位芝诺作了巴门尼德的学生,并且成为他钟爱的人。柏拉图在"巴门尼德"篇中说他身材修伟,在"智者"篇以及"斐德罗"篇中称他为爱利亚的巴拉美德。亚里士多德说他是辩证法的创立者,就像恩培多克勒是修辞学的创立者一样,并且说他在哲学上和政治上都是一个出色的人。人们认为许多充满意义的书是他著的。

他蓄意推翻僭主内亚尔科,也有些人说他图谋推翻狄奥梅敦,因而被捕。这是赫拉克利德所著的"萨蒂罗概述"中说的。人们审问他,要他供出同谋,承认把武器供给李巴拉。他供称僭主的所有的朋友都与他同谋,以表明僭主已众叛亲离了。当他向僭主说了种种事情之后,他告诉他有一件事要附耳密谈,于是一口咬住僭主的耳朵不放,直到把耳朵咬下一大块来,就像诛杀僭主的阿里斯多吉敦所做的一样。德梅特留在《同名人》一书中说,他咬下的是鼻子。安提斯泰尼在《师承记》一书中说,当他供出僭主的朋友们时,僭主问他还有没有别的同谋,他答道:"有,就是你自己,你这个祸国殃民的东西!"他又向那些侍从们说:"你们这班卑怯汉,在我这样做了之后,你们还是继续做僭主的奴隶。"说完这些话,他就把自己的舌头咬下来,吐到僭主的脸上。这个城邦的公民们后来就起来用石头把僭主打死了。这是一般的传统说法。然而赫尔米波说芝诺被抛进臼里用杵捣死了。……

芝诺是个好人,他和赫拉克利特一样,蔑视有势力的人。他喜欢他的母邦,这是福开亚的殖民地,先称为薛雷,后称为爱利亚,一个单纯的城,只善于产生好人。他并不羡慕雅典的繁华,并不到雅典去居住,终生住在爱利亚。

他是第一个使用阿基里斯论证的人,虽然法博里诺把这个论证归之于巴门尼德和另一些人。他的学说是这样的:有许多世界。虚空是不存在的。万物的本性是由热和冷、干和湿产生的,这四种元素互相转化着。人是从土中生的,灵魂由冷、热、干、湿四种元素的等量部分构成。……

爱利亚的芝诺的鼎盛年约在第七十九届奥林比亚赛会时[①]。……

2.〔**亚里士多德**:"**形而上学**",第三卷,第四章,页1001b;**D21**〕如果统一本身是不可分的,那么根据芝诺的假定,它就是

---

① 公元前464—前461年。——编者

虚无。他认为一个东西如果增加一些并不变大,减少一些并不变小,这个东西肯定不存在,这显然是假定了存在的东西就是一个有空间上的大小的东西。如果一个东西有大小,那就是有体积的;因为有体积的东西在空间中的每一度都有存在,而其他的数学对象,例如一个平面或一条线,如果用一种方式加在另一个上面,会使所加的那个变大,如果用另一种方式加上去,却不会使它变大,一个点或单位加在另一个上则根本不会使它变大。

3.〔**亚里士多德:"物理学",第六卷,第九章,页239b**〕你不能在有限的时间内越过无穷的点。在你穿过一定距离的全部之前,你必须穿过这个距离的一半。这样做下去就会陷于无止境,所以,在任何一定的空间中都有无穷个点,你不能在有限的时间中一个一个接触无穷个点。

4.〔**同上**〕阿基里斯①永远追不上乌龟。他首先必须到达乌龟出发的地点。这时候乌龟会向前走了一段路。于是阿基里斯又必须赶上这段路,而乌龟又会向前走了一段路。他总是愈追愈近,但是始终追不上它。

5.〔**同上**〕飞着的箭是静止的。因为,如果每一件东西在占据一个与它自身相等的空间时是静止的,而飞着的东西在任何一定的霎间总是占据一个与它自身相等的空间,那么它就不能动了。

6.〔**同上**〕一半的时间可以等于一倍的时间。我们可以假定有三列物体,其中的一列〔A〕,当其他二列〔B,C〕以相等的速度向相反的方向运动时,是静止的〔图1〕。在它们都走过同样

---

① 希腊善跑的人。——编者

的一段距离的时间中,B越过C列中物体的数目,要比它越过A列中物体的数目多一倍〔图2〕。

〔图1〕　　　　〔图2〕

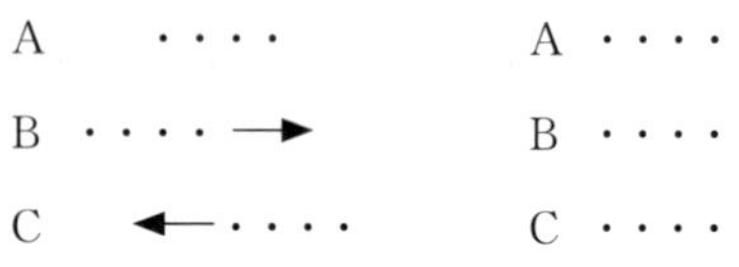

A　· · · ·　　　A · · · ·
B　· · · · →　　B · · · ·
C　← · · · ·　　C · · · ·

因此,它用来越过C的时间要比它用来越过A的时间长一倍。但是B和C用来走到A的位置的时间却是相等的。所以一倍的时间等于一半的时间。

7.〔柏拉图:"巴门尼德"篇,页127D〕〔苏格拉底说:〕[①] "芝诺,在你所说的那些话里,除了证明存在不是多以外,还有别的目的吗?你的论文的每一个部分,岂不是都企图提出一个单独的证明,来证明这一点:存在是一切,而尽量拟出许多的论证来证明多并不存在,以为反证?这是不是你的意思呢,还是我误解了你的意思?"

芝诺说:"不错,你正确地了解了我的总目标。"

苏格拉底说:"巴门尼德,我明白芝诺不仅愿意做在友谊方面与你相契的人,而且在他的著作中也愿意做与你一色一样的人;他把你的话用另一种方式说出来,却想使别人以为他告诉了人一个新的意思。在你的诗里,你认为一切是一,并且对这一点作出了卓越的证明;而另一方面,他却说没有多;他提供了说服性很强的证据来代你说话。你肯定统一,他否定繁多。你们用

---

① 按上文辑补。——编者

这种办法欺骗大家,使人们以为你们说出了不同的话,而其实你们说的是一回事。这种手法我们多数人是做不到的。"

芝诺说:"是的,苏格拉底。可是你虽然机灵得和斯巴达的猎犬一样,善于追寻迹象,你却没有完全了解这篇作品真正的动机,它并不是像你所想象的那样,是一件做作的作品;因为你所说的是一件偶然的事;我并没有怀抱什么大的目标,也没有存心打算欺骗大家。事实上是:我的这些论证的目的是保卫巴门尼德的那些论证,反对另一些取笑他的人,他们企图指出许多可笑的和矛盾的结果来,说是从对于一的肯定中得出来的。我的答复是说给那些拥护多的人听的,我有意把他们的攻击还给他们自己,指出他们假定多存在的那种看法如果推下去,看来要比假定一存在更加可笑。……"

著 作 残 篇

〔芝诺论自然〕

1.〔D1〕如果存在物没有大小,它也就不存在了。可是,如果它存在,它就必须每一个部分都有一定的大小和厚度,而且与别的部分有一定的距离。对于处在这一部分前面的那个部分,也可以说这样的话。那个部分自然也会有大小,也会有另外一个部分在它前面。这个同样的道理是永远可以说的。同一存在物(整体)的任何一个这样的部分都不会是最外面的边界,决不会有一个部分与其他部分是没有联系的。如果有许多的事物,那么这些事物必然同时既是小的又是大的:小会小到没有,大会大到无穷。

2.〔D2〕因为〔一个既无大小又无厚度和体积的东西〕,如果把它加到另一个有大小的东西上,是不会使那个东西变大的。因为如果将一个大小等于零的东西加在另一个东西上,是不能使那个东西大小上有所增加的。由此可见,所加上去的东西等于零。如果把这个东西从另一个东西中减去不会使那个东西变小,而把它加在另一个东西上也不会使那个东西变大,那么显然所加上的和所减去的东西都等于零。

3.〔D3〕如果事物是多数的,那就必须与实际存在的事物正好相等,既不多也不少。可是如果有像这样多的事物,事物(在数目上)就是有限的了。

如果有多,存在物(在数目上)就是无穷的。因为在各个个别事物之间永远有一些别的事物,而在这些事物之间又有别的事物。这样一来,存在物就是无穷的了。

4.〔D4〕运动的东西既不在它所在的地方运动,又不在它所不在的地方运动。

丁　麦里梭

（鼎盛年约在公元前444—前441年）

文 献 记 载

1.〔第欧根尼·拉尔修,第九卷,第四章,§24；D1〕麦里梭是伊泰根尼的儿子,萨摩斯人。他是巴门尼德的学生。他曾与赫拉克利特讨论问题,当时他曾向爱非斯人介绍他们所轻视的赫拉克利特,正如希波格拉底向阿布德拉人介绍德谟克里特一样。他是一个杰出的政治家,很得到他的同胞的推重,当时他曾被选为海军司令。他曾以他的个人美德引起人们空前的赞美。

他的学说认为宇宙是无限的,不动的,自相同一的,唯一的和充实的。运动是不存在的,只是一种外表的现象。他还说对于神灵不可以作确定的说明,因为对神灵是不能有认识的。

据阿波罗多洛说,他的鼎盛年约在第八十四届奥林比亚赛会时①。

2.〔艾修斯,第一卷,第七章,§27〕麦里梭和芝诺认为神是一和一切;一是永恒的和无限的。

著 作 残 篇

〔麦里梭论自然或论存在〕

1.〔D1〕存在过的东西在过去和未来都永远存在。因为如果它是产生出来的,它在产生之前就必然不存在。如果它不曾存在,它也在任何条件下都不能从虚无中产生出来。

2.〔D2〕因为它不是产生出来的,现在、过去和未来都永远存在,所以它没有开始和终结,而是无限的。因为如果它是产生出来的,它就有一个开始(必须有一个时候开始产生)和一个终结(必须一个时候终止产生)。如果它并未产生和终结,而是过去、未来、现在永远存在,那它就是既没有开始也没有终结的。然而一个东西如果不是全体,是不可能永远存在的。

3.〔D3〕但是,正如它永远存在一样,它在大小方面也永远应当是无穷的。

4.〔D4〕任何有开始和终结的东西都不是永恒或无限的。

---

① 公元前444—前441年。——编者

5.〔D5〕如果它不是唯一的，它就会与另一个东西对立而造成一种限制。

6.〔D6〕因为如果它是这样的〔即无穷的〕，它就是唯一的。因为如果它是两个东西，这两个东西就不能是无穷的，而是彼此对立，互为界限的。

7.〔D7〕（1）所以它是永恒、无限、唯一、完全齐一的。

（2）它不能在任何一个时候消灭、增长和变化，也不能感到痛苦或悲哀。因为如果它感到这些，它就不再是唯一的了。如果它成了别的东西，存在的东西就必然不再是齐一的，而应该是曾经存在而消灭的东西，和不曾存在而产生的东西了。如果它在一万年中会有丝毫的改变，它就一定会在永恒的时间中完全消灭。

（3）但是变化是不可能的。因为早先的形构并不消灭，不存在的形构也不产生。既然没有东西新增，也没有东西失去，也不会变成别的东西，那么它在变化之后怎样还能算是存在物呢？因为如果它变成了别的东西，它就是已经变化了。

（4）它也不能知道痛苦。因为如果它知道痛苦，它就不是全体了；因为一个知道痛苦的事物不能是永恒的，也没有一个健全的事物的那种力量。而它如果知道痛苦，它也就不是齐一的了。因为如果它知道痛苦，它就是增加或减少某一个东西，这样它就不再是齐一的了。

（5）健康的东西也不能感到痛苦。因为这样健康的东西和存在的东西就消灭了，不存在的东西就产生了。

（6）同样的证明也适用于悲哀的感觉。

（7）也没有虚空。因为虚空就是无有，无有的东西是不存在的。因此存在物也不能运动。因为它不能向任何地方移动，它是充实的。因为如果有虚空，它就向虚空中移动了。既然没有虚空，也就没有可供移动的空间。

（8）也不能有浓厚和稀薄。因为稀薄不能与浓厚同样充实，而由于稀薄便已经产生出一种比浓厚要空虚一些的东西。

（9）必须在充实与不充实之间作出下列的区别：如果一个东西能接受某物或采纳某物到自己之内，它就不是充实的；如果不能接受或采纳任何东西，它就是充实的。

（10）所以如果它不是空虚的，它就应该是充实的。如果它是充实的，它就是不动的。

8. 〔D8〕（1）这个说法是证明存在唯一的最重要的论证。但是以下几点也可以作为证明提出。

（2）如果有多数的事物，它们就必须具有与我所说出的"一"的属性相同的属性。如果有土、水、气、火、铁和金子，有的是活的，有的是死的，有的是黑的，有的是白的，诸如此类，如果人们认为真实的东西都是存在的，并且我们所见所闻的都是真实的，那么，这些东西中间的每一个东西，便都应当具有我们一起初就加给它的那种属性，也就是说，它不能变化或变成别的东西，每一个别的东西都应当永远和它原来一模一样。我们认为我们的视觉、听觉和思想是正确的。

（3）可是在我们看来热的变冷，冷的变热，硬的变软，软的变硬，活的死去，而且从无生命的东西中产生出活的东西来；这一切变化都在发生，一切过去和现在存在的东西都不是如一的，铁虽然硬，与手指相触却能被磨损，渐渐消失，金子、石头和一切被认为坚固的东西也是一样，土与石头也是从水中产生的。由此可见,我们是既不能看见也不能理解实在的。

(4)这是与事实不符的。因为虽然人们说,存在着多数永恒的事物,它们具有一定的形相和固定性,可是眼睛根据个别的知觉告诉我们,一切都在改变和变化。

(5)显而易见,我们的视觉是错误的,事物繁多这个外观是欺人的。因为如果它们是实在的,它们便不会变化,而是各自永远保持原有的样子。因为没有比实际存在的真理更有力的。

(6)如果有某物变化,存在的东西便会消灭,不存在的东西便会产生。由此可见,如果有多数的事物,这些事物就必须正好具有"一"所具有的那些属性。

9.〔**D**9〕如果它存在,它就应当是一。而如果它是一,它就不能具有体积。如果它有厚度,它也就有部分,那就不再是一了。

10.〔**D**10〕如果存在物分开了,它也就运动了。如果它运动了,它的存在就消失了。

五 阿那克萨戈拉

(约公元前500—前428年)

文 献 记 载

1.〔第欧根尼·拉尔修,第二卷,第三章,§5—13；D1〕阿那克萨戈拉是赫格西布洛或欧布洛的儿子,出生于克拉左美奈。他是阿那克西美尼的弟子,第一个把"心灵"(νοῦς)加在物质上面。他的著作是以一种优美富丽的风格写出的,开头几句是:"万物都在混沌中,然后有心灵出,对万物加以安排。"

他因出身高门和富有资财而著名,更因灵魂高卓而见重一时。这一点可以由他分赠遗产给亲属这件事证明。……

他最后终于摆脱一切献身研究自然,对政治毫无牵挂。有一天有人向他说:"你难道毫不关心你的祖国吗?"他指着天说:"不要胡说,我对我的祖国是最关心不过的。"据说当泽尔士① 渡海峡的时候,他是二十岁。他活了七十二岁。阿波罗多洛在他的"编年史"中说他生于第七十届奥林比亚赛会时②,死于第八十八届奥林比亚赛会的第一年③。他是二十岁时开始在雅典讲哲学的(参看法莱勒人德梅特留的"历任执政官名录"),在这个城里住了三十年。

---

① 希波战争中的波斯国王。——编者
② 公元前500—前497年。——编者
③ 公元前428年。——编者

他曾说太阳是一团燃烧着的物质,比伯罗奔尼撒半岛还大(这话有人说是丹塔罗说的),又说月亮上有人居住,有山有谷。他说最初的元素是一些"同类的部分"(ὁμοιομερείας);正如金子是由小金片构成的,整个世界也是由许多同类的小片构成的。他说运动的始基是"心灵"。物体中间,重的在下面,例如土,轻的在上面,例如火,水和气则在中间。因此海在土地上面,地是扁平的,水的微粒受太阳的热力而蒸发。星辰一起初作圆周运动,所以经常可见的极点便是天顶,但是后来发生了偏斜。银河是太阳光照不到的星辰的光的反射。彗星是发出火焰的游星聚集在一起,流星是被风刮出来的,同火花一样。风的产生是由于太阳使空气稀薄化,雷是由云彩撞击而来的,闪电则是云彩的摩擦。地震由吹入地下的风所造成。生物的形成是由于湿度、热度和土质的混合,然后自行繁殖,雄的由右边的精子产生,雌的由左边的精子产生。

有人说,他曾经预言陨石坠入爱戈斯·波大摩河,并且断言这陨石是从太阳落下的。因此他的弟子欧里披德在他的"费通"篇中说太阳是一团"金色的泥块"。人们还说他到奥林比亚去的时候预见到不免下雨,便披上了一件皮斗篷。有一天有人问他朗普萨柯山会不会变成海,他说有朝一日会的。……

西雷诺在他的"历史"第一卷中说在德弥洛任执政官的时候,有一块陨石从天上掉了下来,阿那克萨戈拉便断言整个天是由石块造成的,有一阵强烈的旋转运动使这些石块保持在一起,运动一停止,石头就掉下来了。

关于他受审判的事,有一些不同的传统说法。梭蒂雍在他的"哲学家的师承"中说,他被克雷翁控为不敬神灵,因为他把太阳说成一团炽热的物质,他的弟子柏里克勒保护了他,结果被判处罚金五塔仑特,并驱逐出境。但是萨蒂罗在他的"列传"中说,他是被柏里克勒的政敌图居第德所控告,被指为不仅不敬神灵,而且私通美迪人,被缺席判处死刑。……最后他隐居到朗普萨柯,便死在那里。

2.〔亚里士多德:"物理学",第一卷,第四章,页187a;D52〕阿那克萨戈拉也主张"无限",因为他接受了自然哲学家的共同意见,认为无中不能产生出有来,就是这个意见使他们确立了"原始的混合"($\mathring{\eta}\nu\ \delta\mu o\tilde{\upsilon}\ \tau\grave{\alpha}\ \pi\acute{\alpha}\nu\tau\alpha$),并且主张一定性质的产生就是变易,换句话说就是组合和分离。

3.〔亚里士多德:"形而上学",第一卷,第三章,页984a;D43〕克拉左美奈的阿那克萨戈拉虽然年纪比恩培多克勒大,哲学活动却进行得比较晚。他说始基的数目无限;因为他说一切事物都由同类的部分($\delta\mu o\iota o\mu\epsilon\rho\tilde{\eta}$)造成,这些部分具有着水或火的形式;万物的生灭只是由于结合和分离,此外并无其他意义的生灭,万物是永恒存在的。

4.〔同上书,同卷,同章,页984b;D58〕有一个人说,心灵($\nu o\tilde{\upsilon}\varsigma$)既在动物中,也在整个自然中,乃是秩序和一切条理的原因。他这样说时,与前辈的随便乱谈比起来,显得是一个明白人。我们知道阿那克萨戈拉确乎采纳了这种看法,不过据说克拉左美奈的赫尔摩底谟早已说出过这种看法。

5.〔艾修斯,第一卷,第三章;D46〕克拉左美奈人赫格西布洛的儿子阿那克萨戈拉,断言"同类的部分"是存在物的始基。他认为事物从虚无中产生或消灭为虚无是完全说不通的。我们吃的食物表面看来好像是单纯齐一的,譬如水和面包,可是从这食物却长出头发、筋腱、血管、肌肉、神经、骨骼和其他一切肢体来。因此应当承认，在我们所吃的事物中并存着一切事物，因而一切事物都能由它而增长。所以在这食物中便含有血液、神经、骨骼等等的发生部分，这些部分只能为理性所认识；因为不能把一切都归结到感官，感官只是给我们指出水和面包由这些物质构成，而只有凭借理性才能认识到这些物质包含着部分。因为这些包含在食物中的部分与这些部分所构成的物质是相似的，所以他称这些部分为"同类的部分"，并且断言这就是万物的始基，"同类的部分"是物质，安排宇宙的"心灵"是动力因。

6.〔卢克莱修："物性论"，行870—880；D44〕现在我们要根究一下阿那克萨戈拉的"同类的部分"，希腊人用这个名称来称呼它，我们的语言却无法翻译它。不过就事情本身来说，我们不难用一些话来说清楚他称之为万物始基的"同类的部分"是什么。在他看来，骨头是许多小骨头合成，肌肉由许多小肌肉合成；血液由许多混合在一起的血滴造成；金子由许多小金片造成，土由土的部分造成，火由火的部分造成，水由水的部分造成；其余的一切他也认为是这样造成的，他不同意物体中有空隙，也不承认物体的分割有一个限度……他以为各种事物都混在一起，在混合中，我所看到的只是那为数众多并且靠近表面的事物。

著作残篇

〔论　自　然〕

1.〔D1〕最初万物混在一起，数目是无限多，体积是无限小。因为小正是无限的。当万物混在一起时，由于微小，是不能把事物分清的。气和以太这两种无限的物质压制着其他的一切。因为在全部物质中,这两种物质在数目和体积上是最占优势的。

2.〔D2〕气和以太从周围的物质中分离出来,这个周围的物质从数量上说正是无限的。

3.〔D3〕在小的东西中是没有最小的东西的,总是还有更小的东西。因为决不可能使存在物不复存在①。在大的东西中也总是有更大的东西。大的东西的数量也和小的东西一样无限。每一件事物本身是既大而又小。

4.〔D4〕既然是这样的情形,我们就应该设想:在一切复合的事物中,包含着多数的、多方面的质料和万物的"种子"(σπέρματα),这些"种子"具有各种形式、颜色和气味。人就是这样组合起来的,一切具有灵魂的生物也是这样组合起来的。这些人同我们一样拥有所居住的城市和所耕种的土地,他们也同我们一样有太阳、月亮和其他的星辰,他们的土地供给他们许多各种各样的植物,他们把其中最好的收集到家里来赖以生活。这就是我对于这个"分别"的意见:我认为这个"分别"不但在我们这里产生,而且也在任何地方产生。

在这一"分别"之前,当万物混合在一起的时候,颜色还不能被清楚地认出来。因为万物混合在一起,湿的和干的相混,热的和冷的相混,明的和暗的相混,是有碍我们认出颜色的。并且,这时还包含着大量的土和无数彼此完全不相似的种子。因为在其他的质料中也没有一种和另一种完全相似。既然情形是这样

---

① 指不能借分割而使事物消灭。——编者

的,我们就应该承认:在全体中并存着万物。

5.〔D5〕当这样分别开之后,我们就应该认识到:全体是不能减少也不能增加的,因为多于全体是不可能的事;全体是始终如一的。

6.〔D6〕既然大的和小的都同等地有许多的部分,这样看来,也就是一切中包含着一切。这样也没有什么奇怪,一切分有着一切。既然不能有最小的东西,那么事物就不能孤立起来,不能独立地存在着,万物现在也应该是混合的,和最初一样。在万物中包含着许多根本的质料,无论是由原始混合中分出的大的东西或小的东西里都是一样。

7.〔D7〕因此我们既不能通过理性也不能通过事实来认识这许多分别出来的质料。

8.〔D8〕我们的统一的世界中所包含的那些质料并不是彼此孤立的,并不是刀砍斧截下来的,热不能与冷分开,冷也不能与热分开。

9.〔D9〕这些质料由于速度的力量而旋转,并且彼此分开。产生力量的是速度。但是这种速度与现今人类世界中任何事物的速度都不相似,这是一种完全不同的速度。

10.〔D10〕头发是怎样会从非头发产生,肉是怎样会从非肉中产生的呢?

11.〔D11〕在每一件事物中,都包含着每一件事物的一部分,只是不包含"心灵"的一部分。但是有些事物也包含着"心灵"。

12.〔D12〕别的事物都具有着每一件事物的一部分,但是心灵则是无限的、自主的,不与任何事物相混,是单独的、独立的、自为的。因为它如果不是自为的,而是与某种别的东西相混,那么它就要分有一切事物,而我已经说过它与某物相混。因为我已经说过,每一事物都包含着每一事物的一部分;与心灵相混的东西会妨碍心灵,使它不能同在独立自为的情况下一样好地支配一切事物。因为心灵是万物中最稀最纯的,对每一事物具有全部的洞见和最大的力量。对于一切具有灵魂的东西,不管大的或小的,心灵都有支配力。因此心灵也能支配整个涡旋运动,它推动了这个运动。这个涡旋运动首先从某一个小点开始,然后一步一步推进。凡属混合的东西、分别开的东西和彼此分离的东西,心灵都无不知晓。将来会存在的东西,过去存在过现已不复存在的东西,以及现存的东西,都为心灵所安排。同样地,现在分开了的星辰、太阳、月亮、气体和以太所进行的那种涡旋运动也为心灵所推动。可是它们的分离正是那种涡旋运动的结果。于是稀与浓分开,冷与热分开,明与暗分开,干与湿分开。有许多种质料的许多部分存在着。但是没有一件东西绝对与其他的东西分开,只是与心灵分开。心灵是同类的,无论大的或小的都一样。但是没有一件东西与别的东西相似,一个个体事物包含的某种部分最多,它现在和过去便由这个部分而被清楚地认识到。

13.〔D13〕当心灵开始推动时,在运动中的一切事物就开始分开;心灵推动到什么程度,万物就分别到什么程度。而这个涡旋运动和分离作用同时又造成了事物的更强烈的分离。

14.〔D14〕这个永恒的心灵,确乎现在也存在于其他一切事物存在的地方,以及周围的物质中,曾与这物质相连的东西中,和业已与它分离的东西中。

15.〔D15〕浓的和湿的、冷的、暗的结合到现在是地的地方,稀的和热的、干的则结合到以太的高空。

16.〔D16〕地由这些分离物凝聚。因为从云中分出水,从水中分出土,在冷的影响下从土中凝结出石头。石头比水分出得更远。

17.〔D17〕希腊人在说到产生和消灭时,是用词不当的。因为没有一件东西产生或消灭,它只是混合或与已经存在的事物分离。因此正确的说法是不说产生而说混合,不说消灭而说分离。

18.〔D18〕月亮的光借自太阳。

19.〔D19〕我们称虹为阳光在云上的反照。这是暴风雨的先兆。因为云中流出的水引起了风,降下了雨。

20.〔D21〕由于我们感官的无力,我们才不能看到真理。

21.〔D21a〕可见的东西使我们的眼睛对不可见的东西睁开了。

22.〔D21b〕〔在体力和敏捷上我们比野兽差〕[①],可是我们却使用我们自己的经验、记忆、智慧和技术。

23.〔D22〕〔阿那克萨戈拉在他的自然哲学中宣称〕[②],要了解蛋中的白色,就同讲谚语中的所谓"鸟的乳"一样。

---

①② 据第尔斯辑补。——编者

六 恩培多克勒

（鼎盛年约在公元前144—前141年）

文 献 记 载

1.〔第欧根尼·拉尔修，第八卷，第二章，§51—77；D1〕恩培多克勒，据希波博特说，是麦顿的儿子，恩培多克勒的孙子，阿格里根特人。蒂迈欧在他的"历史"第五卷中也是这么说的，并且还说这位诗人的祖父恩培多克勒是一位杰出的人物。……

蒂迈欧在他的"历史"第九卷中说，恩培多克勒是毕泰戈拉的学生，并且还说，他和柏拉图一样，犯了剽窃毕泰戈拉的言论的错误，因而被禁止参加毕泰戈拉盟会的讨论。……

德奥弗拉斯特肯定地说他是一个非常钦佩巴门尼德的人，并且在写诗的时候效法了他，因为巴门尼德也用诗体发表了他的论文"论自然"。……

亚里士多德在他的"智者"篇中称恩培多克勒为修辞学的创立者，正如芝诺是辩证法的创立者一样。……

蒂迈欧还在他的"历史"第十八卷中指出，恩培多克勒之受人钦佩，是多方面的。例如，有一次北风开始猛刮，伤害谷物，他曾经教人剥下驴皮，做成袋子，挂在山顶上，把风拦住。因为他阻止了风，所以被人们称为"阻风者"。赫拉克利德在他的"论疾病"中说，他供给了包萨尼亚①一些关于妇女昏迷症的

---

① 一个希腊名医。——编者

病例。……

亚里士多德也说他是酷爱自由，厌恶任何一种统治的人，因为克散陀在叙述他的书里说，人们要他做国王，他拒绝了，这显然是由于他宁愿过简单的生活。……

赫尔米波告诉我们，有一个阿格里根特的妇女，名叫班特姬，医生们认为她的病已经无救，他把她治好了。……

后来，有一次他坐车到墨西拿去参加一次庆祝会，从车上跌下来折断了腿，不治而死，那时他大约七十七岁。他的坟墓在麦加拉。关于他的年纪，亚里士多德的说法不同，因为他说他死时是六十岁；另外一些人则说他活了一百零九岁。他的鼎盛年约在第八十四届奥林比亚赛会时①。……

他的学说如下：有四种元素，火、水、土、气。友爱是使元素结合的东西，憎恶是使元素分离的东西。……

他说："各种元素的连续变化是不断的"，世界的秩序好像是永恒的。……

2.〔**亚里士多德："形而上学"，第一卷，第三章，页**984a；**D**28〕恩培多克勒说始基是四种元素，在已经被人说过的那几种②之外，又加上第四种——土；他说，因为它们是常住不变的，并不是产生出来的，只有在集合为一体和从一体中分离出来时，才会多一些或少一些。

3.〔**艾修斯，第一卷，第七章，**§28；**D**32〕恩培多克勒承认必然性是一，四种元素是它的质料，恨和爱是形式；他把各种元

---

① 公元前444—前441年。——编者
② 即水、气、火。——编者

六 恩培多克勒

素和由各种元素混合而造成的世界,以及万物在唯一的形式下结合而成的球体(Σφαῖρος),都看成神灵;他把灵魂看成女神,把纯粹地分享着灵魂的纯粹的东西看成男神。

4.〔**同上,第一卷,第三章,§20;D**33〕麦顿的儿子、阿格里根特人恩培多克勒承认有四种元素:火、气、水、土,并且承认有两种原始力量:爱和恨,一种是结合的力量,另一种是分离的力量。他把以太①称为温暖万物的宙斯,把气称为养育万物的赫拉,把土称为爱多纽,讷斯蒂和生命源泉则是指精液和水。

5.〔**同上,第二卷,第七章,§**6;**D**35〕各种元素的位置并不是永远固定和一定的,而是互相交换的。

6.〔**亚里士多德:"形而上学",第一卷,第四章,页**985a;**D**37〕恩培多克勒应用〔爱和恨〕②这两种原因虽然〔比阿那克萨戈拉应用心灵〕③更加广泛,但是并不把它们看得那样充分,也不把它们用得那样固定。至少,在许多场合他是让爱来分离事物,让恨来结合事物的。因为当宇宙分解为各种元素时,火便结合为一体了,其他各种元素也都如此。而当各种元素在爱的影响下重新结合为一体时,各个部分又必须从每种元素里分离出来。恩培多克勒与他的前辈相反,他第一个以分开的方式来讲这个原因,不提出一种运动源泉,而提出两种不同的、相反的运动源泉。他又是第一个讲四种物质元素的;然而他并不应用四种,而只是把它们讲成两种;他讲火是讲火本身,而把火的对立物土、气和水当作一类事物来讲。

---

① 即火。——编者
②③ 按上文辑补。——编者

7.〔艾修斯，第一卷，第二十四章，§2；D44〕恩培多克勒，阿那克萨戈拉，德谟克里特，伊壁鸠鲁以及一切用极细微的物体的结合来构成世界的人，都是讲组合与分离的，而不讲产生和消灭；因为产生和消灭并不是凭借变化在质上发生的，而是凭借结合在量上发生的。

8.〔同上，第一卷，第二十六章，§1；D45〕必然性乃是使始基和元素动作的原因。

9.〔同上，第一卷，第五章，§2；D47〕恩培多克勒说：世界是一个，但是世界并不是全体，它只是全体的一个小部分，其余的则是僵死的物质。

10.〔同上，第二卷，第十一章，§2；D51〕恩培多克勒说：天是坚固的，由同样的气凝聚为冰而形成；它包含着分为两个半球的火与气。

11.〔同上，第二卷，第四章，§8；D52〕恩培多克勒说：世界的产生与消灭，是依照爱或恨占统治地位而定。

12.〔同上，第二卷，第二十章，§13；D56〕恩培多克勒说：有两个太阳：一个是原型，是永远充满着世界两个半球之一的火；另一个是外观的太阳，是第一个太阳的反映。总起来说，太阳是围绕大地的火的一个反映。

13.〔同上，第二卷，第二十五章，§15；D60〕月亮是凝聚的气造成的，很像一片云。

14.〔同上，第三卷，第八章，§1；D65〕恩培多克勒和斯多葛派认为：冬天的产生是由于趋向膨胀并且趋向上升的气占统治地位；夏天则相反，相当于趋向下降的火占统治地位。

15.〔同上，第五卷，第二十六章，§4；D70〕恩培多克勒说，树是第一个从土里生长出来的生物,在太阳长成之前,并且在昼和夜分别开来之前。从它们的混合物的对称中,它们包含着雌雄两性的比例。它们发育、生长,是由于土地中间的热,所以它们是土地的一部分,正如胎儿是子宫的一部分一样。果实是植物中的水和火的分泌物。包含湿度不足的树木,当湿气被夏季的热度蒸发时,叶子便枯落了,而包含湿气较多的树木则是常绿的,例如月桂、橄榄、棕榈便是如此。味道的不同,是由于土地中所包含的颗粒各异,以及植物从土地中所摄取的颗粒不同,例如葡萄便是如此;使酒好的,并不是葡萄的不同,而是培养葡萄的土壤的不同。

16.〔同上,第五卷,第十八章,§1;D75〕当人类从土中生出来的时候,太阳走得很慢,一天的时间有十个月那么长;在后来的时代里,一天的时间就只有七个月那么长了;就是因为这个缘故,所以有十个月生的和七个月生的。

17.〔同上,第五卷,第二十七章,§1;D77〕动物以对它们适合的东西作为养料,依靠温度的呈现而长大;它们的衰弱和损耗是由于缺乏这种或那种东西而造成。今天的人与最初的人比起来好像儿童。

18.〔同上,第五卷,第二十二章,§1;D78〕肌肉的形成是由于四种元素等量部分的混合,神经由火和土与双倍的水结合而成,动物指甲的形成是由于神经与空气接触表面受冷,骨头是由两份水、两份土和四份火混合而成。汗和泪是由一部分血液而来的,这种血液被温度弄得流动性更大,更加精细,因而能够流出来。

19.〔同上,第五卷,第二十一章,§1;D83〕在人,节肢的分化是开始于第三十六天,肢体的形成是在第四十九天。

20.〔同上,第五卷,第二十四章,§2;D85〕睡眠相当于血液的温度适度地变冷,死亡相当于完全变冷。

21.〔德奥弗拉斯特:"论感觉",柏奈特:"早期希腊哲学",页246〕恩培多克勒以同样的方式来讲一切感觉,他说知觉的形成,是由于有一些各自与一种感官的通道相配合的"流射"。因为这个缘故,一种感官是不能判断另一种感官的对象的;因为有些感官的通道对感觉对象太宽,而另一些感官的通道对感觉对象太窄,所以这些感觉对象或者是一直穿过通道而没有接触到,或者是根本不能通过。

22.〔同上〕他也试图说明视觉的本性。他说眼睛的内部是由火构成的,而眼睛的周围则是土与蒸汽,由于眼睛的精细,所以火能够像灯笼里的光一样通过土与蒸汽。火与水的通道是安排得一条隔着一条的;通过火的通道,我们看到发光的对象,通过水的通道则看到黑暗的对象;每一类对象都各自与一类通道相配合,各种颜色是由"流射"带给视觉的。

23.〔同上〕但是眼睛并不是以同样方式构成的;有些眼睛是由相同的元素构成,有些眼睛则是由相反的元素构成;有些眼睛的火在中心,有些眼睛的火则在外边。因为这个缘故,有些动物白天看得清楚,有些动物夜晚看得清楚。火少的眼睛白天看得清楚,因为其中的火要与外面的火平衡;包含与火相反的元素即水较少的眼睛夜晚看得清楚,因为这样它们的缺陷得到了弥补。但是,在相反的情形之下,这两种眼睛便以相反的方式起作用了。火占优势的眼睛白天看不清,因为还在继续增加的火会阻塞并占据水的孔道。水占优势的眼睛,他说在夜晚也发生同样的困难,因为火被水阻碍了。这样下去,一直要等到水被空气分出去了,才看得清,因为在这两种情形之下,弥补的东西都是相反的东西。气质最好的、最出色的眼睛,是两种元素的比例相等的眼睛。这就是他对于视觉所说的话。

他主张听觉是由外面的声音造成的,当语音所推动的空气在耳朵内部鸣响时,便产生了听觉;因为听觉是耳朵内部的一种钟鸣,他把耳朵称为一种"肉芽"。空气振动时,便打击坚硬的部分产生出一个声音来。他主张嗅觉由呼吸作用而来,就是因为这个缘故,嗅觉最灵敏的人的气息造成最强烈的运动,而且最浓的气味来自最细最轻的物体。至于触觉和味觉,他并没有指出它们是怎样产生的,也没有指出它们是凭借什么而产生的,他只是告诉我们一个可以普遍应用的解释,说感觉是由于对孔道的适应而产生的。快乐的产生,是由于元素的相同以及相同元素的混合;痛苦的产生,是由于元素的相反。

24.〔同上,柏奈特:"早期希腊哲学",页247〕他对思想和无知也作了十分相似的解释。思想是从相同的东西而来,无知是从相异的东西而来,这就等于说,思想与知觉是相同的,或者几乎是相同的。因为他在列举出我们借每件事物本身而认识每件事物之后,又补充说:"因为一切事物都由这些东西构成,并且与这些东西相配合,就是因为这个缘故,人们思想和感觉到快乐和痛苦。"因此,我们主要是用我们的血液来思想,因为在血液里面,身体一切部分的各种元素都十分完全地混合在一起。

25.〔同上〕所以凡是身体中各种元素均等地混合在一起的人,或者近乎均等地混合在一起的人,以及身体中各种元素的间隔不太远，而且元素既不太小也不太大的人，都是最聪明的，具有的知觉也最多。与这些人越接近的便越聪明。情况与此相反的人便是愚蠢的。身体中各种元素为间隔所分开，并且很稀松的人，是愚笨而且勤劳的；身体中各种元素挤得很紧，并且分裂为许多极细的小片的人，乃是冲动的，他们企图做许多事情而完成的却很少，因为他们的血液流动得太快了。

著 作 残 篇

〔论 自 然〕

1.〔D1〕包萨尼亚，聪明的安期多的儿子，听着！

2.〔D2〕因为散布在人们的肢体上的感觉器官是局促的。侵袭在人们身上的灾难很多，使他们的精神迟钝。他们只看见自己的生活的一小部分，便离开生命，结束短促的一生，像青烟一样没入空中。所以每一个人都只是相信自己在多方面的迷途中所碰到的东西，而人人却自以为发现了全体。对于人们，全体是很难看见、听见或者用精神掌握住的。但是当你走出了正路的时候，你至少应当意识到你是当然无法越过人的感觉和精神的。

3.〔D3〕……牢记在你沉默的心中。

4.〔D4〕神灵啊，请你们使这些人的谵语离开我的舌头，使纯洁的泉源从我圣洁的嘴里流出来！为人们多方礼赞的、白臂的处女缪斯啊，我要求你，请你护送那便于驾驶的歌车由虔诚的国度前进，并且让朝生暮死的人们听到歌声！你不可能迷恋凡人献上的桂冠，把它从地上拾起，骄傲地说出非分的语言，以此爬上智慧顶峰的宝座！不能这样。你要用各种官能来考察

六　恩培多克勒

每一件个别事物,看看它在多大的范围内是明白的,不要认为视觉与听觉比较起来更加可靠,也不要认为轰鸣的听觉比清晰的味觉更高,也不要因此低估其余各种感官的可靠性,因为只有一条认识的途径;你要就每一件个别事物明白的范围来认识它们。

5.〔D5〕然而在心中有甚多的卑贱的东西,不相信那坚固的东西。我们的缪斯①的口中启示出坚固的东西,但是你要先通过自己的精神把她的话加以过滤,然后认识它。

6.〔D6〕你首先要听着,一切事物有四种根源:照耀万物的宙斯,养育万物的赫拉,以及爱多纽和讷斯蒂②,它们让自己的泪水成为变灭的东西的生命泉源。

7.〔D7〕〔这四种元素〕③不是产生出来的元素。

8.〔D8〕我还要告诉你另外一件事:任何变灭的东西都没有真正的产生,在毁灭性的死亡中也并没有终止。有的只是混合以及混合物的交换:产生只是人们给这些现象所起的一般名称。

9.〔D9〕当各种元素混合在人身上时,或者混合在野兽、植物或鸟类身上时,人们便说是产生了。当各种元素彼此分离时,人们便又说有了不吉的死亡了。人们这样说是不对的,不过我也依照习惯说话。

10.〔D11〕这些傻子们! 他们的思想只是鼠目寸光,因为他们相信一个不存在的东西能够产生,一个存在的东西能够完

---

① 诗歌女神。——编者
② 借神名指火、水、土、气四种元素。——编者
③ 依第尔斯增补。——编者

全死去灭尽。

11.〔D12〕因为既然从根本不存在的东西里不可能产生出任何东西来,所以根本不能说存在的东西能够消灭,那是闻所未闻的。因为存在的东西永远存在,不管人们是把它放在什么地方。

12.〔D13〕在全体中既没有空虚,也没有过剩。

13.〔D14〕既然全体中没有空虚,怎样可以加东西上去呢?

14.〔D15〕任何一个聪明人都不会像这样幻想:我们的所谓寿命活多么久,我们就存在多么久,遭遇到幸福和灾难的时间就有多么久,相反地,在我们变灭的人(由各种元素)集合而成之前,以及在我们分解之后,我们就是纯粹的虚无。

15.〔D16〕因为既然这两种力量(爱和恨)以前存在,那么它们以后也存在,我认为,这两种力量的无穷永恒性是决不会被剥夺的。

16.〔D17〕我要告诉你一个两重的道理。在一个时候,一个个别的存在物由多数事物结合长成,在另一个时候,这个存在物又分解了,由一个东西成为多数事物。既然变灭的事物的产生是双重的,它们的消灭也是双重的。因为万物的结合既形成而又破坏一个东西,另一个刚生长出来的东西当元素分离时又解体了。这种经常的变化从不停止:在一个时候,万物在"爱"中结合为一体,在另一个时候,个别的事物又在冲突的"恨"中分开。所以,就一从多中产生,多又从一的分解中产生而言,事物是产生的而又并不是不变的。可是,就经常的变化从不停止而言,事物是始终处在不可动摇的存在循环之中。

六 恩培多克勒

听着我的话！因为学习可以使你的精神增强。当我表明我的讲话的目的时，我已经在前面说过，我要说出一个两重的道理。在一个时候，一从多中聚集而长成一个个别的存在，在另一个时候，它又分解了，从一成为多：火，水，土，以及无限高的气，在这四种元素之外更有那毁灭性的"恨"，它在任何地方都是同样重要的，在四种元素中更有"爱"，爱的长和宽是相等的。用你的精神去考察"爱"吧（不要睁着惊讶的眼睛坐在那里），因为"爱"也在变灭的肢体中生着根，并且起着作用。友爱思想的产生，统一工作的完成，就是凭借着爱；因此人们称它为喜乐之神或爱神。爱也是在那些元素中旋转的东西，不过个别的变灭的人是不知道这一点的。你要倾听真实的证明过程！

那些元素的力量是相等的，谁也不比谁更强。其中每一种都有不同的作用，每一种都有特殊的本性，它们依次在时间的循环中占据统治地位。没有任何东西在元素以外产生，元素也不消灭。因为元素如果逐渐消灭，就不再存在了。有什么东西能使全体增大呢？这个东西又能从哪里而来呢？既然这些元素毫无空虚，全体又怎样会消灭呢？不，只有元素存在，由于它们互相奔赴，便时而产生这个东西，时而产生那个东西，并且像这样一直下去，永无止境。

17.〔D20〕两个力量的这种竞争，由人的四体百骸可以看得很明显：在一个时候，当生命力洋溢的时候，在爱的统治之下，一切肢体便团结起来成为一个整体，在另一个时候，由于各种可恶的冲突力量，一切肢体便各自分离，颠倒错乱，在生命的边缘上挣扎。植物，住在水里的鱼类，住在山上的兽类，以及用翅膀在云中翱翔的水鸟，也都是这样的。

18.〔D21〕来吧,看一看我前面说的这些话的进一步的证据,看看我在前面的描述中,在关于它们(元素)的形式方面,是否还有什么缺点:看一看那使万物温暖、普照万物的太阳;看一看那些浸润着温暖和光辉的不朽的天体;看一看那到处表现出黑暗与寒冷的雨水,以及从地中涌出的稳固坚牢的东西①。这一切在冲突中现出种种不同的形相,并且分离开来,然而在爱中却结成一体,彼此眷恋。

因为从这些元素中生出一切过去、现在、未来存在的东西,树木,男人,女人,兽类,鸟类,水里的鱼类,以至于长寿和受尽崇敬的神灵。

因为只有这(四种元素):它们互相奔赴,变成种种不同形相的事物;相互的混合所造成的变化是这么大。

19.〔D22〕因为这一切元素——太阳、地、天、海②——都与它们的部分在"爱"中间连成一气,这些部分远远地离开了它们产生的变灭的世界里面。一切迫切要求混合的东西,也同样是彼此相似,在"爱"中连成一气的。相反地,凡是在来源、混合和外形上都相距极远的东西,则彼此极度仇视,完全不习惯于结合,垂头丧气地听从"冲突"的命令;就是"冲突"使它们产生出来的。

20.〔D23〕就像画家画出丰富多彩的奉献给神灵的图画一样,那些天生善于绘画艺术的人用双手选取各种颜色的颜料,把它们和谐地混合起来,这一样多一点,那一样少一点,画出各种

---

① 太阳指火,天体指气,雨水指水,坚牢的东西指土。——编者
② 即火、土、气、水。——编者

酷肖的形相,有时画出树木,有时画出男人和女人,有时画出鸟兽和以水为养料的鱼,有时也画出长寿而且受尽崇敬的神灵:一切变灭事物的来源也是这样,至少我们很清楚地认识到的无数事物是这样来的;除了这(四种元素)以外没有别的东西。关于这一点应当没有任何幻觉迷惑你的精神!不会的,要知道这是确切的!你已经听到了神灵的声音。

21.〔D27〕在那里(在球体中)分不出太阳的敏捷的肢体,也分不出大地的毛茸茸的力量,也分不出海洋。滚圆的球体处在和谐的固定牢狱中,在它的面面孤独的状态中自得其乐。

22.〔D27a〕在它的肢体中没有纷争,也没有不当的冲突。

23.〔D28〕然而这个滚圆的球体在各个方面都相等,并且到处是无限的,它在面面孤独的状态中自得其乐。

24.〔D29〕它的背上并不长出两个分支,它没有脚,也没有敏感的膝盖,也没有生殖器,它是一个球,各个方面都是相等的。

25.〔D30〕然而当冲突在(球体的)肢体中增长,并且向着荣誉上升之后,当它们(爱和恨)相互牵制的严密誓约满期的时候……

26.〔D31〕那时神的一切肢体便依次震动了。

27.〔D32〕关节结合着两个东西。

28.〔D33〕当无花果汁使白色的乳浓缩并且结合起来时,就是这样的。

29.〔D34〕面粉与水相黏合。

30.〔D35〕我还要重新回到我在上面所讲的那条歌唱的途径上,从一句话引出另一句话。当冲突到达旋涡的最深处,爱到达旋涡的中心时,这一切便在爱中间结合起来形成一个统一体,这并不是一下造成的,而是一个从另一个而来,自愿地结集在一起。从这个混合中便生出变灭的生物的无数种族。然而当冲突仍然在那里盘旋时,在混合了的东西之间仍旧有许多未混合的东西。因为冲突并不是完完全全地从那里走出来,到了圆圈的最外边,而是仍然部分地在其中盘踞着,不过它也部分地从(全体的)肢体(元素)中出来了。它越跑出来,无瑕的爱的柔和神圣的冲力便愈向前推进。于是变灭的事物就很快地生长出来了,它们以前原本是不朽的,那些混合物,原本是纯粹的,现在改变了道路了。从这些混合中流出了变灭的生物的无限种族,具有多种多样的形式,蔚为奇观。

31.〔D36〕当这一切结集时,"冲突"就退到最外的边缘上了。

32.〔D37〕〔火增加火〕[①],土增加土,气增加气。

33.〔D38〕来吧,我要告诉你那些最初的、原始的元素,我们现在所看见的一切便是从这些元素中产生的;以及土地,充满波涛的海,潮湿的水汽圈,和那环抱整个圆圈的气——泰坦。

34.〔D41〕那〔在水晶体里〕[②]集合起来的太阳之火遍历广大的天宇。

35.〔D42〕当太阳经过月亮的上面时,月亮遮掩了〔太阳的〕[③]光线,在地上投下一个黑影,和那光亮的月亮一样大。

36.〔D43〕阳光碰到广大的月轮,就立刻回转过来,照射到天上。

---

①②③ 依第尔斯辑补。——编者

六 恩培多克勒

37.〔D45〕有一种圆形的、借来的〔月〕①光环绕地球旋转。

38.〔D46〕就像车轴绕着那极远的〔目标〕②旋转一样……

39.〔D47〕因为月亮面对着庄严神圣的日轮。

40.〔D48〕大地遮住落下去的太阳的光线而造成黑夜。

41.〔D50〕虹从海里带来风或暴雨。

42.〔D51〕〔火〕③则急速地向上升。

43.〔D52〕在地下燃着许多火。

44.〔D53〕气在它的行程中有时以这样的方式,也常常以别样的方式〔与其他的元素〕④相遭遇。

45.〔D54〕气在土中生下深根。

46.〔D55〕大地的汗就是海。

47.〔D56〕盐遇着强烈的阳光便凝固了。

48.〔D57〕从土里生出许多没有脖子的头,有许多没有肩的胳臂游来荡去,还有一些没有额的眼睛游荡着。

49.〔D58〕个别的肢体游荡着〔追求相互结合〕⑤。

50.〔D59〕当一个神与另一个神⑥大规模地交手时,这些肢体就相结合了,有一些个别的肢体相遇了,而另外许多肢体还在外面继续不断地生出来。

51.〔D60〕长着无数只手的蹒跚而行的动物。

52.〔D61〕那时生下了许多长着两个脸和两个胸膛的动物,浮现出一些上半截是人下半截是牛的动物,还有一些人身牛首的动物,还有一些半男半女的动物,长着不能生育的生殖器。

---

① ② ③ ④ ⑤ 依第尔斯辑补。——编者
⑥ 即爱和恨。——编者

53.〔D62〕现在来听一听那分开的火怎样使男人和可悯的女人的那些包裹在黑夜中的胚芽产生出来的吧！因为我的话并不是无的放矢，也不是不合理的。首先浮现出一些粗粗地团起来的土块，包含着适量的水和温度。火把它们抛掷到高处，因为它们要力求接近与它们相同的〔天上的火〕①。它们还没显示出各种肢体的可爱的形象，也没有人所常有的声音和生殖器。

54.〔D63〕可是〔人的〕②各种肢体的来源是有分别的：一种肢体包含在男人的种子中，〔另一种肢体藏在女人的种子中〕③。

55.〔D64〕性欲接近了它，性欲通过视觉引起了记忆。

56.〔D65〕它们〔男人的种子与女人的种子〕④流到纯净的子宫里。它们遇到寒冷，便产生出女孩，〔遇到温暖，便产生出男孩〕⑤。

57.〔D67〕因为男性产生在比较温暖的子宫里。因此男人比较黑，比较强壮，毛发比较多。

58.〔D84〕一个人在冬天的夜晚要想外出，要预先点起一个照明的火，预备一个灯，一个面面都能防风的灯笼；灯笼虽然隔断了吹刮着的风，灯光却透到外面来，因为它是很精致的，并且用不倦的光线照亮天空；同样情形，当时〔当眼睛形成的时候〕⑥那永恒的火就藏在表皮上圆圆的瞳孔后面，包着薄薄的帷幕，帷幕上有奇妙的正好穿过的小孔可以通过。这些帷幕挡住四周流着的水流进来，但是却让火穿出去，因为火是非常精致的。

---

①②③④⑤⑥　依第尔斯辑补。——编者

六 恩培多克勒

59.〔D85〕柔和的火焰〔当眼睛形成的时候〕①偶然地只接受一点混合着土的东西。

60.〔D86〕神圣的爱神从这些元素中造成了永不疲倦的眼睛。

61.〔D87〕爱神用爱的钉子②造成了……

62.〔D88〕两只眼睛的视觉是一个。

63.〔D89〕知道从一切产生出来的事物里都有东西流出来……

64.〔D90〕所以甜的抓住甜的,苦的冲向苦的,酸的趋向酸的,热的与热的跑到一起。

65.〔D91〕水与酒可以和在一起,与油却不能混合。

66.〔D92〕正如把锡与铜混合在一起一样。

67.〔D93〕紫丁香的浆果与细麻布的颜色混合在一起。

68.〔D94〕河底的黑色是由阴影而来,在深洞中也同样看到黑色。

69.〔D95〕因为它们③最初是在爱神的手里形成的。

70.〔D96〕性情温和的土在宽广的锅中接受了八分之二的讷斯蒂的光辉,以及四分的赫斐斯特④。于是便产生出白色的骨头来,这些骨头由于和谐的胶质而极其神妙地连结在一起。

71.〔D97〕脊柱的形成,是由于动物产生时有一阵偶然的扭曲把它折断了。

---

① 依第尔斯辑补。——编者
② 指结合。——编者
③ 指眼睛。——编者
④ 指火。——编者

72.〔D98〕土在爱神的完善的港湾中靠了岸,遇到了这些(赫斐斯特,水和光辉的气),几乎比例都是一样的,有的稍微多一些,有的与大多数的比起来稍微少一些。从这里面便产生出血液和各种不同的肌肉来。

73.〔D99〕〔耳朵〕①像一口钟。〔他称之为〕②肉芽。

74.〔D100〕所以一切动物都呼吸。一切动物都有一些没多少血的肉管子分布在身体的表面,管子的开口在最外面的表皮上,表皮上开着许多小口,所以血液虽然在里面,空气却能通过这些开口自由进入。当稀微的血液从这里流过时,急速的气浪便跟着涌进,反之,当血液流回来时,空气就又流出来,情形就像一个女孩子玩发亮的铜制计时水管一样。当她用美丽的手压住管颈上的开口,把这个计时器浸入银水③的柔软物质中时,银水并不进入这个器皿,从内部向底下的无数小孔落的空气的重力把银水往回堵住了,这样一直要等到把手拿开,放出压缩的气流为止。然后空气让出多大空隙,就流进多少水。同样情形,当水充满铜管,而管颈与开口被人的皮肤塞住时,要从外面往里跑的空气就把液体往窄狭的管颈的出口挤压,因为空气把管颈的末端封住了,这样一直要到她把手拿开为止。然后和以前相反,空气又流了进来,空气进来多少,水就流出多少。稀微的血液也就是这样,它通过肢体流动:当它向内部倒流时,气流便一阵一阵地挤进,当它又流回来时,空气又以同样的方式流出了。

75.〔D101〕〔狗〕④用鼻子闻出野兽的足迹,因为野兽把脚

---

① ② 依第尔斯辑补。——编者
③ 即水银。——编者
④ 依柏奈特辑补。——编者

上的气味留在草地上了。

76.〔D102〕所以所有的生物都具有呼吸和嗅觉。

77.〔D103〕所以所有的东西都按照命运的意志赋有意识。

78.〔D104〕物体愈轻,便愈有机会碰到一起。

79.〔D105〕心生活在对流的血液洪流里面,心正是人们所谓思想力的所在地。因为围绕着心涌流的血液就是人的思想力。

80.〔D106〕人的理智的生长,是按照着当时的身体状况。

81.〔D107〕因为一切都是由它们(元素)适当地结合而成,都是凭借着它们而进行思想,感觉快乐和痛苦。

82.〔D108〕人们不同的程度有多大,他们的思想不同的程度便是多大。

83.〔D109〕因为我们是以自己的土来看土,以自己的水来看水,以自己的气来看神圣的气,以自己的火来看毁灭性的火;更以我们的爱来看〔世界的〕①爱,以我们的可厌的恨来看它的恨。

84.〔D110〕如果你以你坚定的精神,以纯洁的努力,亲切地来考察它②,你就不仅会终生服从它的命令,而且会从中得到许多别的东西。因为这个宝库长入你的内心,心正是每一个人的本性。如果你要想探求另外一些宝藏,既然这些东西是人们所习惯的,是数不清的,很可怜的,阻塞人的思考的,那么,它们就会在时间的流转中立刻使你变糊涂。因为这些东西都渴望回

---

① 依第尔斯辑补。——编者
② 似指老师的教训。——编者

到它们自己的本源。因为你只要知道,一切都有意识,都赋有自己的一份思想。

85.〔**D**111〕凡是医治疾病和衰老的药品,你都会认识,因为我愿意把这一切只传给你一个人。你会能够平息那不倦的风的力量,它横扫大地,摧毁田园;如果你愿意的话,你还可以使风向逆转。你会使阴暗的雨水变成对人有益的干燥,可是你也会使夏季的干燥再变成滋养树木的大雨从天而降,最后,你还会使死人从地下复生。

七 留基波与德谟克里特

（约公元前460—前370年）

文 献 记 载

1.〔第欧根尼·拉尔修，第九卷，第七章，§31〕留基波是爱利亚人，也有人说是阿布德拉人，又有人说是美利斯人。他是芝诺的学生。他认为一切事物是无限的，并且互相转化，全体是虚空的，其中充满了许多物体，当这许多物体进入虚空中并彼此混合时，就形成许多世界；星体就是由这些物体的运动和凝聚而产生的；太阳循着一个更大的圆周环绕月亮运动；地球则由于一种旋转运动而被留置于中心，它的形状像一面鼓。他的意见概括起来就如上述。详细地说是这样：他说宇宙是无限的，这我在上面已说过了，其中一部分是充满的，一部分是空虚的。那些元素以及元素所造成的世界都是无限的，并且世界又分解为元素。那些世界是这样形成的：在无限中的某一部分，有许多不同形状的物体在广阔无垠的虚空中彼此结合起来，它们聚集在一起，就形成一个旋涡，由于这种涡旋运动，它们彼此冲撞，并且按照各个方向转动，这样就被彼此分开，而相似的物体就和相似的结合起来了。由于它们数目之多而不能保持平衡，最轻的物体就像过了筛似的被抛向外面的虚空中，而其余的就留在中心，更紧密地结合起来，成了最初的一团球形的东西。这球形的一团最初像一层壳包着各种各样的物体。这些物体由于来自中心的推动力而旋转，并且又在外面形成了一个小的壳，而随着和这涡旋的接触，新的物体又永远不断地依附于这个小的壳。地球就是这样形成的：被抛向中心的物体就留在那里，而外围像一个壳的部分由于外面物体的流入而不断增大，并且在涡旋运动中，把它所接触到的物体都粘上了。在这些物体中，有些粘在一起的就形成紧密的一团，最初是潮湿而泥泞的，后来就干了，并且被卷入整个的大涡旋运动之中。然后它们若燃烧起来，就产生了星辰。太阳的圆形轨道是在最外层，月亮的轨道最接近地球，而其余星辰的轨道则介乎两者之间。一般说来，一切天体，由于运动速度之快，都是燃烧着的，太阳是被星辰燃烧着的。月亮只有一点微弱的火。当地球转向南方的时候，就有了日蚀和月蚀；而邻近北方的地带则永远覆盖着冰雪。日蚀很罕见而月蚀则常有，这是由于它们的轨道不等的缘故。正如世界有产生一样，世界也有成长、衰落和毁灭，这些都是依照着一种必然性，这种必然性他没有说得很清楚。

2.〔第欧根尼·拉尔修，第九卷，第七章，§34—42〕德谟克里特，是赫格西斯特拉特或阿德诺克里特或达马西波的儿子，是阿布德拉人，或如有些人所说，是米利都人。他的老师是一些波斯术士和迦勒底星相家，是一些有学问的人，这些人是他父亲与波斯王泽尔士在一起的时候，由波斯王留给他父亲的，如赫罗多德就是这样主张的。就是这些老师，在他还是儿童的时候，给他了神学和天文学方面的教育。后来他就学于留基波，照有些人说，并且就学于阿那克萨戈拉，阿那克萨戈拉比德谟克里特年长四十岁。法博里诺在他的"历史杂记"中说，德谟克里特认为阿那克萨戈拉关于太阳和月亮的意见不是自己的，而是把古人就

七　留基波与德谟克里特

有的理论据为己有。他因为阿那克萨戈拉没有把他接受为心腹人而怀恨在心,就对阿那克萨戈拉对于宇宙秩序和心灵的解释加以批判。如果是这样的话,他如何能像有些人所主张的那样,追随阿那克萨戈拉的学说呢?

德梅特留在他的"同名人"中,罗得斯的安提斯泰尼在他的"哲学家的师承"中,都说他曾到埃及向祭司们学几何学,到波斯结识星相家,并曾到达红海。有些人说他曾在印度和裸形智者交往,并曾旅行到埃塞俄比亚。

他是父亲的第三个儿子,曾分得他父亲的财产。大多数人都说他接受了最少的一份,这是一笔现钱,他的兄弟们狡诡地猜到这是他旅行所需要的。德梅特留说这笔钱有一百塔仑特以上,他全都花光了;又说他很热心地研究学问,占了宅旁花园中的一间小房子,把自己关在里面。有一天,他父亲到了他那里,并且牵了一头牛预备用来献祭,他竟很久没有觉察,直到后来他父亲叫他起来祭神,并且告诉他方才已把牛怎么样了为止。德梅特留说他似乎也去过雅典,他毫不在意于名望,因为他看不起那种荣耀。他认识苏格拉底而苏格拉底并不认识他。他曾说:"我来到了雅典,但什么人也不认识我。"

特拉叙洛说:"如果'敌手'篇是柏拉图的著作的话,德谟克里特应该就是那个没有指出名字来的人——不是欧诺比德和阿那克萨戈拉的门徒——,他在会谈中和苏格拉底讨论哲学,在苏格拉底看来,这位哲学家好像是一位五项竞赛中的胜利者。"而他也真正是哲学方面的胜利者。因为他研究了物理学、伦理学、数学等一般文化上的题材,并且对艺术有完备的知识。是他提出了这样的话:言辞是行为的影子。

法莱勒的德梅特留在"苏格拉底的申辩"中说他根本没有去过雅典。这是为了进一步表明,他之所以不在意这样有名的一个城市,是因为他不想要沾一个地方的光,而是期望以他的光荣使一个地方增光。

但是要凭他的著作,我们才看得出他是什么样精神的人。据特拉叙洛说,他似乎是毕泰戈拉派的一个热心的拥护者。他在以毕泰戈拉为名的著作中,以赞叹的口吻谈到毕泰戈拉。其实,若不是年代不对,我们甚至会相信他的一切都是从毕泰戈拉学来的,甚至认为他曾直接听过毕泰戈拉的演讲。据他的同时代人莱吉翁的格老柯说,无论如何他是听过某一位毕泰戈拉派人的演讲的。另一方面,居齐克的阿波罗多洛说他曾与斐罗劳发生过关系。

安提斯泰尼说,他有时常到荒凉的地方去,并住在墓地之中,来以各种各样的方式尝试他的想象。安提斯泰尼又肯定他旅行回来之后生活很贫困,因为他把他的全部财产都花光了。在这窘境中,他就由他的兄弟达玛修来供给。他对于未来的预言使他很著名,而后来大部分人就断定他是配享神的荣誉的人了。据安提斯泰尼说,他知道法律不许浪费掉祖产的人在本土接受葬礼,又不愿听凭那些嫉妒的和告发的人去摆布,就在他们面前诵读他的"世界大系统",这是他全部著作中最重要的书。人们不仅答应了给他五百塔仑特的报酬,而且此外还替他立了铜像。而当他年过百岁而死的时候,还用国家的钱来替他举办丧礼。但德梅特留说是他的亲属来读"世界大系统"的,并且报酬只有一百塔仑特。希波博特也这样主张。

阿里斯多克森在他的"历史回忆录"中记载说,柏拉图想把

七　留基波与德谟克里特

他所能搜集到的德谟克里特的全部作品都用火烧光，但毕泰戈拉派的阿米克拉和克利尼亚劝他改变了主意，认为这是无用的企图，因为这些著作已经在很多人的手中了。事实上，柏拉图的作品中差不多引到了古代所有的哲学家，但却从来没有一处提到德谟克里特，甚至于在那正应该反对他的地方也没有提，这无疑是因为他感觉到他斗争的对象是哲学家中最强的一位。蒂孟这样颂扬他：

> 非常贤明的德谟克里特啊！是言谈的大师，
> 我在第一流的人物中，看出他是应付裕如的论客。

如他自己在"世界小系统"中所说，当阿那克萨戈拉已经很老时，他还很年青；他比阿那克萨戈拉小四十岁。他在伊里翁①城陷落后的七三〇年作"世界小系统"。如阿波罗多洛在他的"编年史"中所说，他生于第二十四届奥林比亚赛会时②，但特拉叙洛在他的"教人阅读德谟克里特作品的引言"中则主张他生于第七十七届奥林比亚赛会的第三年③，这样就比苏格拉底大一岁。因此他应当是和阿那克萨戈拉及欧诺比德的学生阿尔刻劳同时代的人；事实上他就提到过欧诺比德。此外他也提到过巴门尼德和芝诺的关于"一"的学说，他们在他那个时候是很有名的，同样也提到过阿布德拉的普罗泰戈拉，他是被一致认为和苏格拉底同时的。……

---

① 即荷马史诗中的特罗亚城。——编者
② 即公元前460—前457年。——编者
③ 即公元前470—前469年。——编者

3.〔同上，§44—45〕他①的学说是这样的：一切事物的始基是原子和虚空，其余一切都只是意见。世界有无数个，它们是有生有灭的。没有任何东西从无中来，也没有任何东西在毁坏之后归于无。原子在大小和数量上都是无限的，它们在整个宇宙中由于一种涡旋运动而运动着，并因此而形成一些复合物：火、水、气、土。因为这些东西其实也是某些原子集结而成的，这些原子由于它们的坚固，是既不能毁损也不能改变的。太阳和月亮是由同样的原子构成的，这些原子是光滑的和圆的，灵魂也是由这种原子构成，灵魂就是理性。我们能看见东西，是由于那些影像透入我们眼睛中的缘故。

一切都由必然性而产生，涡旋运动既然是一切事物形成的原因，这在他就被称为必然性。生活的目的是灵魂的安宁，这和某些人由于误解而与之混同起来的快乐并不是一回事。由于这种安宁，灵魂平静地、安泰地生活着，不为任何恐惧、迷信或其他情感所扰。他也把这种状态叫作"幸福"以及许多别的名称。事物的性质只是人们约定俗成的东西，在自然中存在的只有原子和虚空。

4.〔**亚里士多德："论生灭"，第一卷，第七章，页**324b—325a〕留基波和德谟克里特曾经有方法地借一个唯一的原因、用一条和自然符合的原则来解释一切。在古人中确实有些人相信存在必然地是一，并且是不动的。因为虚空既然不是存在的一部分，而已知虚空是不能够独自存在的，所以就不能有虚空中的运动，又因为没有任何东西把事物分离开，所以也就不能有

---

① 指德谟克里特。——编者

复多。

留基波相信这样是有道理的,他在关于感受性方面,认为可以肯定事物是被一切人所认识的,并且他也不取消事物的产生、消灭、运动和复多。像这样说了与现象相符合的话,并且对那些认为没有虚空就不能有运动因而确立了存在的统一性的人作了让步之后,他说虚空是非存在,并且在存在之中丝毫没有什么是非存在。因为真正的存在是绝对充满的。可是这充满却不是一,而是由无数微粒构成的,这些微粒,因为很小,所以是看不见的。这些微粒在虚空中运动(因为虚空是存在的),产生就是由于它们的联合,毁灭就是由于它们的分离。它们由于彼此接触而发生和受到影响,因此存在不是一。变化是由于它们的聚集和纠缠。真正的一是不能从多来的,真正的多也不能从一来。那种情况是不可能的。

但是,正如恩培多克勒和另外一些人所主张的物体是通过孔道而承受影响的,同样地,一切变化和一切变形事实上也是由于虚空而产生了分散和毁坏;和这相似,生长是由于坚固的微粒穿入空隙中而产生的。恩培多克勒说的一定和留基波说的差不多。因为要是孔道真的不是到处连续的,则一定得有某种坚固而不可分的微粒存在。而这种孔道到处连续实在是不可能的,因为在这情形之下,除孔道之外就没有坚固的东西,而整个都变成虚空了。所以必须是:这些互相接触的元素是不可分的,而它们之间的间隙应当是虚空的,这种虚空,恩培多克勒就叫作孔道。留基波关于发生或接受影响这个问题也是以同样方式来解释的。

5.〔亚里士多德:"形而上学",第一卷,第四章,页985b〕留基波和他的伙伴德谟克里特说充满和虚空是最根本的元素。他们主张一个是存在,另一个是非存在,这就是说,充满和坚实就构成存在,虚空和疏散就构成非存在(这就是为什么他们主张存在并不比非存在更实在的理由,因为虚空并不比实体不实在):这两者是一切事物的质料因。那些把根本实体看成一个的人,把一切事物的产生归之于这唯一实体的变化,其根源是疏散和密集。和这些人一样,留基波和德谟克里特也把元素之间的区别看成其他事物的原因。这些区别有三种:形状、次序、位置。因为他们说,存在仅因形态、相互关系和方向而不同。形态属于形状,相互关系属于次序,方向属于位置。比如A和N是形状不同,AN和NA是次序不同,I和H是位置不同。

6.〔欧瑟比注狄奥尼修,第十四卷,第二十三章,§2—3〕有些人把某种不可毁坏的、极小的、数目上无限的微粒叫作原子,并且承认有某种无限的空的空间,他们说这些原子在虚空中任意移动着,而它们由于其急剧的、凌乱的运动,就彼此碰撞了,并且,在彼此碰在一起时,因为有各种各样的形状,就彼此勾结起来了。这样就形成了世界及其中的事物,或毋宁说形成了无数的世界。这一学说的创立者是伊壁鸠鲁和德谟克里特,他们的区别是这样:前者主张一切原子都是极小的,并因此是为知觉所不及的,而后者则认为有些原子是很大的。但两人都肯定原子是存在的,并且是由于它们不可分的坚硬性因而被称为原子[①]。

7.〔艾修斯,第一卷,第三章,§18〕德谟克里特说〔原子〕

---

① "原子"在希腊文即"不可分"的意思。——编者

有两种〔属性〕：大小和形状；而伊壁鸠鲁则加了第三种：重量。因为他说，物体在重量的作用下运动，这是一种必然性。——德谟克里特说那些最根本的物体（就是那些很密的质料）是没有重量的，它们是由于彼此的冲撞而在无限的空间中运动起来的。而原子可能是和世界一样大的。——他宣称只有一种运动，即振动。

8.〔亚里士多德："论动物的产生"，第五卷，第八章，页789b〕德谟克里特忽略了目的因，把自然界的一切作用都归之于必然性。

9.〔亚里士多德："物理学"，第二卷，第四章，页196a〕有些人把偶然性看成是天空和一切世界的原因。因为产生分离并建立世界上的秩序的这种旋涡和运动，似乎是出于偶然的。这是很奇怪的。因为，一方面他们认为不论动物和植物的存在或产生都不是出于偶然，而是有自然或精神或别的什么为其原因的（因为从每一种子并不是产生出随便任何东西，而是从一个种子产生橄榄，从另一种子产生人），另一方面他们却主张天空以及可见事物中最神圣的东西①是出于偶然，而没有和动物及植物一样的原因。

10.〔同上，第八卷，第一章，页251b〕他们说〔时间〕不是被创造出来的，而德谟克里特就凭这一点证明"一切都是被创造出来的"这个论点是不可能成立的，因为时间就不是被创造出来的。

11.〔艾修斯，第二卷，第十三章，§4〕德谟克里特说星是石

---

① 指星辰。——编者

头构成的。

12.〔同上,第二十章,§7〕德谟克里特说太阳是白热的铁或一块燃烧着的石头。

13.〔普鲁泰克:"论月亮的轨道",第十六章〕德谟克里特说当月亮直接面对着太阳时,它就被照亮了,以致就像它自己在发光一样,并且使太阳光一直照到我们这里。

14.〔艾修斯,第二卷,第二十五章,§9〕德谟克里特说月亮上的影子是由于它的表面有些隆起的部分而形成的,因为月亮是有许多山脉和山谷的。

15.〔同上,第三卷,第一章,§6〕德谟克里特说银河是无数很小而相连的星所发的光的焦点,这些星因为紧紧挤在一堆而彼此照耀着。

16.〔"亚历山大里亚问题",第二卷,第二十三章〕德谟克里特也主张有流射,并且认为相类的流向相类的,以及一切东西都向虚空运动。作了这些假定之后,他就主张磁石和铁是相类似的原子构成的,但磁石的原子则更精细;磁石比铁较松并且有更多的空隙。磁石的原子既由于上述原因而更活动,就更容易向铁移动(因为运动是永远趋向相类似的东西的)。穿进了铁的孔道时,它们就因为本身很细而钻进铁的微粒中,并使这些微粒运动起来,至于铁的原子,则向外扩散而流向磁石,因为它具有类似的性质并包含更多的空隙。由于铁原子很多的流出和它们的运动,铁本身也就被拖向磁石,磁石则并不向铁移动,因为铁没有磁石那样多的空隙。

17.〔艾修斯,第三卷,第十章,§5〕德谟克里特认为地是一个中凹的大圆盘。

18.〔同上，第十三章，§4〕德谟克里特说，起初，地由于很小很轻，是游动着的，但随着时间的进展而愈来愈厚，愈来愈重，它就固定了。

19.〔拉克唐修："神圣的创制"，第七卷，第七章，§9〕德谟克里特认为人是从地里出来的，就和虫豸之类产生的方式一样，并不是被创造出来的，也并没有特别的理由。

20.〔塞克斯都·恩披里可："反数学家"，第七卷，§135〕甜是从俗约定的，苦是从俗约定的，热是从俗约定的，冷是从俗约定的，颜色是从俗约定的；实际上只有原子和虚空。

21.〔艾修斯，第一卷，第十五章，§8〕德谟克里特主张在自然中颜色是不存在的，因为元素是没有性质的，只有一些结实的微粒和虚空；由微粒构成的复合物，全靠元素的次序、形状和位置而获得颜色。除了元素的次序、形状和位置之外，就只是一些现象。颜色的现象表现为四种：白、黑、红、黄。

22.〔亚里士多德："论生灭"，第一卷，第二章，页316a〕德谟克里特说颜色并不是本身存在的，物体的颜色是由〔原子〕方向的变化。

23.〔同上〕德谟克里特主张黑色相应于粗糙的原子，白色相应于光滑的原子，他也把各种滋味归因于原子。

24.〔德奥弗拉斯特："论感觉"，§50，55，58〕（§50）照德谟克里特说，视觉是由影像产生的。对此他有独特的看法。因为他认为视觉并不是直接在瞳孔中产生的，而是在眼睛和对象之间的空气由于眼睛和对象的作用而被压紧了，就在上面印下了一个印子。因为从一切物体上都经常发射出一种波流。然后，这空气由此取得了坚固的形状和不同的颜色，就在湿润的眼睛中造成了影像。因为很紧密的东西是不能接受东西的，而湿润的东西则能被穿透。因此柔软的眼睛比坚硬的眼睛视力更强；只是眼睛外面的膜必须愈薄愈坚固愈好，而眼睛里面则要很柔软，使眼睛里面的脉络很直、很空、很湿润，以便脑子和脑膜能很顺当地接受影像。……

（§55）关于听觉，他也用和别的感觉一样的方式来解释。掉在虚空中的空气产生一种运动，虽然它也同样透入全身的各部分，但它尤其最大量地进入耳朵，因为这里空间最广，并且可以毫不停留地穿过。因此这种感觉就只在这地方而不在身体的其他地方产生。一进入耳朵里面之后，它的速度就使它散开了。因为声音是由于一种密集而且以很强的力量进入的空气的结果。因此，他对于在里面产生的感觉，也和触觉在外面所产生的感觉一样来解释。

（§58）关于思想，他只说"它是当灵魂在体质很平衡时产生的"；如果觉得很热或很冷，思想就乱了。古代人也很正确地想到，精神错乱也就由于某种类似的原因。因此显然他是把思想归之于身体的体质的，这在他这样一个把灵魂也说成是有形体的人可能显得是有道理的。这些就差不多是我们在古代作家中所遇到的关于感觉和思想的意见。

25.〔**亚里士多德："论灵魂"，第一卷，第二章，页**404a—405a〕德谟克里特主张灵魂和理性是完全同一的，因为现象就是真理……因此他不把理性当作达到真理的功能，而肯定灵魂和理性是同一个东西。——有些人认为灵魂是火构成的，因为火是一切元素中最精细、最无形体的；是火最初具有自己运动并使其他东西运动的性质。

德谟克里特甚至以更明确的方式来解释,指明为什么火(或灵魂)具有这些性质的每一种:这是因为灵魂和理性是同一样东西。灵魂是由最根本的、不可分的物体形成的,它由于它的精致和它的形状,是能动的;因为,他说,球形的形状是最易动的,而理性及火的形状就正是这样。

26. 〔艾修斯,第四卷,第八章,§10〕留基波、德谟克里特和伊璧鸠鲁主张感觉和思想是由透入我们之中的影像产生的;因为若不是有影像来接触,就没有人能有感觉或思想。

27. 〔塞克斯都·恩披里可:"反数学家",第七卷,§140〕第欧底谟曾说,照德谟克里特的主张,有三种真理标准:(一)现象是对可见事物的了解的标准,……(二)概念是研究的标准,……(三)情感是应当选择者和应当逃避者的标准。凡是合乎我们本性的是应当寻求的,凡是违反我们本性的是应当避免的。

28. 〔欧瑟比注狄奥尼修,第十四卷,第二十七章,§4〕德谟克里特说他觉得只找到一个原因的解释,也比成为波斯人的王还好。

29. 〔亚里士多德:"形而上学",第四卷,第五章,页1009b〕有许多动物从同样的对象得到和我们根本不同的印象。甚至每一个人对同一对象似乎也不是永远有同样的感觉印象。要决定其中哪些是真哪些是假是不可能的。因为这一些并不比另一些更真,一切都是同等地真的。所以德谟克里特说:或者什么都不是真的,或者真理对我们还仍旧隐藏着。当然,当人假定认识还原到感觉,而感觉是一种变化时,可感觉的现象就必然应当是真的。

30. 〔费罗培门:"论灵魂",第71页〕德谟克里特明白地说真理和现象是同一的,真理和显现于感觉中的东西毫无区别,凡是对每一个人显现,并且对他显得存在的,就是真的。

31.〔**塞克斯都·恩披里可:"反数学家",第八卷,§6**〕柏拉图和德谟克里特都假定只有能为理解力所把握的东西才是真实的,不过,德谟克里特主张这种意见是因为在自然的底蕴中根本没有可感觉的东西,因为形成一切事物的原子是没有任何可感觉的性质的,柏拉图之采取这种主张,则是因为可感觉的事物是永远在变化的,从来不固定是那样的。

32.〔**奥林比欧多注柏拉图"斐莱波"篇**〕〔言语是〕说话的影像。

33.〔**西塞罗:"神性论",第一卷,第三十八章,§80**〕德谟克里特不承认有某人可以不充满热情而成为大诗人。

34.〔**斐罗德谟:"论音乐",第四卷,第三十一章**〕德谟克里特……说音乐是一种相对地说较年青的艺术,其原因是在于使音乐产生的并不是必需,而是奢侈。

35.〔**普鲁泰克:"反科罗特",§32**〕德谟克里特劝人受政治科学方面的教育,这科学是极重要的,并劝人从事那种人能借以实现最伟大最美的事物的工作。

36.〔**西塞罗:"神性论",第一卷,第四十三章,§120**〕德谟克里特这位杰出的伟大人物,伊壁鸠鲁曾尽汲他的源泉以浇灌自己的小小园地,他对于神的本性问题似乎没有一个很确定的意见。一方面他认为宇宙间充满了许多有神的性质的幽灵,另一方面他又主张宇宙中那些心智的始基就是神,认为存在着一些有生命的幽灵,能对我们有用或有害,其中有一些是极其巨大的,并且数量如此之多,以至于从外面包围了整个宇宙。所有这些主张老实说对德谟克里特的母邦①比对德谟克里特自己要相配得多。

37.〔塞克斯都·恩披里可:"反数学家",第九卷,§19〕德谟克里特主张有某种幽灵是和人有接触的,其中有一些行善,有一些作恶,因此他祈求遇到那些慈善的。这些幽灵是巨大而且超乎寻常的,他们能抵抗死亡很久,但并非不死,他们能让人们看见并发出声音以向人们预示未来。因此之故,人们有时偶然看到了他们的显现,就认为有神存在,其实已经确定除了这些幽灵之外并没有一个享有不死的本性的神。

38.〔德尔都良:"论自然",第二卷,§2〕德谟克里特认为神灵是和天上的火同时形成的,照芝诺说这些神灵本性和天上的火相似。

著 作 残 篇

1.〔伽仑:"论医学经验"残篇〕德谟克里特在说了"颜色是从俗约定的,甜是从俗约定的,苦是从俗约定的,实际上只有原子和虚空",从而抑低了现象的地位之后,又使感官以下面的语言来反对理性:"可怜的理性,在把你的论证给予我们之后,你又想打击我们!你的胜利就是你的失败。"

2.〔塞克斯都:"反数学家",第七卷,§137〕德谟克里特在他的作品"论形式"中说:"人应该从这一规律知道他是离实在很远的。"然后又说:"这篇言辞也指出实际上我们丝毫不知道任何东西,而只有对〔影像之〕流的每一间歇的意见。"最后他说:

---

① 德谟克里特的母邦阿布德拉的居民在古代以愚蠢著名。——编者

"然而将变得很显然:要认识每一事物的实在本性是不可能的。"

3.〔同上,§135〕在叫作"确证"的著作中……德谟克里特说:"我们实际上丝毫不认识什么确实的东西,而只认识那依照我们身体的结构,和依照那透入身体之中或留在身体之中的东西而变化的东西。"他又说:"已经屡次指明,实际上我们并不知道每一事物是什么或不是什么。"

4.〔同上,§139〕在叫作"规范"的著作中,按照原文,德谟克里特曾这样说:"有两种形式的认识:真理性的认识和阇昧的认识。属于后者的是视觉、听觉、嗅觉、味觉和触觉。真理性的认识和这根本不同。"而在指出了真理性的认识对阇昧的认识的优越性之后,他又接下去说:"当阇昧的认识在最最微小的领域内不能再看,不能再听,不能再嗅,不能再尝,不能再触摸,而知识的探求又要求精确时,真理性的认识就参加进来了,它具有一种更精致的工具。"

5.〔第欧根尼·拉尔修,第九卷,第七章,§72〕〔德谟克里特说:〕"实际上我们丝毫不知道什么,因为真理是隐藏在深渊中。"

6.〔普罗克洛:"论克拉底洛",第十六章〕德谟克里特在肯定文字有一种约定俗成的性质时,用四个论证来加以证明:"(一)不同的事物可以用同一名字来指称;(二)不同的名字可以用在同一事物上;(三)改变名字;(四)没有名字。因此,名称有约定俗成的而不是自然的性质。"

7.〔克雷门:"基本问题",第六卷,§168〕德谟克里特说:"一位诗人以热情并在神圣的灵感之下所作的一切诗句,当然是美的。"

8.〔狄欧,第三十六章,§1〕德谟克里特对于荷马是这样表示:"荷马,赋有一种神圣的天才,曾作成了惊人的一大堆各色各样的诗。"

〔道德思想〕

9. 从智慧中引申出这三种德性:很好地思想,很好地说话,很好地行动。

10. 凡想安宁地生活的人,就不应该担负很多的事,不论是私事或公事,也不应该担负超乎他的能力和本性的事。甚至当命运向他微笑并似乎要把他引向高处时,也还是小心为妙,不要去触动那超过他的能力的事。因为中等的财富比巨大的财富更可靠。

11. 快乐和不适构成了那"应该做或不应该做的事"的标准。

12. 本性和教育有某些方面相似:教育很可以改变一个人,但这样做了它就创造了一种第二本性。

13. 人是一个小世界。

14. 如果人们留心听我的箴言,他就会去做许多配称一个好人的行为,而避免坏的行为。

15. 凡期望灵魂的善的人,是追求某种神圣的东西,而寻求肉体快乐的人则只有一种容易幻灭的好处。

16. 应该反对那做了不义的事的人,如果这不可能,也应该避免做他的从犯。

17. 应该做好人或仿效好人。

18. 给人幸福的不是身体上的好处,也不是财富,而是正直和谨慎。

19. 不是由于惧怕,而是由于义务,应该不做有罪的事。

20. 在不幸的处境中完成了义务,是有些伟大的。

21. 对可耻的行为的追悔是对生命的拯救。

22. 行不义的人比遭受这不义行为的人更不幸。

23. 平静地忍受一件由于疏忽而犯的过错,是灵魂伟大的一种标志。

24. 尊敬法律、官长和最贤明的人,是适宜的。

25. 好人毫不在乎坏人的责骂。

26. 接受一个较低等的人的命令是很难堪的。

27. 让自己完全受财富支配的人是永不能合乎正义的。

28. 要使人信服,一句言语常常比黄金更有效。

29. 想把那自以为机灵的人引回到理性的路上来,是白费力气的。

30. 有很多人,并没有学过道理,却生活得很合理。

31. 有很多人,虽然做了最可耻的事,却毫不在乎地说着最漂亮的话。

32. 不幸的经验使蠢汉变得谨慎起来。

33. 应该热心地致力于照道德行事,而不要空谈道德。

34. 只有天赋很好的人能够认识并热心追求美的事物。

35. 驮兽的优越性在于它们体格的强壮,但人的优越性则在于他们性格的良好禀赋。

36. 那些想法正确的人的希望是能够实现的,至于那些傻瓜的希望则是不能实现的。

37. 任何艺术,任何科学知识,都不能不经研究而获得。

38. 谴责自己的过错比谴责别人的过错好。

39. 那些有一个很平衡的性格的人，过着很有规律的生活。

40. 不做不义的事还不是善良的标志，应该甚至连不义的意向都没有。

41. 赞美好事是好的，对坏事加以赞美则是一个骗子和奸诈的人的行为。

42. 很多博学的人是并不聪明的。

43. 应该尽力于思想得很多而不是知道得很多。

44. 事先多想想比事后来想要好得多。

45. 不信任任何人，而仅仅信任那些已证明可信的人：第一种态度是愚蠢的，第二种是聪明的。

46. 认识好人和坏人，不仅是从他们的行为看，而且也要从他们的意愿看。

47. 同一件事物可能对一切人都是好的和真的，但有人喜欢一件事物，别人又喜欢另一件事物。

48. 无节制的欲望是一个儿童的事，而不是一个成人的事。

49. 不合时宜的享乐产生厌恶。

50. 对一种特定对象的强烈欲望，使灵魂看不见其余一切。

51. 追求美丽不亵渎美，这种爱是正当的。

52. 应当拒绝一切无益的享乐。

53. 对于那些愚蠢的人来说，受命要比发号施令好。

54. 能使愚蠢的人学会一点东西的，并不是言辞，而是厄运。

55. 荣誉和财富，若没有聪明才智，是很不牢靠的财产。

56. 赚钱并不是无用的事，但如果用不义的手段赚钱，则是最大的恶事。

57. 摹仿坏人而甚至不愿摹仿好人，是很恶劣的。

58. 冒失地去干预别人的事而忽略了自己的事，是可耻的。

59. 老是犹豫不决，就永远达不到目的。

60. 一切都靠一张嘴来做而丝毫不实干的人，是虚伪和假仁假义的。

61. 对善的无知，是犯错误的原因。

62. 做了一件可耻的事的人，应该首先对自己觉得惭愧。

63. 老是抗辩和噜哝不休的人是学不会必须知道的东西的。

64. 对一切都要说，而丝毫不愿听，就是一种过分的野心的标志。

65. 应当警惕地注意，使坏人不能利用可乘之机。

66. 嫉妒的人常自寻烦恼，这是他自己的敌人。

67. 可恶的不是做不义的事情的人，而是有意地做不义的事情的人。

68. 亲人之间的嫌怨比与外人的嫌怨要难堪得多。

69. 不要对一切人都以不信任的眼光看待，但要谨慎而坚定。

70. 应该只在有心作更大的报答的条件下才接受恩赐。

71. 施恩的人应该留心，要那受惠的人不是奸诈的人，并且不会以怨报德。

72. 很小的恩惠而施得及时，对受惠的人就有很大的价值。

73. 尊重的表示，对那些富于高尚思想和有荣誉感的人有很大的力量。

74. 行善望报的人是不配称为行善者的；这称号只配给那只为行善而行善的人。

75. 很多显得像朋友的人其实不是朋友,而很多是朋友的倒并不显得像朋友。

76. 单单一个有智慧的人的友谊,要比所有愚蠢的人的友谊还更有价值。

77. 连一个高尚朋友都没有的人,是不值得活着的。

78. 不能长久保持已证明可靠的朋友的人,他的性格是不可爱的。

79. 有很多人,当他们的朋友由豪富而落到贫穷时,就避开他们的朋友了。

80. 恰当的比例是对一切事物都好的,豪富或赤贫在我看来都不好。

81. 不爱任何人的人,据我看是也不能为任何人所爱的。

82. 一个老人,如果知道在他的言辞中把逗人喜欢的和严肃的结合起来,是很可爱的。

83. 身体的美,若不与聪明才智相结合,就是某种动物性的东西。

84. 在顺境中找个朋友是容易的,但在逆境中则极端困难。

85. 一切亲人并不都是朋友,而只有那些有共同利害关系的才是朋友。

86. 我们既然是人,对人的不幸就不应该嘲笑而应该悲叹。

87. 寻求善的人只有费尽千辛万苦才能找到,而恶则不用找就来了。

88. 喜欢斥责别人的人,不是交朋友的材料。

89. 女人不应该动口舌,因为这是很危险的。

90. 接受一个女人的命令,对一个男人来说是最大的侮辱。

91. 永远发明某种美的东西,是一个神圣的心灵的标志。

92. 对那些愚蠢的人加以赞颂,是大大地害了他们。

93. 让别人来称赞比自己称赞好。

94. 如果某些称赞你看来显得不能接受,就把它们看作阿谀吧。

95. 人们捏造出了"碰巧"这个偶像,借以掩盖自己的轻率。碰巧造成的悖理的事情是很少的,一个心智敏锐的人就能把生活中大部分事物安排妥当。

96. 言辞是行动的影子。

97. 心灵应该习惯于在自身中来汲取快乐。

98. 如果你打开你的内心,你将看到里面是一大堆各种各样坏的情欲。

99. 不要去讨好自己的邻人。

100. 在许多重要的事情上,我们是摹仿禽兽,作禽兽的小学生的。从蜘蛛我们学会了织布和缝补;从燕子学会了造房子;从天鹅和黄莺等歌唱的鸟学会了唱歌。

101. 人每天都怀着新的思想。

102. 如果身体能够拿它一生中所遭到的痛苦和苦难来对灵魂提出控告,而由我来判决这案件的话,我将很愿意惩罚灵魂由于疏忽而使身体毁坏,由于沉醉而使身体枯竭,以及由于淫欲而使身体溃败和分崩离析,正如我将控诉那漫不经心地来使用一件工具或器皿,让它弄得一塌糊涂的人一样。

103. 以一种邪恶的、不智的、失节的和不洁的方式活着,就不仅是很坏地活着而且是在继续不断地死亡。

104. 不要企图无所不知,否则你将一无所知。

105. 幸福和不幸居于灵魂之中。

106. 幸福不在于占有畜群,也不在于占有黄金,它的居处是在我们的灵魂之中。

107. 善从那里来,恶和避免恶的办法也从那里来。例如深水,在很多情况下是很有用的,而同时又是很危险的,因为我们要冒灭顶的危险。因此人们发明了学会游泳以保卫自己的办法。

108. 从善里有时也能给人带来恶的结果,要是人不知道引导它并很轻易地承受它的话。把这样一些事物看作恶是不恰当的,要把它们看作善。人若愿意的话,也能利用善来避免恶。

109. 豪爽的人永远不得不做正义的并为法律所许可的事,他是不论白天黑夜都轻松愉快、勇往直前并且无忧无虑的。但对那蔑视正义并且不尽自己的义务的人来说,当他想起某种错处来时,这一切都只有使他烦恼。他总是在忧虑,并且自己折磨自己。

110. 神灵永远给人一切好的东西。他们从来不给人坏的、有害的和无用的东西。是人们自己,由于自己的盲目和无知,去迎接这些坏东西的。

111. 命运是很阔绰然而很无常的,至于自然,则自满自足。所以自然总能以它那些比较差、然而很可靠的手段,赢得那些伟大的希望[①]。

112. 一篇美好的言辞并不能抹煞一件坏的行为,而一件好的行为也不能为诽谤所玷污。

---

① 意即实事求是地去做,会达到伟大的目的。——编者

113. 一个人对青年所做的最大坏事,无过于使他习于轻佻,轻佻产生出引人作恶的欲望。

114. 如果儿童让自己任意地不论去做什么而不去劳动,他们就既学不会文学,也学不会音乐,也学不会体育,也学不会那保证道德达到最高峰的礼仪。礼仪其实是这一切东西共同产生出来的。

115. 精神的教养,在幸运的人是用作装饰,而在不幸的人是用作庇护所。

116. 用鼓励和说服的言语来造就一个人的道德,显然是比用法律和约束更能成功。因为很可能那种因法律禁止而不行不义之事的人,在私下无人时就犯罪了,至于由说服而被引上尽义务的道路的人,似乎不论私下或公开都不会做什么坏事。所以照着良心行事并且能知其所以然的人,同时也是一个坚定而且正直的人。

117. 只有吃尽千辛万苦才能发展好的禀赋,反之,坏的禀赋则用不着丝毫努力就自己发展出来了。所以赋有一个坏天性的人,是不由自主地常常去做坏事的。

118. 在青年中有聪明才智的人,而在老年中也有愚蠢的人;因为其实并不是时间,而是适当的教育和天然的禀赋教会人思想。

119. 继续不断地处在坏人的社会中,就会增加坏的倾向。

120. 有教养的人的遗产,比那些无知的人的财富更有价值。

121. 思想感情的一致产生友谊。

122. 人们比留意身体更多地留意他们的灵魂,是适宜的,因为完善的灵魂可以改善坏的身体,至于身强力壮而不伴随着理性，则丝毫不能改善灵魂。

123. 快乐和不适决定了有利与有害之间的界限。

124. 对人，最好的是能够在一种尽可能愉快的状态中过生活，并且尽可能少受痛苦。如果他不听任欲望执着于那些容易破灭的财富上，这一点就能达到。

125. 对罪恶的事物，甚至应当避免谈到。

126. 人们通过享乐上的有节制和生活的宁静淡泊，才得到愉快。赤贫和豪富惯于变换位置，并且引起灵魂中的大骚扰。而从这一极端到另一极端动摇不定的灵魂，是既不稳定又不愉快的。因此，应该定心于那可能的东西，满足于我们力所能及的事物，不要太注意那些作为人所嫉妒和羡慕的对象的人，思想上也不要老是惦念着他们。毋宁应该把眼光导向那些生活贫困的人，并且想想他们的痛苦，这样你所能支配的这点财富就会显得很大很可羡慕了，并且不会再因为永远想要更多而给自己的灵魂带来伤害了。因为那些贪图财富并且被别人看作很有福气而又无时无刻不想着钱财的人，就会被迫不断地投身于某种新的企图，并陷于贪得无厌，终至做出某种为法律所禁止的无可挽救的事情来。因此不应该追求这一切，而应该满足于自己所有的，并且把自己的生活和那些更不幸的人去比一比。想想他们的痛苦，你就会因自己有比他们较好的命运而庆幸了。如果接受了这一原则，你就能生活得更愉快，并且驱除生活中不少的恶：嫉妒、仇恨和怨毒。

127. 称赞那不应当称赞的和斥责那不应当斥责的，都是很容易的，但两者都是一种坏的性格。

128. 知道预防一件迫在眉睫的不义之事，是有见识的表现，而对于已遭的不义也不要求补偿,则是愚蠢的表现。

129. 大的快乐来自对美的作品的瞻仰。

130. 那些偶像穿戴和装饰得看起来很华丽,但是,可惜!它们是没有心的。

131. 忘了自己的缺点,就产生骄傲自满。

132. 愚蠢的人是按照命运提供给他们的好处来安排生活,但认识这些好处的人们则是按照哲学所提供的好处来安排生活。

133. 动物只要求为它所必需的东西,反之,人则要求超过这个。

134. 愚蠢的人虽然厌恶生活,但却由于怀着对地狱的恐惧而愿意活着。

135. 愚蠢的人活着而并不感觉到生活的愉快。

136. 愚蠢的人愿意长久活着而并不享受生活的快乐。

137. 愚蠢的人永远向往着不在眼前的东西,但却贬低眼前的东西,即使这些东西对他们比那些过去的东西更有好处。

138. 逃避死亡的人是在追逐死亡。

139. 愚蠢的人是一辈子对谁也不合适的。

140. 愚蠢的人愿意活着,因为他们宁愿老而怕死。

141. 愚蠢的人怕死,所以不希望变老。

142. 不应该追求一切种类的快乐,应该只追求高尚的快乐。

143. 父亲的智慧是对儿童最有效的诫命。

144. 对那在餐桌上饮食有节的人,夜是从来不短的。

145. 幸运供给我们一桌豪奢的筵席,而节制则供给我们一桌餍足的筵席。

146. 节制使快乐增加并使享受更加强。

147. 白天睡觉表示一种身体的困扰,或者是灵魂的不安、怠惰或无力。

148. 勇气减轻了命运的打击。

149. 我们应该不仅把那对敌人取得胜利的人看作是勇敢的人,而且也把那对自己的欲望取得胜利的人看作是勇敢的人。有些人能治理城邦,但却是女人的奴隶。

150. 正义的力量在于判断的坚决和无畏,反之,不义的结果则是对不幸的恐惧。

151. 坚定不移的智慧是最宝贵的东西,胜过其余的一切。

152. 只有恨不义的人是为神所爱的。

153. 靠可耻的职业获得的财富,显然带着不名誉的烙印。

154. 如果对财富的欲望没有餍足的限度,这就变得比极端的贫穷还更难堪。因为最强烈的欲望产生出最难满足的需要。

155. 不正当的获利给道德带来损害。

156. 对不正当的获利的希望,是失利的开始。

157. 为孩子们积聚太多的财富,只是一种借口,用以自欺欺人地掩饰自己的贪欲。

158. 凡为身体所需要的东西,是一切人都很容易接近的,毫无痛苦,也毫不费力。而那些要很辛苦很困难地获得,并且使生活不快的东西,则不是身体所想要的,而是错误的判断所想要的。

159. 贪得无厌的欲望使人失其所有,就像伊索寓言中所说的狗一样。

160. 说真话是一种义务,而且这对他们也是更有利的。

161. 坦白是精神独立不倚的特征,而专门找好机会则是一种冒险的举动。

162. 守财奴是和蜜蜂共命运的,他们积蓄财富,就好像他们能长生不死似的。

163. 守财奴的无教养的子女,就像那种走江湖卖艺、在刀尖上跳来跳去的人一样。这种卖艺者,如果落下来时没有把脚落在正好该落的地方,就完蛋了。要落在这独一无二的地方实在是很困难的,因为留下的那点地方就刚刚够放一双脚。守财奴的子女们也是这样。如果他们不跟着学父亲那种精打细算和吝啬的榜样,他们照例是会弄到倾家荡产的。

164. 省吃俭用而忍饥挨饿,当然是件好事情,但在适当时机挥金如土,也同样是好事情。这就在于修养成熟的人来加以决断。

165. 一生没有宴饮,就像一条长路没有旅店一样。

166. 一个人不愁他所没有的东西,而享受他所有的东西,是明智的。

167. 在使人乐意的事物中,那最稀有的就给予我们最大的快乐。

168. 当人过度时,最适意的东西也变成了最不适意的东西。

169. 人们在祈祷中恳求神赐给他们健康,而不知道他们自己是健康的主人。他们以无节制的行为违反健康而行事,这就是以自己的情欲背叛了健康。

170. 对一切沉溺于口腹之乐,并在吃、喝、情爱方面过度的人,快乐的时间是很短的,就只是当他们在吃着、喝着的时候是快乐的,而随之而来的坏处却很大。对同一些东西的欲望继续不断地向他们袭来，而当他们得到他们所要的东西时，他们所尝到的快乐很快就过去了。除了瞬息即逝的快乐之外，这一切之中丝毫没有什么好东西，因为总是重新又感觉到有需要未满足。

171. 和自己的心进行斗争是很难堪的，但这种胜利则标志着这是深思熟虑的人。

172. 喜欢吵架是不合理性的，因为尽盘算着敌人的失败，就看不见自己的利益了。

173. 和超过自己的人去较量的人，结果就达到很坏的骄傲自大。

174. 卑劣的人在有所需求时所作的誓言，一旦他们得以脱离窘境，就不加信守了。

175. 自愿的辛苦，使我们能较容易地忍受不自愿的辛苦。

176. 连续不断的工作通过习惯而变得比较容易。

177. 大部分天性不能干的人由于练习而变成能干。

178. 当人达到目的或有保证能达到目的时，一切辛苦都比休息更适意。但当人遭到失败时，全部努力都同样是既难堪又累人了。

179. 要留心，即使当你独自一人时，也不要说坏话或做坏事，而要学得在你自己面前比在别人面前更知耻。

180. 人们若不互相倾轧，则法律将不必禁止任何人随心所欲地生活了。嫉妒实在是纷扰的源泉。

181. 在外国侨居使人学会知足。一片大麦面包和一升糠秕都是救治饥饿和疲劳的最甘美的药物。

182. 整个大地对贤智的人都是敞开着的，因为一个高尚的灵魂的祖国，就是这个宇宙。

183. 法律意在使人们生活得更好。这只有人们自己有成为幸福的人的愿望才能达到；因为对那些遵从法律的人，法律显得是适合于他本性的美德。

184. 内战对于双方都是有害的；它使胜利者和失败者一样遭毁灭。

185. 只有团结一致，才能把伟大的事业和战争引导到好结果，否则就不能。

186. 在一种民主制度中受贫穷，也比在专制统治下享受所谓幸福好，正如自由比受奴役好一样。

187. 国家的利益应该放在超乎一切之上的地位上，以使国家能治理得很好。不应该让争吵过度以致失去公道，也不应该让暴力损害公共的善。因为一个治理得很好的国家是最可靠的庇护所，其中有着一切。如果它安全，就一切都安全；而如果它被毁坏，就一切都被毁坏了。

188. 对于好的公民来说，专门去管别人的事而忽略了自己的事是没有好处的，这样自己的事一定就会弄得很糟。但如果有人忽略了公共的事，那么即使他并没有偷盗也没有做不义的事而使自己犯罪，他也将得到一个坏名声。因为即令那既不疏忽大意也没犯罪的人，也每每很容易挨骂和受罪。唉！犯错误总是难以避免的，但要人原谅自己的错误可不容易。

189. 坏的公民愈达到他们所不配占据的崇高地位，他们就愈粗心大意和愈表现得愚蠢可笑、狂妄自大。

190. 如果有钱人能决定给一无所有的人一笔预支款项，给他们帮助，并给他们恩惠，则结果马上就会有恻隐之心、团结、友爱、互助、公民之间的齐心协力以及其他许多无人能数得尽的好处了。

191. 正义要人尽自己的义务,反之,不义则要人不尽自己的义务而背弃自己的义务。

192. 对于是否可以杀死动物这个问题,可以这样回答:杀死有害或倾向于有害的动物的人,应该不受惩罚,并且为了一般的好处,杀死动物比不杀更好。

193. 所有使我们损害一切正义的东西,应该不惜任何代价加以除去。这样做的人将在任何情况下享受更大的安宁、正义、保证和幸运。

194. 正如颁布了法律来对付毒蛇猛兽一样,我觉得也应该颁布法律来对付某些人。按照习惯的法律,对于危险的人,在一切法律不予以保护的情况下都应该把他杀死。但是有些民族的公堂、有些条约和协定却禁止每一个人非法地这样做。

195. 凡杀死一个山寇或一个海盗的人,不论他是亲手杀死或受人差遣,或由于法律的决定,都应不受惩罚。

196. 应该尽一切力量来保护那身受不义而不听任不义之举得逞的人。这样一种态度是合乎正义并且勇敢的,而相反的态度则是不合正义并且怯懦的。

197. 那些犯了当受流放、监禁或刑罚的罪行的人,应该受到惩处而不应赦免。凡听任自己受所得利益或喜好的支配而违反法律把他们赦免的人,是做了一件不合正义的事,这不会不成为压在他心上的一个负担的。

198. 凡是以最高的报偿给予最配受报的人的,是最高度地分有正义和美德的人。

199. 不应该在别人面前比在自己面前更知羞耻,而应该在一个人也看不见时和在大家都看见时一样不做坏事。毋宁在自己面前应该更知羞耻,并且把下列的箴言铭刻在自己心上:丝毫不做不适当的事。

200. 人们总是把错事记得比好事更牢些,而这样是好的。其实,正如不应该称赞那把受人之托的财物还给别人的人,而应该谴责并处罚那不还的人一样,对于官吏也应该这样。因为把他选出来本来不是叫他来做坏事,而是叫他来做好事的。

201. 在现行的宪章制度中,没有任何方法能使官吏避免不义,即使他们是完全廉直的人。因为要官吏对别人负责是不合自然的,他应该只对自己负责……① 不应该是从属于别人之下的。

202. 优秀的人是本性命定了来发号施令的。

203. 畏惧产生谄媚而丝毫不产生善意。

204. 大胆是行动的开始,但决定结果的则是命运。

205. 应该像使用我们身体上的四肢一样来使用奴隶,用每一个来完成一种特定任务。

206. 只有爱的女神能平息恋人的负气。

207. 当人碰到运气好,有个好女婿时,就是得了一个儿子,但如果碰到运气不好,那就外加把女儿也失掉了。

208. 女人比男人要容易怀恨得多。

209. 少说话对于女人是一种装饰,而装饰简朴,在她也是一种美。

210. 儿童教育是一件充满不确定性的事。教育的成功,只

---

① 此处原文有脱漏。——编者

有经过很大的努力和操心才能达到,而如果不成功,则此中所受到的烦恼是无与伦比的。

211. 照我看来,生儿育女是不必要的,因为我看到有儿有女的人有很多而且很大的危险和麻烦,至于它的好处则是很少、很不足道而且很微弱的。

212. 凡是觉得想要一个孩子的人,照我看来还是在他的朋友的孩子中间去挑一个的好。这样一来,他将能够有一个如他所希望的那样的孩子,因为他的选择是完全自由的。而显得适合于他的孩子,对他自然是最亲热的,而且还有如下的区别:当在许多孩子中去挑选时,你可以找到一个如你所希望的那样的孩子,而当你自己去生育时,你就冒许多危险,因为你必得生下是什么就要什么。

213. 人们似乎把生儿育女看作是一种为自然以及为社会的老规程所强加的必然性,而显然别的生物也是依照这种必然性的。因为一切生物都服从着自然法则,生养小生物而并不着眼于得到任何好处。当小的出世时,都是受尽辛苦并且竭尽所能地加以照顾;当它们还小时,总是一天到晚心神不安,而如果它们有了点什么,就忧苦万状。这是有灵魂的生物的自然情况。反之,在人则已建立了从自己所生的子孙取得利益的习惯。

214. 应该在可能范围内把财产都分给子女,而同时注意使他们有了财产时不做任何有害的事。这样他们就变得更善于经营他们的财产,并且会发挥更大的热情来一起竞争以获得新的财产。因为,在共同的生活中,花钱就不像分开经营时那样心痛了,而获利对我们也就远不如那样高兴。

215. 可以给子女受教育而不太减少自己的财产,这样就在他们的财产和人身周围竖立起了一道防卫的围墙。

216. 正如癌是一切肿瘤中最恶的一样,当人侵占旁人的财产时,也是一种最坏的占有。①

217. 明智的用钱可以是很大方而对人民有利的,至于不明智的用钱则是一种对公共的善毫无利益的阔绰。

218. 穷和富,是表示缺乏和充足的字眼。因此,凡缺少某种东西的人就不富,而不缺少什么的人就不穷。

219. 如果你所欲不多,则很少的一点对你也就显得很多了,因为有节制的欲望使得贫穷也和富足一样有力量。

220. 应该深切想到人生是变幻无常而且很短促的,它常为许多不幸和困难所烦扰,因此应该仅只安排一个中等的财富,并且把巨大的努力限制在严格地必需的东西上。

221. 一个尽管只有一宗有限的财产然而很勇敢的人,是幸福的,一个尽管很富有,但是很怯懦的人,则很不幸。

222. 共同的贫穷比每个人孤立地受穷更难堪,因为这样就什么救助的希望都没有了。

223. 家宅和生活是和身体一样苦于疾病的。

224. 不适应生活上的匮乏,是不思量的标志。

225. 鲁钝的灵魂所不能控制的烦恼,应该用理智来驱除。

226. 保持尊严地忍受贫穷,是贤智之士所固有的特性。

227. 愚蠢的人的希望是不合理性的。

228. 因自己的同类遭受不幸而喜欢的人,只看到一切人都是安排着受命运的打击的;他们也是没有真正的快乐的。

---

① 此条各本互有出入,此处依第尔斯。——编者

229. 身体的有力和美是青年的好处,至于智慧的美则是老年所特有的财产。

230. 老年人是曾经年青过的,但年青人是否能达到老年则是靠不住的,所以已经实现的好处是比未来的靠不住的好处更可取的。

231. 衰老是整个东西的一种残缺不全状态:你一切器官全都有,但却在一种不完善的情况中。

232. 有些人,对我们这有死的自然之身的解体毫无所知,但意识到自己生活中的恶行,就一辈子虚构着关于死后的来世生活的荒唐神话,而受着烦恼和恐惧的折磨。

八 智 者①

甲 普罗泰戈拉

（公元前481—前411年）

文 献 记 载

1.〔**第欧根尼·拉尔修,第九卷,第八章,§50—56**〕普罗泰戈拉是阿尔德孟的儿子,或者根据阿波罗多洛以及迪农的"波斯史"第五卷中的说法,是迈安德留的儿子,生于阿布德拉（班都的赫拉克利德在"论法律"一文中是这样说的,并且说他为图里翁城制定了法律）,或者根据欧波利的"谄媚者"中的说法,生于德欧。……

普罗泰戈拉第一个主张每一个问题都有两个互相对立的方面,甚至用这种方式进行论证……

他是第一个要人缴纳一百米乃学费的人……

他也是第一个采用所谓苏格拉底式的讨论方法的人……

---

① Σόφιστοι,原义即"智慧的人",指公元前五世纪开始出现的一批希腊职业教师,他们教人辩论和修辞,以便参加政治活动。旧译作"诡辩学派"。其实智者并非都是诡辩之徒,早期的普罗泰戈拉甚至富于唯物论的精神,只是具有相对主义的看法；晚期的末流智者才成为指黑为白的诡辩之徒。通称智者为诡辩家是不妥当的,所以按原义译为"智者"。——编者

根据一些人的说法,他在九十岁的时候死于旅途之中,虽然阿波罗多洛说他活了七十岁,过了四十年智者生涯,并且说他的鼎盛年在第八十四届奥林比亚赛会时①。……

2.〔柏拉图:"普罗泰戈拉"篇,页311B—314C〕(苏格拉底的同伴希波格拉底要苏格拉底带他去见智者普罗泰戈拉,苏格拉底先向他描述智者的一般情况。——编者)

〔苏格拉底说:〕……这时我们站了起来,在院子里走动着,我想我得试他一下,看看他的决心大不大。于是我就考验他,向他提出一些问题。我说,希波格拉底,你告诉我,你既然要去见普罗泰戈拉,并且要送钱给他,那么你要去见的这一位是什么人呢?他会把你教成什么人呢?举个例子,假定你想去见柯斯岛的希波格拉底那位大夫,并且要送钱给他,有人问你:希波格拉底啊,你把钱送给与你同名的希波格拉底,请告诉我,你送给的是什么人呢?——你怎么回答?

他答道,我会说,我是把钱送给一位医生。

他会把你教成什么人呢?

他说,教成一个医生。

假定你决定去见阿各斯人波吕格雷特,或者去见雅典人斐第亚,并且打算送钱给他们,有人问你:波吕格雷特和斐第亚是什么人呢?你为什么给他们这笔钱呢?——你怎么回答?

我会回答道,他们是雕刻师。

他们会把你教成什么人呢?

当然教成一个雕刻师。

---

① 即公元前440—前438年。——编者

我说，好的，现在我们要去见普罗泰戈拉，并且准备代你送钱给他。要是我们自己的钱很够，可以拿这些钱把他笼络住，那我们就太高兴了；要是钱不够，我们就得把你朋友的钱也拿来花。假定当我们如此热中地收买我们的对象的时候，有个人问我们：苏格拉底，还有你希波格拉底，告诉我，普罗泰戈拉是什么人？你们为什么要送钱给他呢？——我们怎么回答？我知道斐第亚是雕刻师，荷马是诗人；可是对普罗泰戈拉怎么称呼呢？他叫作什么人呢？

他答道，苏格拉底，大家叫他智者。

那我们就是去把钱送给智者身份的他了？

当然。

可是假定有人又进一步向你提出这个问题：你自己怎样呢？普罗泰戈拉会把你教成什么人呢，要是你去见他的话？

他脸上绯红地答道（因为天刚亮，所以我看见他的脸）：要不是这件事与上面的例子有点不一样的话，我想他会把我教成一个智者的。

我说，天哪，你不以在希腊人面前以智者的身份出现为耻吗？

的确，苏格拉底，老实说，我引以为耻。

可是，希波格拉底，你难道就不会认定普罗泰戈拉的教导是这种性质的：你难道就不能像学习文法家、音乐家或体育教练的技术那样，并不把这些技术中的任何一种当作职业来学习，而只当作教育的一部分来学习，因为一个君子和自由人应当知道这些技术？

他说，正是这样，我认为这是对普罗泰戈拉的教导的一个非常正确的估计。

我说,我很想知道你是否知道你自己在做什么。

我在做什么?

你是要去把自己的灵魂托付给一个你称他为智者的人。我很难设想你知道什么是智者;要是不知道的话,你也就不知道自己把灵魂托付给谁,不知道自己所做的事情究竟是好还是坏了。

他答道,我当然认为我是知道的。

那么你告诉我,你以为他是什么人呢?

他答道,我认为他是一个懂得智慧的事情的人,因为他的称号就包含着这个意思。

我说,你不是也能说画家和木匠是这样的吗?他们不是也懂得智慧的事情吗?假定有人问我们:画家在哪一方面智慧?我们会答道:在绘制与别的东西相像、相似的东西上。如果他进一步又问:智者的智慧是什么呢?他擅长的是什么呢?——我们怎么回答他?

我们怎么回答他,苏格拉底?岂不是只能这样回答:他擅长使人善辩的技术?

我回答道,是的,这是很对的,不过不够;因为在这个回答里面又包含着另一个问题:智者使一个人雄辩地谈论些什么呢?我们可以假定弹竖琴的人使人雄辩地谈论他教会他的那件事情,也就是谈论怎样弹竖琴。对不对?

对的。

那么智者使人雄辩地谈论些什么东西呢?他不是应当使人雄辩地谈论他所学会的东西吗?

是的,可以这样说。

那么什么是智者所知道的并且使他的学生知道的事呢？

他说，我实在说不出。

于是我就接着说：好的，可是你知道你所冒的危险吗？要是你要去把自己的身体托付给一个人，而这个人可以使你的身体好或者坏，你不是要仔细考虑，并且征求亲戚朋友的意见，踌躇好多天，思量是否可以把自己的身体托付给这个人吗？可是，现在你要托付的是自己的灵魂，而你把灵魂的价值看得比身体高得多，灵魂的善或恶关系着你的整个幸福——这件事你却从来没有同你的父亲或者兄弟或者我们这些朋友商量过。可是这个外方人一来，你就立刻把自己的灵魂托付给他了。照你说，你是晚上听见了他，早上就去找他，一点也不踌躇，也根本没有征求任何人的意见，看看是否应当把自己托付给他；——你决意不惜冒一切危险去做普罗泰戈拉的学生，并且准备不问任何代价把你自己和你朋友的财产都拿来实现这个决心，虽然你也承认你并不认识他，也没有同他说过话：你称他为智者，可是对于智者是什么人你却显然无知；然而你还是要去把你自己托付给他。

他听到我这样说的时候答道：苏格拉底，我从你的话里得不出别的结论来。

我接着说：希波格拉底，智者岂不是批发或者零售灵魂的粮食的人吗？我觉得智者的本性就是这样的。

苏格拉底，什么是灵魂的粮食呢？

我说，当然知识是灵魂的粮食，我的朋友，我们必须注意，不要让智者在夸耀自己的货色的时候欺骗我们，就像那些批发或零售身体的粮食的商人一样；因为他们不加区别地夸耀自己的全部货色，不知道哪是真正有益的，哪是有害的；他们的顾客也并不知道，只有那些偶尔去买这些货色的体育教练和医生们知道。那些带着知识的商品周游各地，把它批发或零售给需要它的顾客的人也是一样，他们以完全相同的方式夸耀他们的货物；但是，我的朋友，他们中间有许多人实在不明白自己对灵魂所造成的后果如何，他们的顾客也是一样地无知，除非买货的人碰巧是灵魂的医生。所以，你要是了解什么是好的，什么是坏的，你就可以安然地去买普罗泰戈拉和任何一个人的知识；要是不了解的话，朋友，还是考虑一下，不要拿你最珍贵的利益孤注一掷。因为买知识比买酒肉有更大的危险：你从批发商或零售商那里买来酒肉，把它放在别的器皿里带出来，在把它当作食品吃下肚之前，你可以把它放在家里，找一个懂得什么是可以吃的，什么是不能吃的，应当吃多少，以及应当在什么时候吃的人来看看；这样，买酒肉的危险就不那么大了。可是你买的知识的货物却不能被放在别的器皿里，你付钱买它的时候，必须把它接纳到灵魂里面而去，要么大受其害，要么大得其益；所以我们要好好考虑，听听长辈的忠告；因为我们还年青——太年青了，不能决定这样的事。现在我们既然打算去，就去听普罗泰戈拉的讲吧；当我们听到了他要讲的话之后，我们可以去请教一下别的人；因为在卡利亚家里不只有普罗泰戈拉，还有爱利亚的希比亚，如果我没有弄错的话，还有克欧的普罗迪科，以及另外一些智慧的人。……

3.〔同上，页316C—319A〕（苏格拉底向普罗泰戈拉介绍了他的同伴希波格拉底，普罗泰戈拉向他们叙述智者的来历以及智者之为智慧的教师。——编者）

〔普罗泰戈拉说：〕苏格拉底，谢谢您对我的看重。因为一个外地人,到各个城市里走动,劝说各地的青年离开自己的亲人和故旧,不管是年老或年青的,来同他住在一起,一心想从他的谈话中受到教育,——这样的确应当十分小心;他的举止引起了很大的嫉妒,他乃是种种敌意和阴谋的对象;古时候,做这种事情的人害怕这种怨恨,便用各种不同的称号伪装起来,有的伪装成诗人,如荷马,赫西阿德,西蒙尼德,有的伪装成传教士、预言者,如奥尔斐和穆塞,有些人我发现甚至伪装成体育家,如塔仑丁的伊柯,以及现在还活着的著名的赫罗迪科,他的家乡原属麦加拉,现在是塞林布里亚,他是第一流的智者。你们的阿加托克勒自己冒充作音乐家,其实是一个杰出的智者;克安的毕托克来德也是这样;还有许多别的智者;他们都像我说的那样,采用这些技术作为伪装,因为他们害怕招怨。但是我不这样,因为我不相信他们达到了欺骗政府的目的,他们并没有蒙蔽住政府;至于人民,是没有什么认识的,只是跟着他们的统治者的愿望去做。逃跑以及在逃跑时被逮住是奇蠢无比的事,并且还会大大地增加人们的愤怒;因为人们除了用各种理由反对逃跑的人以外,还把他们看成恶棍;因此,我采用一种完全不同的办法,自己承认是一个智者,是一个人们的教师;这种公开承认,我认为是一种比隐匿更好的谨慎办法。我也不是毫不警觉的,所以我希望能够靠天保佑不会因承认是智者而受到伤害。我现在从事这种行业已经好多年了——因为我的岁数算起来是很大的,比在这里的人都要大上一辈。因此如果你要和我讲话,我很愿意公开地在大家面前同你谈。

我〔苏格拉底〕猜想他是想在普罗迪科和希比亚面前炫耀一番,并且愿意把我们当作钦佩他的人拿给他们看看,我就说,我们为什么不请普罗迪科和希比亚及别的朋友来听听我们的谈话呢？

他说，很好。

……

〔大家都坐下来听他们谈话〕

我们都坐好之后，普罗泰戈拉说：大家都在一起了，苏格拉底，你讲一讲你刚刚说到的那位青年吧。

我答道：我再从头说起，普罗泰戈拉，我重新告诉你我来访的目的：这是我的朋友希波格拉底，他非常愿意与你认识；他愿意知道他与你交往之后会得到什么结果。我所要说的就是这些。

普罗泰戈拉答道：年青人，你要是与我交往，第一天回去的时候就比来的时候好，第二天就比第一天好，每一天都比前一天好。

我听到这话就说：普罗泰戈拉，我听到你这样说，心里一点也不惊奇；尽管你年纪大，智慧多，要是有人教给你一些你以前不知道的东西，你也一定会变得更好；但是我要请你用另外一种方式回答——我可以举一个例子来说明一下。假定希波格拉底想认识的不是你，而是希望认识赫拉克勒亚的宙克西波那位青年人，这人不久以前是在雅典的，他去见他，就像见你这样，并且听见他说，就像听见你说这样：如果他与他交往，他就会每一天都长进，每一天都变得更好。假定他问他："我会在哪方面变得更好，在哪一方面长进呢？"——宙克西波会答道："在绘画方面。"再假定他去看特拜人奥尔泰戈拉，并且听到同样的话，而且问他:"我在哪一方面变得一天比一天好呢?"他会答道:"在吹笛方面。"现在我要你用这种方式回答这位青年和我,我是为他而提出问题的。……

普罗泰戈拉听见我这样说之后,就回答道:你问得好,我喜欢回答提得好的问题。如果希波格拉底到我这里来,他就不会受到别的智者惯常给学生受的那种罪;他们逃脱了各种技术的束缚,却被这些教师们拿住赶回到这些技术上来,要去学算术、天文学、几何学和音乐(他说这些话的时候瞧了希比亚一眼);可是他如果到我这里来,他会学到他来学的东西的。这就是私人事务以及公共事务中的智慧。他会学到把自己的家庭处理得井井有条,能够在国家的事务方面作最好的发言和活动。

我说,我懂你的意思;你的意思是不是说,你教给人政治的艺术,你答应把人教成良好的公民?

苏格拉底,这正是我所从事的职业。

4.〔柏拉图:"泰阿泰德"篇,页 151D—153C〕(苏格拉底与泰阿泰德讨论知识论的问题,涉及普罗泰戈拉的学说。——编者)

苏格拉底[①]:……你说知识就是感觉?

泰阿泰德[②]:是的。

苏:好,你说出了一种非常重要的关于知识的学说;这就是普罗泰戈拉的意见,不过他是以另一种方式表达的。他说,人是万物的尺度,是存在的事物存在的尺度,也是不存在的事物不存

---

① 下面简称苏。——编者
② 下面简称泰。——编者

在的尺度：——你读过他的著作吗？

泰：读过的，读过不止一遍。

苏：他不是说，事物对于你就是它向你呈现的样子，对于我就是它向我呈现的样子，而你和我都是人？

泰：是的，他是这样说的。

苏：一个聪明人不会讲没有意义的话的。我们来了解一下他的话吧：同样的风在刮着，然而我们中间的一个人会觉得冷，另一个人会觉得不冷，或者一个人会稍微觉得有点冷，另一个人则会觉得很冷。是不是？

泰：很对。

苏：那么，风本身就是冷的或不冷的，还是像普罗泰戈拉所说的那样，风对于感觉冷的人是冷的，对于感觉不冷的人是不冷的？

泰：我认为是后一种说法对。

苏：那么风就应该对每一个人呈现出一个样子了？

泰：是的。

苏："对他呈现"的意思就是"他感觉"。

泰：对的。

苏：那么，呈现与感觉在热和冷这个事例里是一回事，在一些类似的事例里也是一回事；因为事物之呈现（也可以说存在）于每一个人，就是像他感觉到事物的样子。是不是？

泰：是的。

苏：那么，感觉永远是对于存在的感觉，既然它是知识，它也就是无误的了？

泰：显然如此。

苏：天哪，普罗泰戈拉该是一个多么大的聪明人！他向你和我这些普通群众用譬喻说出这些意思，对他的学生们则秘密地说出真理，"他的真理"。

泰：你这是什么意思呢，苏格拉底？

苏：我说到的是一个崇高的论证，在这个论证里，一切都被说成是相对的；你不能够正确地用任何名称来称呼任何事物，比方大或小，重或轻，因大的会是小的，重的会是轻的——并没有单独的事物或性质，而是万物都是运动、变化和彼此之间的混合所产生；这个"变化"我们不正确地把它叫作存在，但是实际上是变化，因为没有什么东西是永远常存的，一切事物都在变化中。你去问问所有的哲学家——普罗泰戈拉，赫拉克利特，恩培多克勒，以及其余的人，一个一个问，除去巴门尼德以外，他们都会同意你这个说法的。你去问问两种诗体的大师们——艾比卡尔谟这位喜剧之王，以及悲剧的荷马；当后者歌唱道：

"从海洋中产生出诸神，母亲是德蒂斯"的时候，他的意思不是说万物都是流动和运动的产物吗？

泰：我想是的。

苏：对这一支以荷马为将军的伟大军队，谁能武装起来与它交战而不显得可笑呢？

泰：真是有谁能呢，苏格拉底？

苏：是的，泰阿泰德；还有许许多多别的证据可以证明运动是一切所谓存在和变化的东西的源泉，而静止则是非存在和毁灭的源泉；因为火与温暖被认为是一切其他事物的产生者和保护者，乃是从运动和摩擦中产生的，摩擦就是一种运动；——这不是火的来源吗？

泰:是火的来源。

苏:动物的种族也是以同样的方式产生的吗?

泰:是的。

苏:身体的健康不是因静止不动而破坏,因运动练习而长期保持吗?

泰:对的。

苏:心理的健康怎样呢?灵魂不是因学习和注意而得到启迪、改善和保持吗?学习和注意都是运动;在灵魂中,静止的意思只是不注意和不学习,当静止的时候,灵魂不是毫无所得,并且把学过的东西很快地忘掉了吗?

泰:对的。

苏:那么运动是一件好事,静止是一件坏事,对灵魂和对身体都是如此?

泰:显然是的。

苏:我还可以补充说,风平浪静使事物破坏,狂风暴雨则使事物保存;我所坚持的最杰出的论证就是荷马诗中的金链,他指的是太阳,这个论证指明只有当太阳和星辰在轨道上运转的时候,一切人类的事物和神圣的事物才能存在和保持,如果受到了束缚,它们的运动停止了,万物就都毁灭了,也就像谚语所说的那样,上下颠倒了。

泰:苏格拉底,我相信你把他的意思解释得很对。

5.〔柏拉图:"普罗泰戈拉"篇,320C—322D〕(普罗泰戈拉以神话的方式向苏格拉底说明他对人类社会的看法。——编者)

〔普罗泰戈拉说:〕从前有一个时候只有神灵,没有凡间的生物。后来应该创造这些生物的时候到了,神们便用土、水以及一些这两种元素的不同的混合物在大地的内部造出了它们；等到他们要把它们拿到日光之下来的时候，他们就命令普罗米修和艾比米修来装备它们，并且给它们逐个分配特有的性质。艾比米修对普罗米修说："让我来分配，你来监督。"普罗米修同意了，艾比米修就分配了。〔他给各种动物分配了必要的装备和性质〕艾比米修这样做了之后，他不很聪明，竟忘了自己已经把一切要给的性质都分配给野兽了——等他走到人面前的时候，人还一点装备都没有，他手足无措了。正在他手足无措的时候，普罗米修来检查分配工作，他发现别的动物都配备得很合适，只有人是赤裸裸的，没有鞋子，没有床，也没有防身的武器。轮到人出世的指定时间快到了，普罗米修不知道怎样去想办法救人，便偷了赫斐斯特①和雅典娜的机械技术，加上火（这些技术没有火就得不到，也无法使用），送给了人。于是人有了维持生活所必需的智慧，但是并没有政治的智慧，因为这种智慧由宙斯保管着，而普罗米修还没有那么大的能力，不能走进天宫里去，宙斯是住在那里的，并且有可怕的卫兵防守着；可是他偷偷地走进了雅典娜和赫斐斯特常常在里面练习心爱的技术的普通工作室，拿出赫斐斯特的用火的技术以及雅典娜的技术给了人。于是人便具备了生活的手段。可是普罗米修以后据说因盗窃被告发，因为艾比米修不小心泄露了。

现在人有了一份神的属性，首先成为崇拜神灵的唯一动物，因为只有人是与神有亲戚关系的；于是他就立起神坛，塑起神像来。他不久就发明了有音节的语言和名称，并且造出房屋、衣

---

① 希腊的冶金之神。——编者

服、鞋子和床来,从土地里取得了养生之资。人类有了这些,一起初是分散地居住着,没有城市。但是这样产生了一种结果,就是他们被野兽消灭了,因为他们同野兽比起来是非常孱弱的,他们的技术只足以取得生活资料,不足以使他们具有与野兽作战的能力;他们虽然有食物,但是还没有政治的技术,战争的技术就是其中的一部分。后来自保的要求使他们聚集到了城市里;但是那时他们只是住在一起,并没有政治的技术,他们彼此为害,又陷于分散和毁灭的过程。宙斯恐怕整个人类会消灭,于是派遣黑梅斯①到人间来,带来尊敬和正义作为治理城市的原则,友谊与和好的纽带。黑梅斯问宙斯应当怎样在人们中间分配正义和尊敬:——是否应当像过去分配技术那样分配正义和尊敬,也就是说,分配给少数喜爱的人,让一个灵巧的人拥有足够的医术或别种技术为多数不灵巧的人服务?"我究竟应当以这种方式在人们中间分配正义和尊敬,还是把正义和尊敬分给所有的人?""分给所有的人",宙斯说:"我愿意他们都有一份;因为如果只有少数分享道德,就像分享技术那样,那么城市就决不能存在的。此外,再遵照我的命令立一条法律,把不尊敬和不正义的人处死,因为这种人是国家的祸害。"

著作残篇

1.〔D1〕人是万物的尺度,是存在的事物存在的尺度,也是不存在的事物不存在的尺度。

2.〔D3〕要想成为有教养的人,就应当应用自然的秉赋和

---

① 希腊的神使、通报神。——编者

实践；此外还宜于从少年时就开始学习。

3.〔D4〕至于神，我既不知道他们是否存在，也不知道他们像什么东西。有许多东西是我们认识不了的；问题是晦涩的，人生是短促的。

乙　高尔吉亚

（公元前五世纪）

文 献 记 载

〔**塞克斯都·恩披里可："反数学家"，§65—87，D**3〕高尔吉亚在他的《论非存在或论自然》一书中接连建立了三个原则：——第一个是：无物存在；第二个是：如果有某物存在，这个东西也是人无法认识的；第三个是：即令这个东西可以被认识，人也无法把它说出来告诉别人。

关于无物存在这个论点，高尔吉亚是以下列方式论证的：如果有某物，这个某物就或者是存在，或者是非存在，或者同时既是存在又是非存在。可是，一方面，像他所主张的那样，存在是没有的，而另一方面，像他所断言的那样，非存在也是没有的；而像他所指出的那样，也没有存在同时又是非存在。所以什么都没有。

因此非存在是没有的。因为如果有非存在存在，它就存在同时又不存在。因为就它之不被了解为存在而言，它是不存在的，而就它之为非存在而言，它又是存在的。然而说一件东西存在同时又不存在，乃是矛盾的。因此，非存在不存在。再者，如果非存在存在，存在就不存在了。因为这两个命题是相反的，如果承认非存在存在，就得承认存在不存在。然而说存在不存在，乃是不可能的，所以非存在不存在。

此外，存在也不存在。因为，如果存在存在，它就只能或者不是派生的，或者是派生的，或者同时既是派生的又不是派生的。然而它既不是非派生的，也不是派生的，也非同时既是非派生的又是派生的，这一点我们将加以证明。所以存在并不存在。因为如果存在是非派生的（因此就应当从它开始），就没有任何开始。

因为一切产生出来的东西都有一个开始，但是那种按照本性说便是非派生的东西是没有开始的，既然它没有开始，它就是无限的。然而如果它是无限的，它便不在任何地方。因为它如果在某个地方，它所在的那个地方就是与它本身不同的，这样，存在就不再是无限的了。包容他物的东西比所包容的东西更大；然而没有比无限更大的东西；因此无限不能在某个地方。

当然它不是局限在自身之内的；因为局限它的东西与它所包含的东西是一个东西，而在这种情形之下，存在就二重化了，同时既是地方又是物体。因为所处的是地方，所具有的是物体。因此存在并不处在自身之内。所以，如果存在是非派生的，它就是无限的；如果它是无限的，它就不在任何地方；如果它不在任何地方，它就不存在。因此，如果存在是非派生的，它就从开始就不能存在。

当然存在也不能是派生的。因为如果它是产生出来的，它就或者是从存在中产生的，或者是从非存在中产生的。但是它不是从存在中产生的；因为如果它是存在的，它就不是产生的，而是始终存在。它也不能从非存在中产生。非存在不能使存在的东西产生，因为使某种东西产生的东西必须分享着存在。因此存在也不是派生的。

根据同样的推理，它也不能同时是非派生的又是派生的；这两个命题是互相否定的，如果存在是非派生的，它就不是产生出来的，如果它是产生出来的，它就不是非派生的。因此，既然存在既不是非派生的，又不是派生的，也不是派生的同时又是非派生的，存在就不能存在。

此外，如果它存在，它就或者是一个，或者是许多个。然而它既不是一个，也不是许多个，这一点我们就要加以证明。所以存在并不存在。因为，如果它是一个，它当然就有一个一定的量，或者它是连续的，或者它是一个大小，或者它是一个物体。在这些属性中，不管它所具有的是什么，它总不是一个，因为它既然有一个一定的量，就不能分成它的各个成分，它既然是连续的，就不能分，同样地，如果把它想成一个大小，它就有了可分的性质。如果它是一个物体，它就有这三种属性：大小，广度，厚度。然而说没有这三种属性的东西是存在，乃是荒谬的。所以存在不是一个。

另一方面，它也不是许多个。因为如果它不是一个，它也就不是许多个。繁多事实上就是单一的总和，只要取消了单一，也就取消了繁多。由此可以很清楚地见到，存在并不存在，非存在也不存在。

至于存在与非存在二者都不存在这一点，是很容易设想的。因为如果非存在存在，存在也存在，那么在有关存在的这一点上，非存在与存在便是一个东西。因为这个缘故，两者都不存在。因为我们已经同意非存在不存在，并且指出了存在与非存在是一个东西。所以存在并不存在。

然而，虽然存在与非存在是同一的，它却不能是这一个和那一个；因为如果它是这一个和那一个，它便不是同一的了，如果它是同一的，它就不会是两个东西；由此可知无物存在。因为，如果存在并不是非存在，也不是存在与非存在，而在存在与非存在之外我们无法设想任何东西，所以结论是无物存在。

应该以同样的方式指出，即令有某物存在，这个某物也是不可知的。因为照高尔吉亚说，如果我们所想的东西并不因此而存在，我们便思想不到存在。这个论点是有理由的。因为可以是我们所想的东西是白的，我们能够思想白的东西；也可以是我们所想的东西并不存在，因而必然得出结论：存在的东西是思想不到的。

说"所想的东西并不真实存在，存在是思想不到的"，这也是合理的，合乎逻辑的。至于所想的东西（我们应当理解它）并不是真实存在的，这一点我们将加以证明。因此存在是思想不到的。至于我们所思想的东西并不真实存在，这是很显然的。

因为，如果我们所思想的东西真实存在，凡是我们所想的东西便都存在了，所以我们思想事物，乃是不可靠的肯定。这并不是因为如果我们思想一个飞行的人或一辆在海上行驶的车，便真有一个人在飞或一辆车在海上行驶。所以，说所想的东西是存在的，这句话并不真实。

此外，如果我们所想的东西真实存在，不存在的东西就思想不到了。因为相反的东西具有相反的属性，而非存在是与存在相反的。因为这个缘故，一般地说，如果存在被思想到，非存在便不会被思想到。然而这是荒谬的。因为六头十二足的女妖和吐火怪兽以及许多非存在都是被思想到的。所以存在是不被思想到的。

我们说所见的东西是可见的，是因为看到了它；我们说所闻的东西是可闻的，是因为听到了它；同样地，我们也并不因为可见的东西听不到而否定它，也不因为可闻的东西看不到而否定它（每件东西都有专司的感官，不能无分别地为别的感官所判别）；所以，我们所思想的东西，即使我们不以视觉或听觉来感知它，也是存在的，因为它为特殊的标准所掌握。

因此，如果我们思想到一些在海上行驰的车子而并看不到，也应该相信实有在海上行驰的车子。——这是荒谬的。所以，我们既不能思想到也不能感知到存在。

同样地，当我们感知到它的时候，也是无法把它告诉别人的。因为如果存在的东西为视觉、听觉所感知，总之为各种官能所感知——在它被当作外在的东西而给予的同时；——如果可见的东西为视觉所感知，可闻的东西为听觉所感知，——怎样能够把它告诉别人呢？

因为我们告诉别人时用的信号是语言，而语言并不是给予的东西和存在的东西；所以我们告诉别人的并不是存在的东西，而是语言，语言是异于给予的东西的。因此，可见的东西既然不能变成可闻的东西，同样情形，反过来，因为存在是当作外在的东西而被给予的，对于我们，就不能真正地有语言。

由此可见，语言不能传达给别人。然而，语言是随着从外界刺激我们的事物而产生的,亦即随着感性事物而产生的;由于事物与体质的接触,才产生了转达这种性质的语言;由于颜色从外而来,才产生了转达这种颜色的语言。如果是这样的,那么,便不是语言传达我们之外的东西,而是我们以外的东西表达语言了。

当然,决不能说可见的东西情形与可闻的东西是一样的;由于语言是给予的东西,是存在的,所以它不可能向我们表达给予的东西和存在的东西。因为语言如果是所给予的东西,它便与其他给予的东西不同,最低限度,可见的物体是与语言不同的。因为我们用来感知可见事物的手段是异于用来感知语言的手段的。所以语言不能向我们表明大部分给予的事物,这些事物也不能向我们相互表明它们的性质。

这些便是高尔吉亚所提出的困难,他尽可能地使对真理的证明消失不见。因为非存在既不能被认识,也不能自然地传达给别人,对于它也就不能有证明存在了。

丙 其他智者

文 献 记 载

1.〔亚里士多德:"修辞学",第一卷,第十二章,页1373b〕就像〔智者〕阿尔基达马在他的"麦森尼亚演说"中说的那样:……

我们应该做或应该不做的行为,也按照其影响及于全社会或及于某一社会成员而分为两类。从这个观点,我可以用这两种方式中的任何一种做出正义的或不正义的行动,——或者是对一个一定的人,或者是对社会。犯奸淫罪或殴人罪的人是对一个一定的人做坏事;逃避兵役是对全社会做坏事。

2.〔**亚里士多德:"政治学"**,**第一卷**,**第三章**,**页**1253b〕另一些人〔智者〕断言主人对奴隶的统治是违背自然的,奴隶与自由人的区别只是因法律而存在,并不是自然的;因此妨碍自然是非正义的。

3.〔**同上**,**第三卷**,**第九章**,**页**1280b〕法律只是一种约定,正如智者吕科弗隆所说的那样,只是"一种互相保证正义的约定",并没有使公民善良和正义的实在力量。

4.〔**亚里士多德:"论智者的驳辩"**,**页**256a〕智者的技术就是毫无实在内容的似是而非的智慧,智者就是靠一种似是而非的智慧赚钱的人。①

5.〔**亚里士多德:"形而上学"**,**第四卷**,**第二章**,**页**1004b〕智者的学说是一种貌似哲学而并不是哲学的东西。②

---

①② 指智者末流。——编者

九　苏格拉底

（公元前468—前400年）

文 献 记 载

〔苏格拉底论"自知其无知"〕

1.〔柏拉图："申辩"篇，页21A—23C〕（苏格拉底被控传播异说，败坏青年，在雅典法庭受审。他在庭上为自己申辩。——编者）

我将为你们引一个值得信任的证人来作证；这证人就是德尔斐的神①——他将告诉你们关于我的智慧的事情，如果我算有点智慧的话，并且告诉你们我的智慧是属于哪一类的。你们一定知道凯勒丰；他老早是我的一个朋友，并且也是你们的朋友，他在最近这次被放逐时和你们的人一起被逐，并且和你们的人一起回来了。这位凯勒丰，你们知道，是一切行事都很鲁莽的，他就去到德尔斐，冒失地求神谕告诉他——我刚才说过，我必须请求你们不要打断我的话——他求神谕告诉他是否有人比我更聪明，而那位庇提亚的女先知②回答说，没有人更聪明的了。凯勒丰本人已经死了；但他的兄弟正在这法庭里，他可以证实我说的都是真话。

为什么我要提起这件事呢？因为我要向你们解释为什么我

---

① 即阿波罗，太阳神，同时也是智慧之神。——编者
② 传神谕的女巫。——编者

会有这样一个坏名声。当我听到这回答时,我对自己说,神的这句话能是什么意思呢?他的这一个谜应该怎样来解释呢?因为我知道我是没有智慧的,不论大小都没有。那么他说我是人中间最聪明的,这是什么意思呢?而他是一位神,是不能说谎的;那是和他的本性不合的。经过长时间的考虑之后,我想到了一个方法,可以来试着了解这个神谕的真义。我想着,如果我能够找到哪怕一个人,比我更聪明,我就可以到神那里去反驳他了。我可以对他说:"这里就有一个人比我更聪明;但你说过我是最聪明的。"这样我就到一个以聪明著名的人那里去,并且观察他——他的名字我用不着说了;他是一个政治人物,我选他来作检验的——结果是这样:当我开始和他谈话时,我不能不想到他实在并不聪明,虽然许多人都以为他聪明,他自己则自以为更聪明;因此我就试着给他解释,他自以为聪明,而其实并不真聪明;而结果是他恨我了,并且当时在场听到我的话的一些人也和他一样恨我了。这样我就离开了他,而当我走开时,就对自己说:好吧,虽然我不以为我们中间有谁知道任何真正美的和善的东西,但我是比他好些,——因为他什么也不知道,却自以为知道;我既不知道,也不自以为知道。那么,特别在最后这一点上,我似乎比他有稍稍好一点的地方。于是我就到另一个更自以为聪明的人那里去,而我的结论也是正好完全一样。这样我就又使他成了我的敌人,还有许多他身边的人也都成了我的敌人了。

于是我又一个接一个地去考察人,并不是没有意识到我所激起的敌意,我也为此而悔恨、畏惧:但我不得不如此,——神的话我想应该首先考虑。我就对自己说,我必须到一切显得有知识的人那里去,并找出这神谕的意义。我对你们发誓,雅典人啊！我凭狗①的名义发誓！——因为我必须对你们说真话——我这使命的结果正是这样：我发现那些最有名声的人正好就都是最愚蠢的；另外那些比较不那样为人看重的人倒其实比较聪明些，好些。我将告诉你们我的流浪以及我那些赫尔库勒的劳动②的故事，我经年累月地干了这一切，结果只发见那神谕是不能反驳的。在看了那些政治人物之后，我又去看那些诗人：悲剧诗人，歌颂酒神的诗人，以及各种各样的诗人。到了那里，我对自己说，你将马上败露了；这一下你将发现你是比他们更无知了。这样，我就给他们拿出他们自己作品中最精心制作的几段，问他们究竟是什么意思——心里想着他们总能教我点什么。你们相信吗？我几乎不好意思说出真相，但我必须说，现在在场的人几乎没有一个对他们的诗不能谈得比他们自己更好的。于是我知道了诗人写诗并不是凭智慧，而是凭一种天才和灵感；他们就像那种占卦或卜课的人似的，说了许多很好的东西，但并不懂得究竟是什么意思。这些诗人，在我看来，情形也就很相像；而我又进一步观察到，靠了他们的诗，他们就自以为是最聪明的人，在别的他们并不聪明的事情上也自以为是最聪明的了。因此我就离开了，心里想着我是比他们好一些，理由就正像我比那些政治人物好一些一样。

最后我又到那些工匠那里去，因为我意识到，如我可以说的，我是什么也不知道的，而我确信他们知道很多好东西；这里我并没有弄错，因为他们确实知道许多我所不知道的东西，而在

---

① 凭埃及的神犬。——编者
② 赫尔库勒是希腊神话中的英雄，力大无穷，做了许多异常巨大的工作。此处喻苏格拉底费尽了气力东奔西走去察看别的著名人物是否智慧。——编者

这一点上他们当然比我聪明。但我看到即使那些好的工匠也犯了那些诗人所犯的一样的错误；——因为他们是好的工匠，他们就以为自己也知道一切重大的事物，而这一缺点就掩盖了他们的智慧；于是我就代那神谕问我自己，我是愿意像我原来那样，既没有他们的知识也没有他们的无知，还是情愿两方面都像他们一样呢？而我对自己也对神谕回答说，我还是像我原来那样的好。

这种探究使我树了许多最坏、最危险的敌人，并且也造成了人家给我许多诽谤的机会。而我就被人称为聪明的了，因为听了我的话的人总是想象着那种我发现别人所缺乏的智慧，我自己一定是有的；但其实是，雅典人啊！只有神才是聪明的；而他的回答的用意，是要指明人的智慧是价值很少或根本没有价值的；他并不是在说苏格拉底，他只是用我的名字来作个例子，好像他是说：人们啊！一个人，就像苏格拉底那样，知道他的智慧真正说来是丝毫不值什么的，这就是最聪明的人。所以我就奔走于世上，服从着神的意思，来搜寻并探求任何人的智慧，不论他是本城的公民还是外地人，只要他显得像是聪明的；如果他是并不聪明的，我就援引神谕的意思指出他并不聪明；我的这种事业非常吸引我，我就既没有时间来从事任何有关公共利益的事务，也没有时间来管有关我自己的利益的事情了，而我由于献身于神的缘故，就陷于一贫如洗了。

九　苏格拉底

〔苏格拉底的使命——照顾心灵,以及他的"灵异"①〕

2.〔柏拉图:"申辩"篇,页29D—32A〕(苏格拉底进一步在申辩中说明他与雅典青年交往的原因。——编者)

雅典人啊!我尊敬你们,并且爱你们;但我将宁可服从神而不服从你们,而且只要我还有生命和气力,我将永不停止哲学的实践和教诲、劝勉我所遇到的任何一个人,照我的方式对他说:你,我的朋友,伟大、强盛而且智慧的城市雅典的一个公民,像你这样只注意金钱名位,而不注意智慧、真理和改进你的心灵,你不觉得羞耻吗?而和我谈论的人如果回答说:是啊!但是我是留心的啊;那么我不会马上离开他或让他离开;我会询问并且反复地盘诘他,如果他虽然这样说了,但并没有在美德方面有进步,我就责备他把重要的东西看成不重要的,而把没有价值的东西看成有价值的了。我将把同样的话一再地向我所遇见的人去说,不论他是年青的还是年老的,是本城的公民还是外地人,但特别是要对本城的公民说,因为他们是我的同胞。因为要知道这是神的命令;而且我相信国内从来没有出现过比我对神的服役更好的事了。因此我此外什么也不做,只是去说服你们,不论老少,都不要老想着你们的人身或财产,而首先并且主要地要注意对心灵的最大程度的改善。我告诉你们美德并不是用金钱能买来的,而是从美德产生出金钱及人的其他一切公的方面和私的方面的好东西。这就是我的教义,如果这是败坏青年的教义,

---

① 苏格拉底自称心中有一个声音,在他犹疑的时候告诉他应当怎样做,他称之为"灵异"(δαιμῶν),即守护神之意。——编者

我就是一个坏人。如果有谁说这不是我的教义，那他说的就不是真话。所以，雅典人啊，我对你们说，你们可以照安尼都①所要求的那样做或者不照他所要求的那样做，可以开释我或不开释我；但不论你们怎样做，都要懂得我是决不会改变我的行为的，即使要我死多少次，也不会改变。

雅典人啊！不要打断我，听我说；在我们之间已有过一种谅解，你们得听我说完：我还有些话要说，对这些话你们可能会喊起来的；但我相信听我说对你们是有好处的，所以我请求你们不要喊起来。我愿使你们知道，如果你们杀了像我这样一个人，你们将对你们自己造成比对我更大的损失。没有什么能损害我的，不论是美利都或安尼都——他们不能，因为我相信按照神的意旨，一个好人决不能被一个坏人所损害的。我不否认安尼都也许可以杀死我，或把我放逐出去，或剥夺我的公民权利；并且他也可以设想，别的人也可以设想，他是给了我一个很大的损害，但我却不这样想。我想他现在所做的——不正义地杀死一个人——只会给他自己以更大的伤害。

现在，雅典人啊！我并不是像你们所想的要为我自己进行辩护，而是为了你们，使你们不要由于定我的罪而对神犯罪，错误地对待了神给予你们的礼物。因为如果你们杀了我，你们不会很容易找到一个继承我的人的，我，如果我可以用这样一种可笑的比喻的话，是一种牛虻，是神赐给这国家的；而这国家是一头伟大而高贵的牲口，就因为很大，所以动作迟缓，需要刺激来使它活跃起来。我就是神让我老叮着这国家的牛虻，整天地，到

---

① 安尼都等人是控告苏格拉底的原告。——编者

九 苏格拉底

处总是紧跟着你们,鼓励你们,说服你们并且责备你们。你们不会很容易找到另外一个像我这样的人的,所以我要劝你们免了我的罪。我敢说你们会感觉到很恼火的(就像一个人忽然被从睡梦中惊醒一样),而且你们想着你们可以很容易像安尼都所劝告你们那样把我打死,然后你们将可以在你们一生余下的时间内继续睡觉,除非神因为照顾你们又给你们派来另一个牛虻。我说我是神给你们的,我的使命的证明是这样:——如果我过去也像别人一样,我就不会忽视我自己的一切事,或所有这些年都耐心地眼看着这些事被忽视,而来做你们的事,像父兄一样到你们每一个人这里来,勉励你们留心美德了;这样的行为,我说,恐怕是不合乎人的天性的。如果我曾得了什么,或者如果我的勉励是有报酬的,则我的所作所为或许是有某种用意的;而现在,你们将觉察到,甚至以我的控告者的厚颜无耻,也不敢说我曾勒索或要过任何人的报酬;对这一点他们是毫无证据的。而我则对我所说的话的真实性有充分的证据——这就是我的贫穷。

有人可能会奇怪为什么我要以私人的资格去给人进忠告,并且自己忙着别人的事,而不敢出来在公共场合公开地给国家进忠告。我将告诉你们为什么。你们曾经在各种各样的时候和各种各样的地方听到过我说起有一种神托或"灵异"来到我这里,这就是美利都在诉状中所讥笑的那个神灵,这种灵异是一种声音,首先是在我小的时候开始来到我这里的;它永远是禁止我去做我本来要去做的事情,但从来不命令我去做什么事情。阻止我成为一个政治人物的,也就是这个。而我认为这是很对的。因为我确信,雅典人啊!如果我也去搞政治,我一定老早就已经给毁了,而且不论对你们或者对我自己都没有什么好处。并且不要因为我说出了真相而觉得受了冒犯；因为真相就是这样，凡是和你们或者和任何别的群众一起去打仗，诚实地反对在国家中做许多不法及不正当的事的人，没有一个能保全生命的；要想为正义而斗争的人，如果他想活着，即使是很短促的时间，也必须有一个私人的身份而不要公共的岗位。

〔苏格拉底的方法——问答法，以及定义的寻求〕

3.〔柏拉图："美诺"篇，页70A—79E〕（苏格拉底与美诺讨论道德问题。苏格拉底用启发的方式逐步提出问题，让美诺自己思考并作出答案。——编者）

美诺[①]：你能告诉我吗，苏格拉底，美德究竟是由教诲获得的还是由实践获得的；或者如果既不是由于教诲，也不是由于实践，则人之有美德是否由于自然，还是由于别的什么方式？

苏格拉底[②]：……我很惭愧地承认，我对于美德简直什么也不知道；而当我对任何东西，不知道它的"什么"时，如何能知道它的"如何"呢？如果我对美诺什么都不知道，那么我怎么能说他是漂亮的还是不漂亮的，是富有而且高贵的，还是不富有不高贵的呢？你以为我能够吗？

美：确实不能够。……

苏：……凭神的名义，美诺，请你慷慨地告诉我，你说美德是什么，因为我将很高兴发见我是弄错了，而你……确实有这种知识；虽然我刚才说过我从未见到有人有这种知识。

---

① 下面简称美。——编者
② 下面简称苏。——编者

九 苏格拉底

美：要回答你的问题，苏格拉底，是没有困难的。让我们首先拿一个男人的美德来看——他应该知道如何治理国家，并且知道在治理工作中如何有利于他的朋友和损害他的敌人；并且他也必须留心不要使自己受损害。一个女人的美德，如果你想知道的话，也可以很容易地描述出来：她的责任是管理她的家务，和看管屋里的东西，以及服从她的丈夫。每种年纪，每种生活情境，不管是老是少，是男是女，是奴隶还是自由人，都有一种不同的美德；有无数的美德，并且对它们都不缺少定义；因为美德是相对于我们每个人在我们所做的一切中的行为及年纪的。对于罪恶也可以这样说，苏格拉底。

苏：我是多么幸运啊！美诺！当我只问你一种美德时，你就把你所留着的一窝美德都给我端出来了。假定我就顺着这个关于"一窝"的比喻调侃一下，而问你，什么是蜂的本性？你回答说，有许多种类的蜂，我又再问：可是我们区别蜂之所以为蜂，是因为它们有各种不同的种类；还是说它们是由某种别的性质，例如美观、大小或形状而被区别开来的呢？你将如何答复我？

美：我将回答说蜂作为蜂，是彼此没有区别的。

苏：而如果我接下去说：这就是我所要知道的，美诺；告诉我什么是它们彼此没有区别而是全部一样的性质；——你能回答吗？

美：我能。

苏：对于美德也是一样，不论它们有多少种，而且如何不同，它们都有一种使它们成为美德的共同本性；而要回答什么是美德这一问题的人，最好是着眼于这种共同本性；你明白了吗？

美：我开始有点明白了；但我还没有像我所能希望的那样把

握住这个问题。

苏:当你说,美诺,男人有一种美德,女人有另一种美德,小孩又有另一种美德,以及如此等等的时候,这只是对于美德是如此,还是你要说对于健康,大小,力气等也是如此的呢?或者说,健康的本性,不论在男人或女人,都永远一样的呢?

美:我得说健康在男人和女人都是一样的。

苏:而这对于大小和力气不是也真的吗?如果一个女人是强壮的,她将是由于在她身上潜在着的和在男人身上一样的形式和一样的力气而成为强壮的。我的意思是说,那力气,作为力气,不论是男人的或是女人的,都是一样的,这有什么区别吗?

美:我想没有。

苏:而美德作为美德,不论在一个小孩或在一个大人,在一个女人或在一个男人,不是也一样的吗?

美:我感觉到,苏格拉底,这情形和别的不一样。

苏:但是为什么呢?你不是说过一个男人的美德是在管理国家,而一个女人的美德是管理家务吗?

美:我是这样说过。

苏:不论家务或国家或别的,若不以节制和正义,能管理得好吗?

美:当然不能。

苏:那么凡是有节制地或正义地管理国家或家务的人,就是以节制和正义来管理它们了?

美:当然。

苏:那么不论男人或女人,如果他们要成为好的男人或女人,就必须有同样的节制和正义的美德了。

美：真的。

苏：而不论一个年青人或年长的人，如果是没有节制和不正义的，能够是一个好人吗？

美：不能。

苏：他们必须有节制和正义吗？

美：是的。

苏：那么所有好人都是以同样的方式而成为好人，并且是由于分有同样的美德了？

美：推论的结果是这样的。

苏：而且除非他们的美德是一样的，他们就一定不能是同样方式的好人了？

美：他们不能。

苏：那么现在一切美德的相同性已经被证明了。试回想一下你……说美德是什么。

美：你要一个对于一切美德的定义吗？

苏：这正是我所寻求的。

美：如果你要一个对于一切美德的定义，我不知道说什么，不过美德是支配人类的力量。

苏：这一对于美德的定义包括一切美德吗？美德在一个小孩和在一个奴隶是一样的吗，美诺？小孩能支配他的父亲、奴隶能支配主人吗？那支配人的还会再是奴隶吗？

美；我想不会，苏格拉底。

苏：确实不会；这是没有问题的。可是再来一下，好朋友；照你说，美德是"支配的力量"；而你不加上"正义地和不是不正义地"吗？

美：是的，苏格拉底；我同意这点；因为正义是美德。

苏：你要说的是"美德"还是"一种美德"，美诺？

美：你这是什么意思？

苏：我的意思和我关于任何东西可能说的一样；例如圆是"一种图形"而不就是"图形"，我得采取这种说法，因为还有别的各种图形。

美：很对；这正是我关于美德所说的——在正义之外也还有别的许多美德。

苏：它们是什么？请告诉我它们的名字，正如我可以告诉你别的图形的名字一样，要是你问我的话。

美：勇敢、节制、智慧和豪爽都是美德；别的还有许多。

苏：是的，美诺；这里我们又一次陷于同样的情形：在寻求一种美德时我们找到了许多美德，虽然是和以前不同的方式；但我们并没有能够找到贯穿一切美德之中的共同的美德。

美：是呀，苏格拉底！甚至现在我也还不能照你的意思来发现一个对于美德的共同概念，像发现对别的东西的共同概念一样。

苏：别惊讶；但是我将设法来接近这种概念，要是我能够的话，因为你知道一切事物都有一个共同概念。假定现在有人问你那个我以前问过的问题：美诺，他或者会说，什么是图形？而如果你回答说"圆"，他可能照我的说话再问你，你是想说圆是"图形"还是"一种图形"？你将回答说是"一种图形"。

美：当然。

苏：而且是为了这个理由——就是因为有别的许多图形？

美：是的。

九　苏格拉底

苏：假使他又接下去问，别的有哪些图形？你将会告诉他。
美：我得告诉。
……

苏：再假定他也照我的方式来追这个事情，他会说：我们时常是停留在特殊事物上面，但这不是我所要的；那么请告诉我，既然你用一个共同的名称来称它们，说它们都是图形，甚至当它们彼此正相对立时也都叫它们是图形，那么你把它叫作图形的那种共同本性是什么——这是既包括直的，也包括圆的，而又既不是这一个又不是另一个——你将是这样说法吗？

美：是的。

苏：而你这样说时，你的意思并不是说圆是比直更圆些，或直是比圆更直些吧？

美：当然不是。

苏：你只是主张圆的图形并不比直的更是一个图形，或直的图形并不比比圆的更是一个图形吧？

美：对极了。

苏：那么我们把图形这个名称给什么东西呢？试回答回答看。……

……

美：我宁可请你回答，苏格拉底。

……

苏：好吧，我将试给你解释图形是什么。你说这答复怎么样呢？——图形是唯一的永远跟着颜色的东西。你愿意对这一答案表示满意吗——就像你给我为美德下一类似的定义，我一定就很满意一样？

美：可是，苏格拉底，这是这样简单的一个答案。

苏：为什么简单呢？

美：因为，照你说，图形是永远跟着颜色的东西。

（苏：我承认。）

美：但如果一个人说他不知道颜色是什么，就像不知道图形是什么一样——你将给他什么样的回答呢？

苏：我得跟他说真的。如果这个人是一个好争辩的、敌对的哲学家，我得跟他说：你已经听了我的回答了，如果我错了，你的事就在于提出论证来反驳我。如果我们是朋友，并且是像我和你现在一样在谈话，我的回答将缓和些，并且更以一种辩证法家的心情来和他谈；那就是说，我将不仅仅是把真理说出来，而且要用一些我所诘问的人愿意承认的前提。而这正是我将努力拿来对待你的方式。你会承认，有这样一种东西，如终极、界限，或极端，不是吗？——所有这几个字眼，我是用来表示同一个意思的，虽然我知道普罗第柯可能会对它们作出区别，但我确信你仍旧会说一件事物已到终极或到了界限了——我所说的不过是这样——并没有什么很困难的。

美：是的，我会这样说；并且我相信我懂得你的意思。

苏：你也会说到一个平面，以及一个立体，就好比在几何学中所说的一样。

美：是的。

苏：那么，你现在已经具备了解我对图形的定义的条件了。我把图形定义为立体所达到的极限；或者更确切点说，就是立体的界限。

……

九　苏格拉底

苏：……现在，该轮到你来履行你的诺言，告诉我就普遍的说来美德是什么了；并且不要把一个单数的弄成多数的了，就像那些滑稽的人所说的那些把一个东西打碎了的人那样，而是把整个的、完整的美德给我，不要把它打成许多碎片：我已经给你作了一个榜样了。

美：好吧，那么，苏格拉底，美德，照我看来，就是当一个人想望高贵的东西时就可以得到的东西；所以诗人说，并且我也说：美德是对高贵事物的想望和获得这种事物的能力。

苏：而那想望着高贵的东西的人也想望着善吗？

美：当然。

苏：那么是有些人想望着恶而另一些人想望着善吗？并不是所有的人，我亲爱的先生，都想望善吧？

美：我想并不是。

苏：也有一些人想望恶吗？

美：是的。

苏：你的意思是说他们以为他们所想望的恶是善的；还是说他们知道所想望的东西是恶的，然而仍旧想望它们呢？

美：两方面都有，我想。

苏：你真的以为，美诺，一个人知道恶是恶，然而仍旧想望它们吗？

美：当然我是这样以为。

苏：想望是想占有吧？

美：是的，是想占有。

苏：而他以为恶会对占有恶的人有好处，还是他以为恶会对占有恶的人有害处呢？

美：有些人是以为恶会给他们好处，而另外有些人是以为恶会给他们害处的。

苏：照你的意见，那些以为恶的事物会给他们好处的人，知道它们是恶吗？

美：当然不知道。

苏：岂不是很显然，那些不知道恶的本性的人不想望恶；而是他们想望着他们以为是善的东西，虽然其实它们是恶的；而如果他们是弄错了，把恶当作善了，则他们其实是想望着善的吗？

美：是的，在那种情形下是这样的。

苏：好，那么那些如你所说想望着恶、而认为恶是对占有恶的人有害的人，知道他们将受它们的害吗？

美：他们一定知道的。

苏：而他们必须设想那被损害的人是愈受损害就愈不幸的，是吗？

美：怎么能不是这样呢？

苏：但不幸的人不是很倒霉吗？

美：确实是很倒霉。

苏：有谁会想望着不幸和倒霉吗？

美：我得说没有，苏格拉底。

苏：如果没有人想望着不幸，那么美诺，也就没有人想望着恶的；因为所谓不幸，除了想望及占有恶之外，又是什么呢？

美：这显得是真理，苏格拉底，我承认没有人想望恶。

苏：可是，你刚才不是说美德是对获得善的想望及能力吗？

美：是的，我是这样说过。

苏：但如果肯定了这一点，则对善的想望是为一切人所共同的,而在这一点上,是并没有一个人比另一个人更好的。

美:真的。

苏:而如果一个人在想望着善方面并不比另一个人更好,他必须是在获得善的能力方面比别人更好吗?

美:正是这样。

苏:那么照你的定义,美德似乎是获得善的能力了?

美:我完全赞同你现在观察这一问题的方式,苏格拉底。

苏:那么让我们看看,从另一个观点来看,你所说的是不是真的;因为好像很可能你是对的:你肯定美德是获得善的能力吗?

美:是的。

苏:而你所谓的善,指的是像健康,财富,有金银,有国家中的地位和荣誉——这些就是你叫作善的吧?

美:是的,我将包括所有这一些。

苏:那么,按照美诺这位伟大国王的世交看来,美德就是获得金银的能力;而你将加上一点说它们必须是虔敬地、正义地获得的,还是认为这是无所谓的呢?是否任何一种方式的获取,即使是不正义或不正当的,也同样被认为是美德呢?

美:这不是美德,苏格拉底,而是罪恶。

苏:那么正义或节制或圣洁,或美德的其他部分,似乎必须伴随着这种获取,若没有它们,仅仅获取善就不是美德了。

美:是呀,没有这一些怎么能有美德呢?

苏:而在一种不正当的方式之下就不为自己或旁人获取金银,或换句话说缺乏金银,可能也同样是美德吧?

美:真的。

苏：那么获取这样的善并不比不获取或缺乏这样的善更是美德，而是凡伴随着正义或正当的是美德，而凡缺乏正义的就是罪恶。

美：照我的判断不能不这样。

苏：而我们刚才不是正说过正义、节制以及诸如此类的每一个都是美德的一个部分吗？

美：是的。

苏：美诺，这就是你跟我开玩笑的方式了。

美：为什么你这样说，苏格拉底？

苏：唔，因为我要你把美德整个地不要打碎地交到我手上，我给你做了个榜样，让你照样地来组织答案；而你已经全忘了，却告诉我说美德是正义地或以正义获得善的能力；而正义你承认是美德的一部分。

美：是的。

苏：那么照你自己所承认的推论下来，美德就是按美德的一部分来做你所做的；因为正义之类你自己说是美德的各部分。

美：这就怎么了？

苏：这就怎么！怎么，我不是要你告诉我作为整个的美德的本性吗？而你远没有告诉我这一点，而是宣称每一个以美德的一部分为根据的行为是美德，就好像你已经告诉了我，而我也一定已经知道了整个的美德，而且当打成了碎片之后我也还知道这个似的。所以，亲爱的美诺，我恐怕还得重新开始并且再来重复这个老问题：什么是美德？因为否则我只能说，每一个以美德的一部分为根据的行为是美德；说每一个按正义行事的行为是美德，除了上述的之外还有别的什么意义呢？我不是应该把这问题再问一遍吗？因为有谁能不知道美德而知道美德的一部分呢？

美：不；我没有说他能够。

苏：你记得，在关于图形的例子中，我们如何抛弃了任何一个用未经解释或未经承认的名词来说明的答案吗？

美：是的，苏格拉底；并且我们那样做是很对的。

苏：那么，我的朋友，不要以为我们能通过美德的某种未经解释的部分或任何其他类此的东西，来给任何人说明作为整体的美德的本性；我们只有再提出这个老问题：什么是美德？我说得不对吗？

美：我相信你是对的。

〔苏格拉底论"美德即知识"〕

4.〔柏拉图："美诺"篇，页86D—89D〕（苏格拉底与美诺讨论美德是什么这个问题。——编者）

美诺：……我宁可又回到我原来的问题上来：在寻求获得美德时，我们究竟应该把美德看作得自教育的东西，还是看作一种天赋的东西，还是看作以某种其他方式来到人这里的东西呢？

苏格拉底：如果你也和我自己一样都能听我吩咐，美诺，我就不会去研究美德究竟是得自教育与否，除非我们首先已经肯定了"它是什么"。但是既然你只想到控制我，我是你的奴隶，而从来不想控制你自己，——这就是你对于自由的概念，我只得依从你，因为你这个人是难挡的。因此我现在只得来探讨一个我还不知它的本性的东西的性质了。无论如何，你能稍微屈就一点，同意让我们在假设的基础上来论证"美德究竟是得自教育,还是由其他方式得来"这个问题吗？正如几何学家,当人家问他"某一个三角形能否内接于某一个圆"时,他会回答:"我还不能告诉你；但我愿为你提供一个假设,这可以帮助我们得出结论……"……我们也这样,因为我们还不知道美德的本性和性质,我们也必须在一个假设之下来问美德是否由教育而来的问题,就像这样：如果美德是属于这样一类的心灵的善,它是否能由教育而来？让我们假定第一个假设是美德是知识或不是知识,——在这情形之下它是由教育来的或不是由教育来的？或者如我们刚才所说的是"被回忆"的？因为辩论名称是无用的。但美德是否由教育而来呢？或毋宁说,是否每一个人都看到只有知识是由教育而来的呢？

美:我同意。

苏:那么如果美德即知识,美德就可以是由教育而来的了？

美:当然。

苏:那么现在我们对这问题很快就得到结论了：如果美德具有这样一种本性,它就是由教育来的；如不是,就不是由教育来的？

美:当然。

苏:其次一个问题是,美德究竟是知识还是属于另外一类的？

美:是的,这似乎照次序应该是提出的其次一个问题。

苏:我们不是说美德是一种善吗？——这是一个不能搁在一边的假设。

美:当然。

苏:现在,如果有任何一种的善是和知识有别的,美德就可能是那种的善；但如果知识包括了一切的善,那么我们认为美德即知识就将是对的?

美:对的。

苏:美德使我们善吗?

美:是的。

苏:如果我们是善的,那么我们就是有益的;因为一切善的东西都是有益的?

美:是的。

苏:那么美德是有益的?

美:这是唯一的推论。

苏:那么让我们看看有些什么东西是各自有益于我们的。健康和有力,美和富——这一些,以及类乎此的东西,我们叫作有益的吗?

美:对的。

苏:可是这些东西有时也可能对我们有害:你不这样想吗?

美:是的,我是这样想。

苏:而使它们有益或有害的指导原则是什么? 岂不是当它们被正当地利用时,它们是有益的,不是被正当地利用时就是有害的吗?

美:当然。

苏:其次,让我们考察一下灵魂的善:它们是节制,正义,勇敢,敏悟,强记,豪爽,以及如此等等吗?

美:当然。

苏:而像这样一些不是知识,而是别一类的东西,是有时有益有时有害的;例如,勇敢而不谨慎,岂不只是一种莽撞? 一个人若是没有理性,勇敢对它是有害的,但他若是有理性,这对他岂不就有益了?

美:对的。

苏:而对于节制和敏悟也同样可以这样说;不论什么东西,如果有理性地来学来做,就是有益的,如果没有理性地来做,它们就是有害的?

美:很对。

苏:而一般地说,灵魂所企图或承受的一切,如果在智慧的指导之下,结局就是幸福;如果在愚蠢的指导之下,则结局就相反?

美:这似乎是对的。

苏:那么如果美德是灵魂的一种性质,并且被认为是有益的,则它必须是智慧或谨慎,因为灵魂所有的东西,没有一种是本身有益或有害的,它们都是要加上智慧或愚蠢才成为有益或有害的;因此如果美德是有益的,它就必须是一种智慧或谨慎?

美:我十分同意。

苏:而别的那些善,如财富之类,我们刚才说过,它们是有时善有时恶的,它们岂不是也要看灵魂是正确地还是错误地指导和利用它们,而变成有益或有害;正如灵魂本身的东西也是在智慧的指导下就有益,而在愚蠢指导下就有害一样吗?

美:对。

苏:而智慧的灵魂就正确地指导它们,愚蠢的灵魂就错误地指导它们,是吗?

美:是的。

苏:而这不是对人的本性普遍地真的吗?一切别的事物都

系于灵魂,而灵魂本身的东西,如果它们要成为善,就都系于智慧;所以推论下来智慧就是使人有益的东西——而美德,我们说,也是有益的?

美:当然。

苏:这样我们就达到了结论:美德整个地或部分地是智慧?

美:我想,苏格拉底,你所想的是很对的。

苏:但如果这是对的,那么善也不是由于本性就是善的了?

美:我想不是。

……

苏:但如果善不是由于本性就是善的,岂不是由于教育而成为善的吗?

美:似乎不可能有别的答案,苏格拉底。假定了美德就是知识,则无可怀疑地美德是由教育来的。

苏:是的,确是这样;但如果这假定是错的又怎样呢?

美:我此刻确乎想着我们是对的。

苏:是的,美诺;但一条原则如果有某种正确性,它不应该只是此刻,而应该永远是站得稳的。

〔苏格拉底论事物为目的而形成以及神统治世界〕

5.〔克塞诺封:"回忆录",第一卷,第四章〕(1)如果有人,像有些凭揣测来写到和谈到苏格拉底的人那样,以为他善于把人导向美德,但并不能把人引入美德的实践之中,那就请他们不仅考虑一下他用来驳斥那些自以为知道一切的人的论证(他常对他们提一些问题来窘他们),并且考虑一下他在和伙伴们的日常交谈中常说的话,从而想一想他是否能够使那些和他谈话的人变好些。(2)我将首先提到我自己有一次听到他和阿里斯托德谟(号称小阿里斯托德谟的)关于神的对话中所提出的意思;因为他听到阿里斯托德谟在做事情时不去祭神,也不注意神兆,反而讥笑那些注意这些事情的人,就对他说:"告诉我,阿里斯托德谟,你是否因为人们的天才而钦佩任何人呢?"他回答说:"我钦佩的。"苏格拉底说:"那么请你告诉我你所钦佩的人们的名字。"(3)"在史诗方面我最钦佩的是荷马,在热狂的赞美诗方面是美兰尼比德,在悲剧方面是索福克勒,在雕刻方面是波吕克里特,在绘画方面是宙克西。"(4)"在你看来,是那些制作一些没有感觉,也不会动的形象的人,还是那些制作赋有感觉和活力的动物的,更值得钦佩呢?""老天爷!当然是那些制作动物的了,因为它们不是由于偶然,而是由于理智而产生的。""再看一看那些不能确定为什么目的而存在的东西,和那些显然是为了某种有用的目的而存在的东西,你说哪一种是由偶然所产生的,哪一种是由理智所产生的呢?""毫无疑问那些为某种有用的目的而存在的东西一定是理智所产生的。"(5)苏格拉底又接下去说:"那么你是否觉得,那首先创造了人的,为了某种有用的目的给了人们身体的各部分,让人用它们来觉察不同的对象,给人眼睛来看要看的东西,给人耳朵来听要听的东西呢?如果不给我们鼻子,那么香味还有什么用处呢?如果不是在嘴里长一条舌头来尝甜、酸和一切可口的滋味,那么对这些滋味会有什么知觉呢?(6)除了这些东西之外,你不觉得这些都好像是事先经过深思熟虑的工作吗?比如因为眼睛是很娇嫩的,就用眼睑来保护它,好像两扇门似的,当必要用视觉时就打开,而在睡觉时就闭上。又使睫毛长得像帘幕,免得风伤害眼睛。在眼睛上

九 苏格拉底

面用眉毛做一个遮檐,使头上流下的汗不会妨碍它。使耳朵长得能接受所有各种声音,而又从来不会被阻塞住,使所有动物的门牙都长得适宜于咬东西,而后面的臼齿则适宜于从门牙接受食物并且来咀嚼它。使动物用来把它们所想要的东西衔进去的嘴长在和眼睛、鼻子靠近的地方,而因为从胃里排出来的东西是叫人讨厌的,就把那通道移开,并使它离那些感官愈远愈好——你觉得事物的这种安排,这样明明白白是深思熟虑的安排,是由于偶然还是由于理智?"(7)阿里斯托德谟回答道:"确实是由于理智,对于用这种眼光来看那些事情的人,那些事情好像是一位研究了动物的利益的贤明的制造者的工作。""还有使它们之中生出一种爱有后嗣的感情,使母亲们有一种抚养子女的欲望,并在被抚养的幼小者心中安排一种求生的欲望和对死的最大恐惧呢?""毫无疑问这些都显得是有一位神在设计好让动物得以继续生存下去。"(8)"并且你以为你自己也有一部分理智吗?""请问我吧,至少,我会回答。""而你能设想就没有什么有理智的东西在任何别的地方存在吗?当你知道在你的身体中只有广大的土的一小部分,和广大的水的一小部分,并且知道你身体的结构只是构造来让你接受别的那些广大无边的东西的一小部分时,你就以为独有你自己由于某种异乎寻常的幸运,把那在任何别处都不存在的理智抓住了,而那无数广大无边的物体的集合,就是由某种没有理性的东西在维持着它的秩序吗?"(9)"是的;因为我没有像看到在这里做成的事物的制造者那样,看到这些事物的指挥者。""你也没有看到你的灵魂,这是你的身体的指挥者;因此,由于同样的推理,你可以说你自己做什么事情都是不靠理解,而一切都是由于偶然的。"

（10）阿里斯托德谟说："可是，苏格拉底，我并不轻视那些神，只是把他们看得太高超了，用不着去注意他们。"苏格拉底说："可是，既然他们屈尊照顾到你，那样他们愈高超，你就应当愈尊敬他们才是。"（11）阿里斯托德诺回答道："当然，如果我相信神们也想到人，我就不会忽视他们了。""那么你就不相信神们想到人吗？这些神，首先，在一切动物中独独把人造成直立的（这一直立就使人能向前看得很远，并且能更好地看到上面的东西，和比较不容易受损伤，又安排了眼睛、耳朵和嘴）；其次，他们只给别的动物几只脚，这就只给它们走的能力，而对于人，他们就又加上了手，用手就可以做大部分事情，靠这些我们就比别的动物好得多。（12）而且虽然一切动物都有舌头，神们都只把人的舌头造成这样，可以有时接触到嘴的这一部分，有时又接触到另一部分，以便发出有节奏的明晰的声音，并表现出我们想要互相通知的一切事物。你不也看到，对其他动物，神给它们性交的快感，只限于在一年中的某一季，而对于人，神却让我们直到很老的年纪都一直不断地有这种快感吗？（13）神也不以只照顾人的身体为满足，而最最重要的，是在人之中安排了灵魂，这是人的最优越的部分。因为有什么别的动物能有一个灵魂，以便了解，首先，这些安排了这样一个广阔而高尚的事物秩序的神是存在的呢？除了人之外，还有哪一种动物来供奉和崇拜神呢？有什么别的动物，有一个比人更好的心灵，适于防止饥、渴、冷、热，解除疾病，靠锻炼来获得力量，靠劳动来获得知识；或更能记得它所听到、看到或学到的东西的呢？（14）和别的动物比起来，人就像神一样，在身体和心灵两方面，都天生比它们优越，这在你不是明明白白的吗？因为一个动物，若有一头牛的身体，而没有人的理解力，也不能实行它可能想到的事情；有手但没有理性的动物，也不比别的动物好；而你，享受着这两方面卓越的天赋，却认为神并没有想到你？那么他们还该做些什么，你才会认为他们想到了你呢？"（15）阿里斯托德谟说道："当他们给我，就像你说他们给你那样，派来一些忠告者，告诉我什么应该做和什么不应该做时，我就认为他们想到我了。""但当雅典人以占卜求告于神，神给了他们训谕时，你不认为神也训谕了你吗？或当神们以预兆来警告希腊人，或以预兆警告全人类时，他们就单单把你从全体中除外，并且完全忽略了你吗？（16）你还以为，除非神确实能够祸福人，就还得在人们之中造成一种信念，认为他们能够祸福人，并以为人若经常这样受哄骗，就不会发觉这种哄骗吗？你不看到最古老、最聪明的人类的公社，最古老、最聪明的城市和民族，是最敬神的，并且人的最聪明的年代，就是最严格遵守敬神礼节的时候吗？"（17）苏格拉底接着说："也要知道，我的好青年，在你身体中的心灵，是随它高兴地指挥着你的身体的；因此你应该相信那遍布于万物的理智是指挥着万物以使之对它觉得合适的，不要以为你的眼睛能看到几里远，而神的眼睛就不能一下看到一切，或你的心灵能想到这里的东西，或在埃及或西西里的东西，而神的心灵就不能同时管到一切东西。（18）可是，如果你发现，由于你讨好别人，别人也愿意反过来讨好你，由于你给人好处，别人也愿以好处来回报你，又由于你请教别人，你发现谁是聪明的，以同样的方式，你试一试神，崇拜供奉他们，看他们是否会告诉你对人隐藏着的事情，你就会发现神是有这样的权力，有这样的本性，能一下看见一切，听到一切，无处不在，并且同时照顾到一切事物。"

(19)发表了这样的意见,在我看来苏格拉底似乎已引导他的伙伴们远离开那些不敬神的,或不公道的,不名誉的事情了,不仅在他们被人看见时是如此,而且当他们独自一人时也是如此,因为他们会想着,他们的所作所为,没有一点神们会不知道的。

〔苏格拉底论寻求原因即寻求目的〕

6.〔柏拉图:"斐多"篇,页96A—100A〕(苏格拉底在狱中与学生们谈话。——编者)

苏格拉底说,那么我要告诉你,克贝,当我年轻的时候,我曾热切地希望知道那门哲学,就是对自然的研究;知道事物的原因,和一个事物为什么存在和被创造出来或被毁灭掉,这对我显得是一种很高尚的职业;而我就总是激励自己来考虑这样一些问题:——动物的生长,是像有些人所说的,由于热和冷的原则所产生的腐败物的结果吗?我们所借以思想的元素是血呢,还是空气或火呢?或许根本不是这回事,——脑子才是听觉、视觉和嗅觉的原动力,而记忆和意见是由这些知觉来的,科学知识则是当记忆和意见已达到一种静止状态时所产生的。然后我又继续去考察事物的毁坏,又去考察天上和地上的事物,而最后我得出结论,觉得自己是完全并且绝对没有能力作这些研究的,我将充分地向你证明这一点。因为我已被它们迷惑到这样的程度,以致我的眼睛变得都看不见那些本来对我自己以及对旁人都显得很清楚的东西了;我把以前认为自明的真理都忘记了;例如这样的事实:人的生长是吃和喝的结果,因为当由于食物的消化,肉加到了肉上,骨头加到了骨头上,而凡是同质的东西积聚起来

九 苏格拉底

的时候,较小的体积就变成较大的,小人就变成大人了。这不是一个很合理的想法吗?

克贝说,是的,我想是这样。

好;可是让我再告诉你一点。曾经有一个时候,我认为我对较大和较小的意义了解得相当清楚;当我看到一个大人站在一个小人旁边时,我想着一个是比另外一个高一头;或者一匹马显得比另一匹大;还有似乎觉得更清楚的是十比八多二,以及二尺比一尺多,因为二是一的一倍。

克贝说,那么你现在对这些事情的想法是怎么样了呢?

他回答说,我决不应该以为我知道它们之中任何一件的原因,天哪!我决不应该;因为我不能使自己满意于说当一加在一上时,那被加的一就变成二,或者说两个单位加在一起,由于这一加就造成了二。我不能了解为什么当一个和另一个分开时,其中每一个都是一而不是二,而现在当它们被放在一起时,仅由于它们的并列或相遇就应该是它们变成二的原因;我也不能了解怎么把一分开就是造成二的办法;因为那样一来不同的原因就会产生同样的结果了,——如在前一例子中一和一的相加和并列是二的原因,而在这一例子中则是一个从另一个分离和减去是二的原因了。我也不再觉得自己懂得一个或者其他事物产生、消灭或存在的原因了,而是在我心中有某种对于一个新的方法的模糊想法,并且永不能承认其他方法了。

于是我听说有人说,他在阿那克萨戈拉的一部书上读到,心灵是一切的支配者和原因,我对这想法觉得很高兴,这想法显得是很可钦佩的,我就对自己说:如果心灵是支配者,那么心灵将把一切都支配得最好,并且把每一特殊事物都安排在最好的地位；我又论证说，如果有任何人想要找出任何事物产生、消灭或存在的原因，他就必须找出哪种存在状态、行为状态、或遭受状态，对于这事物是最好的，而因此一个人只要考虑到什么对他自己以及旁人是最好的，他就也会知道什么是最坏的，因为同一种知识就包含着这两者。我又高兴地想着我在阿那克萨戈拉身上找到一位如我所希望的关于存在的原因的教师了，我以为他将能告诉我，首先这大地是平的还是圆的；而不论哪一方面是真的，他将能进一步说明其所以如此的原因和必然性，然后他将告诉我最好的东西的本性，以及指出这就是最好的；如果他说大地是在中心的，他将进一步说明这一地位是最好的，而我将满足于所给的解释，不再要求任何其他种类的原因了。我想到然后我将再问他关于太阳、月亮和星辰的问题，而他将为我解释它们比较上的相对速度，它们的转动和各种状态，主动的和被动的，以及如何这一切都是最好的。因为我不能想象，既然他说过心灵是它们的支配者，他对它们之所以如此，除了说这是最好的之外，还能再作什么别的说明；我又想到当他详细地为我说明了每一个的原因和一切的原因之后，他还得进一步为我说明什么是对每一个最好的和什么对一切是好的。这些希望是我多少钱都不卖的，我就抓着书尽快地拼命来读它，心里热切地想知道那较好的和较坏的。

我曾怀着多大的希望，我又遭到多么痛苦的失望啊！当我看下去时，发现我的这位哲学家完全抛弃了心灵或任何其他关于秩序的原则，而是求援于空气、以太、水以及别的稀奇古怪的东西。我可以把他比作一个人，开始是一般地主张心灵是苏格拉底一切行动的原因，但当他要致力于详细具体地说明我的某些行动时,接下来就指出说我坐在这里是因为我的身体是由骨头和肌肉造成的;而这些骨头呢,他可以说,是硬的,并且有些关节把它们分开,而肌肉是有弹性的,它们包着骨头,它们外面又有一层皮肤把它们包着;而当骨头由于肌肉的收缩或放松而在关节处被举起来时,我就能够弯曲我的四肢,这就是我为什么以一种弯着的姿势坐在这里的原因,——这就是他可能会说的;他也可能以类似的方式来解释我对你的谈话,他会把这归之于声音、空气和听觉,他可以指出一万种诸如此类的其他原因,却忘了指出真正的原因,这就是:雅典人认为应该惩罚我,因此我认为留在这里承受对我的判决是比较好,比较正当的;因为曾有人使我想到我的这些肌肉和骨头老早已经到麦加拉或波奥提亚去了的[①]——凭犬神的名义发誓,它们会去了的,如果它们仅仅由它们自己关于什么是最好的观念推动,并且如果我不是选择了比较好、比较高尚的一着,不学那种逃学的办法逃掉,而来忍受国家加给我的任何刑罚的话。在这一切之中,确实是有一种关于原因和条件的奇怪的混乱。诚然可以说,如果没有骨头和肌肉,以及身体的其他部分,我是不能来实现我的目的的。但是说我这样做是因为它们,说这就是心灵行动的方式,而不是由于选择最好的事情:这是一种很轻率很无聊的说法。我奇怪他们竟不能区别原因和条件,有许多人,在暗中摸索着,对这一点总是弄错并且用错名词的。这样,有人认为环绕着地的诸天是一个旋涡,这样诸天便使地固定在它的地方;另一个人又把空气作为地的支持者,地是一个很广阔的槽。他们从没有想到把这

---

① 指越狱逃往异邦。——编者

些东西安排成现在这个样子的力量,正是要把这些东西安排得最好的一种力量;而他们不是在其中去寻找任何最高的力量,倒是希望去发现世界的另一位阿特拉神①,比善更强有力,更持久,更能包容;——对善的负担及包容的力量,他们丝毫不想;可是这是我乐意学的原则,如果有人能教我的话,但是因为最好的方式的本性我既不能自己发现,又不能从任何旁人学到,我将给你说说,如果你愿意的话,什么是我所发现的次好的研究原因的方式。

他回答道,我一定很愿意听。

苏格拉底就继续说:——我想到,我既已在对真正的存在的沉思方面失败了,我应该留心不要失去了我灵魂的眼睛;正如人们在日蚀时若不是小心只看在水中或其他同类的媒介物中反射出来的影子,而观察或直视太阳,就会损害他们肉体的眼睛一样,所以在我自己的情形,我也怕如果我以眼睛看着事物或试想靠感官的帮助来了解它们,我的灵魂会完全变瞎了。我想我还是求援于心灵的世界,并且到那里去寻求存在的真理好些。我敢说这比喻是不完美的——因为我远不是承认,那通过思想的媒介来沉思存在,只是"通过一面镜子朦胧地"看见它们的人,比那在行为及动作中来考察它们的人会有什么看得清楚些。这是我所采取的方法:我首先假定某种我认为最强有力的原则,然后我肯定,不论是关于原因或关于别的东西的,凡是显得和这原则相合的就是真的;而那和这原则不合的我就看作不是真的。

---

① 希腊神话中撑天的大力士。——编者

十 柏拉图

（公元前429—前347年）

著作选录

〔理 念 论〕

1.〔柏拉图："斐多"篇，页100B—102C〕（苏格拉底为了寻求事物的原因，曾对于阿那克萨戈拉的"心灵"抱着很大的希望，但是加以研究之后，终于失望，于是提出自己研究的结果，就是他的"理念论"，与克贝讨论。——编者）

让我来告诉你，我所研究出来的那种原因究竟是什么东西。我得回到我们大家经常喜欢谈的那些问题上面去作为我的出发点，假定有像美本身、善本身、大本身①等等这类东西存在。如果你同意这一点，我相信我能够给你说明这个原因是什么，并且证明灵魂是不死的。

克贝说，请你就继续说吧！我同意这一点。

苏格拉底说，好的，不过我还要看一看你能不能同意我的下一步。我不能不这样想：假如在美本身之外还有其他美的东西，那么这些美的东西之所以是美的，就只能是因为它们分有了美本身。对于所有其他的东西来说也是这样。你同意这种对于原因的看法吗？

是的，我同意这种看法。

---

① 即"美"、"善"、"大"等的理念。——编者

苏格拉底接着说，我不知道、也不能够了解还有什么别的巧妙的原因。如果有人告诉我，一个东西之所以是美的，乃是因为它有美丽的色彩或形式等等，我将置之不理。因为这些只会使我感觉混乱。我要简单明了地，或者简直是愚蠢地坚持这一点，那就是说，一个东西之所以是美的，乃是因为美本身出现于它之上或者为它所"分有"，不管它是怎样出现的或者是怎样被"分有"的。关于出现或"分有"的方式这一点，我现在不作积极的肯定，我所要坚持的就只是：美的东西是由美本身使它成为美的。照我看来，这就是我所能给我自己和别人作出来的最妥当的回答，如果我坚持这一点，我想我决不会被人驳倒，无论对我自己或对别人来说，我都相信可以稳当地回答说：美的东西之所以是美的，乃是由于美本身。你同意我的看法吗？

我同意。

那么大的东西之所以大而更大的东西之所以更大，乃是由于大本身，小的东西之所以小，乃是由于小本身，是不是呢？

是的。

那么，假如有人告诉你，一个人比另一个人高一头或低一头，你就不能接受这种说法，而要坚持：只能说，一个较大的东西之所以比另一个东西大，并不是由于什么别的，而只是由于大本身；较小的东西之所以较小，也不是由于什么别的，而只是由于小本身。因为如果你说一个人比另一个人高一头或低一头，我想你会碰到这样的反驳的：第一，照你这种说法，则较大的之所以较大和较小的之所以较小，都是由于一头，也就是说，由于同一的东西；第二，较大的人以一头而较大，但一头却是小的，因此就得说一个人之所以大乃是由于某种小的东西。这不是很奇怪吗？你不怕这种反驳吗？

克贝笑着说道，是的，我怕这种反驳。

苏格拉底接着说道，那么你会不敢说，十比八大二，而二就是十之所以大于八的理由吧！你会说十之所以大于八，乃是由于数；同样，二尺之所以大于一尺，也并不是由于后者是前者的一半，而是由于"大小"，难道你不这样说吗？因为你也是会有同样的顾虑的。

的确。

好了，如果一加一为二，或者一分为二，你也会避免说"加"或"分"是二的原因吧！你会大声疾呼地说，你不知道，一个东西之所以存在，除掉是由于"分有"它所"分有"的特殊的实体①之外，还会由于什么别的途径，因此你认为二之所以存在，并没有什么别的原因，而只是由于"分有"了二的实体，而凡事物要成为二，就必须"分有""二"②，要成为一就必须"分有""一"③。

〔善的理念〕

2.〔**柏拉图："国家"篇，**页507A—509B〕（苏格拉底与格老康从一般的理念讨论到最高的理念。——编者）

苏格拉底说，……让我提醒你一下我们在前面和在别的时候常常说过的那件事情。

格老康说，什么事情？

---

① 即理念。——编者
②③ 即"二"、"一"等的理念。——编者

就是一方面我们说有多个的东西①存在,并且说这些东西是美的,是善的等等。

是的。

另一方面,我们又说有一个美本身,善本身等等,相应于每一组这些多的东西,我们都假定一个单一的理念,假定它是一个统一体而称它为真正的实在。

我们是这样说的。

我们说,作为多个的东西,是我们所能看见的,而不是思想的对象,但是理念则只能是思想的对象,是不能被看见的。

确乎是这样。

那么,我们用我们的哪一部分来看可以看见的东西呢?

用视觉。

我们不是用听觉来听可以听见的东西,用其他的感官来感觉其他可以感觉的东西吗?

当然是这样。

但是你是否注意到,创造感觉的造物者,在使我们的眼睛能够看见和使事物能够被看见这件事情上,花费了多么大的力气呢?

我根本没有注意到这一点。

那么就这样来看看这个问题:听觉和声音是否需要另一种媒介才能够使其一听见和另一被听见,而没有这第三种因素,则其一就不能听见,而另一就不能被听见呢?

它们并不需要这种媒介。

---

① 即多数的个体事物。——编者

我想许多其他的感觉——即使不说所有其他的感觉——都是不需要这种东西的,你知道有什么感觉是需要这种东西的吗?

我不知道。

但是你是否注意到视觉和可以见的东西的确有此需要呢?

怎样有此需要呢?

你知道,即使眼睛里面有视觉能力,而具有眼睛的人也企图利用这种视觉能力,并且即使有颜色存在,但是如果没有一种自然而特别适合这一目的的第三种东西,人的视觉仍然是什么也看不见,而颜色仍然是不能被看见的。

你说的这种东西是什么呀?

我所说的就是你叫作光的那种东西。

你说得很对。

如果光是一种有价值的东西,那么视觉和可见性便是由一条宝贵的纽带所联系起来的,而这种纽带是别的感觉和它们的对象之间所没有的。

没有人能说光不是一种宝贵的东西。

天神里面,你说是哪个神的光使我们的眼睛能够很好地看见事物并使事物能够很好地被看见呢?

还有什么不同的意见吗?你的意思自然是指太阳[①]啰。

那么视觉和这个神的关系是不是这样呢?

是怎样的呢?

不管是视觉本身也好,或者是视觉所在的眼睛也好,都不是

---

① 古希腊人把太阳和星辰都看成神。——编者

太阳。

当然都不是。

但是我想在所有的感觉器官中,眼睛是最像太阳的。

是的,它是最像太阳的。

而眼睛所具有的能力乃是从太阳所放出来的一种流射,是吗?

是的。

太阳不是视觉,而是视觉的原因,并且被它所引起的视觉所看见,这不也是事实吗?

是的。

所以,当我说到"善"在可见世界中所产生的后代时,我所指的就是太阳。这个太阳和视觉与可见事物的关系,正好像可知世界里面善本身和理智与可知事物的关系一样。

何以是这样呢?请你再给我解释一下。

你知道,当事物的颜色不再被白天的阳光所照耀而只是被夜晚的微光所照着的时候,如果你用眼睛去看它们,你的眼睛就会很迷糊,并且几乎像瞎了一样,就好像你的眼睛里根本没有清楚的视觉一样。

的确是这样。

但是,我想,当你的眼睛是朝着太阳所照耀的东西上面看的时候,你的眼睛就会把这些东西看得很清楚,并且显然是有了视觉了。

当然。

人的灵魂就好像眼睛一样。当它注视被真理与实在所照耀的对象时,它便能够认识这些东西,了解它们,显然是有智慧的。但是当它转过来去看那变灭无常的暗淡世界的时候，它便模糊起来了，只有动荡不定的意见了，显得好像是没有智慧的东西了。

正是这样。

好了，现在我可以告诉你，这个给予认识的对象以真理并给予认识的主体以认识能力的东西，就是善的理念。它乃是知识和真理的原因。真理和知识是好东西，但它却是更好的东西。你虽然可以把它看成知识的对象，但是把它看成某种超乎真理与知识的东西才是恰当的。正如我们前面的比喻把光和视觉看成好像太阳而不是太阳一样，在这里我们也可以把真理和知识看成好像"善"，但是却不能把它们看成就是"善"。"善"是具有更高的价值和荣誉的。

如果"善"是知识和真理的源泉而自己却比二者还要高贵，那么你所说的是一种多么不可思议的美妙的东西啊！你一定不能说它是快乐吧？

天哪！谁敢这样说呀！让我们再进一步这样来看看这个比喻吧！

怎样来看？

我想你会说，太阳不仅使我们看见的事物成为可见事物，并且还使它们产生、成长，并且得到营养，但是太阳自己却不是被产生的，同样，你也可以说，知识的对象不仅从"善"得到它们的可知性，并且从善得到它们自己的存在和实在性，但是"善"自己却不是存在，而是超乎存在之上，比存在更尊严更有威力的东西。

〔灵魂不死说,回忆说,理念论〕

3.〔**柏拉图:"斐多"篇,页**72E—77A〕(苏格拉底临刑前在狱中与学生们讨论灵魂不死问题,提出了许多论证。克贝联系到苏格拉底常讲的灵魂回忆学说,来证明灵魂不死,接着又联系到理念论。——编者)

克贝说:苏格拉底,你喜欢讲的"我们的学习就是回忆",如果不错的话,也是一个补充的论证,证明我们必然是在以前某个时候已经学到了我们现在所回忆起来的东西,但是如果我们的灵魂不是在投生为人以前就已经存在在某个地方,这就是不可能的。因此根据这个论证,也可以看出来灵魂是不死的。

西米阿插嘴说,但是,克贝,回忆说的证明是怎么回事,我现在不很记得了,你能不能提醒我一下呢?

克贝说,简单来说,一个很好的证明就是这样:当你问人问题时,如果你的问题提得恰当,则被问的人自己就会正确地作出回答。可是如果他们自己不是已经有了某种知识和正确的理解,他们就不能够这样做。如果你让他们来解决数学的作图题或类似的问题,你就可以最明显地看到正是这样的事实。

苏格拉底说,西米阿,如果用那样的办法不能使你信服,你可以这样来看这个问题,看看你是否能够同意。你是不是不相信所谓学习如何能够是回忆?

西米阿说,我并不是不相信,我正是需要把我们现在所讨论的东西回忆起来。从克贝所说的,我已经开始把它回忆起来并且信服了。不过我仍然愿意听听你要说些什么。

苏格拉底说,我要说的就是这个。我想我们都同意如果一个人记起了什么东西,他必然是在以前某个时间已经知道了这个东西。

当然是的。

那么我们是不是也同意这一点呢?即:当知识是这样得来的时候,它乃是一种回忆。我的意思是这样:假使当一个人听到了或者看见了或者以别的方式感觉到了一件事情的时候,他不仅知道了这件事情,并且也知道了另一件事情,而他对于后一件事情的知识和对于前一件事情的知识并不是一样的,而是不同的,那么我们说他回忆起来了他所知道的这后一件事情,是不是对呢?

你说的是什么意思呀!

让我举一个例来说明。对于一个人的知识和对于一把七弦琴的知识是不同的。

当然。

好的,你知道当一个爱人看见他所爱的人常用的七弦琴或者常穿的衣服或者其他常用的东西的时候,会发生什么样的感触?当他看见七弦琴的时候,他的脑子里面便出现了这七弦琴的主人——那个青年的意象。这就是回忆。同样地,一个人看见西米阿的时候,常常就会想起克贝来。我还可以举出无数这种例子。

西米阿说,你一定是能够的。

苏格拉底说,这一类的事情不就是一种回忆吗?特别是当时间过去很久,或者由于人的疏忽而把事情忘记了的时候,那就更是一种回忆了。

确是如此,他回答说。

苏格拉底说，那么，当一个人看见一张画着马或七弦琴的图画时，他能不能想起一个人来呢？或者当他看见西米阿的一张画像时，他能不能想起克贝来呢？

当然能够。

那么当他看见一张西米阿的画像时，他能不能想起西米阿本人来呢？

当然也能够。

那么，所有这些例子，都可以说明回忆可以由相似的东西所引起，同时也可以由不相似的东西所引起，是不是呢？

当一个人由相似的东西引起了一个回忆时，他是不是必然也要考虑一下这个回忆是否和所回忆的东西完全相似呢？

必然要这样考虑。

现在来看一看是不是这样。我们说有这样一个东西叫相等。我的意思不是说一块木头和另一块木头相等，或者一块石头和另一块石头相等，或者其他类似的事情，我所说的是在这些之外的某种东西，是相等本身。我们能不能说有这样一个东西呢？

西米阿说，我们得说确实有这样一个东西。

我们知道它是什么吗？

当然知道。

我们从哪儿得知它的呢？是不是就是从我们刚才说到的那些东西得知的呢？我们不是从看见相等的木头或相等的石头或其他相等的东西而得知这样另外一个东西，即相等本身吗？你不承认它是另外一个东西吗？我们可以这样来看这个问题。相等的石头和相等的木头，即使它们没有改变，不是有时从一方面看去是相等的,而从另一方面看去又是不相等的吗?

的确是这样。

可是相等本身会不会不相等呢?或者说相等的理念会不会和不相等的理念一样呢?

不会,苏格拉底,决不会。

可见那些相等的东西和相等本身不是一回事了。

我应当说根本不是一回事,苏格拉底。

但是你却就是从那些和相等本身不是一回事的相等的东西得到对于相等本身的知识的,是不是呢?

很对。

相等本身可以或者和相等的东西相似,或者和它们不相似吗?

当然可以。

其实像不像并没有关系。只要当你发现一个东西使你想起另一个东西来的时候,不管这两个东西像不像,那就必然是回忆。

确实是的。

现在再来看一看,我们刚才说到的相等的木头石块和相等的东西,是不是使我们发生这样的问题:它们的彼此相等是不是和相等本身的相等一样的呢?还是它们的相等比相等本身的相等要差一些呢?

它们的相等比相等本身的相等要差得多。

那么,当一个人看见一个东西的时候,这样想:"我看见的这个东西要想和另一个存在的东西相似,但是却赶不上这另一个东西,不能和它相似,而是比它不如的。"——我们是不是同意,当这个人这样想的时候,他必然是已经预先有了对于这个东西的知识了呢?这个东西就是他所说的前一个东西要想和它相似而赶不上它的那个东西。

我们必得同意这点。

好了,那么我们所讲的相等的东西和相等本身的关系不正就是这样吗?

正是这样。

这样看来,在我们第一次看见相等的东西并且想着所有这些东西都要力求和相等本身相似但是却赶不上它的时候以前,我们必然已经有了对于相等的本身的知识了。

这是不错的。

我们也同意了,除非通过视觉或者触觉或者其他的感觉,我们就得不到,也不可能得到这种知识。是不是呢?

是的,苏格拉底。

……

可是我们必然是通过感觉而知道所有这些感觉对象都力求和相等本身相似,但是赶不上它,这是不是我们的看法呢?

是的。

因此,在我们开始看东西或者听东西或者使用其他的感觉以前,我们必须已经在某个地方获得了关于相等本身的知识,如果我们要把我们所感觉到的相等的东西和它比较,并且看到所有这些东西都切望和它相似但却赶不上它的话。

这点是从我们前面所说的必然推论出来的结论,苏格拉底。

我们一生下来就看见东西,听到东西,并且也有了其他的感觉,是不是呢?

十 柏拉图

当然是的。

但是我们说我们必然是在我们有了这些感觉之前得到关于相等本身的知识的,不是吗?

是的。

可见我们必然是在我们生下来以前就已经得到这种知识了。

该是这样。

如果我们在生下来以前已经获得了这种知识,我们带着它一起生下来,那么我们在生下来以前和在出生的时候就不仅知道了相等本身,较大和较小本身,并且也知道了一切事物本身了。不是吗?因为我们现在的论证并不只是适用于相等本身的,而且也是适用于美本身,善本身,公正本身,神圣本身,总而言之,是适用于在我们的问答的辩证过程中我们称之为"本身"或"绝对本质"的一切东西的。因此我们必然是在我们出生之前已经获得了所有这些东西的知识了。

这是对的。

如果在获得这种知识以后我们一样都没有忘记,则我们必然总是生下来就知道这些东西的,并且必然是终生知道它们的。因为知道的意思就是说,我们获得了知识,并且把它保持下来而不把它丢掉,而所谓丢掉知识的意思就是说,我们把它忘记了。是不是呢,西米阿?

的确是的,苏格拉底。

但是我想如果我们在生前获得了知识而在出生的时候把它丢掉了,可是在以后通过我们的感觉又重新获得了我们以前所有的知识,那么,这样一个我们叫作学习的过程,实际上不就是恢复我们自己所已经有的知识吗？我们称之为回忆是不是对呢？

毫无疑问是对的。

既然我们已经看到了，在用视觉或者听觉或者其他的感官感觉到一个东西的时候，这个感觉就可以在人的心中唤起另一个已经忘记了的但是和这个感觉到的东西联系在一起的东西，不管它们彼此相似不相似，因此只有下面两种可能之一是真的：或者是我们大家一生下来就知道一切事物并且终生知道它们，或者是在生下来之后，那些所谓学习的人只不过是在回想，而学习不过是回忆罢了。

这是完全对的，苏格拉底。

那么在二者之间你选择哪一个呢，西米阿？我们生下来就有知识呢，还是生下来以后我们才回忆起我们在生前已经知道了的东西呢？

此刻我还不能选择，苏格拉底。

我们再来看看这个问题吧！对于这个问题你一定是能够有所选择，并且你对它是可以有意见的：当一个人知道某物的时候，他是否能够对他所知道的东西加以说明呢？

他当然能够，苏格拉底。

你想每个人都能够对于我们方才所讨论的问题作出说明吗？

我希望他们能够，但是我却恐怕明天这个时候就不再有一个活着的人能够正确地这样做了。

那么，西米阿，你不认为一切人都知道这些东西吗？

我决不认为一切人都知道。

那么,他们是把他们一度所学会的东西回忆起来吗？

必然是这样。

我们的灵魂什么时候获得对于这些东西的知识呢？当然不是在我们已经出生为人之后吧！

当然不是。

那么是在出生为人以前了。

是的。

由此看来,西米阿,灵魂在取得人的形式之前,就早已经离开人的身体而存在了,并且还是具有知识的。

苏格拉底,你所说的是没有问题的,除非说我们是在正出生的时候获得这些理念。因为这样一个时候还是存在着的。

好极了,我的朋友,但是我们是在什么别的时候丢掉这些理念的呢？因为我们显然不是生下来就具有它们的,正如我们方才已经同意了的。难道我们在得到它们的那个时候就把它们丢掉了吗？或者你还有什么别的时候可以提出来呢？

没有什么别的时候可以提出来了,苏格拉底,我没有注意到我所说的话是毫无意义的。

这样看来,西米阿,情形是不是这样呢？正像我们常说的,如果有美本身、善本身以及一切类似的实体存在,如果我们把我们所有的感觉都归之于这些我们知道以前早已存在而现在为我们所知道的实体,并且把我们的感觉和这些东西比较,那么我们是不是必然要得出结论说,如果这些实体存在,则我们的灵魂也存在于我们出生之前,而如果这些实体不存在,则我们的论证也就失掉了力量呢？……

苏格拉底,照我看来二者有绝对同样的确实性,而我们的论证使我们得到下面最好的结论,即我们的灵魂存在于我们出生以前,而我们所讲的实体也同样存在,因为照我看来,再没有像下面这件事情这样清楚的了,即所有这些东西像美本身、善本身以及你方才所说的其他的一切,乃是最真实的存在。而我想对于它们的存在的证明也是很充分的。

〔知识就是回忆〕

4.〔**柏拉图:"美诺"篇,页**80E—82D〕(柏拉图借苏格拉底之口,和美诺讨论什么是美德的问题,结果不知道美德究竟是什么。苏格拉底表示愿意和美诺再一道来研究这个问题,这样就使美诺提出了另外一个问题,即什么是"研究"以及"研究"如何可能的问题。——编者)

美诺:苏格拉底,你怎样去研究你根本不知道的东西呢?在这些你所不知道的东西中,你提出什么来作为你所研究的对象呢?即使你侥幸碰上了这种东西,你怎么样会知道你所不知道的这种东西就是你所要研究的东西呢?

苏格拉底:我知道你的意思了。但是你知道你所提出来的论证是一种似是而非的诡辩吗?你的论证是说一个人既不能研究他所知道的东西,也不能研究他所不知道的东西,因为如果他所研究的是他所已经知道了的东西,他就没有必要去研究;而如果他所研究的是他所不知道的东西,他就不能去研究,因为他根本不知道他所要研究的是什么。

美诺:苏格拉底,你说得很好,你觉我的这个论证对吗?

苏格拉底:我想是不对的。

美诺:为什么不对呢?

苏格拉底：让我来告诉你为什么不对。我曾经听到一些讲神异的聪明人士说过——

美诺：他们说过什么？

苏格拉底：我想，他们说过一条值得令人赞叹的真理。

美诺：他们说的是什么呀？说话的人是谁呀？

苏格拉底：他们之中有一些是男女祭司，这些人都曾经研究过怎样来给他们的职业作出合理的说明。品达和许多其他具有灵感的诗人也说过这点，他们说——现在注意看看你认为他们的话对不对——人的灵魂是不死的。它在一个时候有一个终结称为死，在另一个时候又再生出来，但是永远也不会消灭……

既然心灵是不死的，并且已经投生了好多次，既然它已经看到了阳间和阴间的一切东西，因此它获得了所有一切事物的知识。因此人的灵魂能够把它以前所得到的关于美德及其他事物的知识回忆起来，是不足为奇的。因为既然一切东西都是血脉相通的，而灵魂也已经学会了一切，因此就没有理由说我们不能够通过对于一件事情的记忆——这个记忆我们称为学习——来发现一切其他的事物，只要我们有足够的勇气和在研究中不昏乱的话。因为一切研究，一切学习都只不过是回忆罢了。

〔两个世界，知识和意见〕

5.〔柏拉图："国家"篇，页475E—480D〕（柏拉图借苏格拉底之口，向格老康说哲学家是要求获得对全部真理和实在的知识的人，从而提出真理与意见的对立。——编者）

他〔格老康〕说，哪些人是真正的哲学家呢？

我〔苏格拉底〕说,那些喜欢看到真理的人。

他说,这诚然是不错的;但是你所说的究竟是什么意思呢?

我说,如果是给另外一个人讲,我可能不容易讲清楚。但是我想你会同意我下面所要说的。

你所要说的是什么?

既然美是丑的对立面,因此它们是二。

当然是的。

既然它们是二,因此每个就是一。

这也是对的。

对于正义与非正义,善与恶以及其他理念来说,情形也是一样。同样也可以说,就其本身而言,每个是一。但是由于它们和各种行动、各种物体结合以及它们自己彼此结合的结果,它们就出现于各处,因此每一个又表现为多。

是的。

这就是我的划分,我要把你所讲的那些只求悦目、爱好艺术以及从事实际活动的人和我们所讨论的这种人区别开来。只有这种人才配称为哲学家。

你所说的是什么意思呢?

我的意思是说,喜欢声色的人所喜欢的乃是和谐的声调,鲜艳的色彩,美丽的形象以及由这些所构成的东西。但是他们的心智却不能认识和喜爱美的理念本身。

是的,的确是这样。

能够接近美本身并且就美本身来思考美本身的人是不是很少呢?

的确是很少的。

如果一个人只承认有美的东西而不承认有美本身，或者即使另外一个人企图引导他去认识美本身，他也还是不能够跟着走，你想这样一个人是醒着的呢，还是在做梦？你试想想，一个人不管是醒着或是睡着，要是把实在的摹本看成就是实在本身，岂不就是在做梦吗？

我的确应当说这样一个人是在做梦。

好了。我们再来看另一个人的情形。这个人认识美本身并且能够区别美本身和"分有"美本身的事物，既不把美本身当作这些事物，也不把这些事物当作美本身。照你看来，这个人是在做梦呢，还是醒着的呢？

他是清醒的。

那么，我们说，知道美本身的这个人具有知识，而对于事物只能有意见的那个人只具有意见，这样说对不对呢？

当然是对的。

但是假定我们所说的这个只具有意见的人发起脾气来，反对我们的说法，我们能不能给他一点安慰，好好地来说服他而不要明白地告诉他说他的思想混乱呢？

我们一定要努力这样做。

那么就来考虑一下我们对他说些什么吧！我们是不是要这样问他：告诉他说，如果他知道一些什么东西，并没有人会嫉妒他，而且我们非常高兴看到他知道一些东西，但是我们要请他告诉我们：具有知识的人是知道某种东西呢，还是什么都不知道？你能替他回答我们吗，格老康？

我要回答说，他知道某种东西。

是某种存在的东西呢，还是不存在的东西呢？

当然是某种存在的东西,因为不存在的东西怎么能够知道呢?

可见不管我们从多少方面来考察这个问题,我们总可以断言绝对存在的东西是绝对可以认识的,而绝对不存在的东西是绝对不能认识的,是不是呢?

是的,我们绝对可以这样断言。

好的。但是如果有一种东西具有这样的性质:它既存在而又不存在,那么这种东西是不是要处于绝对存在与绝对不存在之间呢?

当然是要处于二者之间。

既然知识相应于存在,无知相应于不存在,那么我们也得在知识与无知之间找出某种东西,如果是有这种东西的话。

当然得这样做。

不是有一种东西我们叫作意见吗?

是的。

意见和知识是一样的呢,还是另外一种能力?

当然是另外一种能力。

那么意见和知识的对象就必得是相应于这两种不同的功能的两种不同的东西了。

是的。

……

如果存在是知识的对象,那么意见的对象就必须是另外一种东西了。

是的,必须是另外一种东西。

那么意见的对象是不是不存在的东西呢?或者,是不是对于不存在的东西根本就不能有意见呢？试想想，如果一个人有了意见，他是对于某物有了意见呢，还是说他一方面有了意见，而另一方面却是对于不存在的东西有意见呢？

说他有意见又是对于不存在的东西有意见，这是不可能的。

照这样看来，如果一个人有意见，他就是对于某物有意见了。是不是呢？

是的。

不存在的东西根本就不能说是什么东西，而应当说就是乌有。

是的。

对于不存在的东西来说，与之相应的必然是无知。对于存在的东西来说，与之相应的必然是知识。

是的。

那么意见就既不是知识也不是无知了。

是的，它似乎二者都不是。

那么这是不是在二者之外、比知识更明确、比无知更昏暗的东西呢？

它二者都不是。

那么你是不是认为意见乃是比知识昏暗但是比无知明确的东西呢？

是的，正是这样。

不仅如此，而且它还介乎二者之间，是不是呢？

是的。

这样看来，意见就是介乎知识与无知二者之间的东西了。

这是毫无问题的。

我们不是才在前面说过，如果有什么东西同时存在而又不存在，则这种东西也就要处于绝对存在与绝对不存在之间，同时与之相应的能力就既不能是知识也不能是无知，而是处于二者之间的一种能力了。是不是呢？

是的。

现在我们不是找到了在二者之间有一种叫作意见的东西吗？

是的。

这样，我们还需要去发现的，是否就只是同时"分有"存在与不存在，而不能正确地把它就叫作存在或者就叫作不存在的东西了呢？如果我们能够发现这种东西，我们是不是就可以很恰当地把它叫作意见的对象，从而把两端的东西归之于两端，把中间的东西归之于中间呢？

我们正是要这样做。

假定我们同意了这点，我就要请问那从不承认有永恒不变的美本身或美的理念而只承认有许多美的东西的先生——我所指的就是那位喜欢美观而不愿意听到任何人说美是唯一的，正义是唯一的某某先生——对于这位先生我要请问他：我的好先生，请问在这些美的东西里会不会有同时也是丑的，在这些公正的事情里面会不会有同时也是不公正的，在许多神圣的东西里面会不会有同时也是不神圣的呢？

会有的。格老康回答道，他会说美的东西必然在某种方式之下同时是美的又是丑的，对于其他的东西来讲也是一样。

是一倍的那些东西不是同时是一倍而又是一半吗？

是这样。

同样我们叫作大的或者重的东西不是也可以叫作小的或者轻的呢?

是的,这种东西里的任何一个,总可以具有这两个对立的性质。

那么,对于这许多的东西里的任何一个,能不能说它就只是这样而不能是那样呢?

这些东西使我想起了人们在宴会上提出来难人的那些谜语,以及小孩子们所提出来的那个太监用什么打蝙蝠和蝙蝠待在什么上面的迷惑人的问题①。这些东西是这样地含混,以致教人很难确确实实地抓住它们,说它们是存在或者不存在,或者既是存在又是不存在,或者既不是存在又不是不存在。

那么你知道怎样来处置它们吗?你能够把它们摆在比存在与不存在之间更好的地方吗?因为我想它们决不会比不存在更昏暗更不实在,或者比存在更清楚更实在。

这是再正确不过的了。

这样,我们似乎已经发现,一般人对于美的东西以及其他东西的习惯看法,乃是动摇于绝对存在与绝对不存在之间的中间地带。

我们的确是发现了这一点。

好了。我们在前面已经同意,如果我们找到了这种东西,我们应当把它叫作意见的对象而不叫作知识的对象,这种东西动荡于中间地带,而且为中间的能力所掌握。

---

① 谜语的内容是:一个男人又不是男人(太监),看见又没有看见(朦胧地看见)一个鸟又不是鸟(蝙蝠)待在树枝又不是树枝(芦秆)上,用石头又不是石头(浮石土块一类的东西)打它又没有打它(打但没有打着)。——编者

是的。

这样看来,那些只看到许多美的东西而看不见美本身并且不能追随别人的引导而看到这种美本身的人,那些只看到许多公正的事情而看不见公正本身的人,以及所有其他这一类的人:——对于所有这些人,我们就要说他们只是对于一切有意见而不能对于他们的意见的对象有任何知识了。

这是必然要得出来的结论。

而在另一方面,对于那些看到了永恒不变的事物本身的人,我们就要说他们具有知识而不只是有意见了。

这也是必然的结论。

我们是不是也要说这些人所倾心喜爱的是知识,而前面的那些人所倾心喜爱的则是意见呢?我们说过那些人正是喜欢悦耳的声音和美丽的颜色而不愿意听说美本身是实在的人,我们还记得吗?

我们还记得。

如果我们把他们称为爱意见者而非爱智者[①],我们是不是触犯了他们呢?如果我们这样说,他们会不会很生气呢?

如果他们听我的劝告,他们是不会这样做的,因为跟真理生气是不对的。

至于那些无论在什么时候都爱好真理的人,我们就必须称他们为爱智者而非爱意见者。

当然必须要这样称呼他们。

[①] "哲学家"按希腊文意即"爱智者"。——编者

〔知识的四个等级〕

6.〔柏拉图:"国家"篇,页509D—511E〕(柏拉图借苏格拉底之口,提出理念世界与感觉世界的对立,并在这个基础上与格老康讨论认识的问题,把知识分成四等。——编者)

我〔苏格拉底〕说,现在你〔格老康〕试设想有我所说的这两种东西〔按即善的理念和太阳〕,其一统治着整个可知世界,而另一则统治着可见世界……你应当认识到这两个世界了吧!这两个世界就是可见世界和可知世界。

是的,我认识到了。

现在让我们画一条线,把这条线分成不等的两部分,然后把这两部分的每一部分按同样的比例再分成两个部分。假定原来的两个部分中一部分相当于可见世界,另一部分相当于可知世界,然后我们再根据清楚与不清楚的程度来比较第二次分成的部分,你就会看到可见世界的一部分表示影像,所谓影像我指的首先是阴影,其次是在水里和光滑物体上反射出来的影子,以及其他类似的东西,你懂我的意思吗?

我懂你的意思。

再看另一部分,这一部分则表示实际的东西,即我们周围的生物以及一切自然物和人造物。对于这些东西来说,前面那一部分的影像只是对它们的摹仿。

是的。

你承认不承认可见世界的这两个部分的不同比例相当于不同程度的真实性,因而其中的摹本与原本之比正如意见世界与知识世界之比呢?

正是这样。

我们再进而考察可知世界又是怎样划分的。

它是怎样划分的呢？

是这样划分的。这个世界划分成两个部分，在第一部分里面，人的心智把可见世界中的那些本身也有自己的影像的实际事物作为影像，由假设出发进行研究，但不是由假设上升到原则，而是由假设下降到结论。在第二部分里，人的心智则向另一方向移动，从假设上升到非假设的原则，并且不引用在前一部分中所引用的影像，而只引用理念，完全依据理念来进行研究。

我不是很懂你的意思。

既是这样，我们再来研究一下，我想我方才所说的是可以帮助你了解的。你知道研究几何学、数学以及这一类学问的人在开始的时间要假设偶数与奇数、各种圆形、三种角以及其他类似的东西，把这些东西看成已知的，看成绝对的假设，不觉得需要为他们自己或别人来对这些东西加以说明，而是把这些东西当作自明的。他们就从这些假设出发，通过一系列的逻辑推论而最后达到他们所要求的结论。

是的，我知道这点。

你也知道，显然他们利用各种可见的图形，谈到这些图形，但是他们所思考的实际上并不是这些图形而是这些图形所摹仿的那些东西，他们所研究的并不是他们所画的这个特殊的正方形和这个特殊的对角线等等，而是正方形本身，对角线本身等等。他们所作的图形乃是实际的东西，有其水中的影子或影像。他们现在又把这些东西当作影像，而他们实际要求看到的则是只有用想想才能认识到的那些理念。

是的。

可见这种东西是属于我所说的可知的东西一类的，但是有两点限制：第一，在研究它们的时候，必得要用假设，并且由于人的思想不能超出这些假设，因此人的思想不能向上活动而达到第一原理；第二，在研究它们的时候，人们利用在它们下面一部分中的那些实际的东西作为影像，这些实际的东西也有自己的影像，并且和自己的这些影像比较起来是更清楚的，更有价值的。

我懂得你所说的是几何学和同几何学相近的部门。

至于讲到可知世界的另一部分，你会了解我指的是人的理性凭着辩证法的力量而认识到的那种东西，在这种认识活动中，人的理性不是把它的假设当作绝对的起点或第一原理，而是把这些假设直截了当地就当作假设，即是把它们当作暂时的起点，或者说当作跳板，以便可以从这个起点升到根本不是假设的某种东西，上升到绝对第一原理，并且在达到这种第一原理之后，又可以回过头来把握那些以这个原理为根据的、从这个原理提出来的东西，最后下降到结论。在进行这种活动的时候，人的理性决不引用任何感性事物，而只引用理念，从一个理念到另一个理念，并且归结到理念。

我多少懂得你的意思了，但是还懂得不透彻。因为你所描述的这个过程似乎是一件惊人的大事。不过无论如何我总算懂得你的意思是要把辩证法所研究的可知的实在和那些把它们的假设当作第一原理的所谓科学技术的对象区别开来，认为前者比后者具有更大的真实性，诚然，研究这些科学技术的人在思考感官所不能感觉到的对象时必得要用思想，但是由于他们是从假设出发而不能回到第一原理,因此你不会认为他们真正理解这些对象,虽然这些对象在和第一原理联系起来的时候是可以理解的。我想你会把几何学家和研究这类学问的人的心理功能叫作理智而不叫作理性,把这种理智看成是介乎理性与意见之间的东西。

你很懂得我的意思了。现在你可以看出来了,相应于这四个部分,有四种心理状态,相当于最高一部分的是理性,相当于第二部分的是理智,相当于第三部分的是信念,相当于最后一部分的是想象。你可以把它们按比例排列起来,给予每一个与它的对象相等程度的真实性与明确性。

我懂得你的意思并且同意你的意见。我就照着你的意见来排列吧。

〔柏拉图论"辩证法"〕

7.〔柏拉图:"国家"篇,页531D—535A〕(柏拉图用苏格拉底的口气,与格老康讨论他的"理想国"中教育统治者的办法:初等教育是音乐、体育等,高等教育从数学、天文学入门,最后以"辩证法"完成。——编者)

〔苏格拉底说:〕只有当这些研究〔按即数学、天文学等的研究〕提高到彼此互相结合、互相关联的程度,能够对于它们的相互关系得到一个总括的看法时,我们的这些研究才算是有价值的事情。否则我们的研究便是白费气力而得不到什么好处。

我也疑心是这样。但是,苏格拉底,这是一件巨大的工作吧!

你指的是什么？是前奏曲吗[①]？难道你不知道所有这些都只不过是我们尚待学习的主要乐曲的前奏曲吗？想来你决不会把精通数学的专家看成就是辩证法家吧！

我决不会这样。我很少看见过这样的数学家。

如果一个人不能够对于他所讲的东西作出合理的说明，你想这个人能够得到我们所要求的知识吗？

我想是不能够的。

这里，格老康，我们终于达到了辩证法所演奏的曲调了。这虽然只是属于心智世界的曲调，但是我们可以在我们前面所说的那个人[②]的视觉进程中看到对于它的摹仿，如我们所描写的，那个人首先力图看到生物，然后看到星宿，而最后看到太阳。同样，当一个人根据辩证法企图只用推理而不要任何感觉以求达到每个事物的本身〔按即理念〕，并且这样坚持下去，一直到他通过纯粹的思想而认识到善本身的时候，他就达到了可知世界的

[①] 苏格拉底把辩证法比作主要乐曲，而把前面所谈的各种学习比作前奏曲，因为它们只是学习辩证法的准备。——编者

[②] 这里指的是"国家"篇第七章里所讲的那个寓言中的人，他原来被拴在地洞里，只看到火光的影子，被释放以后才逐渐看到火光，最后爬出洞来才看到太阳。柏拉图用这个寓言（即所谓"洞喻"）来说明人从惑于不真实的个别事物进到认识真实的理念的过程。他把事物的世界比作地洞，把只认识事物的人比作锁在地洞里的犯人；在洞口上面有一些类乎木偶戏的表演，借洞口的火光把它们的阴影投到洞壁上，这个犯人所看到的就只是这些阴影。等到这个人被释放了之后，转过头来，才看到这些木偶，看到火光，才知道以前所看到的不过是这些东西的阴影。等到他爬出洞来之后，才看到真正的事物，看到太阳，才知道以前所看到的木偶之类的东西，以及所看到的火光还不是真实的，还只是这些东西的影像、摹仿。洞外事物之于洞里阴影正好像理念之于事物一样，是更真实的，而太阳光之于感觉世界也正像善的理念之于理念世界一样，是最高的、最真实的。——编者

极限,正像我们的寓言①中的另一个人最后达到了可见世界的极限一样。

确乎是这样。

那么,你是不是要把这个思想的进程叫作辩证法呢?

我当然要这样叫它。

那个从锁链中开释出来的人,从看到阴影转而看到投射阴影的影像,再从影像转而看到火光,于是从地洞里面爬出来走到太阳光底下。最初他还不能照直地去看动物、植物和太阳光,而只能去看水里面神造的②幻影,以及事物的阴影。这种阴影是实在的事物所产生的,而不是和太阳比较起来本身也还只是一种影像的火光所投射的影像的阴影。正像在我们的这个寓言中,身体上最明朗的器官③转而看见物质世界和可见世界的最光明的东西④一样,我们所考察的整个科学技术研究过程,也把灵魂的最高贵的一部分向上引导,使它能够看见最高的实在⑤。

我同意这一点。但是我觉得很难接受,可是从另一方面来看,我又觉得很难拒绝。不管怎样,既然我们不只是讲这一次就算了,而是以后还要时常重复讨论的,所以就让我们假定这些东西就是像现在所说的这样,——进而演奏我们的主要歌曲,把它演奏完毕,如同我们把前奏曲奏完一样。现在,你能不能告诉我,这个辩证法具有什么样的性质?它有哪几部分?它采取什

---

① 即上页注②中的寓言。——编者
② 即非人为的。——编者
③ 即眼睛。——编者
④ 即太阳。——编者
⑤ 即善的理念。——编者

么样的方法或途径？因为我觉得只有这些问题得到了解决，才能够使我们得到归宿而完成我们的长途旅行。

亲爱的格老康，你恐怕不能够再跟着我向前走了，虽然我很愿意你能够跟着我走。因为在这里我不能再用比喻来说明真理了，而必须要把我所见到的真理本身指点给你，虽然我不能断定我所看见的就是真理，但是我敢断定我们必须要看到的真理就是某种类似的东西。难道不是这样吗？

当然是这样。

我们是不是也要肯定，只有通过辩证法，并且只有对于那些研究过前面所说的各种科学的人，这种真理才能够显示出来呢？

这一点我们也可以肯定是正确的。

无论如何，在这一点上没有人会反对我们，认为有其他的研究方法可以用来系统地并且在一切情形之下决定每个事物的实在性质。其他的科学技术所处理的，差不多只是人的意见和欲望，或者是自然物与人造物的生产，或者是在这些东西生产出来之后怎样去管理它们。只有几何学及与之相关的科学，才的确在某种程度上认识到实在。但是我们也看到就连这些科学，对于事物的认识也只能像做梦一样，因为它们只是假定它们所用的假设，而不能给这些假设以合理的说明。如果你的前提是你所不能够真正知道的东西，你的结论和达到结论的推论也是你所不能够真正知道的一些东西，那么这种认识如何能够算得正的知识或真正的科学呢？

是的，这种认识不能够是真正的知识。

可见只有辩证法才是唯一的这样一种研究方法，这种方法不需要假设而上升到第一原理，并且就在这里得到证实。当灵魂的眼睛掉到野蛮无知的泥坑里面去的时候，这个方法就把它轻轻地拉上来，带着它向上走，用我们所列举的那些科学技术来帮助它达到这种转变。这些科学技术我们常常根据习惯称为知识，实际上应当给它们另外取个名字，以表示它们比意见要明确一些，但比知识要暧昧一些，我相信理智是我们前面所采用的名词。但是我认为在讨论这种重大问题的时候，我们不必为名词的问题发生争辩。

是的。

这样，我们就可以完全同意把第一部分称为知识，第二部分称为理智，第三部分称为信念，第四部分称为想象，而把后两部分合起来称为意见，把前两者合起来称为理性了。意见所处理的是生成变化，而理性所处理的是真实存在。真实存在与生成变化的关系就好像理性与意见的关系一样，而理性与意见的关系也就好像知识与信念、理智与想象的关系一样。……

你不是把能够正确说明一切真实存在的人叫作辩证法家吗？你是不是要说，不能这样做的人，不能对自己和别人作出这种说明的人，就是没有智慧？

我怎么能说他有智慧呢？

对于善来说不也是这样吗？一个人如果不能够把善的理念与别的东西区别开来，给它作出明确的定义，如果不能够像在战场上一样克服一切困难，力图根据真理而不根据意见来考察事物，并且坚持到底而不退缩，像这样一个人，你能说他真正知道善本身和任何善的事物吗？如果他只是抓住善的摹本，那么他便只是具有意见而没有知识，他将要终生睡觉做梦，并且在他还没有醒过来以前,就已经长眠于地下了。

我完全赞成你的意见。

那么,如果你被指派来实际负责培养和教育你口头上在培养和教育的子孙们,而如果他们是像几何学上所说的那条线那样不合理的话①,我想你决不会容许他们来统治国家、决裁大事。因此你要制定出法律来,明文规定他们专心学习那种能够使他们掌握问答术的科学。

是的,我要照你的指示制定这样的法律。

那么,你是不是同意我们把辩证法摆在一切科学之上,作为一切科学的基石或顶峰呢?你是不是同意没有别的科学能够比它更高,而我们关于科学研究的讨论到这里就算完成了呢?

我完全同意。

〔神 创 世 界〕

8.〔柏拉图:"蒂迈欧"篇,页27C—31B〕(柏拉图用蒂迈欧的口气,向苏格拉底讲述他的宇宙生成论。——编者)

苏格拉底,只要是稍有一点头脑的人,在每一件事情开始的时候,不管这件事情是大是小,总是要求助于神的。我们现在就要讨论宇宙的问题,研究一下它是怎样被创造出来的,或者不是被创造出来的,因此,如果我们不是完全糊涂的话,我们就必须求助于神与女神,祈祷我们所说的一切首先能够被他们所嘉许,其次也能够和我们自己的意见一致。这就是我们对于神所发出

---

① 这里是把没有学过辩证法的人比作几何学上的对角线,这种人是和统治不相称的,就像对角线是一个无理量,是除不尽的一样。——编者

来的呼吁。不过我们虽然要取得神的帮助，但是我们也应当自己努力做到使你能够很好地了解我对于我们所要讨论的问题的看法，并且使我自己能够把我的看法很好地表达出来。

我认为我们首先必须作出下面的分别：什么东西是永远存在而不变化的，什么东西是永远在变化而不真实的呢？我想凡是由人的理性推理所认识的东西总是真实的，永远不变的，而凡是意见和非理性的感觉的对象总是变动不居的，不真实的。我们知道，凡是变化的东西必然是由于某种原因才发生变化的，因为如果没有原因，就没有什么东西会变化。但是如果事物的创造者在创造事物的时候，把眼睛注视着那永远不变的东西，把这种东西当作模型，那么，这样创造出来的东西必然是很完美的。如果他所注视着的是创造出来的东西，用的是一种创造出来的模型，那么，他这样创造出来的东西便不会是完美的。

对于整个天或整个世界，或者，如果有什么更好的名词，就用那个名词称呼它也可以，不管怎么样叫吧，对于这个东西，我们要提出一个在开始研究任何东西的时候总要提出来的问题：整个世界究竟是永远存在而没有开始的呢，还是创造出来的而有一个开始呢？我认为它是创造出来的。因为它是看得见的，摸得着的，并且具有一个形体；所有这些东西都是可以感觉的，而一切可以感觉的东西都是意见和感觉的对象，因此都处在一个创造的过程中而是创造出来的。我们在前面说过，凡是创造出来的东西都必然是由于某种原因而被创造出来的。因此我们现在的任务就是要来发现这个世界的创造主和父亲。但是这个任务的确是不容易的，即使我们把这个创造主找到了，要把他告诉所有的人也是不可能的事情。

不管怎么样，我们还是回到关于这个世界的问题上来，继续进行研究吧！这个世界的创造主用什么样的模型来创造这个世界呢？他用的是永恒不变的模型呢，还是创造出来的模型？如果这个世界是美的，而它的创造主是好的，显然创造主就得要注视着那永恒不变的东西，把这种东西当作模型。如果不是这样（这是一种不敬神的假定），那么，他所注视着的必然是创造出来的东西。但是每个人都会看得很清楚，他所注视着的乃是永恒不变的东西，因为在一切创造出来的东西中，世界是最美的，而在一切原因中，神是最好的。既然世界是这样产生出来的，因此它必然是照着理性所认识的、永恒不变的模型创造出来的。

……

让我们来看一看造物主为什么要创造这个生灭变化的世界。他是善的，而善的东西就不会嫉妒任何东西。既然他是不会嫉妒的，因此他愿意使一切东西尽可能和他相像。这就是我们可以完全正确地从有智慧的人那里学来的宇宙变化的最高原则。既然神希望一切事物尽可能都是好的而没有坏的东西，因此当他把可以看见的东西拿过来之后，看到这些东西并不是处在一种静止状态之中，而是处在一种不规则和无秩序的运动状态中，于是他就使这些东西从无秩序变成有秩序，认为后一状态无论在哪一方面都比前一状态好。对于至善的神来说，根本不会也不允许作出什么不是最好的事情来。所以神是这样来考虑问题的。他认为在本性可见的东西中，有理性的东西，整个说来，总是比没有理性的东西好，而理性不能存在于没有灵魂的东西里面，因此，当他创造世界的时候，他便把理性放到灵魂里边去，把灵魂放到身体里边去，这样，他所创造出来的作品才能够在性质上是最美的和最好的。因此，根据近似的或概然性的说法①，我们可以宣布这个世界是由于神的天道把它当作一个赋有灵魂和理智的生物而产生出来的。

这一点既经确定之后，我们就可以进而讨论下一个问题。世界的创造主把这个世界造成像什么样的生物呢？当然把它做得只是像一个作为部分而存在的东西是不行的。因为和不完备的东西相像的东西绝对不会是美的。所以我们要肯定在一切东西中，只有这个世界是和那个把一切其他生物无论在个体上或者在种类上都包括进来作为自己的构成部分的生物是最相像的。因为那个生物包含着一切可知的生物，正像这个世界包含着我们和一切其他可见的生物一样。……

既然是这样，我们应当说只有一个世界呢，还是应当说有许多或者无限多的世界呢？如果这个世界是照着它的那个永恒不变的和最完美的模型创造出来的，那么就只能有一个世界。因为包含一切可知的生物的那个生物决不能有第二个。如果有第二个的话，那么就必然会再有另外一个生物要把二者都包括进去而二者都要变成它的两个构成部分了。在这种情形之下，这个世界就不能再说是这两个生物的摹仿，而必须说是把它们两者都包括进去的这第三个生物的摹仿了。因此，为了使这个世界在唯一性上和最完善的生物相像，造物主既不创造两个世界，更不创造无限数的世界，而是创造了这个永远是唯一的世界。

---

① 柏拉图认为对于宇宙论的看法只具有一种概然性。——编者

〔柏拉图的神学及其对于无神论的攻击〕

9.〔**柏拉图:"法律"篇,第十卷**〕(在"法律"篇第十卷中,柏拉图集中地发表了他的神学观点和他对于无神论的攻击,由于这一卷很长,因此只选择一些重要段落。这篇对话中主要说话的人是一个称为雅典人的无名氏,和他谈话的是叫麦吉纳和克里尼亚的两个人。——编者)

雅典人:现在我们要来决定对于在言论行动上侮辱神灵的人应当给予什么样的惩罚。但是首先我们必须给予他们如下的忠告:凡是服从法律而相信神的人,决不会故意作出渎神的行为或发表不法的言论。凡是作出这种行为或发表这种言论的人,必然是因为他们假定了下面三种情况之一:他们或者假定没有神存在,这是第一种可能;或者,第二,他们假定即使有神存在,这些神也不关心人事;或者,第三,即使这些神关心人事,人们也很容易用牺牲和祈祷来奉承他们,使他们打消他们的意图。

……

如果不敬神的言论不是到处在散布的话,对于神的存在的证明就没有必要了。但是既然我们看到这种言论是传播得很广很远的,因此这种论证是有必要的。当国家大法在被坏人暗中破坏的时候,除了立法者自己之外,还有谁应当出来保护它呢?

麦吉纳:它再没有更适当的保卫者了。

雅典人:好的,那么请你告诉我,克里尼亚,——因为我必得要求你成为我的同道,难道这样说的人不是把火、水、土、气看成一切事物的根源吗?他们把这些东西叫作自然,认为灵魂是由这些东西形成的。这并不是我们对于他们的意思的一种猜想,而是他们实实在在讲出来的。

克里尼亚：的确是这样。

雅典人：那么，算是老天爷帮助，使我们得以发现这些自然哲学家的这种不正确的意见的泉源，我很希望你极其仔细地来考察一下他们的论证。因为他们的不敬神是很严重的。他们不仅是作出了一种要不得的和错误的论证，而且他们还把别人的心灵引导到错误的路上去，这就是我对于他们的意见。

克里尼亚：你说得不错。但是我很想知道他们的论证究竟是怎么一回事。

雅典人：我恐怕这种论证说出来会显得很奇怪。

克里尼亚：不要踌躇吧！异乡人，我知道你恐怕这种讨论会使你超出立法的限度。但是如果没有别的办法来表示我们相信现在法律所肯定的神的存在，我的好先生，就让我们采取这个办法吧！

雅典人：既是这样，我想我就难免要来重复一下那些根据他们自己不敬神的思想来制造灵魂的人的奇怪论证了。他们肯定真正使一切事物产生和消灭的第一原因不是最初的，而是最后的，而那真正是最后的东西反倒是最初的。因此他们就在神的真正性质这个问题上陷于错误。

克里尼亚：我还是不懂得你的意思。

雅典人：我的朋友，所有他们这些人，对于灵魂的性质和力量，特别是对于灵魂的起源，差不多都表现得是无知的。他们不知道灵魂是最初的东西，是先于一切形体的，是形体的变化和移动的主要发动者。假如这是不错的话，假如灵魂是先于形体的，那么与灵魂同类的东西岂不是必然也要先于形体一类的东西吗？

克里尼亚：当然是的。

……

（雅典人于是谈到运动的问题，举出十种运动，最后一种运动是能够同时使自己运动和使别的东西运动的一种运动，他跟着就提出下面的问题。——编者）

雅典人：这十种运动中我们应当认为那一种是最有力量最有功效的呢？

克里尼亚：我们必须说能够推动自己的运动要比其他的运动高出万倍。

……

雅典人：这样看来，我们就得说自己运动的东西乃是一切运动的源泉，乃是在一切静止和运动的东西中间最初出现的东西，因而乃是一切变化的最先和最有力的原则了。……

……

雅典人：我们应当怎样来给灵魂下定义呢？我们能不能在我们所已经给出来的那个定义——即能够推动自己的运动——之外设想出另外一个定义来呢？

克里尼亚：你的意思是不是说，我们定义为自己运动的东西的本质，就是我们称为灵魂的那个东西的本质？

雅典人：是的。如果这是不错的话，当我们已经明确指出灵魂是一切事物运动变化的源泉之后，我们还能说没有充分证明灵魂是一切事物的最初起源和动力吗？

克里尼亚：当然不能这样说。作为运动的源泉的灵魂已经十分满意地被证明是在一切事物中最先存在的东西了。

……

雅典人：既然是这样，我们是不是要说控制着天地与整个世界的乃是灵魂呢？

……

雅典人：如果灵魂带着太阳转动，则我们假定它不外是用下面三种方式之一来带着太阳转动，将不会太错吧！

克里尼亚：是哪三种方式？

雅典人：或者这个……推动太阳的灵魂就住在这个可以看见的圆的物体中，如同带着我们到处运动的灵魂一样；或者这个灵魂，如像有些人所说的，自己有一个火或气作成的外部的形体，而以自己的形体猛烈地推动那个物体[①]；或者第三，它并没有这样一个形体，而是用某种异常惊人的力量来带动太阳的。

克里尼亚：是的，灵魂的确只能以这三种方式之一来安排一切事物。

雅典人：因此，这个太阳的灵魂乃是比太阳更好的东西，不管它究竟是坐在车上带着太阳转动而使太阳给人发光，还是从外面作用于太阳，或者是用的什么别的方法，它都应当被每一个人看成是一个神。

……

雅典人：现在，麦吉纳和克里尼亚，让我给一向否认神的存在的人提出下面的情况，请他们自己选择吧！

克里尼亚：什么情况？

雅典人：或者他们要教我们相信说灵魂是一切事物的本源

[①] 即太阳。——编者

乃是错误的,并且为这一点辩护;或者,如果他们不能说出什么更好的理由来的话,那么他们就必须对我们屈服,从此以后相信有神存在。让我们看一看我们现在是不是对那些否认有神存在的人说得很够了?

克里尼亚:的确是很够了,异乡人。

雅典人:那么,对于这些人我们就不要再说什么了。现在,我们要来对那些虽然相信有神存在,但是同时还相信神不关心人事的人说几句话了。我们对他们说……也许是因为你们看到了有些不敬神的人自己能享高龄,子孙得到高官厚禄,他们的昌盛使你们的信仰发生了动摇,也许是因为你们曾经知道或者听到或者亲眼看到许多骇人听闻的不敬神的事情,并且看到许多人用这种犯罪的行为作为手段,从卑微的地位爬上了崇高的统治地位,当你们考虑到这些事情的时候,不愿意为他们来责备神……并且由于你们缺乏推理的能力,又不愿意在神的身上去找毛病,因而使你们得到这种信念,认为虽然有神存在,但神却不考虑人事,不注意人事。为了使你们的这种有害的看法不致滋长到更大的不敬神的地步,而在这种邪恶还没有表现出来以前尽可能用论证把它祛除掉,我们将要在前面对那些根本否认神的存在的人所说的之外再加上另一个论证。

……

雅典人:我们似乎并没有什么困难来给这些人证明神对于无论大大小小的事情都是关心的。因为……神是至善的,关心一切事情对于他们是完全自然的。

……

雅典人:其次,让我们一起来想想,我们说神是有美德的是什么意思？我们显然要说，有节制、有思想就是有美德，而相反的就是过恶。是不是呢？

克里尼亚：当然是这样。

雅典人：勇敢是美德的一部分，而怯懦是过恶的一部分，是吗？

克里尼亚：这也是的。

雅典人：其一是光荣的，而另一则是不光荣的，这也不错吧？

克里尼亚：当然。

雅典人：后一种，如同其他下贱的东西一样，乃是人所具有的性质。但是这一类的东西神却是没有份的，是不是呢？

克里尼亚：这一点也是任何人都要承认的。

雅典人：我们能够设想疏忽、懒惰、奢侈这些东西是美德吗？你怎样看法？

克里尼亚：绝对不能这样设想。

……

雅典人：那么我们可以假定一个具有这一切好的性质的人会奢侈、疏忽、懒惰，就像诗人把他们比作不酿蜜的蜂那样的人吗？

克里尼亚：这个比喻是很恰当的。

雅典人：显然我们不能假定神会具有他自己所憎恨的性质，是不是呢？如果有人胆敢这样说的话，那是一刻也不能容忍的。

克里尼亚：当然不能，神怎样会有这样性质呢？

雅典人：如果我们把一件特殊的事情委托一个人去做，如果这个人只注意大事而不注意小事，而我们却对他加以称赞，我们不是根本犯了原则上的错误吗？这样做的人，不管他是神还是人，必然是从下面两个原则出发的。

克里尼亚：是哪两个原则？

雅典人：他或者认为忽略小事对于整个事情来说是不关重要的；或者如果他知道这些事情是有关系的而仍然忽略它们，则他的忽略就应当归之于疏忽与懒惰。还有什么别的方法能够给他的这种行为作解释呢？

……

雅典人：……我们能够假定神做事疏忽懒惰吗？因为我们知道懒惰是怯懦的儿子，而疏忽是懒惰的儿子。

克里尼亚：你说得很对。我们不能这样假定。

雅典人：如果我们不能这样假定，那么就只有另一个可能了。就是说，如果神忽略世界上的轻微和细小的事情，他们之所以如此，乃是因为他们知道他们不应当关心这一类事情。除此以外，如果还有别的可能的话，那便只是由于他们的无知了。此外还有其他的可能吗？

克里尼亚：再没有其他的可能了。

……

雅典人：我们都承认一切生灵是神的财产，而整个宇宙也是属于神的，是吗？

克里尼亚：是的。

雅典人：既然如此，那么不管一个人认为这些东西对于神是大事或者小事，无论在哪一种情形下面，对于作为我们的主人而且还是最小心和最好的主人的神来说，忽略我们都是不自然的。此外，还有一点应当考虑。

克里里亚：哪一点？

雅典人：感觉和力量，就它们的容易与困难的程度来说，是成反比的。

克里尼亚：你是什么意思？

雅典人：我的意思是说，看见或听见小的东西比看见或听见大的东西要困难些。但是推动、控制和管理小的和不重要的东西却比推动、控制和管理大的和重要的东西要容易些。

克里尼亚：自然是要容易得多。

雅典人：假定一个医生愿意和能够医治一个整个的人，但是如果他只注意这个人的大的部分而忽略他的小的部分，他怎样能够把这个人整个治好呢？

克里里亚：这是绝对不能治好的。

雅典人：对于舵手或将军，管家的人或政治家，以及其他这一类的人来说，如果他们只注意大事而忽略小事，他们的结果也不会更好。这就好像建筑师所说的一样，如果没有小石头，大石头是不会稳稳当当地躺着的。

克里尼亚：自然不能。

雅典人：既是这样，让我们不要把神看得比匠人还不如吧！……让我们不要把最有智慧而且愿意和能够关心人事的神看得就好像一个懒惰不中用的人，或者就好像一个懦夫吧！这种人只晓得把背朝着工作，不考虑小事和容易的事而只考虑大事。

克里尼亚：是的，异乡人，我们决不能承认对神的这种大不敬而且错误的假定。

……

雅典人：我想我们已经充分证明了神的存在，证明了他们是关心人类的。此外还有另外一种看法，认为神喜欢人奉承，并且接受贿赂或献礼，这种看法也是我们不能承认的，并且是每一个人都应当尽最大的力量来驳斥的。

克里尼亚：很对，让我们就照你所说的来做吧！

……

雅典人：那些认为神和恶人分享恶人的掠夺物便会对恶人宽大的人，会说些什么呢？是不是要说，神好像豺狼一样，把它们的猎获物丢一部分给牧羊犬，而这些牧羊犬受了这种贿赂之后，就能够容忍豺狼把羊吃掉呢？主张神可以同坏人妥协的人，是不是要这样来论证呢？

克里尼亚：他们正是要这样来论证。

雅典人：一个人要把神和上面所说的哪一种监护人比较，才算是正确地类比了呢？他能说神就像那些为了"饮酒作乐"而擅离职守以致终于把船和水手倾覆了的驾驶员吗？

克里尼亚：绝对不能这样说。

雅典人：显然神也不能像那些因为受了贿赂而在赛车中把胜利让给别人的驾车者吧？

克里尼亚：这是一个可怕的神的形象。

雅典人：神也不能像一般的将军或医生、农夫或牧人吧？并且没有人会把他们比作给豺狼笼络住了而默不出声的牧羊犬吧？

克里尼亚：这简直是一件不堪出口的事情。

雅典人：所有的神不都是一切监护者中之最首要的监护者吗？他们不是保护着我们的最大利益吗？

克里尼亚：是的。

雅典人：我们能说保护着我们的最高贵的利益而且是最好的监护者的神竟会在德性上比牧羊犬不如吗？甚至比只具有中等德性、决不因为不正义的人目无神灵对他们施行贿赂而出卖正义的人也不如吗？

克里尼亚：当然不能。这种看法是不能容忍的。凡是持着这种意见的人可以毫无问题地被挑出来当作一切不敬神的人中之最坏的和大不敬的人看待。

雅典人：现在这三点——神是存在的，他们对于人是关心的，并且他们决不会听人的怂恿而去做不正义的事情——是不是已经充分得到证明了呢？我们可以说它们是已经充分得到了证明了吗？

克里尼亚：我们完全同意你所说的。

……

雅典人：在讲完序论之后，跟着就要讨论主题①，而这个讨论就是要来解释法律。我们要对一切不敬神的人宣布，要求他们不要再走邪路而走到敬神的人这边来。对于那些不服从的人，我们制定有关不敬神的法律如下：如果一个人在语言上或行动上犯了不敬神的罪，任何人见到了就应当起来维护法律向地方官报告。地方官接到报告之后，就应当立刻依法把这个人送到法庭。如果地方官在接到报告之后拒绝这样做，一经有人揭发，他就要以不敬神的罪名受到审判。如果一个人被定了罪，

---

① 这里柏拉图把对各种无神论的反驳当作序论，而把如何制定惩治这种人的法律当作主题。——编者

法庭应当依照他的每一件不敬神的行为给予适当的惩罚；所有这种罪犯都应当监禁起来。国家里面要有三个监狱：第一个是在市场附近的普通监狱，……第二个是在午夜法庭①附近，将称为"感化所"，第三个要摆在国土中心的某个荒野地区，要用某种表示果报惩罚的名字来称呼。……那些只是由于不了解而不是由于恶意或者恶劣的性质而成为不信神的人，应当由法官把他们放到感化所里去，处以不少于五年的徒刑，在监禁期内，不许他们和别的公民接触，只许他们和午夜法庭的人员交谈，而这些人员和他们谈话的时候，应当着眼于改进他们的灵魂的健康。当他们监禁期满后，如果其中有人思想健全，就让他恢复正常生活；但是如其不改，再度被定罪，就应当被处死。此外有一类怪物，他们不仅相信没有神存在或者神不过问人事或神可以被人奉承，而且轻视人类，驱使活人的灵魂并且还自谓能够驱使死人②，处心积虑要用牺牲和祈祷来诱惑神，并且还不惜为了金钱而陷害个人，破坏家庭，以至于颠覆国家。凡是犯了这种罪的人，法庭应当依法把他监禁在国土中心区的监狱里，不许任何自由人和他接触，由官奴送给他法定的一份粮食；当他死了之后，应当把他的尸体投到国境之外，不予掩埋。如果有人掩埋它，只要有人告发，就应当治以不敬神之罪。

〔柏拉图理想国的组织及其中的四德〕

10.〔柏拉图："国家"篇，页427D—434C〕（柏拉图在"国

---

① 古希腊的午夜法庭是一种维持治安的机构，据说每天开庭是在黎明之前，因此得名。——编者

② 指巫师。——编者

家"篇中借苏格拉底之口,与格老康讨论正义的问题。他认为国家就是个人的放大,个人就是国家的缩小,从而提出理想国的组织,国家的产生,以及国家存在所依靠的必要条件等问题。——编者)

〔苏格拉底说:〕现在,阿里斯顿的儿子①,你的国家最后算是奠定下来了。下一件事情便是从什么地方取得足够的亮光来照一下,并且请你的哥哥和普利马科以及其余的人来帮助你找寻一下,看看我们是不是可以发现在这个国家里面哪里是正义,哪里是不正义,二者的区别何在,而一个要想得到幸福的人必须具有二者中的哪一个,不管神和别人是否知道他具有这个东西。

〔格老康说:〕乱说。你不是答应要自己去寻找吗?因为你不是承认如果你不用尽一切你所能找到的方法来维护正义便是大不敬吗?

的确,亏得你提醒我。我必须这样来做,但是你也必须帮助我才行。

好的,我们就照这样办吧!

我觉得我们要这样来寻找。我想我们的国家如果是按照正确的方向建立起来的,就应当是完善的。

必然得是这样。

那么,显然这个国家就得是有智慧的,勇敢的,有节制的,并且合乎正义的了。

显然是这样。

如果我们在这里面找到了这些性质中的某一种,那么其余的便是我们还没有找到的性质了,对吗?

---

① 格老康的父亲名叫阿里斯顿。——编者

当然是对的。

就拿另外四个东西来说吧,假定我们要寻求它们之中的某一个,而一开始便找到了它,那么这对于我们就很满意了。但是如果我们所找到的是另外三个,那么这也足以使我们知道我们所要寻求的那第四个了,因为它不可能是别的而只能是剩下来的那一个。

对的。

那么,既然我们现在所要寻求的东西也是四个,我们不也可以用同样的方法来寻求它们吗?

当然可以。

首先我想我在我们的国家中清清楚楚看到的东西便是智慧,而这个东西好像是有点奇怪的地方。

有什么奇怪的地方?

我想我们所描述的国家的确是有智慧的,因为它是有着很好的谋划的。不是吗?

是的。

好的谋划这个东西本身显然就是一种知识。因为其所以有好的谋划,乃是由于有知识而不是由于无知。

显然是这样。

但是在一个国家里面是有着各种不同的知识的。

当然。

那么一个国家之所以称为有智慧和有好的谋划,是不是由于它的木匠的知识呢?

绝对不是由于这个。因为木匠的知识只能使一个国家长于建筑技术。

照这样看来，一个国家也不能因为有善于制造木器的知识而被称为有智慧吧？

我同意你的话，不能这样说。

那么是不是因为它长于制造铜器或其他这一类东西而被称为有智慧呢？

不是，根本不是。

我想也不是因为农业生产的知识吧！因为这种知识只能使它以精于农业得名。

我想是这样。

在我们刚才建立起来的这个国家里面，是不是有某些公民具有一种知识，这种知识并不考虑其中的任何特殊的事情，而是只考虑整个国家的事情，改进它的对内对外关系呢？

是的，有这样一种知识。

这是一种什么知识呢？它在哪儿呢？

这种知识就是监护者的知识，这种知识就在我们方才称为严格意义之下的监护者的那些统治者中。

那么具有这种知识的国家你要用什么名词来称呼它呢？

我要说它是深谋远虑，真正有智慧的。

你想在我们的国家中究竟是哪一种人多呢？铁匠多呢，还是这种真正的监护者多呢？

当然是铁匠多得多。

在各种具有特殊知识而得到特殊名称的人中，这种统治者是不是最少呢？

当然是最少。

由此可见，一个建立在自然原则之上的国家，其所以整个说来是有智慧的,乃是由于它的最少的一类人和它自己的最小的一部分,乃是由于领导和统治它的那一部分人所具有的知识。并且我们还可以看到唯有这种知识才配称为智慧,而照自然的规定能够具有这种知识的人,乃是最少数的人。

很对。

现在我们多少总算是找到了我们的四种性质的一种了,并且也找到了它在这个国家里面所处的地位了。

无论如何,我是觉得很满意了。

其次,要来发现勇敢的性质和这个给国家以勇敢的名称的东西究竟处在国家的哪一部分,应当是并不困难的吧!

你为什么这样说呢?

因为凡是说一个国家怯懦或是勇敢的人,除了想着为了保卫它而上战场打仗的那一部分人之外,还会想着哪一部分呢?

没有人会想着别的部分。

我想其所以是这样,就是因为国家的这种性质不能由其他的人的勇敢或怯懦来决定。

是的,是不能这样来决定的。

由此可见,勇敢也是国家得之于它自己的某一部分的一种性质。具有这种性质的这一部分人,无论在什么情形之下,都保持着一种信念,认为他们应当害怕的事情就是立法者在教育中告诫他们的那些事情。这不就是你所说的勇敢吗?

我还不十分了解你的话,请你再说一说好不好?

我的意思是说,勇敢就是一种保持。

一种什么保持?

就是一种保持对于法定的教育所确定的可怕事物——即什

么样的事物应当害怕——的信念。我所谓"无论在什么情形之下"的意思,是说勇敢的人不管是痛苦或者是快乐,不管是喜欢或者害怕,都要永远保持这种信念而不能把它放弃。

……

还剩下两种性质是我们要在我们的国家里面来寻求的,就是节制和我们整个研究的对象——正义。

正是这样。

我们能够有办法不理会节制而直接去发现正义吗?

我既不知道有什么办法,也不愿意就去寻找正义,以免我们会把节制忽略了。因此如果你愿意让我高兴的话,请你先考虑节制吧!

如果我不愿意让你高兴,那就是大错特错了。

那么就进行研究吧!

我就要来进行了。看来节制似乎比前面两种性质更像具有一种协调或和谐的性质。

何以是这样呢?

节制是一种秩序,一种对于快乐与欲望的控制。

这就是人们所说的"自己的主人"这句话——不管这句话究竟是什么意思——和其他类似的话所表示的。是不是呢?

是的,很对。

但是"自己的主人"这种说法不是很可笑吗?因为一个人要是自己的主人也就要是自己的奴仆,而一个人要是自己的奴仆不也就要是自己的主人吗?因为所有这些话都是对于一个人说的。

无疑是这样。

不过我认为这种说法的意思是说人的灵魂里面有一个较好的部分和一个较坏的部分,而所谓"自己的主人"就是说较坏的一部分自然受较好的一部分的控制。这的确是一种称赞之词。但是当一个人由于坏的教养或者和坏人来往而使其中较好的同时也是较小的一部分受到较坏的同时也是较多的一部分的统治时,他便要受到谴责而被称为自己的奴隶和没有节制的人了。

这似乎是不错的。

现在再来看一看我们新成立起来的国家,你就会看到在这里存在着这两种情形之一,因为你会同意,如果较好的部分统治着较坏的部分可被称作节制和是自己的主人的话,那么这个国家真可以算是自己的主人了。

我可以看到你所说的是不错的。

还有,各种各样的欲望、快乐和痛苦,主要都是在小孩、女人、奴隶和那些名义上叫作自由人的下层人民中间发现的。

正是这样。

反之,在理性与正确意见帮助下由人的思虑指导着的简单而有节制的欲望,则只能在少数人中见到,只能在那些出身最好而受到最好的教育的人中见到。

对的。

你不是也在国家里面看到了这一点吗?你不是看到了在这里一般群众和游民的欲望是被少数优秀的人的欲望和智慧所统治着吗?

是的。

因此,如果有一个国家配称为自己的主人而能够控制自己的快乐和欲望的话,那就是我们这个国家了。

一点不错。

根据这些理由，是不是也可以把这个国家称为有节制的呢？

当然是可以的。

又如果有一个国家，它的统治者和被统治者在谁应当来统治这个问题上具有一致的信念，那也只有我们的这个国家了，你不是这样想吗？

我是坚决这样想的。

既是这样的情形，那么照你看来节制这个德性应当是存在于哪个阶级的公民中呢？应当存在于统治者中呢？还是存在于被统治者中呢？

我想应该是在两者之中都存在的。

这样看来，我们发现节制和和谐之间有相似之处，并没有错吧？

为什么呢？

因为它的作用和勇敢与智慧不同，勇敢和智慧分别处于国家的不同部分中而使国家成为勇敢的和有智慧的。但是节制却不是这样发生作用的。它贯穿于整个的音阶，把最强的，最弱的和中间的音素，不管是在智慧上，或者，如果你喜欢这样说的话，在力量上，或者在数目上，财富上或其他方面上，都结合起来而产生一个和谐的交响曲[①]。因此我们可以正确地肯定说，节制就是生性优秀和生性低劣的东西在哪个应当统治，哪个应当被统治——不管是在国家里面或者是在个人里面——这个问题上所

---

① 柏拉图在这里把有节制的国家的和谐比作音乐的和谐。——编者

表现出来的一致性和协调。

我完全同意你的意见。

好了,我们已经尽了最大的努力找到了我们国家中的三种德性了。剩下的那个使我们国家的德性得到完成的德性还能够是什么呢?因为剩下来的这个显然就是正义了。

显然是这样。现在,格老康,正是要我们像猎人包围野兽的隐藏所一样密切注意看守的时候了,这样才不至于把正义漏过去,让它从我们身边跑掉而不知不觉地消失了。它必然是在附近的某个地方。把你的眼睛睁开,努力去发现它。如果你先看见了它,请你赶快告诉我。

我希望我能够,但是最好还是请你来带头;不要把我看成别的而只是把我看成这样一个随从,他的眼睛所能看见的只不过是你所指示给他的东西罢了。

既是这样,为了取得胜利,就请你跟着我前进吧!

请你只管带路吧,我就跟着来了。

这里好像是没有路,走不通吧!

的确是一片黑暗的森林,不容易打开一条道路哩!

不管怎么样我们总得向前走啊!

好的,向前走。

嘿,格老康,我想我找到了它的踪迹了,我相信它是逃不掉了。

我很高兴听到这个。

真的,我们的确太愚蠢了。

为什么呢?

为什么?您想想,这个东西从一开始就老是在我们的眼前晃，但是我们却总是看不见它。我们就像一个人要去搜索始终在他手上的东西一样可笑。我们不看眼前的这个东西，反而要去追求远处的东西。这就是为什么我们总是找不到它的缘故。

你说的是什么意思呀？

我的意思是说，我们始终在谈论这个东西，但是我们自己却始终不知道我们是在谈论它。

请你不要再作文章了，赶快点题吧。我已经感觉不耐烦了。

你听着，看我说的对不对。我们在建立我们的国家的时候，曾经规定下一条普遍的原则。我想这条原则或者这一类的原则，就是正义。你还记得吧，我们所规定下来的，并且时常说到的这条原则，就是：每个人必须在国家里面执行一种最适合于他的天性的职务。

是的，我们说过这点。

再者，我们常常听到人说，并且还常常自己说，正义就是注意自己的事而不要干涉别人的事。

是的。

……

现在你想一想，你是不是同意我的这种看法：假定一个木匠做鞋匠的事，或者一个鞋匠做木匠的事，假定他们互相交换工具或地位，甚至假定同一个人企图做这两种事，你想这种互相交换职业不至于会损害国家吧？

我想不会有太大的损害。

但是我想如果一个人天生是一个手艺人或者商人，但是由于财富的引诱，或者由于控制了选举，或者由于力量以及其他类似的有利条件而企图爬上军人阶级；或者一个军人企图爬上他所不配的立法者和监护者阶级，或者这几种人互相交换工具和地位，或者同一个人同时执行这些职务，我想你也会相信这种互相代替和互相干涉是会把国家带到毁灭的路上去的吧！

绝对是这样。

可见，这三种阶级的互相干涉和互相代替对于国家来说是有很大的害处的，因此可以很正确地把它称为最坏的事情。

确乎是这样。

而给国家带来最大的损害的事情就应当叫作不正义。

当然。

相反地，我们可以说：当商人、辅助者和监护者这三个阶级在国家里面各做各的事而不互相干扰的时候，便是有了正义，从而也就使一个国家成为正义的国家了。

我想情形正是这样而不可能不是这样。

〔柏拉图论"哲学王"〕

11.〔柏拉图："国家"篇，页473B—E〕（柏拉图借苏格拉底之口描述了他的理想国的组织以后，又提出如何使这个理想国实现的问题。他认为主要的条件是由哲学家做国王。——编者）

〔苏格拉底说：〕我觉得，我们必须要努力发现并指出我们的国家中现存的缺点是些什么，究竟是什么使我们的国家不能够得到很好的统治，并且要通过什么最小的改变（最好是一种改变，否则就两种，如果还不行的话，也要是尽可能最少数的改变），才能够使一个国家得到这样的统治。

〔格老康说：〕的确我们要尽最大的努力来这样做。

我想我们可以指出，有一种改变，可以引起我们所希望的改变。这种改变并不是很轻易的事情,但是是可能的。

是什么改变呀?

我是很想要说怪话了。但是我不管人们会怎样嘲笑我,我还是得说,你听着吧!

好的,我仔细听你说。

除非哲学家变成了我们国家中的国王,或者我们叫作国王或统治者的那些人能够用严肃认真的态度去研究哲学,使得哲学和政治这两件事情能够结合起来,而把那些现在只搞政治而不研究哲学或者只研究哲学而不搞政治的人排斥出去,否则我们的国家就永远不会得到安宁,全人类也不会免于灾难。除非这件事情能够实现,否则我们提出来的这个国家理论就永远不能够在可能范围内付诸实行,得以看见天日。我踌躇了很久而不敢说出来的,就是这件事情,因为我知道如果我说出来,人们会说我又是在发怪论了。因为人们不容易看出,除了这样做之外,没有别的办法可以使国家或者个人得到幸福。

〔柏拉图论统治者的共同生活——所谓柏拉图的"共产主义"〕

12.〔柏拉图:"国家"篇,页416D—417B〕(柏拉图通过苏格拉底之口来谈培养统治者的问题,前面谈了统治者所应受的教育,现在谈他们所应采取的生活方式。——编者)

〔苏格拉底说:〕如果监护者的性质应当是上面所说的那样①,那么他们的居住和生活的方式就必须要像下面这种样子:

---

① 在上面,柏拉图通过苏格拉底之口表示,监护者的职责就在于保卫国家,因此应当把国家的利益看成就是自己的利益。——编者

首先，除掉必不可少的用度之外，他们之中的任何人都不许有私有财产。其次，任何人都不许有私自的不让人随便进来的住所或贮藏室。他们的饮食应相当于那些训练来作战的勇敢而有节制的战士所需要的数量，这种东西是取之于别的公民作为监护者的薪俸的，并且是这样规定好了的，恰恰够他们一年之用，不多也不少。他们应当像营盘里边的兵士一样住在一起，一起吃饭。我们应当告诉他们，他们的灵魂已经从神那里得到了神圣的金的银的性质，因此他们不需要人间的金属，他们的天赋的神圣本质也不应当为了要取得人间的金银而和这些东西混杂在一起，被它们玷污。因为许多坏事都是由于人间的金银所引起的，而他们自己灵魂中的金银则是纯洁而没有被污损的。在一切公民中，唯独他们不许接触和管理金银，不许和金银处在一道，不许穿戴金银的装饰品，不许用金银的器皿喝水饮酒。这种生活方式可以挽救他们，也可以挽救他们的国家。如果他们要去给他们自己取得土地、房屋和钱财，那么他们就要变成管家和农夫而不复是监护者了，就要从他们自己同胞的护持者变成他们自己同胞的敌人和暴君了。这样他们就会和自己的同胞彼此仇恨，互相算计，就会害怕自己国内的敌人甚于害怕国外的敌人，因而就会很快地使他们自己和他们的国家覆灭。由于这些理由，所以我们要宣布我们的监护者就是要这样居住生活，并且把它制成法律。

〔神以各种金属造成各种不同的人〕

13.〔柏拉图："国家"篇，页415A—D〕（柏拉图借苏格拉底之口把国家之内的公民分成统治者、武士和生产者三个等级之

后,更提出一种神话来作这种划分的理论依据。——编者)

〔苏格拉底说:〕在我们的故事里面,我们要对我们的公民说:你们彼此虽是兄弟,但是神还是用不同的东西把你们造出来的。你们之中有些人具有统治的能力而适于统治人,在创造这些人的时候神用了金子,因此这些人也就是最珍贵的。另一些人是神用银子做成的,这些人就成为统治者的辅助者。再有一些人是农夫和手艺人,这些人是神用铜和铁做成的。一般说来,一个人属于哪一种,他所生下来的子女也就属于哪一种,但是由于你们都是出自同一祖先的,因此金的父母有时也会生出银的儿子,而银的父母有时也会生出金的儿子。其余的也有类似的情形,有时可以互相产生。因此神给统治者所作的第一条重要的指示便是要教他们特别注意保护种的纯洁性,注意他们的子孙的灵魂里面掺杂着什么样的金属。因为如果金的或银的父母生出来具有铜铁杂质的儿子,那么就应当毫不姑息地把他们放到适合于他们的性质的地位上去,把他们降到农夫和手艺人的队伍中去。另一方面,如果农夫和手艺人中间产生了一个金的或银的儿子,那么就应当按照他的价值把他提升为监护者或辅助者。统治者应当把这个神谶引以为戒,即:一旦铜铁作成的人掌握了政权,国家便要倾覆。这就是我们的故事。

十一 亚里士多德

（公元前384—前322年）

著 作 选 录

〔"第一哲学"的目的和对象〕

1.〔亚里士多德："形而上学",第四卷,第一章,页1003a〕有一门科学①,专门研究"有"②本身,以及"有"借自己的本性而具有的那些属性。这门科学跟任何其他的所谓特殊科学不同;因为在各种其他的科学中,没有一种是一般地来讨论"有"本身的。它们从"有"割取一部分,研究这个部分的属性;例如数学就是这样的。现在,既然我们是在寻求各种最初的根源和最高的原因,那么,显然必须要有一种东西借自己的本性而具有这些根源和原因。所以,如果那些寻求存在的事物的元素的人③是在寻求这样的根源,那么,那些元素就必然应该是"有"本身的元素:"有"之具有这些元素,并不是由于偶然,而正是因为它是"有"。因此,我们必须加以把握的最初原因,正是属于"有"本身的。

2.〔同上,第二章,页1003a—1005a〕我们可以在许多种意

---

① 即"第一哲学"或"形而上学"。——编者
② ὄν,或译"存在",但希腊文此字意兼"是"字,如说"某物存在"或"有某物"即作"某物是",所以"有"就是"是的东西"。亚里士多德便是就这一点立论。——编者
③ 指自然哲学家。——编者

义上来说,"有"某个东西。但是一切"有"的东西都与一个中心点发生关系,这个中心点是一种确定的东西,它之被称为"有",不是带任何含混的意义的。每一种是健康的东西都与健康发生关系,一种东西是就它能保持健康这个意义来说的[1],另一种东西是就它造成健康这个意义来说的[2],另一种东西是就其为健康的征象这个意义来说的[3],另一种是就它能够具有或获得健康[4]这个意义来说的。所有是医疗的东西都与医疗技术有关,一种东西之所以被称为医疗,乃是因为它拥有医疗技术[5],另一种东西则是因为它本性上适合于医疗[6],另一种东西则是因为它乃是医疗术的一种功能[7]。我们还可以找到其他的词,像这些词一样被人们使用着。所以,说"有"一样东西,也是在许多种意义上来说的,但是全都与一个起点有关;某些东西被说成"有",乃是因为它们是实体;另一些东西则是因为它们是实体的影响;另一些东西则是因为它们是一种向实体发展的过程,或者是实体的破坏、缺乏或性质,或者是具有造成或产生实体或与实体有关的事物的能力,或者是对这些东西之一或对实体本身的否定。正是由于这个缘故,我们甚至对"非有"也说它是[8]"非有"。所以,既

---

[1] 如健康的人。——编者
[2] 如健身操。——编者
[3] 如健康的面色。——编者
[4] 如康复中的病人。——编者
[5] 如医生。——编者
[6] 如医疗器械或药物。——编者
[7] 如疗效。——编者
[8] 这便是就西文"是"字即"有"的意思而说的。——编者

然有一门科学①专门研究所有健康的东西,同样情形,其他的东西也可以各有专门的科学来加以研究。因为不但那些具有一个共同概念的东西应该由一门科学来加以研究,就是那些与一个共同的本性有关的东西也应该由一门科学来加以研究,因为,即便这些东西,在一种意义上,也有一个共同的概念。所以,很显然,对作为"有"而存在的东西进行研究,乃是一门专门科学的任务。——但是不管在什么地方,科学所研究的主要对象,乃是最基本的东西、是其他事物所凭依的东西、是其他事物借以取得自己的名称的东西。所以,如果这东西是实体,哲学家所必须把握的根源和原因,就是属于实体的。

对于每一类的事物,既然有一种知觉②,所以也就有一门科学,例如语法就是一门科学,是研究所有的分节语音的。因此,研究作为"有"的"有"③的所有的"属"④,乃是一门研究一个"种"的科学的任务,而研究某几个"属",则是这门科学中研究某些"属"的各个部分的任务。

现在,如果"有"和"单一"是一回事,而说它们是一个东西,意思是指它们两者互相涵蕴,就像根源与原因互相涵蕴那样,而不是指它们两者由同一个定义来说明(虽然我们就算认为它们是这样的,也没有关系——事实上这样会更有助于我们的看法);因为"一个人"和"人"乃是一回事,"存在的人"和"人"也

---

① 即医学。——编者
② 意思是说,同一类的对象之间有一定的关系,因而进入同一注意范围之内。——译者
③ 即"有"本身。——编者
④ "属"是"种"以下的分类,一个"种"可以分为若干个"属"。——编者

是一回事,用"一个人和一个存在的人"这句子把话双倍地说出来,也没有表达出什么不同的意思(很显然,这两样东西不论在发生上还是在消灭上,总是不能彼此分开的);同样地,"一个存在的人"并未在"存在的人"上面加上什么东西,所以很显然在这些场合中,增添完全没有改变原来的意义。"单一"和"有"是分不开的;再者,如果每一事物的实体不是仅仅在偶然的方式上是单一体,并且同样地是由自己的本性而为某种存有的东西——如果一切都是这样的话,那么,"单一"有多少个"属","有"也就有多少个"属"。而研究这些东西的本质,就是一门以一个种为对象的科学的任务——我的意思是指例如对"相同"和"相似"以及这一类的其他概念的讨论;几乎所有的相反的概念都可以归结到这个来源;我们姑且认为这些概念已经在"相反概念选例"中讨论过了。

有多少类实体,哲学就有多少个部分,所以在这些部分中间,必须有一个"第一哲学"和一个次于"第一哲学"的哲学。因为"有"直接分为许多个"种"。由于这个缘故,科学也相应于这些"种"而分为许多门。因为哲学家正像数学家那样(就"数学家"这个词的一般用法说);因为数学也有各个部分,在数学的范围内,有一个"第一数学"和一个"第二数学",以及一些其他相继的部门。

现在,既然研究对立的东西是一门科学的工作,而"复多"是与"单一"对立的——既然研究"否定"及"缺乏"乃是一门科学的事,因为在这两种场合我们实际上是在研究一个东西,所谓否定和缺乏,就是这个东西的否定和缺乏(因为我们或者只是简单地说那个东西不存在,或者是说它不存在于某一类的事物中;

在后一种情形下，除了已包含在否定中的意义之外，还有别的意义；因为否定仅只意味着所说的东西不存在，而缺乏则还包含着一种基质，所谓缺乏乃是用来述说那种基质的）：——鉴于这些事实，可见与上面指出的那些概念相反的概念，即"相异"，"不相似"，"不相等"，以及每一个从这些概念或从"复多"和"单一"派生出来的概念，都应该属于上面所说那门科学[①]的范围之内。"相反"正是这些概念之一，因为"相反"是"差别"的一种，而"差别"又是"相异"之一种。因此，既然一个事物乃是在许多种意义上被称为一的，所以这些词也将有许多种意义，但是研究这一切却是一门科学的工作，因为一个词之属于不同的科学，并不在于它有不同的意义[②]，而在于它没有同一"所指"，以及它的定义不能归结到一个"所指"的中心。既然所有的东西都与最基本的东西有关，例如所有被称为"一"的东西都与基本的"一"有关，我们就必须认为这也同样可以适用于"同"、"异"以及一般相反的概念，所以在区别每一概念的各种不同意义之后，我们就必须指出所讲的每一个宾词里面最基本的东西，说出这些宾词是如何与它发生关系的，因为有一些是由于拥有那最基本的东西，有些则是由于产生那最基本的东西，其他的则是按其他的这一类方式，因而被称为它们所被称为的那个东西。

所以，很显然，一门科学应该能够对这些概念作出说明，就像对实体（这是我们谈问题的那一卷[③]中的问题之一）作出说明

[①] 即"第一哲学"。——编者
[②] 如本卷第一章中说的"健康"。——编者
[③] 指第三卷谈实体的部分。——编者

一样,而且哲学家的职能就在于能够研究所有这些东西。因为,如果这不是哲学家的职能,那么,该由谁来研究苏格拉底和坐着的苏格拉底是否是一回事,或一样东西是否只有一个相反者,或什么是相反,或相反有多少种意义等问题呢?关于这一类的其他问题,情形也是一样。所以,既然这些东西乃是"单一"作为"单一"以及"有"作为"有"时的本质上的变形,而不是作为"数"或"线条"或"火"时的变形,所以,很显然,研究这些概念的本质和特性,乃是这门科学的事。那些研究这些特性的人[①],错误并不在于他们离开了哲学的范围[②],而是在于忘记了实体(他们对实体并没有正确的理解)乃是先于这些其他的东西[③]的。因为作为"数"的"数"具有许多特殊的属性,例如奇、偶、可通约、相等、大于、小于等等,而数是或者借本身或者借彼此之间的关系而具有这些属性的。同样地,固体、不动的东西、运动的东西、无重量的东西和有重量的东西,则具有别的特殊特性。所以,作为"有"的"有"也有自己的特性,而关于这些特性的真相,乃是哲学家所必须研究的。

……

再者,在那"相反概念表"里面,两行中的一行乃是代表"缺乏"的,而一切相反者是可以归结为"有"和"非有"、"一"和"多"的,例如静止属于"一",运动属于"多"。几乎所有的思想家都同意"有"和实体由相反的东西构成;至少,他们全都提出

---

① 指毕泰戈拉和赫拉克利特。——编者
② 意思是说:他们并没有离开哲学的范围。——编者
③ 即"数"、"火"等。——编者

了相反的东西作为最初的根源,——有人提出"奇"和"偶"①,有人提出"热"和"冷"②,有人提出"有限"和"无限"③,有人提出"爱"和"憎"④。所有其他的,显然也都可以归结为"一"和"多"(我们必须假定这样归结是没有问题的),其他的思想家所提出来的根源,也全部以这两者作为它们的"种"而隶属于这两者之下,所以,从这些考虑看来,也显然应该由一门科学来研究作为"有"的"有"。因为所有的东西都或者是相反者,或者是由相反者构成的,而"一"和"多"乃是一切相反者的起点。这些乃是属于一门科学范围之内的,不管它们有或没有单一的"所指"。事实上很可能它们并没有;即使"一"有好几个"所指",其他的"所指"也都会与基本的所指物有关(相反者的场合也如此),即使"有"和"单一"在每个事例中不是一个普遍的和同一的东西,或者不能与特殊的事例分开来(因为事实上很可能是不能分开的;"单一"在有些场合只是指共同关系的单一性,在有些场合是指系列上相继的单一性),仍相通于一个起点。正是因为这个缘故,所以研究什么是"相反"、"完全"、"单一"、"有"、"同"或"异",并不是几何学家的事,他只能预先假定这些概念,然后以它们为出发点来进行推理。——所以很显然,有一门科学⑤的工作是考察作为"有"的"有",以及"有"作为"有"而具有的各种属性,这一门科学将不但考察实体,而且考察实体的属性,包括

---

① 指毕泰戈拉派。——编者
② 指巴门尼德的哲学诗中论"意见"的部分。——编者
③ 指柏拉图学派。——编者
④ 指恩培多克勒。——编者
⑤ 即"第一哲学"。——编者

上面所提及的那些,以及"先于"和"后于","种"和"属","整体"和"部分"等概念,以及其他这一类的概念。

3.〔同上,第三章,页1005a—1006a〕我们必须说明,研究数学中被称为公理的那些真理,以及研究实体,这两件事究竟是一门科学的工作呢,还是不同的科学的工作。很显然,研究这两种东西,是属于一门科学范围之内的,这就是哲学家的科学,因为这些真理是适用于每一种存在的东西的,而不是只适用于某些特殊的"种"而与其他的"种"无涉。所有的人都运用它们,因为它们对于作为"有"的"有"一律有效,而每一个"种"都具有着"有"。但是人们只在一定的程度上运用它们,即运用它们来满足他们的目的;就是说,只限于他们的论证所达到的"种"的范围之内。因此,既然这些真理显然对于所有作为"有"的东西都是有效的(因为"作为'有'"这一点,乃是它们的共同点),所以,对于那研究作为"有"的"有"的人,研究这些东西也是份内的工作。因为这个缘故,任何进行特殊研究的人,都不打算对于这些东西的真假发表任何意见——不论是几何学家或算术家。有些自然哲学家确曾谈到过这些东西,他们这样做也是可以理解的,因为他们认为只有他们才是在研究整个自然和"有"。但是,既然甚至在自然哲学家之上还有一种思想家(因为自然只是"有"里面的一个特殊的"种"而已),所以讨论这些真理,也将属于那一般地研究最基本的实体的人的工作范围之内。物理学①也是"智慧"的一种,但它不是第一种②。——有些企图讨论真理

---

① 即自然哲学。——编者
② 即"第一哲学"。——编者

应该在什么条件下被承认的人,乃是由于缺乏逻辑的训练,因为,当他们开始一门专门研究时,他们本来就应该已经认识这些东西,而不应该是听这门科学的讲授时才研究这些东西。

所以,很显然,研究三段论式的原理,也是一件属于哲学家的工作,就是说,是研究所有实体的本性的人的工作。但是,对于各个"种"认识得最好的人,应该能说出他的研究对象的最确切的原理,所以,以作为存在者的存在物为研究对象的人,应该能够说出一切东西的最确切的原理。这就是哲学家。而一切东西的最确切的原理,乃是那不可能被人们弄错的原理。因为这样一种原理必须是既被认识得最透彻的(因为任何人对于自己所不认识的东西都可以出错误),又不是假言的。因为每一个对任何存在的东西有所理解的人所必定有的原理,就不是一个假定;而对一切东西都有所认识的人所必须认识的东西,当他开始一门特殊研究时,他应该先已经拥有了它。所以很显然,这样的原理是一切原理中最确切可靠的;这是什么原理,现在让我们来指出。它就是:同一个属性,不能在同一个时候,在同一方面,既属于又不属于同一个主体;为了防御辩证的反驳,我们必须预先想到以后还可以对这个原理加上的一些必要的限制。那么,这就是一切原理中最确切可靠的,因为它符合了上面所提出的规定。因为任何人都不可能相信同一个东西既存在又不存在,像有人以为赫拉克利特所主张那样。因为一个人所说的,他自己不一定相信;而如果相反的属性不可能同时属于同一个主体(在这个前提中,也必须预先假定一些通常的限制),并且如果一个跟另一个意见相矛盾的意见乃是与它相反的,很显然,同一个人就不可能在同一个时候相信同一个东西既存在又不存在,因为如果一个人在这一点上面弄错了,他就会同时持有相反的意见。正是为了这个缘故,凡是从事一种论证的人,都把论证归结到这一点上,作为最终的信仰。因为自然而然地它甚至是其他所有公理的起点。

〔科学分类的原则〕

4.〔**同上,第六卷,第一章,页**1025b—1026a〕我们是在寻求存在的事物的根源和原因,并且所寻求的,很显然是存在的事物作为"有"时的根源和原因。因为,虽说健康和身体安好有一个原因,而数学的对象也有其最初的原理、要素和原因,并且一般地说,每一种推理的或者多少牵涉推理的科学,都以一些精确程度不同的原因和原理为对象,但是,所有这些科学都只是割取存在的一个特殊部分——即某一个"种",对它加以研究,而不是单纯地研究"有",不是研究作为"有"的"有",它们对于它们所研究的对象的本质也不提出任何讨论;而是以这本质为出发点——有些科学使感官认清楚这本质,另一些科学则把它当作一个假定——然后以不同的可靠程度,对它们所研究的"种"的本质属性进行论证。因此,很显然,这样一种归纳法[①]并不能提出对于实体或本质的论证,而只是提出别种揭露实体或本质的方式。同样地,这些特殊科学并不谈它们所研究的"种"是否存在的问题,因为指出"种"是什么以及"种"存在,乃是同一种思维的工作[②]。

---

① 这是亚里士多德所理解的归纳法。——编者
② 即哲学的工作。——编者

并且，既然物理学①像其他的科学一样，事实上是以一类的存在为对象，亦即以本身包含着运动和静止的根源的那种实体为对象，所以显然它既不是实践性的学问，也不是制造性的学问。因为，就制造出来的物品来说，根源是在制作者里面——它或者是理性，或者是技艺，或者是某种能力，而就做出来的事情来说，根源是在行事者里面，——亦即在意志里面，因为所做的事和要想做的事乃是一回事。因此，如果任何思想不是实践的就是制造的或理论的，那么物理学就必定是一门理论的科学，但是它的理论的对象是那些容许被推动的东西，是那些被规定为大多数只当不离开质料时才存在的实体。现在，我们应该不要忘记指出本质的存在方式和它的定义的方式，因为如果忘了这一点，我们的研究就会落空。在被定义的东西里面，即在那些"什么"里面，有些是像"塌"那样的，有些是像"凹"那样的。而这两者是不同的，因为"塌"是离不开质料的（因为塌的东西就是一个凹的鼻子），而凹则是离开可以感知的质料而独立的。所以，如果所有的自然物在本性上都与那塌的东西类似——例如鼻子、眼睛、脸、肉、骨头以及一般动物；叶、根、树皮以及一般植物（因为这些东西没有一样能够不涉及运动而被定义——它们永远具有质料），所以，在自然物的场合，我们应当怎样来寻求和定义那个"什么"，乃是显而易见的；并且，很显然，甚至研究某种意义上的灵魂，亦即就灵魂之不离开质料独立存在这个限度内来加以研究，也是研究自然者的工作。

所以，从这些考察看来，物理学很清楚地是一门理论科学。

---

① 即自然哲学。——编者

然而，数学也是理论性的；但它的对象是否是不动的和离开质料的，现在还不很清楚；不过，有些数学定理把数学的对象作为不动的、作为离开质料的东西来考虑，这一点，却是清楚的。但是，如果有永恒的、不动的和独立的东西的话，显然关于这东西的知识就该属于一门理论的科学——不过不是属于物理学（因为物理学研究的是某种能动的东西），也不是属于数学，而是属于一门先于这两者的科学。因为物理学讨论的东西是独立存在的，但是并非不动的，某些数学部门所讨论的东西则是不动的，但是被假定为不能单独存在，只是体现在质料之中；反之，第一科学所讨论的，乃是既独立存在又不动的东西。现在，所有的原因都必须是永恒的，但是这些原因却特别应当如此；因为它们乃是对我们所见到的那么多神圣的东西起作用的原因[1]。因此，应该有三门理论性的哲学：即数学、物理学和我们可以称之为神学的那门科学，因为很显然，如果神圣的东西能够在什么地方存在，那就是在这一类东西里面。最高的科学应该研究最高的"种"。因此，理论科学固宜比其他的科学更为人所喜爱，这一门科学尤应比其他的理论科学更被喜爱。因为可能会有人提出这样的问题：第一哲学是一般的呢，还是以一个"种"即某一种的"有"为对象？因为在这一方面，甚至数学的各部门也不是完全相同的——几何学和天文学各自研究某种特殊的东西，而一般数学则可以同样适用于所有的东西。我们这样答复：如果除了那些自然所形成的东西之外再无别的实体，那么物理学将会是第一科学；但是如果有一种不动的实体，则研究它的那门科学就必须

---

[1] 即产生了天体的运动。——编者

是在先的,必须是"第一哲学",并且因为它是第一的,就成为一般的。而考察作为"有"的"有"——考察它是什么,以及它作为"有"而具有的各种属性,乃是这门科学的工作。

〔自然及自然物〕

5.〔**亚里士多德:"物理学",第二卷,第一章,页**192b—193b〕凡存在的东西,有些是由于自然而存在,有些则是由于其他的原因而存在。

"由于自然"而存在的有动物和它们的部分,有植物和简单的物体(土、火、气、水)——因为我们常说这些东西以及诸如此类的东西是"由于自然"而存在。

所有上述的东西都有一个特点,这个特点把它们与其他不是由自然建成的东西区别开来。它们每一个都在自身内部具有一种运动和静止(位置增大、减小或改变等方面的)的根源。反之,一张床或一件外衣或任何其他这一类的东西,作为这些名称的负荷者——就是说,就其为技艺的产品而言,——是没有什么内在的变化的冲动力的。但是,就它们碰巧是由石或土或两者混合而形成这一点而言,它们是有这一种冲动力的,但也就只是在这个范围之内才如此——这似乎指明:自然①乃是以它为基本属性的东西之所以被推动或处于静止的一个根源或原因,正是借着它,而不是借着一个附随的属性,该物才有运动和静止。

我说"不是借着一个附随的属性",因为(例如)一个当医生的人,也许能够医治自己,但无论如何他不是作为一个病人而具

---

① φύσις,也可译为本性。下同。——编者

有医术；不过碰巧同一个人既是医生又是病人罢了——这就是何以这两个属性并不是经常在一个人身上一同存在着的缘故。所有其他的人工技艺的产品，也都如此。在它们自身之内并没有产生自己的根源。但是，虽然在某些场合（例如房子和其他手工产品），运动和静止的根源是在该物以外的另一物中，但在别的场合——那些可以借着一个附随的属性而引起本身的一种变化的东西——则是在事物本身里面的（但是并非借着它们的自然）。

"自然"就是如上所说的那样。凡是具有这样一种根源的东西，就是"具有一种自然"。它们每一个都是一个实体；因为它是一个主体，而自然永远蕴涵着一个主体，它便存于这个主体之中。

"依照自然"这一个用语，适用于所有这些东西，也适用于这些东西借其本身而具有的那些属性，例如，火那种向上的特性——那不是一种自然，也不是"具有一种自然"，而是"由于自然"或"依照自然"。

"自然"是什么，"由于自然"和"按照自然"这样的用语的意思是什么，已经说明了。企图证明"自然存在"这个事实，乃是荒谬的，因为，有许多这类的东西存在着，乃是很明显的，而用不明显的来证明明显的，乃是那种不能区分自明的东西和非自明的东西的人才有的特点。（这种精神状况显然是可能有的。一个生而盲的人也许会论说颜色。很可以认为这种人一定是在搬弄字眼而并没有与之相应的思想。）

有些人把一个自然物的自然或实质看成就是该物的直接的成分，这种成分本身是没有结构的，例如木头是床的"自然"，铜是雕像的"自然"。

作为这一点的例证,安提丰指出:如果你把一张床种在土里,而那腐烂了的木头获得了一种长出幼芽的能力,那么,长出来的将不会是一张床,而是木头——这就表明,按技艺的规则而形成的结构,不过是一个偶然的属性,而真正的自然乃是另外的一个属性,这个属性在整个制作的过程中都继续不断地存在着。

但是,如果这些东西中间的每一个的材料本身对于另外一些东西也有这同样的关系,譬如说铜(或金子)对于水,骨头(或木头)对于土,等等,那么,(他们说)那[1]就会是它们的自然和本质。因此,有些人说土是所有存在物的自然,有些人则说是火或气或水,有说其中的某一些的,也有说全部都是的。[2] 因为不管是其中的哪一些,只要被认为具有这种特性,它或它们就被这种人宣称为实体的全部,其他的一切都不外是它的影响、状况、状态。每一个这样的东西,他们都认为是永恒的(因为它不能转化为别的东西),而其他的东西则是无数次地产生和消灭着。

这就是对"自然"的解释的一种,即:"自然"就是本身之内具有一个运动或变化的根源的东西的直接物质基质。

另一种解释是:"自然"乃是在一物的定义中被规定了的该物的形状或形式。

因为"自然"一词之应用于按照自然而有的东西和自然物,正完全像"技艺"一词之应用于具有技艺性的东西或一件技艺产品。在后一种情形中,如果某物只是一张潜在的床,还没有床的

---

[1] 即水、土等。——编者
[2] 这些人指自然哲学家。——编者

形式,我们就不会说它带有任何技艺性质;我们也不会称它为一件技艺产品。自然界的复合物也是一样。潜在的肉或骨头还没有它自己的"自然",在它还没有定义中所规定的那种形式的时候,它还不是"由于自然"而存在的;这种形式是我们在规定肉或骨头是什么的时候指出来的。这样,在"自然"的第二种意义下,它就是本身具有一个运动的根源的东西的形状或形式(只有在说出事物的定义时,才能把形式分开来①)。(这两者的结合②,例如人,并不是"自然",而是"由于自然的"或"自然的"东西。)

实际上,与其说质料是"自然",不如说形式才是"自然",因为一件东西在达到完成境地的时候,比起在潜在状态中存在的时候来,可以更正当地被称为那种东西。再者,人是从人产生出来的,但床却不是从床产生出来的。就是因为这个缘故,所以人们说形相不是床的自然,木头才是床的自然——如果床不长出一张床,而是长出木头来的话。但是即使形相是技艺,根据同样的原则,人的形状却是他的自然。因为人是从人生出来的。

我们也谈到,一件东西的自然,是表现在这件东西借以获致它的自然的生长过程之中。这个意义之下的"自然",就不像"医疗"那样,医疗的过程并不导致医术的获得,而是导致健康。医疗必须以医术为起点,而不是以它为终点。但是(一种意义上的)自然与(另一种意义上的)自然之间的关系,却不是采取这样的方式。生长着的东西,就其生长着而言,乃是从某种东西生长出来而长成某种东西。那么,它是长成什么东西呢?并不是

---

① 意即形式与质料不可分,只有在下定义时才单独说出形式。——编者
② 即形式与质料的结合,亦即个体事物。——编者

长成那个长出它来的东西,而是长成那个它要长成的东西。所以形状才是自然。

应该补充说一句,"形状"和"自然"是在两种意义上来使用的。因为"缺乏"在一种意义上也是形式。但是在绝对意义下的"产生"里面,是否也有"缺乏",就是说,是否有一个与产生的东西相反的东西,这一点我们以后要加以考察。

〔四因〕

6.〔同上,第三章,页194b—195b〕作了这些区别之后,现在我们应该进而考察原因,考察原因的特性及数目。知识是我们研究的目标;人们如果还没有把握住一件事物的"为什么"(就是把握它的基本原因),是不会以为自己已经认识这一事物的。所以,很显然,关于产生和消灭以及每一种物理变化,我们也必须这样来做,以便一经认识它们的根源,便能够试着用这些根源来解决我们的每个问题。

那么,在一种意义上,(1)为一件东西所从出,并且又继续存在着的东西,就称为"原因",例如,铜像的铜,银碗的银,以及那些包含着银、铜这些"属"的"种"。

在另一种意义上,(2)形式或原型,亦即表述出本质的定义,以及它的"种",也称为"原因"(例如2:1这个比例之于八度音程,以及一般地说数目之于八度音程);定义中的各个部分也是原因。

其次,(3)变化或停止的最初源泉,例如进忠告的人乃是一个原因,父亲乃是孩子的原因,一般地说,制造者乃是制造品的原因,引起变化者乃是被改变的东西的原因。

再其次，(4)在目的这个意义之下的原因，或一件事之所以被做的"缘由"，例如健康乃是散步的原因。（"为什么他在散步？"——我们这样说。"为了要健康"，当我们这样答了之后，我们就认为已经指出了原因。）所有通过别的东西的作用作为达到目的的手段而实现出来的居间步骤，也都是这样的，譬如锻炼肌肉、清理肠胃、药物、医疗器械等等，乃是达到健康的手段。所有这些东西都是"为了"那个目的，虽然就有些是活动、有些是工具这一点而言，它们是有差别的。

这也许已经把使用"原因"一词的各种意义都说出来了。

既然这个词有几种意义，因此，同一个东西也就有几个原因（并非仅仅由于一个附随的属性），例如，雕刻师的技艺和铜两者都是雕像的原因。这两者乃是作为雕像的雕像的原因，而不是雕像可能作为别的东西时的原因，不过两者的方式却不同，一个是质料因，另一个是产生运动的原因。有些东西彼此互为原因，例如艰苦的工作是胜任的原因，反之亦然，但是方式也不相同，一个是作为目的，另一个是作为变化的根源。此外，同一个东西也可以是相反的结果的原因。因为，一个东西在场，可以产生某一结果；这个东西有时却要对它的不在场所引起的相反的结果负责。例如，我们把一只船的遇难归之于舵手不在场，这舵手的在场原是船的安全的原因。

所有现在谈到的原因，可分为大家熟识的四类。在"所从出的东西"这个意义上，字母是音节的原因，材料是工艺产品的原因，火等等是物体的原因，部分是整体的原因，前提是结论的原因。在这一对一对的东西里面，一组是基质这个意义下的原因，例如部分就是，另一组则是本质这个意义下的原因——例如整体、组合和形式。而种子、医生和顾问,以及一般的制作者,乃是变化或静止状态的根源,至于其他的,则是作为其余的东西的目的或"善"这个意义下的原因,因为我们说"为了它的缘故",这个"它"意思就是指那最好的东西和那些引向它的东西的目的(不论我们说"善自身"或说"外表的善",都没有关系)。

这就是各种原因的数目及其性质。

可是原因的作用方式是多样的,虽然如果加以归类,也能把它们的数目减少。因为"原因"是在多种意义下使用的,而且即使在同种的原因中,其中之一也可以比另一个占先(例如医生和专家①都是健康的原因,2:1这个比例以及数目乃是八度音程的原因),并且经常有普遍对特殊的关系存在。原因的另一种作用方式是偶然的东西及其"种",例如从一方面说,"波吕克利特②"是一个雕像的原因,从另一方面说,"雕刻家"是一个雕像的原因,因为"作为波吕克利特"和"作为雕刻家",这两件事是偶然结合在一起的。还有,包括偶性于其中的那些"类"也是原因,例如"一个人",或者一般地说,"一个生物",也能够被称为一个雕像的原因,一个偶性也可以在某种程度上是原因,例如"一个白脸的人"或"一个文雅的人"是一个雕像的原因。

所有固有的和偶然的原因,都可以或者被当作潜能的,或者被当作现实的。例如,正在建筑中的一座房子,其原因或者是"房屋建筑者",或者是"正在进行建筑的房屋建筑者"。

---

① "医生"是"属","专家"是"种"。既然医生是健康的原因,则医生这个"属"的"种",即专家,也就是健康的原因,但医生之作为原因是更直接些的,而专家之作为原因是较为间接些的。——译者

② 纪元前五世纪的一位希腊雕刻家。——编者

在那些以这些原因为原因的东西里面,也能够作出类似的区别,例如,"这个雕像"的原因,或者"雕像"的原因,或者一般地说,"肖像"的原因;"这块铜"的原因,或者"铜"的原因,或者一般地说,"质料"的原因。至于那些偶性,也是一样。再者,我们也可以用一个复合的语词来代替两者,例如,不说"波吕克利特"或"雕刻家"而说"雕刻家波吕克利特"。

然而,所有这些不同的用法[①],归根到底只有六种,在每一种中,又有双重的用法。原因或者是指特殊的东西,或者是指一个"种",或者是指一个偶性,或者是指该偶性的"种",而这些东西或者是一个复合体,或者只是单独的个体;而所有这六种原因或者是作为现实的,或者是作为潜能的。其中的差别就在于:那些现实地在起作用的、特殊的原因,是和它们的效果同时存在并同时停止存在的,例如这个在进行医疗的人和那个正在接受医疗的人,那个正在进行建筑的人和那正在建筑中的房子;但是对于潜能的原因,情形就不是常常如此——房子和房子的建筑者并不同时消失。

在考察每一个东西的原因时,正如在做别的事情时一样,永远要找寻那最精确的:例如,人之所以建筑,乃是由于他是一个建筑师。而一个建筑师之所以能建筑,乃是靠他的建筑技术。所以最后的这个原因乃是占先的:一般地都是这样。

其次,"种"的[②]效果应该归之于"种"的原因,特殊的效果应该归之于特殊的原因,例如,雕像应该归因于雕刻家,这个雕像

---

① 即"原因"一词的不同用法。——编者
② 即普遍的。——编者

归因于这个雕刻家；能力①相对于可能的效果，现实地正在起作用的原因相对于那些现实地正在被实施被制作的事物。

这应该足以说明原因的数目以及原因的作用方式了。

〔寻求四因是自然哲学的目的〕

7.〔同上，第七章，页198a—b〕所以，很显然，原因是存在的，而且原因的数目是像我们所说的那样。这个数目就是问"为什么"这个问题时所理解的那些东西的数目。这个"为什么"，最后或者是（1）在那些不运动的东西中②，例如在数学中，就被归结为那个"是什么"（归结为"直线"或"可通约"等等的定义）；或者是（2）被归结为引起一个运动的东西③，例如，"为什么他们去打仗呢？——因为他们遭受了侵犯"；或者是（3）我们在追寻"为了什么"④——"为了他们能统治"；或者是（4）在研究那些产生出来的东西的时候，我们在找寻质料⑤。由此可见，原因就是这些，其数目就是这么多。

现在，原因既然是四种，自然哲学家的任务就在于认识这四种原因，如果他把他的问题都归结到这四种原因上面，那么，他就会以正当的方式，把那个"为什么"——质料、形式、推动者、"所追求的那个东西"（τὸ οὗ ἕνεκα）⑥——划归他的那门科学来

---

① 即潜能的原因。——编者
② 即形式因。——编者
③ 即动力因。——编者
④ 即目的因。——编者
⑤ 即质料因。——编者
⑥ 即目的。——编者

研究。后三种原因常常合而为一：因为那个"是什么"和"所追求的那个东西"乃是同一个东西，而运动的最初的源泉与这些东西也是同类的（因为人生人），并且，一般地说来，所有由于本身被推动而引起运动的东西，也都是这样；而那些不是这一类的东西，就不再属于自然哲学的范围之内[①]，因为它们之引起运动，并不是由于它们本身之内拥有运动或拥有一个运动的源泉，而是由于它们本身不能运动。因此，有三门学问：一门研究不能运动的东西，第二门研究在运动中但是不可毁灭的东西，第三门研究可以毁灭的东西。

所以，"为什么"这个问题，由于提出质料、形式和最初的动因而获得了解答。因为，在关于生成的问题中，大部分是在最后这个意义上来研究原因的——"在什么之后发生了什么？什么是最初的动作者或什么是最初的承受动作者？"在整个系列中每一步都是如此。

以物理的方式引起运动的根源，则有二种，其中之一不是物理的，因为它本身里面没有运动的根源。凡是引起运动而本身不被推动的东西，都属于这一种，例如（1）完全不能改变的东西，最基本的实在，以及（2）生成的东西的本质，亦即形式，因为这就是目的，就是"为了它"一词中的这个"它"。因此，既然自然是为了某个东西的，我们就也应该认识这个原因。我们必须对"为什么"一词的所有的意义都加以解释，这就是：（1）从这个东西必然产生出那个东西来（或者是无保留地"从这个东西"，或者是在大部分情形中如此）；（2）"如果那个东西是那样，这个

[①] 不动的推动者属于第一哲学的范围。——编者

东西就必须是这样"(例如结论必以前提为条件);(3)这就是该物的本质;以及(4)因为这样更好些(不是无条件地,而是就每件事物中的主要性质而言)。

〔**自然的活动是否具有一个目的**〕

8.〔同上,第八章,页198b—199b〕所以我们必须说明:(1)自然属于那一类为了某个东西而活动的原因;(2)关于必然性及其在自然哲学问题中的地位,因为所有的著作家都把这个原因加在事物上面,论证着说:既然热和冷等等乃是这样的一种东西,因此有某些东西必然地存在和产生出来,——而如果他们提到任何其他的原因(有人提出他的"爱和憎"①,有人提出他的"心灵"②),那也不外是轻轻地接触一下,就离开了它。

可是出现了一个困难的问题:难道自然的活动就不可以是并非为了某个东西,也并非由于这样做是较好些,而是完全像天下雨乃是出于必然性而并非为了使谷物生长那样吗?被吸引到天空上面去的东西必定会冷却,而冷却了的东西必定会变成水落下来,其结果就是谷物生长出来。同样地,如果一个人的谷物在打谷场上被糟蹋了,雨水并不是为了这个才落下来的——为了把谷物糟蹋——,可是这个结果却恰好随之而来。那么,自然的其他部分何以不会也是如此呢?例如,我们的牙齿——门牙锐利,宜于咬开食物,臼齿宽阔,利于磨碎食物——既然不是为了这个目的而产生的,而只是一个偶然相合的结果,那它不也是

---

① 指恩培多克勒。——编者
② 指阿那克萨戈拉。——编者

由于必然性而生长出的吗；其他的那些我们以为其中有一个目的的部分，也是如此。这样，每当所有的部分长得好像是为了一个目的而产生出来那样的时候，这样的东西就活下来了，因为它们自发地构成了一个合适的机体；反之，那些长得不是这样的东西，就消灭了，并且继续在消灭中，恩培多克勒说他的所谓"人面牛"就是这样灭亡了的。

这些就是可以在这个问题上造成困难的论据（以及其他这一类的论据）。但这种见解不可能是正确的。因为牙齿和所有其他的自然物，乃是或者毫无例外地或者一般地长成一定的样子的；但是那些由于偶然或自发性而发生的东西却没有一种是这样的。我们不把冬天多雨归之于偶然或纯粹的偶合，夏天多雨，我们才把它归之于偶然或偶合[1]；对于三伏大暑期间的炎热，我们也不会这样说，只有在冬天碰到炎热，我们才会这样说。所以，如果已经同意事物或者是偶然的结果，或者是为一个目的而发生，而事物不能够是偶然或自发性的结果，那就可以断定它们一定是有目的的；而这些东西[2]之基于自然，这一点就连我们面前这个理论的维护者也会同意的。由此可见，在那些产生出来而且由自然产生出来的东西里面，是有那种有目的的活动存在的。

再者，只要一个系列有一个完成点，所有先行的阶段就都是为了那一点。在智力活动中是怎样，在自然中也是怎样；在自然中是怎样，在每一活动中也是怎样，如果没有什么阻碍的话。智

---

[1] 指希腊的气候。——编者
[2] 即牙齿等。——编者

力活动是为了一个目的的,因此事物的自然也是如此。所以,如果一座房子是由自然造成的,它也会像它现在由技艺造成那样被造成;如果自然所制作的东西也由技艺来制作,它们也会像由自然制作那样被制作。所以整个系列中的每一步,都是为了次一步;一般地说来,技艺一部分是完成自然不能完成的东西,一部分是模仿自然。由此可见,如果人工技艺产品是为了一个目的的,则显然自然的产物也是如此。系列中后一阶段对于前一阶段的关系,在技艺和自然中都是一样的。

这一点在人以外的动物中最为显然:它们制作物品既不是借技艺,也不是根据研究或考虑。因此人们要讨论这些生物——蜘蛛、蚂蚁之类的生物——的活动究竟是借智力还是借某些别的机能。循着这个方向一步一步前进,我们终于清楚地看到,在植物中,也是那些有助于一个目的的东西才被产生出来——例如,叶子是长出来遮荫果实的。所以,如果燕子建巢、蜘蛛结网既是由于自然又是为了一个目的,而植物是为了果实而长叶子,为了吸收养料而把根向下(不是向上)生长,那么,很显然,在那些产生出来而且由于自然而产生的东西里,这种原因也是在作用着的。既然"自然"意味着两样东西,质料和形式,其中后者是目的,既然所有其他的东西都是为了目的的,那么形式就应该是"所追求的那个东西"这个意义之下的原因。

可是,即使在技艺的操作中,也有错误出现:语法家写作时出错误,医生倒错药。因此,显然在自然的操作里面出错误也是可能的。所以,如果在技艺方面,凡是正确地制成的东西,都符合一个目的,而在发生错误的场合,企图制作的东西里面原来也有一个目的,不过它没有达到,——如果是这样,则在自然产品方面也必定是如此,而怪物乃是有目的的企图失败的结果。这样,在原始的结合中,"人面牛"如果不能达到一个一定的目的,那必定是由于某一种根源(相当于现在的种子)的腐坏而发生。

其次,种子必定首先存在,而不是一下子就产生动物:"最初的混沌……"[①]一定就是指种子。

再者,在植物里面,我们也发现有手段和目的的关系,虽则有机组织的程度较低。那么,在植物中是否也有过什么"橄榄头的葡萄藤",就像"人面牛"那样呢?这是一个荒谬的想法;但是必定曾经有过,如果在动物中间有过这样的东西的话。

此外,在种子中间,必定什么事都是毫无目的随便发生的。但是那个断言这一点的人,是把"自然"和"由于自然"而存在的东西都取消了。因为,那些借一个连续不断的运动、从一个内在的根源发端而达到某种完成境地的东西,我们才称为自然的东西,并非从每个根源都能达到同样的完成境地;并且这个完成也不是偶然的完成,而永远是每个东西里面的倾向都向同一目的,如果没有遇到阻碍的话。

目的及达到目的的手段可以是由偶然而得到的。例如,我们说有一个陌生人偶然到来了,付了赎金之后走了,当时他做得好像是专为此事而来似的,虽然其实他并不是为此事而来的。这是偶遇的,因为偶然乃是一种偶遇的原因,像我前面所说那样。但当一件事永远那样发生或者经常总是那样发生的时候,它就不是偶遇的或出于偶然的了。在自然产品里面,次序总是不变的,如果没有受到阻碍的话。

---

① 恩培多克勒语。——编者

以为我们既然看不见动作者在思考，因此并无目的存在，这种想法乃是荒谬的。技艺也并不思考。如果造船术是在木材里面的话，它就会由于自然而产生出同样的结果。由此可见，如果在技艺中有目的存在，那么在自然中也有目的存在。最好的例子是一个医生医疗自己：自然就是像那样。

所以，很显然，自然是一种原因，一种为一个目的而活动的原因。

〔第一推动者〕

9.〔**亚里士多德："形而上学"，第十二卷，第六章，页1071b—1072a**〕既然有三种实体，其中二种是物理的，一种是不动的，关于后者，我们就应该断言：必然有一个永恒的不动的实体。因为实体是存在物的基础，所以如果实体是全都可以毁灭的，则所有的东西也都可以毁灭。但是，运动是不可能产生出来和停止存在的（因为它必须永远存在），时间也不可能如此。因为，如果时间不存在，就不会有一个以前和一个以后[①]。所以，在时间是连续性的这个意义上，运动也是连续性的；因为时间或者跟运动就是一样东西，或者是运动的一个属性。除了空间里面的运动以外，没有别的连续性运动，而在空间的运动中，只有圆周运动是连续性的。

但是，如果有一种东西，能够推动事物或对事物起作用，实际上却并不这样做，那就不会必然有运动，因为具有某种潜能的

---

① 这就是说，如果认为时间是曾一度被生成或将消失，那么，就是等于说时间曾从以前不存在变成为以后存在了，或者曾从以前存在变成为以后不存在，这就预先假定了以前和以后，即预先假定了时间的存在。——译者

东西并不一定要实现这个潜能。所以，除非在永恒的实体中有一种能引起变化的根源，否则，尽管我们假定这种实体，像那些相信"形式"①的人所做的那样，也毫无用处；并且，就是这样也还是不够的，在"形式"之外另立一个实体②也是不够的，因为如果它不起作用，也仍然不会有运动。此外，即使它是能动的，也还是不够的，如果它的本质只是潜在性的话，因为既然潜在的东西很可能并不实际存在，也就不会有永恒的运动。所以，必须有这样一种根源，它的本质就是现实性。再者，这些实体必须是没有质料的，它们必须是永恒的，如果有什么东西是永恒的话。因此它们必须是现实性。

但是这里有困难发生；因为人们认为，凡是起作用的东西，都是可能起作用的，但是并非可能起作用的东西都起作用，因此潜能是占先的。可是如果这样的话，就没有任何存在的东西必须存在，因为很可能一切的东西都可能存在，但却还没有存在。

但是，如果我们跟随那些主张世界是从黑夜产生出来的谈论神的人，或那些说"一切东西原先都在一起"③的自然哲学家，那么，同样的不可能的结果就会出现。因为，如果没有现实地存在着的原因，如何会有运动呢？木材当然不能把自己推动——必须由木匠的技术来对木头起作用；月经或泥土也不会推动自己，必须由种子来对泥土起作用，由精子来对月经起作用。

---

① "形式"是指柏拉图派的"理念"，不是指亚里士多德自己的"形式"。——译者

② 指柏拉图假定一个"造物主"（Δημιουργός）来作为使理念和感性事物结合的媒介。——译者

③ 阿那克萨戈拉语。——编者

就是因为这个,有些人假定了永恒的现实性——例如留基波和柏拉图,因为他们说运动是永远存在的。但是为什么会如此,以及这种运动是什么,他们都没有说出来,并且,即令这个世界是以这种方式或那种方式运动着的,他们也没有告诉我们其所以这样的原因何在。我们知道,没有什么东西是无缘无故运动的,总必须有个东西存在着来推动它;例如,事实上是,一件东西由于自然而以一种方式运动,又由于外力或受心灵或别的东西影响而以另一方式运动(此外,哪种运动是基本的?这有极大的关系)。但是,至少对于柏拉图来说,这里依然不可以把他有时认作运动的源泉的那个东西——即自己运动的东西——提出来,因为,依他自己的说法,灵魂是后来的,是和天同时诞生的。所以,认为潜能先于现实性,在一种意义上说来是对的,在另一种意义上说就不对了;我们已经指明过这些意义。现实性是占先的,这一点为阿那克萨戈拉所证明,因为他的"心灵"乃是现实性;也为恩培多克勒的爱憎说以及那些说永远有运动的人——例如留基波——所证明。因此,混沌和黑夜并不是存在过无限长的时间,而是永远存在着(或者是经历循环的变化,或者服从别的规律),因为现实性是先于潜能的。所以,如果有一种守恒的循环,就必定有某种东西永远保存在那里[1],总以相同的方式起作用。并且,如果要有产生和消灭,就必须有别的东西[2]能够永远以不同的方式在起作用。而这个东西必定是借本身以一种方式在起作用,并借别的东西以另一种方式在起作用——这个

---

[1] 指恒星所处的天球。——编者
[2] 指太阳。——编者

别的东西或者是一个第三者,或者就是最初的那个东西。可是,必须是借最初的那个东西,因为,要不然的话,这个东西就会再引起第二个作用者和第三个作用者的运动。因此,不如说是"最初的那个东西"。因为它是永恒的齐一性的原因;而另外的东西则是杂多性的原因,并且很显然,两者合起来就成为永恒的杂多性的原因。因此这就是各种运动实际上所显示出来的特性。那么,还用得着去寻求别种根源吗?

〔实体的一般意义〕

10.〔亚里士多德:"形而上学",第七卷,第一章,页1028a—b〕在好几种意义上,一样东西可以被人说成"有",正如我们以前在关于词的不同意义那一卷中所指出的那样;因为,在一种意义上,"有"是指一样东西所是的那个"什么"(τί ἐστι)或"这个"(τόδε τι),而在另一种意义上,它是指一个性质或一个数量或任何其他可以像这些东西一样作为宾词的东西。可是,"有"固然有这一切的意义,很显然最基本的"有"却是那个"什么",这是标示一样东西的实体的。因为,当我们说一件东西是什么性质时,我们说它是好的或坏的,而不说它是三尺长或一个人;而当我们说它是什么时①,我们不说"白的"或"热的"或"三尺长",而说"一个人"或"一个神"。而所有其他的东西之被称为"有",乃是由于其中有些是基本意义上的"有"的量,有些是它的质,有些是它的影响,有些是它的别的规定。因此,人们甚至可以提出这样的问题,即"走"、"是健康的"、"坐"这

---

① 即是说出它本身是什么。——编者

些语词是否蕴涵着这些东西都是存在的;在这一类的其他场合中,情形也是一样,因为这些东西没有一样是自存的或能够离开实体的,而反倒是,如果存在着某种东西的话,那个走着或坐着或是健康的东西倒是一个存在的东西。现在,我们看到,这些东西是更真实的,因为有一种确定的东西在下面支持着它们(即实体或个体),这种东西是蕴涵在这样一个宾词里面的,因为我们从来不会使用"好"或"坐着"这样的词而不同时蕴涵着这个东西。所以,很显然,正是借这一个范畴,其他的任何一个范畴才会"有"。因此,基本意义上的"有",亦即并非在一种有限制意义上,而是在无限制的意义上的"有",应该就是实体。

人们在好几种意义上,把一件东西说成第一的;但是实体在任何意义上——(1)在定义上,(2)在认识的次序上,(3)在时间上——都是第一的。因为(3)其他的范畴没有一个是能独立存在的,只有实体才能够。而(1)在定义上,也是第一的;因为在每一个词的定义里面,必须出现它的实体的定义。而(2)我们认为自己对每样东西认识得最完全的时候,乃是在我们知道它是什么的时候,例如,人是什么或火是什么,而不是在我们知道它的性质、数量或所在地的时候;而我们认识这些宾词中的任何一个的时候,也只是当我们认识数量是什么或性质是什么的时候。

实在说来,从前、现在并且永远被提出的问题,永远是疑惑的主题的问题——即"'有'是什么?"这个问题,正就是"实体是什么?"这个问题。因为正是这个实体,有些人[1]认为是一,有些

---

[1] 指米利都学派和爱利亚学派。——编者

人认为多于一,有些人①认为它的数目是有限的,有些人②认为它的数目是无限的。因此,我们必须主要地、基本地而且几乎单独地来考察:在这个意义上被称为"有"的东西究竟是什么。

〔实体的统一性〕

11.〔**同上,第八卷,第六章,页**1045a—b〕现在回头再来谈谈上面曾经提出过的那个关于定义和数的困难的问题,亦即:它们的统一性的原因是什么?凡是由若干部分组成、其总和并非只是一种堆积、而其整体又不同于部分的东西,都是有一个原因的;在物体方面,在有些场合,接触是统一性的原因,在另一些场合,黏着或别的类似的性质则是统一性的原因。一个定义是一组语词,这组语词之所以是一,并不是由于联在一起,像"伊利亚德"③那样,而是由于和一个对象有关。——那么,是什么东西使人成为"一"?为什么人是一而不是多——例如"动物"加上"两脚的"④?特别是,如果像某些人⑤所说的那样,有一个"动物本身"和一个"两脚本身"的话。为什么那些"形式"⑥本身不就是人,以致人的存在并不是由于"分有""人",也不是由于"分有"一个"形式"⑦,而是由于"分有""动物"和"两脚的"这两个"形式",以致一般地说来,人并不是一个东西,而是一个以上的东

---

① 指毕泰戈拉派和恩培多克勒。——编者
② 指阿那克萨戈拉和原子论者。——编者
③ 荷马的史诗,其中说了极多的事情。——编者
④ 有人把"人"的定义说成"两脚而没有羽毛的动物"。——编者
⑤ 指柏拉图派,"动物本身"即动物的"理念","两脚本身"即两脚的"理念"。——编者
⑥⑦ 即柏拉图的"理念"。——编者

西,即"动物"和"两脚的"呢?

所以,很显然,人们如果用他们那种通常的定义方式和说话方式来行事,就不能说明和解决这种困难。但是,如果像我们所说的那样,其中一个因素是质料,另一个因素是形式,一个因素是潜在地存在,另一个因素是现实地存在,那么,这个问题就不会被认为是一种困难了。因为,这里所发生的困难同把"圆的铜"当作"外套"(τὸ ἱμάτιον)的定义时所会发生的困难是一样的;如果外套这个词作为定义式的一个符号,就使得问题变成:"'圆'和'铜'的统一性的原因是什么?"现在,困难消失了,因为一个是质料,另一个是形式。那么,是什么东西造成这个结果——使原来是潜在的东西成为现实的东西呢?在被产生的东西中,这除了是动力因之外,还能够是什么呢?因为,使可能的球形变成为一个现实的球形的,再没有别的原因了,毋宁说这就是两者的本质①。在质料中,有些是可知的,有些是可感觉的,而在一个定义式中,除一个现实性的因素之外,总必定有一个质料因素,例如,圆乃是"一个平面图形"②。但是在那些没有质料——不论是可知的还是可感觉的——的东西中,每一个都由其本性在本质上是一种单一的东西,正如它在本质上是一种"有"——个体实体、性质或数量(因此"存在的"和"一"都不出现在它们的定义里面),并且它们之中的每一个都是纯粹由自己的本性而成为一个"一"和一种"有"——因此这些东西没有

---

① 就是说,可能的球的本质就在于要变成一个现实的球,而现实的球的本质就在于是从一个可能的球产生出来的。——英译者注

② 在这里亚里士多德没有说出整个定义,只说出"种"或"质料因素"。——英译者注

一个需要自身之外的任何理由来成为"一"或成为一种"有",因为每一个都由其本性而成为一种"有"和一个"一",而不是作为"有"或"一"这个"种"的一个"属",也不是作为能够离开特殊事物而存在的"有"和"一"。

由于这种关于统一性的困难,有些人①就提出了什么"分有",从而引起了这样的问题:什么是"分有"的原因,以及去"分有"的是什么;另一些人说到"交感",例如吕科弗隆说知识是认识和灵魂的一种交感;另一些人则说生命是灵魂和身体的一种"组合"或"联结"。上面所说的困难也适用于所有这些场合;因为按照这种说法,健康将是"灵魂"和"健康"的一种"交感"或"联结"或组合",而铜是一个三角形这个事实将是"铜"和"三角形"的"组合",一件东西是白的这个事实将是"表面"和"白色"的"组合"。理由就在于人们寻求一个统一的公式,寻求潜在性和完全的现实性之间的一种差别。但是,正如已经指出的,最接近的质料和形式乃是同一样东西,一个是就潜在性而言,另一个是就现实性而言。因此,这正像是问统一性和一个东西之所以为"一"的原因一般地说是什么一样。因为每个事物都是统一的,而潜在的和现实的东西毕竟还是同一个东西。因此,除非有一种东西使潜在性变成现实性,这里就没有别的原因。一切没有质料的东西,在本质上无条件地都是具有统一性的东西。

〔潜能与现实以及运动〕

12.〔亚里士多德:"形而上学",第九卷,第六章,页

---

① 指柏拉图派。——编者

1048a—b〕……所以，现实就是一件东西的存在，但是它不以我们称为"潜在"的那种方式存在；例如，我们说，一尊黑梅斯①的雕像潜在于一块木头中，半截线潜在于整条线中，因为可以把它分出来，我们甚至称不在做研究工作的人为学者，如果他有能力作研究的话；与这些东西之一相反的东西，就是现实地存在着。我们的这个意思，可以借归纳法在特殊事例中看出来，我们不要去寻求每样东西的定义，而应该满足于把握其中的类似之处：现实之于潜能，犹如正在进行建筑的东西之于能够建筑的东西，醒之于睡，正在观看的东西之于闭住眼睛但有视觉能力的东西，已由质料形成的东西之于质料，已经制成的东西之于未制成的东西。我们可以用对立的一方来界说现实，而用另一方来界说潜能。但并不是说，所有的东西都在同样的意义之下现实地存在，它们只是相似而已——甲之在乙中或对于乙的关系，犹如丙之在丁中或对于丁的关系，因为有一些如同运动之于能力，另一些则如同实体之于某种质料。

但是说"无限"、"虚空"以及一切与此类似的东西潜在地存在和现实地存在，意义又不同于说许多别的东西，例如，便不同于说观看的东西、行走的东西或被看见的东西，因为，对于后一类东西，这两个宾词②有时可以无保留地正确地用来述说；因为被看见的东西之被人这样叫，有时是因为它正在被人看见，有时是因为它能够被人看见。但是说"无限"潜在地存在，意思并不是说，它会在什么时候现实地具有独立的存在；它的潜在的存在，只

---

① 希腊神话中的通报神。——编者
② 即潜能的与现实的。——编者

是对于知识而言。因为，分割的过程永远不会告终，这个事实保证了这种活动潜在地存在，但是并不保证"无限"独立地存在。

既然在那些有一个界限的活动中间，没有一个是目的，而全都是相对于一个目的，例如消除肥胖的活动或肥胖的消除，既然在把肢体弄瘦的时候，肢体本身就是以这种方式在运动（即是说，并非已经就是运动的目的），所以，这并不是一种活动，或者至少不是一种完全的活动（因为它不是一个目的）；只有目的已存在于其中的运动，才是一个活动。例如，我们在看时，就已经看见了，在理解时，就已经理解了，在思想时，就已经思想了（但是却不能说，在学习时，就已经学会了，在受治疗时，就已经治愈了，等等）。我们在过很好的生活时，就已经过了很好的生活，我们在快乐时，就已经快乐过。如果不是这样，过程就会有停止的时候，就像消除肥胖的过程那样；但是，事实上过程并不停止；我们活着又已经活过。所以，在这些过程里面，我们应该称其中的一组为运动，而称另一组为现实。因为每个运动都是不完全的——消除肥胖、学习、走路和建筑等；这些都是运动，并且是不完全的。因为事实上一个东西不能正在走又已经走完了，或者正在建筑又已经建筑完了，或者正在生成又已经生成了，或者正在被移动又已经被移动过了，而是，正在被移动的东西不同于已被移动的东西，正在移动的东西不同于已经移动了的东西。但是，同时已经看见了又正在看，或者正在思想又已经思想了，这却是一回事。所以后面这种过程我称之为现实，前面那种过程则称之为运动。

13.〔亚里士多德："形而上学"，第十一卷，第九章，页1065b—1066a〕有些东西仅仅现实地是那些东西，有些东西仅仅潜在地是那些东西,有些东西则既潜在而又现实地是那些东西;这些东西有些是一个特殊的实在,有些则是一种特殊的量或诸如此类的东西。离开事物而独立存在的运动是没有的;因为变化总是根据"有"的诸范畴来分类的,与这些范畴有共同之处而又不属于任何一个范畴的东西是没有的。但是每一个范畴是以两种方式之一为它的每一个主体所有的(例如"这"〔τò τόδε〕——因为它的一种是"实有的形式",另一种则是"缺乏";在质的方面,一种是"白",另一种则是"黑",在量的方面,一种是"完全",另一种则是"不完全",在空间运动方面,一种是"向上",另一种则是"向下",或者一件东西是"轻的",另一件则是"重的");所以,"有"有多少种,运动和变化就有多少种。既然在每一类事物中,都有潜在和完全实在之分,所以我把潜在者本身的现实化称为运动。从下面的事实,可以清楚看出我们所说的话的真实性。当"可供建筑的"东西——就其作为我们用"可供建筑的"一词所指的东西而言——现实地存在时,它就是在被建筑,而这就是建筑的过程。至于学习、医治、走路、跳跃、衰老、成熟等,也莫不如此。只有当完全的现实性本身存在时,才发生运动,不能迟,也不能早。所以,当潜在的东西不是作为它自己而是作为能动的东西时,它的完全的现实性就是运动。用"作为"这个词,我意思是指这一点:铜潜在地是一个雕像;但是并非作为铜的铜的完全的现实性就是运动。因为,是铜和是某一种潜能,这并不是一回事。如果在定义上完全是一回事的话,铜的完全的现实性就会是一个运动了。但这并不是一回事。(在有相反者的场合,这是很显然的;因为有健康的可能性和有生病的可能性并非同一回事——因为如果是一回事的话,健康和生病就会是一回事了——只有基质,亦即那个健康或生病的东西,才是同一的,不管它是体液还是血液。)既然不是一回事,就像颜色和可见的东西不是一回事一样,所以正是那潜在的东西,并且作为潜在的东西,其完全的现实性才是运动。运动就是这种东西,运动只发生在完全的现实性存在的时候,既不迟,也不早,——这乃是显而易见的。因为每一个东西都能够有时是现实的,有时不是,例如作为可供建筑的东西的可供建筑的东西便不是现实的;而作为可供建筑的东西的可供建筑的东西的现实性就是建筑。因为这个现实性或者是这个——即建筑的活动——或者是房屋。但是,当房屋存在时,它已再不是可供建筑的东西了;可供建筑的乃是正在被建筑的东西。所以,现实性应该是建筑的活动,而这就是一个运动。同样的分析也适用于所有其他的运动。

我们所说的话的正确性,可以从所有别的人对运动所说的话中见到,也可以从不容易用别的方法来对运动下定义这个事实看出来。因为,第一,我们不能把它放在任何其他的类里面。这从人们所说的话里就能清楚地看到。有些人称它为"异"和"不等性"和"非实在"①;可是这里面却没有一个是必然要运动的,况且变化也并不是以这些为终点或起点的,正如不是以它们的对立物为起点或终点一样。人们之所以把运动放在这几类里面,是因为人们认为它是一种不确定的东西。在"相反概念对照表"的两行之中,有一行所列举的根源都是不确定的,因为它们是表示缺乏的,因为它们没有一个是一个"这"或一个"这样"或

---

① 指毕泰戈拉派和柏拉图派。——编者

属于任何其他一个范畴。运动之所以被认为不确定，乃是由于它既不能归入事物的潜能一类，又不能归入现实性一类；因为可能成为某一个量的，或实际上具有某一个量的，都不是必然要运动的，而运动是被认为一种尚未完成的现实性；理由就在于潜能的东西（它的现实性是运动）是没有完成的。因此很难把握运动是什么；因为必须把它或者归入缺乏一类，或者归入潜能一类，或者归入绝对的现实性一类，但这些显然都是不可能的。因此，它只能够是我们所说的东西——是现实性，并且是我们所描写的那种现实性——这是很难察辨的，但是能够存在的。

并且，显然运动是在能运动的东西之中，因为运动乃是能运动的东西受能引起运动的东西的作用而引起的完全实现。而能引起运动的东西的现实性，也就是能运动的东西的现实性。因为它必须是两者的完全的实在。因为，虽说一物之能引起运动，乃是因为它能够做这件事，可是它之是一个推动者，却是因为它是活动的；但是只有在能运动的东西上面，它才能活动，所以两者的现实性乃是一回事，正如从一到二和从二到一的距离是一样的，也正如上坡路即是下坡路，不过它们的"有"却不是同一个；推动者和被推动者的情形也是如此。

14.〔亚里士多德："物理学"，第三卷，第一章，页 200b—201b〕自然已经被定义为"运动和变化的根源"，并且是我们研究的题目，因此我们必须弄明白"运动"的意义，因为如果不认识运动的意义，也就不会认识"自然"的意义。

我们已经明确了运动的性质，次一步的工作将是以同样的方式去研究其中所牵涉到的相关概念。现在运动是被认为属于连续性的东西那一类；而在连续性的东西里面，我们首先碰到的是"无限"——就是因为这个缘故,"无限"常常被用于连续性的东西的定义里面("无限可分的就是连续性的")。除了这些之外,地点、虚空和时间,也被认为是运动的必要条件。

所以,很显然,由于这些理由,而又因为所提的属性为我们这门科学的一切对象所共有,并且在范围上与这些对象相同,因此我们必须首先把它们拿来逐个讨论。因为对于特殊的属性的考察,是后于对共同的属性的考察的。

那么,我们就像上面所说的那样,先来谈运动。

我们可以从作下面这个区别着手:(1)只在一个完成的状态中存在的东西,〔(2)作为潜能的东西而存在的东西〕①,(3)作为潜能的东西而又在完成状态中存在的东西——这些东西有的是一个"这个",另一个是一个"这么多",第三个是一个"这么样";其他用来述说"有"的那些范畴情形也都如此。

此外,"相对的"一词是用来指:(1)过度和不足,(2)动作者和领受动作者,并一般地指能动者和能被动者。因为"能引起运动的东西"乃是相对于"能被推动的东西"而言的,反之亦然。

再者,并没有什么在事物之外的运动。变化的东西变化,永远是对实体或数量或性质或空间而言。但是,正如我们所说的,要找出一个东西,既非一个"这个",又非一个量,又非一个质,又非一个任何其他的宾词,却与这些东西有共通之处,乃是不可能的。因此运动和变化都不能指上述这些东西之外的任何东西的运动和变化,因为在它们之外并无任何别的东西。

可是,这些东西中的每一个,都以两种方式之一属于它的主

---

① 据 R. P. Hardie & R. R. Gaye 英译本辑补。——译者

体：即是（1）在实体方面——一个方式是实有形式，另一方式是缺乏①；（2）在性质方面，是白和黑；（3）在数量方面，是完全和不完全；（4）在位移方面，是向上和向下或轻和重。因此，"有"一词的意义有多少种，运动或变化就有多少种。

现在，在我们面前，在"有"的各个类中，我们看见了完全实在的东西和潜能的东西之间的区别。

定义：潜在地存在的东西，就它潜在地存在而言，它的完成就是运动——即是，能改变的东西就其为能改变而言，它的完成就是改变；能增大的东西以及与它相对的能缩小的东西的完成就是增大和缩小（无共同名称）；能产生出来和能消灭的东西的完成，就是产生和消灭；能推移的东西的完成，就是位移。

用实例可以说明这个运动的定义。可供建筑的东西，就我们称之为这样的东西而言，当它完全实在的时候，它就是在被用于建筑，而这个过程就是建筑。同样地，学习、医疗、滚动、跳跃、成熟、衰老等等过程也是一样。

在某种情况之下，同一样东西，既能是潜在的，又能是完全实在的。诚然，这两回事不是同时发生的，也不是就同一个方面来说的，例如，按潜能说是热的，实际上则是冷的。因此，这样的东西会同时以许多方式互相发生作用：它们每一个都能够同时引起其他东西的改变而本身又被其他东西所改变。因此，同样地，作为一个物理的作用者而引起运动的东西，本身也能被推动。这一点确乎使有些人认为每个推动者都被推动。但是这个问题还得取决于另外一组论据，它实际上应当是怎么样以后将

---

① 即缺乏这种形式。——编者

会弄清楚。一样东西虽然本身不能被推动却引起运动,这乃是可能的。

潜在的东西当它已经完全是实在的,并且不是作为它自己而是作为能动的东西而活动的时候,它的完成便是运动。我说"作为",意思是:铜潜在地是一个雕像。但铜作为铜,其现实并不是运动。因为"是铜"和"是某一种潜在性"并不是一回事。如果这两件事毫无条件地相等,亦即在定义上是同一回事的话,那么作为铜的铜的现实就会是运动了。但是如上所说,它们并不是一回事。(拿两样相反的东西来看,就更明显。"能够健康"和"能够患病"不是一回事,因为如果是一回事,生病和健康之间就没有什么差别了。但是健康和疾病两者的主体——不论是体液或是血液——则是同一个东西。)

所以我们能够把两者区别开来——举另一个例子来说,正如"颜色"和"可见的东西"是不同的——并且很显然,作为潜在的东西的潜在的东西的现实才是运动。恰恰是这个才是运动。

此外,很显然,只有当一样东西以上述方式完全实在的时候,而不是在这之先或在这之后,运动才是这个东西的一种属性,因为这一类东西的每一个,都能在一个时候是实在的,在另一个时候不是实在的。试以作为可供建筑的东西的可供建筑的东西为例。作为可供建筑的东西的可供建筑的东西的现实性,乃是建筑的过程。因为,可供建筑的东西的现实性必须或者是这个,或者是房子。但当有了房子的时候,可供建筑的东西就已经不再是可供建筑的了。另一方面,正是那可供建筑的东西才在被建筑。所以,正在被建筑这个过程才应该是我们所要寻求的那个现实性。但是建筑乃是一种运动,所以这个说明也适用于其他种类的运动。

15.〔**亚里士多德:"物理学",第六卷,第六章,页**236b—237b〕每样变化的东西,都在时间中变化,而这样说是有两种意义的:因为,说一样东西在时间中变化,这个时间可以是指基本的时间,另一方面也可以是指一段延伸的时间,例如,当我们说一件事物在某一年发生变化时,便是因为它在某一日[①]变化了。既然是这样,变化的东西就必定是在它发生变化的那个基本时间的任何一部分中变化。从我们关于"基本的"[②]一词的定义中,已经可以清楚地看到这一点,在那个定义中,这个词所表示的正是这个意思;可是也可以用下面的论据来证明。假定XP是运动的东西在其中运动的基本时间,并且(因为凡是时间都是可分的)假定这基本时间在K点被分为二段。现在,在XK这段时间里面,这个东西或者是运动,或者不运动,在KP那段时间里面亦复如此。那么,如果它在两部分时间里面都不运动,它在整个时间里面就会是静止的:因为它决不可能在一段时间的任何部分里面都不运动而在这段时间里运动。反之,如果它只是在那两部分时间中的一部分里面运动,则XP就不能是它在其中运动的基本时间:因为它的运动将以一个不同于XP的时间为范围。所以它必定在XP的任何一部分里面都曾运动过。

现在,既然已经证明了这一点,很显然,每个在运动中的东西,都必定前此已经在运动中。因为如果在运动中的东西在基本时间XP里面已经经过了RΛ这个距离,那么,一个以相等速度

[①] 因为某一日一定是某一年中的一日。——编者
[②] "基本时间"就是不能减少的最低限度的时间。——编者

并且同时开始运动的运动物，在一半的时间里面将会已经经过一半的距离。但是如果这速度相等的第二个东西在一定的时间里面经过了一定的距离，则原来那个在运动中的东西在同样的时间里面必定也经过了同样的距离。因此，凡在运动中的东西，必定前此已经在运动中。

再者，如果借取时间的末端刹那①——因为正是刹那规定了时间，时间乃是位于两个刹那之间的东西——，我们能够说运动发生在XP这整个时间里面，或者事实上是发生在它的任何一部分时间里面，那么，同样也可以说运动是发生在其他每一段这样的时间里面。但是一半的时间乃是以那个划分之点为它的一端。因此，运动就会已经在一半时间里面发生过，并且事实上会在它的任何一部分里面发生过：因为只要作下了任何划分，就总会有一个由两个刹那规定下来的时间。所以，如果一切时间都是可分的，而那在刹那之间的乃是时间，那么，每样在变化中的东西，就必定已经完成了无数的变化。

再者，既然一件在连续变化而没有消灭或者停止它的变化的东西，在它变化的任何一部分时间里面必定或者是正在变化，或者是已经变化了，而且它不能在一个刹那变化，所以可以推断它必定在这段时间的每一个刹那都已经变化了；因此，既然刹那在数目上是无限多的，每一件在运动中的东西，都必定已经完成了数目无限多的变化。

并且，不但在变化中的东西必定已经变化了，就连已经变化了的东西，也必须先前已经在变化中。因为每一件曾从某物变

---

① 即一段时间的临界点。——编者

为某物的东西，都曾在一段时间里面发生了变化。假定一件东西在一刹那间从A变为B。那么，它发生了变化的那个刹那，不能就是那它还处于A位置的那个刹那（因为如果是这样，它就同时处于A和B了）：因为我们在上面已经指出，凡是已经变化了的东西，当它已经变化了的时候，就不再处在它由之变化而来的那个东西中。反之，如果那是另一个不同的刹那，则在两个刹那之间就将有一段时间作为中介：因为，上面我们已看到，刹那不是相接的。那么，既然它曾在一段时间里面变化了，而凡是时间都是可分的，则在一半的时间里面它就会完成过另一个变化，在四分之一的时间里面又完成过另一个变化，如此直至无穷；因此，当它已经变化时，它必定先前已经在变化中。

再者，上面所说的话的正确性在涉及大小的场合更为显然，因为变化的东西在其中变化的那个大小，乃是连续性的。假定一件东西已经从Γ变为Δ。如果ΓΔ是不可分的，则两件没有部分的东西将会是相接的。然而既然这是不可能的，所以位于它们之间的必定是一个大小，并且可分为无数多的部分：因此，在完成到Δ的变化之前，该物先变为这些不同的部分。因此，每件变化了的东西，必定先前已经在变化：因为同样的证明也适用于那些有非连续性方面的变化，亦即那些相反的东西之间以及矛盾的东西之间的变化。在这些场合，我们只须取一件东西发生过变化的那段时间，把同样的推理应用上去就成了。所以，凡是变化过的东西，必定曾经在变化中，而在变化中的东西，必定已经变化过，一个变化的过程必定以一种变化的完成为其先导，而一种完成又必定以一个过程为其先导：我们不能取任何一个阶段而说它绝对是最初的。其理由在于：没有两件不具部分的东西能够是相接续的,因此在变化里面,划分的过程可以是无止境的,正如线段可以被无限地分割,使其中一部分不断增大,另一部分不断缩小。①

所以,也很显然,对每样可分割和连续性的东西来说,已经生成的东西必定先前已经在一个生成的过程中,而那处于生成过程中的东西必定先前已经生成:虽然处在这话所适用的那种生成过程中的东西并非永远是现实的:有时它是别的东西,亦即所说的东西的某个部分,例如一座房子的基石。同样地,对于在消灭中的东西和已经消灭的东西也是如此:因为,生成的东西和消灭的东西,由于它们是连续性的东西这件事实,就必定包含着一个无限性的因素作为这事实的直接后果:因此,一件东西不能处于生成的过程中而不是同时已经生成了,或者已经生成了而不是曾经处在生成过程中。在消灭中和消灭了的东西,也是如此:正在消灭必定以消灭了为先导,而消灭了必定以正在消灭为先导。所以,很显然,已经生成的东西必定先前已经处于生成过程中,而那正处于生成过程中的东西必定先前已经生成了:因为所有的大小和所有的时间的段落都是无限可分的。

因此,变化的东西所可能占据的空间或时间的任何一个特殊部分,都不能被认为是最初的阶段。

16.〔同上,第八卷,第一章,页251a—252b〕……让我们从我们在"物理学"中以前已经论证过的那一点开始。②运动,我们说,乃是能运动的东西就其能运动这一点而言的实现过程。

---

① 即是可以先把线段切去一半,然后切去所留一半的一半,如此继续下去,这样,割开的部分就不断地增大,而留下的部分就不断地缩小。——英译者注

② 即"物理学"第三卷第一章,见本书第281—284页。——编者

因此，每一种运动必然要有能够作这种运动的东西存在。事实上，即使抛开这个运动的定义，每个人也会承认，在每一种运动中，正是那能够作这种运动的东西在运动，例如，正是那能改变的东西改变了，正是那能够移动位置的东西在移动位置；因此，必须先有某种能够引起被燃烧的东西，才能有一个被燃烧的过程，必须先有某种能够引起燃烧的东西，才能有一个燃烧的过程。再者，这些东西必须或者有一个开端，在这个开端之前它们并不存在；或者是永恒的。可是，如果有过一种生成每一件能运动的东西的过程，那么，在所谈的那种运动之前，就必定先发生过另一种变化或运动，正是在这另一种运动或变化中，生成了能够被推动或能够引起运动的东西。如果与此相反，认为这些东西向来就存在着，不必要有什么运动①，这只要略为想一想就能看出是不合理的，并且，我们以后将会发现，在进一步的考察之下，将会显得更不合理。因为，如果我们要说，一方面有能运动的东西存在，另一方面有能引起运动的东西，而有一个时候有一个最初的推动者和最初的被推动者，有一个时候则没有这种东西，只有静止的东西，那么，这个静止的东西必定先前已经处在变化过程中；因为必定有过某个使它静止的原因，因为静止乃是运动的丧失。因此，在这个最初的变化之前，必定会有一个先行的变化，因为有些东西只能在一个方向引起变化，而别的东西则能够产生两种相反的运动：例如火引起加热而不引起冷却，反之，知识却好像能够运用于两种相反的目的，而本身却保持不变。然而即使在前一类里面，似乎也有某种相似之处，因为一件

---

① 意即：不必要有什么运动使它们生成。——译者

冷的东西，由于它的离开和退出，在某种意义上也引起了热，正如一个有知识的人把他的知识用于反面的时候有意地造成一个错误一样[①]。但是，无论如何，所有能够发生影响和能够受影响的东西，或者能够引起运动和能够被推动的东西，并不是在任何情况之下都能如此，而只是当它们在一个特殊情况之下和彼此接近的时候，才能如此：所以，是在一物接近另一物时，一物才引起运动而另一物则被推动，并且是当它们处于能够使一物成为能推动另一物成为能被推动的情况之下才如此。所以，如果运动不是永远在进行过程中的话，那么很显然，它们必定是曾经处在一种与此不同的状况中，以致不能够分别成为被推动和引起运动，而其中的一个或另一个必定曾经处在变化过程中：因为在相对的东西中，这乃是一个必然的结果，例如，如果一个东西两倍于另一个东西，而以前它并不如此，那么，这两个东西中间至少有一个必定曾经处在变化中。所以，可以推断，在最初的变化之前，是会先有一个变化过程的。

（再者，如果没有时间存在，怎样能够有什么"先"和"后"呢？而如果没有运动的存在，又怎样能够有什么时间呢！所以，如果时间是运动的数目，或者本身就是一种运动，那么，如果永远有时间，运动也就必定是永恒的。然而说到时间，我们发现除了一个人以外，所有的人都同意说它不是创造出来的：事实上，正是这一点才使德谟克里特能够证明所有的东西都不能有一种生成：因为他说时间不是创造出来的。只有柏拉图才主张有时

[①] 即是：借他的知识，他有把握给人一个错误的意见，因而欺骗了这人。——英译者注

间的创造,他说,①时间和宇宙一道,曾有过一个生成,宇宙据他说也是有过一个生成的。可是,既然时间离开了刹那就不能存在也不可想象,而刹那乃是一种中点,事实上是在自身里面结合着一个起点和一个终点,即未来时间的起点和过去时间的终点,所以可以断定,时间必定是永远有的:因为随便我们取哪一段过去的时间,它的末端也必定是一个刹那,因为对于我们来说,时间除了包含刹那之外,并不包含别的接触点。因此,既然刹那是一个起点而又是一个终点,所以在它的两边必定永远有时间存在。然而如果时间是这样,显然运动也必定是这样,因为时间不过是运动的一种影响。)

同样的推理也可以用来证明运动的不灭性:正如运动的生成如我们已看到的那样,会牵涉到一个先于最初的运动的变化过程的存在,同样地,运动的消灭也会牵涉到一个跟随着最后的运动的变化过程的存在:因为,当一件东西不再被推动时,它并不因此同时就不再是能够运动的东西——例如,燃烧的过程的停止,并不引起被燃烧的性能的停止,因为一件东西可以是能够被燃烧而并不正在被燃烧——当一件东西不再是推动者时,它并不因此同时就不再是有推动力的东西。再者,破坏的动作者在它所破坏的东西被破坏了之后,将必须被破坏;然后,那能够破坏它的东西接着又必须被破坏(所以将会有一个变化的过程跟在最后的变化之后),因为被破坏也是一种变化。所以,如果我们正在批判的这种观点引起了这些不可能的后果,则显然运动是永恒的,不能在一个时候曾经存在,在另一个时候不曾存

---

① 即柏拉图在"蒂迈欧"篇中(页38B)的一个主张。——编者

在：事实上，像这样一种观点，除了说它是虚妄的之外，是很难用别的话来形容它的。

〔被动的精神：认识和思维的机能〕

17.〔**亚里士多德："论灵魂"，第三卷，第四章，页** 429a—430a〕现在我们来谈谈灵魂用来进行认识和思维的部分（不管这一部分只是在定义上可以与其他部分分开，或是在空间上也是如此）。我们必须研究：（1）把这一部分区别开来的是什么，以及（2）思维如何能够发生。

如果思维是像知觉一样的，那么它必定或者是一个过程，灵魂在这个过程中受到可思维的东西的作用，或者是一个与知觉不同然而类似的过程。因此，灵魂的这个思维的部分，虽然是不能感知的，却必定能够接纳一个对象的形式；这就是说，它在性质上必定潜在地与它自己的对象完全一致，虽然它不就是那个对象。心灵和可思维的东西之间的关系，必定如感官与可感觉的东西之间的关系一样。

因此，既然每件东西都可能是一个思想对象，心灵为了要（像阿那克萨戈拉所说的那样）统治，亦即为了要认识，就必须是纯洁而不与任何东西混杂的；因为有与它的本性迥异的东西并存，乃是一种阻碍：所以，它也像感觉的部分一样，除了具有某一种能力这个本性之外，不能有它自己的本性。所以，灵魂中被称为心灵的部分（心灵的意思是指灵魂借以思维和判断的东西），在它尚未思维的时候，实际上并不是任何现实的东西。由于这个缘故，把它看成与身体混在一起，是不合理的：因为如果是这样，那它就会获得某种性质，例如暖或冷，甚至会像感觉机能一样有一个自己的器官；但是事实上它并没有。把灵魂称为"形式的所在地"，是很好的想法，不过：（1）这个说法只适用于思维的灵魂；（2）即使思维的灵魂，它之为形式，也只是潜在的，而不是现实的。

对感觉器官及其运用的观察，揭示了感觉机能的麻木和思想机能的麻木两者之间的不同。在一种感官受到了强烈的刺激之后，我们就不大能像以前那样运用这个感官，例如，听到一个巨响之后，我们就不能立刻顺利地听别的声音，看到太明亮的颜色或闻到太浓烈的气味之后，我们就不能立刻看或闻；但是，在心灵方面，关于一件极易领会的东西的思想，会使心灵以后更能够思维较难领会的东西，而不是更不能够：理由就在于感觉的机能是依赖于身体的，而心灵则是和它分开的。

心灵一旦完成了对它的每一组可能的对象的思考时，就像一个学者那样——指现实的学者（即当他现在能够主动地运用其力量的时候），心灵复归于潜在性的状况，但是，这种潜在性，是不同于借学习或发现而获得知识以前的那种潜在性的：这时候心灵能思维它自己。

既然我们能分别一个空间的大小和作为一个这样的东西是什么，分别水和水是什么，以及其他许多这样的情况（虽然不是全部，因为在有些场合，事物和事物的形式是同一的），所以肉和什么是肉这两回事，乃是或者由不同的机能来辨识的，或者是由同一机能的两个不同的状态来辨识的：因为肉必然牵涉到质料，像那"塌鼻子"一样，即一个这个在一个这个里面[①]。可是，我

[①] 即一个特殊的形式在一个特殊的质料里面。——英译者注

们是借感觉机能来识别热和冷,亦即那些按一定比例构成肉的因素;而肉的本质的特性,则是借某种不同的东西来知悉的,这东西或者是完全与感觉机能分开,或者是和它发生这样一种关系,就像一条弯曲的线对同一条线已被弄直之后所发生的关系那样。

再者,在抽象对象的场合,直的东西与塌鼻子的东西有相似之点,因为它必然蕴涵着一种连续体作为它的质料;构成它的本质是不同的,如果我们能够分别"直"和"直的东西"的话;我们假定它是"二"。因此,它必须由一种不同的能力或同一能力的一种不同的状态来认识。总括起来说,就心灵所认识的各种实在性能够与它们的质料分开这个限度内来说,心灵的各种能力情形也是如此。

有人会提出这样的问题:如果思维是一种被动性的影响,那么,心灵若是单纯的和不能感知的,并且跟任何别的东西无相同之处,像阿那克萨戈拉所说的那样,它又怎能够竟然会思维呢?因为两个因素之间的互相作用,是被认为必须在它们之间先要有一种本性上的共同点的。再者,还可以问:心灵是不是它自己的一个可能的思维对象?因为如果心灵本身是可思维的,而凡可思维的东西在种类上总是同一的,那么,或者是(1)心灵将为每样东西所具有,或者是(2)心灵将包含某种为它和其他一切实在的东西所共有的东西,正是这种东西使它们都成为可思维的。

(1)我们说过:心灵在一种意义下,潜在地是任何可思维的东西,虽然实际上在已经思维之前它什么也不是——难道我们不是已经消除了"互相作用必定牵涉一个共同因素"这个困难吗？心灵所思维的东西，必须在心灵之中，正如文字可以说是在一块还没有什么东西写在上面的蜡版上一样：灵魂的情形完完全全就像这样。

（2）心灵本身是可思维的，正完全像它的对象一样。因为(a)在不牵涉质料的东西方面，思维者和被思维者是同一的，因为思辨的知识和它的对象是同一的。（为什么心灵不是永远在思维，这一点我们要在以后考察。）(b)在那些包含着质料的东西方面，每一个思维对象都只是潜在地存在着。因此，虽然它们不会有心灵在它们里面（因为说心灵是它们的一种潜在性，只是就它们能与质料分开来这一点而说的），心灵还是可思维的。

〔对柏拉图"理念论"的批判〕

18.〔亚里士多德："形而上学"，第一卷，第九章，页990a—993a〕现在让我们暂时把毕泰戈拉派放下不谈；关于他们，我们所说的那么多已经够了。至于那些设定理念作为原因的人，首先，他们在寻求把握我们周围事物的原因时，引进了另外一些与这些事物数目相等的东西①，有如一个人要想计算事物，却认为事物太少就不能计算，于是把事物的数目扩大，然后才来计算一样。因为"形式"②实际上和事物一样多，或者并不比事物少；为了企图解释这些事物，这些思想家才从事物出发而走到那些"形式"的。因为，对于每一件东西，都会有一个同名并离开实体而独立存在的东西③与之相应；并且，同样地，对于所有其他成群成

---

① 指柏拉图派的"理念"。——编者
② 指柏拉图派的"理念"。——编者

组的东西,在"多"之上也会有一个"一"①,不论那"多"是在这个世界里的,或是永恒的。

其次,我们用来证明"形式"②存在的那些方法,没有一种是能令人信服的;因为根据其中的一些,我们并不能获得必然的推断;而根据另一些,连那些我们认为没有"形式"与之相应的东西,也会有与之相应的"形式"产生出来。因为按照由于有科学存在这个事实而得出的论据,凡是成为各种科学的对象的东西,都会有"形式"与之相应;而按照"多之上有一"的论据,连各种否定也会有它们的"形式";按照"即令事物已消失时也仍有一个思想对象"的论据,能消灭的东西也会有它们的"形式",因为我们有这些东西的意象。再者,在那些更精确的论据中,有些导致关系的"理念",这种关系我们认为是没有独立的一类的;另一些则引进了"第三者"。

一般地说来,那些用来论证"形式"的论据破坏了事物,这些事物的存在比起"理念"的存在来,是更为我们所关切的,因为这样一来,在先的就不是"二"而是数了③。就是说,相对的先于绝对的——而这还不过是其他各点以外的一点。在其他各点上,某些人由于追随那些关于理念的意见,结果终于走到与那种理论的原则发生冲突的地步。

---

① 成群成组的东西就是个体,是多个的,理念是同组个体所共有的,只有一个。——编者
② 指柏拉图派的"理念"。——编者
③ 根据"理念论":"二"(ή δυάς)和二(όύο)是有区别的。前者意思是"二这个数",即把两个单位视为一个东西,后者是我们说两个东西、两件事等等时所指的两个单位。根据柏拉图,"二"既然是一个数,所以必先有数的理念,然后才有"二"。——译者

再者，按照那个使我们相信"理念"的假定，就会不仅有实体的"理念"，并且有许多别的东西的"理念"（因为不但实体的概念是单一的，其他的东西的概念也都是单一的，他们还会遇到成千种诸如此类的困难）。但是，按照当前的要求和人们关于"形式"所持的意见，如果"形式"能被"分有"，那么就只能有实体的"理念"。因为"形式"并不是偶然地被"分有"的，一物之"分有"它自己的"形式"，意思必须是指"分有"某种并非用来述说一个主体的东西（所谓"偶然地被'分有'"，我意思是指：例如，如果一件事物"分有""二倍本身"，它也就"分有""永恒"，不过只是偶然地"分有"，因为"永恒"是碰巧可以用来述说"二倍"）。因此，"形式"必须是实体；但是同样的词既标示这个世界的实体，又标示理念世界的实体（否则，说在个别的东西之外还有某种东西——即多之上的一——会有什么意义呢？）。而如果"理念"和"分有""理念"的特殊事物具有相同的形式，那么就将有某种东西为它们所共有，因为，为什么"二"①在那些可毁灭的二②里面，或者在那些虽是多但却是永恒的二③里面，虽然是同一个，而在"二本身"④里面却和在特殊的二⑤里面又不是同一个呢？可是，如果它们没有相同的形式，它们就必定只是名称相同，而那就只是像一个人没有看出卡利亚⑥和一个木偶之间有什

---

① 指"二"的理念。——编者
② 指数目是二的事物。——编者
③ 指"二"这个数目。——编者
④ 指"二"的理念。——编者
⑤ 指数目为二的事物。——编者
⑥ 一个普通的希腊人名。——编者

么共同之处,就把两者都称为人一样。

尤其重要的,是还可以提出这样的问题来讨论一下:"形式"对于可感觉的东西,不管是永恒的或是能生灭的,究竟有什么贡献呢?因为"形式"既不能在可感觉的东西里面引起运动,又不能引起任何变化。还有,"形式"既然绝不能帮助人们认识其他的事物(因为它们甚至不是这些东西的实质,否则它们就会在这些东西里面了),也不能对事物的存在有所帮助,如果它们不是在那些"分有"它们的特殊事物里面的话;如果它们是在特殊事物里面,它们也许可以被认为是原因,正如白由于进入一件白的东西的组织中而引起白的东西里面白的性质一样,但这个首先由阿那克萨戈拉后来又由欧多克索①等人运用过的论据,是很容易推翻的,因为要收集许多不可克服的驳难来反对这种观点是并不困难的。

再者,就"从"这个词的通常意义来说,所有其他的东西是不能够从"形式"而来的。说"形式"是模型,其他的东西"分有"它们,这只不过是使用空虚的语言和诗意的比喻而已。因为,是什么东西按照"理念"来工作呢?而且,任何东西都能够存在或生成,像别的东西一样,而不必是从"理念"摹下来的,所以不论苏格拉底存在与否,一个像苏格拉底的人也可能产生出来;并且很显然,就算苏格拉底是永恒的,情形也会如此。并且,同一件东西会有几个模型,因而也有几个"形式",例如,"动物"和"两足的"和"人本身"将会是人的"形式"。再者,"形式"不仅

---

① 欧多克索(公元前408—前355)是一个希腊天文学家,属于柏拉图派。——编者

是可感觉的东西的模型,而且也是"形式"本身的模型;就是说,"种",作为不同的"属"的"种",全都会是这样的;因此,同一件东西能够既是模型又是摹本。

再者,说实体和那些以之为实体的东西会彼此独立,似乎也是不可能的;那么,"理念"既然是事物的实体,如何能够独立存在呢?在"斐多"篇①里面关于这一点是这样说的——"形式"乃是存在和生成两者的原因;但是,当"形式"存在时,那些"分有"它们的东西还是未产生出来的,除非有某个东西来开始这种运动;然而许多东西却产生出来了(例如一座房子或一个戒指),这些东西我们认为是没有自己的"形式"的。因此很显然,就是其他的东西也都能由于那些产生上述东西的同样原因而存在和产生出来②。

再者,如果"形式"是数,它们是如何能够成为原因的呢?是不是因为存在物乃是另外的数,例如,一个数是人,另一个是苏格拉底,另一个则是卡利亚呢?那么为什么一组数是另一组数的原因呢?就算前者是永恒的,后者不是永恒的,也同样不能说明问题。可是如果是因为这个感性世界中的东西(例如和谐)乃是一种数的比例,那么就很显然,那些以数为互相之间的比例的东西,乃是某一类的东西。那么,如果这种东西——质料——是某种确定的东西,则显然数本身也将是某物对别的东西的比例。例如,如果卡利亚是火、土、水、气之间的一个数量上的比例,他

---

① 指柏拉图的对话"斐多"篇,页100C—E。——编者

② 亚里士多德在"形而上学"第十三卷,第四章末段说得更清楚:"因此即令那些我们认为有'理念'与之相应的东西,也都能由于那些产生上述东西的同样原因而存在和产生出来。"——译者

的"理念"也就将是某些其他的基质的一个数;而"人本身"不论是不是某种定义下的一个数,将仍然是某些东西的一个数量的比例,而不是一个真正的数,它也不会仅仅由于是一个数量的比例而成为一个数。

再者,从许多个数能产生出一个数,但是一个"形式"如何能从许多"形式"产生出来呢?如果数不是从许多个数本身产生出来的,而是从它们之中——例如从10,000之中的单位产生出来的,那么单位方面的情形又如何呢?如果说它们在种类上是相同的,就会有许多荒谬的后果发生,如果它们不是相同的,亦复如此(即一个数里面的各个单位本身既不是彼此相同,那些别的数里面的单位也不是全都相同),因为,既然它们是没有性质的,它们又借什么而不相同呢?这不是一个说得通的见解,它和我们对于这个问题的想法也不是符合的。

再者,他们还必须设定第二种数(即算术所讨论的数),以及所有被一些思想家称为"居间者"的东西;而这些东西是如何存在的呢?或者,它们是从什么根源产生出来的呢?或者,何以它们必须介于这个感性世界中的东西和事物本身[①]之间呢?[②]

再者,二里面的单位,必须各从一个在先的二而来;但这是不可能的。

再者,为什么一个数目,当被看作在一起时,乃是"一

---

① 即事物的理念。——编者

② 柏拉图派认为几何学家所研究的既不是用笔画出来的那些个别的几何图形,也不是几何图形的理念,而是一些介乎这两者之间的几何图形,他们称之为"居间者"。——译者

个"①呢？

再者，除以上所说之外，如果单位是互异的，那么柏拉图派的主张就应该像那些说有四个或两个原素的人一样，因为这些思想家都不把原素的名称给予共同的东西，例如物体，而给予火和土，不管它们是否有共同的东西，即物体。但是，事实上，从柏拉图派所说的话听起来，似乎"一"乃是各部分纯粹同质的，像火或水一样；如果是这样，数就不会是实体。显然，如果有一个"一本身"，而这个"一本身"又是一个最初的根源，那么"一"就是在不只一个意义下被使用的。否则，这种理论是不能成立的。

当我们想要把实体归结到它们的根源时，我们就说线是从长和短产生的（就是说，从一种大和小），而平面则从宽和窄产生，物体则从深和浅产生。但是，既然这样，平面如何能包含线，或者，立体如何能包含线或面呢？因为宽和窄乃是与深和浅不同类的。因此，正如数并不存在于这些东西里面，因为多和少乃是与这些东西不同的，那些其他的高级的类显然也不会存在于低级的类中。但是，还有，宽不是一个包含着深的"种"，因为要不然立体就会是平面的一个"属"了。再者，从什么原理能推出点在线里面存在呢？柏拉图甚至惯于反对这一类东西，认为它们是一种几何学的虚构。他承认线有一个开始之点（他将之称作不可分的线，并常常提及这一点）。然而这些不可分的线必须有一个终点；因此，那个可以根据来推断线的存在的论据，也证明了点的存在。

一般地说来，虽然哲学是寻求可感知的事物的原因的，我

---

① 如"三"是一个数。——编者

们却放弃了这个任务（因为我们完全没有谈及变化所从出的原因），而当我们幻想我们是在说出可感知的事物的实体时，我们却是断言了另一种实体的存在，并且我们对它们如何是可感知的事物的实体这一点所说的话，都是些废话，因为"分有"，如前面已经指出的，乃是没有意义的。

我们认为是各种科学的原因的那个东西，亦即所有的心灵和整个的自然都为了它而活动的那个东西①，也与"形式"无任何关联——就是说，"形式"与这个被我们称为最初根源之一的原因无关联。但是，对于近时的思想家们，数学已经和哲学等同起来了，虽然他们说，数学应该是为了其他的东西而研究的。②

此外，人们可能认为：那按照他们说来是像质料一样支撑着事物的实体，未免太富于数学性了，与其说它是质料本身，还不如说它是实体即质料的一个属性或属差；就是说，大和小是和自然哲学家们所说的稀薄和浓厚一样的，自然哲学家称稀薄和浓厚为基质的最初属差，因为它们是一种过多和不足。至于谈到运动，如果大和小必须就是运动，则显然"形式"就会被推动；但是如果它们不应该是运动，那么运动是从哪里来的呢？整个对自然的研究就会被取消了。

并且，那被认为容易的事，亦即证明一切事物都是一，也没有作得成功。因为，用那个举例的方法③所证明了的，并不是一切事物都是一，而只是有一个"一本身"——假定我们承认所有的前提的话。如果我们不承认共相是一个"种"，那就连这点也

---

① 即目的因。——编者
② 这是柏拉图"国家"篇第七卷页531D，533B—E中的说法。——编者
③ 指柏拉图派的一种方法。——编者

证明不出来了；而共相中的确有一些不能是一个"种"。

后于数而有的线和平面和立体如何存在或如何能存在，以及它们的重要性何在，也是无法说明的，因为这些东西既不能够是"形式"（因为它们不是数），也不能够是那些居间者（因为居间者乃是数学的对象），也不能够是可毁灭的东西。显然这是另外的第四种东西。

一般地说来，如果我们寻求存在的事物的原素，而没有把事物之被称为存在的那许多意义首先分别清楚，我们就不能找到那些原素，特别是如果用刚才所说这种方式来寻求构成事物的原素的话。因为当然不可能发现"起作用"或"受作用"或"直"是由什么构成的，而且，如果原素终究可以被发现的话，那也只是实体的原素；因此，企图寻求所有存在的事物的原素，或认为自己已经寻到了，都是不正确的。

并且，我们如何能获悉所有事物的原素呢？我们不能在开始以前已经先认识任何东西。因为正如在学习几何的人一样，他虽然可以事先认识了别的东西，但是对于几何学所讨论的、他即将学习的东西却全无所知，同样地，在所有其他的场合，也莫不如此。因此，如果有一门关于一切的东西的科学，像有些人断言其存在那样，那么，那个正着手学习这门科学的人事先对它必定是全无所知的。但所有的学问，都必借助于先前已经认识了的前提（全部或一部分）——不论那门学问是凭借论证或是凭借定义的，因为构成定义的因素必须先被认识并且是人所熟悉的；用归纳法来学习的过程也是一样。相反地，如果这门科学实际上是天赋的，那就很奇怪，何以我们竟然没有意识到我们拥有这种科学中间最伟大的科学。

再者,一个人如何知道构成所有的东西的是什么呢?如何证明这一点呢?这也造成一种困难;因为可能有意见上的冲突,正如关于某些音节的意见一样;有些人说ζα这个音节是由σ、δ和α这三个音素构成的,另一些人却说它是另一个绝不是我们所熟悉的声音。

再者,我们如何能认识感觉的对象——如果我们没有那种感官的话?但是,我们是应该认识的,如果一切事物由之构成的原素是相同的——像复合音是由音所固有的各种原素所构成的那样。

〔论科学知识〕

19.〔亚里士多德:"分析后篇",第一卷,第二章,页71b—72b〕当我们认为自己认识到事实所依赖的原因,而这个原因乃是这件事实的原因而不是别的事实的原因,并且认识到事实不能异于它原来的样子的时候,我们就认为自己获得了关于一件事物的完满的科学知识,这种知识与智者关于这事物的那种非本质的认识是绝不相同的。科学的认识是这样的东西,乃是很显然的,可以拿那些冒充有科学知识的人和那些真正有科学知识的人来作证明,因为前者只是自以为达到了上述的境地,而后者则是真正达到了那种境地。因此,完满的科学知识的真正的对象,乃是那不能异于它本来的样子的东西。

也许可能有别种方式的认识——这一点以后将要讨论。现在我所断言的,乃是无论如何,我们确是借论证来获得知识的。所谓论证,我意思是指一种能产生科学知识的三段论式,就是说,一种三段论式,我们对它的掌握,本身就是这种知识。那么,假定我关于科学知识的性质的论旨是正确的话，论证的知识的前提，就必须是真的、第一性的、直接的、比结论更为我们所认识的、先于结论的，而且结论是像果之与因那样和前提发生关系的。除非满足了这些条件，那些基本的真理就不会"切合"于结论。诚然，没有这些条件也许仍旧可得到三段论式，但这种三段论式既不能产生科学知识，也就不能成为论证。前提必须是真的：因为凡是不存在的东西就不能被认识——例如我们就不能认识到正方形的对角线和它的边是能够用同一单位来除尽的。前提必须是第一性的而且不能论证的；要不然，它们就会需要加以论证才能被认识，因为，所谓获得关于可论证的事物的知识，如果所说的知识不是偶然的知识，其意思正就是：有了关于它们的论证。前提必须是结论的原因，比结论更加为我们清楚地认识，并且先于结论；它们应该是结论的原因，因为只有当我们认识一件事物的原因时，我们才具有关于它的科学知识；先于结论，是为了能成为原因；它还得早于结论被我们所认识，因为这种先行的知识并非只在于我们了解其意义，而且也要有关于事实的知识。可是"先于"和"更清楚地被认识"都是歧义语，因为在存在的层次中占先的和更清楚地被认识的，与在对人的关系中占先的和更清楚地被认识的，两者之间是有差别的。我的意思是说，较接近感觉的东西，对于人说乃是占先的和更清楚地被认识的；而在无条件的意义下占先的和更清楚地被认识的东西，乃是那些离感觉更远的东西。可是，最普遍的原因离感觉最远，而特殊的原因则最接近感觉，因此这两者恰恰是相互对立的。当我说论证的知识的前提必须是第一性的时候，我意思是说它们必须是"切合"的基本真理，因为我是把第一性的前提和基本真理等同了的。一个论证里面的"基本真理",乃是一个直接的命题。一个直接的命题,乃是一个没有其他命题比它更占先的命题。命题乃是一个陈述的正反两方面的任一方面,即是,命题把一个单一的属性用来作为一个单一的主词的宾词。如果一个命题是辩证的,它就不加分别地假定正反两方面;如果它是论证的命题,它就承认一方面而确定地排斥另一方面,因为前者是真的。"陈述"一词,可以指一个矛盾的两方面中任何一方面。矛盾乃是一种对立,这种对立由于自己的本性而排斥一种中间的说法。在矛盾里面把一个宾词和一个主词联结起来的那一方面,是一个肯定命题;把它们分开的那一方面,是否定命题。我称三段论式中的一个直接的基本真理为一个"论旨",如果它虽然不能由教师加以证明,而对它没有认识却并不能构成学生进步道路上一个完全的阻碍;学生如果要学习任何东西就必须认识的基本真理,则称为公理。我称它为公理,因为确有这样的真理,并且我们让它们有这种获得公理之称的优先权。如果一个论旨假定了一个陈述的一方或他方,就是说,如果它断言一件事物的存在或不存在,它就是一个假定;如果它并不这样断言,那它就是一个定义。定义是一个"论旨"或一种"设定",因为数学家设定单位就是在量的方面不可分的东西;但是这并不是一个假定,因为规定单位是什么,并不等于断言它的存在。

现在,既然我们关于一个事实的知识所必需的根据——即我们对该事实的信念所必需的根据,在于我们有一个我们称之为论证的那种三段论式,而三段论式的根据,则在于构成前提的那些事实,所以我们不但必须事先认识第一性的前提——如果不是认识其全部,也得认识其中一部分——,而且认识它们还要比认识结论更清楚：因为那使得一种属性存在于一个主体中的原因，本身常常是比那属性更坚固地存在于该主体之中；例如，那使我们爱任何一物的原因，比起我们所爱的对象来，对于我们是更珍贵的。所以，既然第一性的前提乃是我们的知识的原因——即我们的信念的原因，当然我们对于它们要比对于由它们得出的推论认识得更透彻些——就是说，更相信它们——，这恰恰是因为我们对于这些推论的知识，乃是我们对于前提的知识所生的结果。可是，一个人不能比相信自己所认识的东西更加相信任何东西，除非他有关于这件东西的实际的知识，或者有比实际的知识更好的东西。但是，我们会遇到这种困难，如果一个学生的信念是以论证为基础，而又没有先在的知识的话；一个人必须比相信结论更加相信基本真理中的一些，如果不是全部的话。再者，当一个人着手获取来自论证的科学知识时，他必须不仅要对于基本真理较之对于正在被论证的联系有更好的认识、更坚固的信念；除此之外，对他来说，还更应该确信或认识到，这些基本真理具有一种与能导致相反而错误的结论的根本前提相矛盾的性质。因为，纯粹的科学的信念，当然必须是不可动摇的。

〔四种宾词及其与十个范畴的关系〕

20.〔亚里士多德："正位篇"，第一卷，第五章，页101b—102b〕现在，我们要谈谈什么是"定义"、"特性"、"种"和"偶性"。"定义"是一个表示一物的本质的短句。它或者是以一个用来代替一个词的短句的形式做成，或者以一个用来代替另一短句的短句的形式做成，因为，规定一个短句的意义，有时也是可能的。那些只限于用一个词来下定义的人，不管他们如何努力，显然不能把要下定义的东西的定义作出来，因为一个定义经常总是某一种短句。不过，人们也可以用"定义语"这个词来称像"'生成'是'美丽的'"这样的话，以及像"感觉和知识是相同的还是有别的？"这样的问题，因为关于定义的论辩，通常都涉及同和异的问题。简言之，我们可以把任何与定义同属于一个研究部门的东西，称为"定义语"；而所有上述的例子之具有这种性质，乃是一目了然的。因为，如果我们能够论证两样东西是相同的或有差别的，我们也就可以由同一论证方向获得解决它们的定义问题的途径。因为如果我们证明了它们不是相同的，我们就是推翻了定义。但是请注意，后一句话如果倒转过来说，却不能是真的：因为证明它们是相同的却不足以建立起一个定义。反之，证明它们不是相同的，却已足够把定义推翻。

"特性"是一个并不表示一物的本质、但为该物所专有并可与该物转换着说的宾词。例如，能够学习语法，乃是人的一个特性：因为，如果某甲是一个人，他就能够学习语法，而如果他能够学习语法，他就是一个人。因为，没有人会把任何可能属于他物的东西称为一个特性，例如，对人来说，就不会把"睡眠"称为一个特性，即使有时睡眠可能专属于人。这就是说，如果实际上要把任何一个这样的东西称为一个特性，也不会在绝对的意义上把它称为"特性"，而是把它称为"临时的"或"相对的"特性：因为"在右手边"是一个"临时的"特性，而"两足的"则是就事实说而在某些关系中被规定为一种特性的；例如，相对于马和犬而言，它乃是人的一个特性。任何东西，如果它可能属于A以外的任何东西，就不能是一个可以和A转换着说的宾词，这乃是显而易见的：因为不能必然地推断出：如果某个东西是睡着的，它就是一个人。

"种"乃是在本质这个范畴中用来述说若干显示属差的东西的。我们应该把所有在回答"你面前是什么东西？"这个问题时宜于提出的一切东西，看作本质这个范畴中的宾词；例如，谈到人时，如果提出上面这个问题，就宜于这样说："他是一个动物"。"这一个东西跟另外一个东西是属于相同的'种'呢还是属于不同的'种'？"这个问题，也是一个"关于'种'的"问题，因为这样的问题也属于"种"所属的同一研究部门，因为，如果已经论证了"动物"是人的"种"，同样也是牛的"种"，我们也就已经论证了两者属于同一个"种"，反之，如果我们证明了它是一物的"种"但不是另一物的"种"，则我们就算是已经论证了这些东西不属于同一个"种"。

"偶性"是：（1）某个虽不是上述各种东西中的任何一种——就是说，既不是"定义"或"特性"，也不是"种"——但却属于事物的东西；（2）某种很可能属于或不属于任何同一个东西的东西，例如"坐的姿态"可以属于也可以不属于某个同一的东西。同样地，"白"也是如此，因为没有什么足以阻止同一个东西在某个时候白，在另一个时候不白。在这两个关于偶性的定义中，后者是较好的：因为任何人如果采取了前者，那么，当他要理解偶性时，他就必须已经知道什么是"定义"、"种"和"特性"，反之，第二个定义本身已经足以表明我们所讨论的这个词的本质的意义。也应该归到"偶性"这项目之下的，还有所有把事物放在一起而作的比较，——当用来表达这些比较的语言是以某种方式根据事物身上所遇到（偶遇）的事件而取得的时候；例如像这样的问题:"是诚实可取呢,还是方便可取?"和"美德的生活愉快些呢,还是纵欲无度的生活愉快些?"以及任何碰巧可以用类似这些的词句作出来的其他的问题。因为在所有这些情况中,问题乃在于:"所提的宾词对于两者中的哪一个碰巧(偶遇)更相近?"显而易见,没有什么东西足以阻止一个偶性变成一种临时的或相对的特性。例如,坐的姿态是一个偶性,但它也会成为一个临时的特性,只要一个人是唯一坐着的人,如果他不是唯一坐着的人,但相对于那些不是在坐着的人,它仍然是一个特性①。所以,没有什么东西足以阻碍一个偶性变成一个相对的和临时的特性;但是它永远不会成为一个绝对的特性。

21.〔同上,第一卷,第九章,页103b—104a〕那么,次一步我们就必须来区别各类的宾词,上面所提的四种,就是包含在这些类的宾词之内的。这些宾词共有十类:本质,数量,性质,关系,地点,时间,姿态,状况,活动,遭受。任何一件东西的"偶性"、"种"、"特性"和"定义"总要落在这些范畴之一里面:因为所有借这些范畴而形成的命题,都或者表示某物的本质,或者表示它的性质或数量或其他各类型的宾词中的任何一种。并且也很显然,把某物的本质表示出来的人,所表示出来的有时是一个实体,有时是一种性质,有时是其他各类型的宾词中的任一种。因为,当他把一个人搁在面前而说搁在那里的东西是"一个人"或"一个动物"时,他说出了它的本质,并指出了一个实体。但是当他把一种白色放在面前而说搁在那里的东西是"白的"或"一种颜色"时,他说出了它的本质,并指出了一种性质。同样,

---

① 指坐着的人的特性。——译者

如果他把一尺长的东西搁在面前而说搁在那里的东西是一尺长的，他说出了它的本质，并且指出了一个数量。同样地，在其他的场合也都如此：因为这些宾词的每一种，如果是用来述说它自己，或者用它的"种"来述说它，就表示一种本质，另一方面，如果一种宾词被用来述说另一种宾词，它就不是表示一种本质，而是表示一个数量或性质或其他各类宾词中之一种。辩论所涉及的主题以及用作起点的材料，就是如此，并且是这么多。我们应该如何去获得它们，以及用何方式成为充分拥有它们，下面就要谈到。

〔命题的对立〕

22.〔亚里士多德："解释篇"，第七章，页17a—18a〕有些东西是全称的，另外一些东西则是单称的。"全称的"一词，我的意思是指具有可以用来述说许多主体的性质的。"单称的"一词，我的意思是指不是用来述说许多主体的。例如，"人"是一个全称，"卡利亚"是一个单称。

我们的命题必然有时涉及一个全称的主词，有时涉及一个单称的主词。

那么，如果有人关于一个全称主词作了一个一般性的肯定命题和一个一般性的否定命题，这两个命题就是"相反"命题。用"关于一个全称主词的一个一般性的命题"这个词句，我意思是指像"所有的人都是白的"、"没有一个人是白的"这样的命题。反之，当肯定的和否定的命题虽然是关于一个全称主词，但却并非属于一般性的时候，它们就不是相反的，虽则所指的意思有时是相反的。有关一个全称主词而并没有一般性的命题的例子，我们可以举出像"人是白的"、"人不是白的"这些命题。"人"是一个全称，但这个命题却不是作为具有一般性的命题提出的；因为"所有的"一词，并不使主词成为一个全称，而是给予命题以一种一般性。不过，如果宾词和主词两者都是周延的，则这样构成的命题，乃是与真实相反的；在这种情况之下没有什么肯定会是真的。"所有的人是所有的动物"就是这种类型的命题之一例。

一个肯定命题，在我用"矛盾命题"一词所指的意义之下，与一个否定命题相对立，如果两者的主词相同，而肯定命题是一般性的，否定命题却不是一般性的话。肯定命题"所有的人都是白的"乃是否定命题"并非所有的人都是白的"的矛盾命题，还有，命题"没有一个人是白的"乃是命题"有些人是白的"的矛盾命题。但是当肯定命题和否定命题两者都是一般性的时候，它们乃是作为相反命题而互相对立的，例如像在"所有的人都是白的"，"没有人是白的"，"所有的人都是公正的"，"没有人是公正的"等句子里面那样。

我们看见，在一对这样的命题中，两者不能同时都是真的，但一对相反命题的矛盾命题，有时对于同一个主词，却能够都是真的；例如，"并非所有的人都是白的"和"有些人是白的"两个命题都是真的。至于在那种谈及全称的主词并且具有一般性的肯定命题和与它相应的否定命题中，则必须一个为真的，一个为假的。如果谈的是单称主词，情形也是一样，例如在命题"苏格拉底是白的"和"苏格拉底不是白的"里面那样。

在另一方面，当所谈及的是全称的主词，但命题不是一般性的时候，就并不是常常是这样，即不是一者为真一者为假，因为我们可以说人是白的和人不是白的,或人是美丽的和人不是美丽的而并不错;因为,如果一个人残废了,他就是美丽的反面,而如果他正在向美丽发展,他就还不是美丽的。

我这样说,初看起来,很可能显得自相矛盾,因为命题"人不是白的"显得好像等于命题"没有一个人是白的"。不过,事实并不是这样,它们也并不是必然要同时是真的,或同时是假的。

并且,很显然,与一个单一的肯定命题相应的否定命题,本身也是单一的,因为这个否定命题必须恰恰否定了那个肯定命题关于一个主词所肯定的东西,并且,在关于主词的一般性或特殊性这个问题上,以及在主词被视为周延的或不周延的这个问题上,否定命题必须与肯定命题相符。

例如,肯定命题"苏格拉底是白的"的恰当的否定是命题"苏格拉底不是白的"。如果主词被否定具有一种别的东西,或者虽然宾词不变而主词却是另外一个,那么,对于那个肯定命题来说,所作的否定命题就不会是恰当的,而将是一个不同的否定命题。

肯定命题"所有的人都是白的"的恰当的否定是"并非所有的人都是白的";肯定命题"有些人是白的"的恰当的否定命题是"没有人是白的",而对于肯定命题"人是白的"的恰当的否定命题,乃是"人不是白的"。

我们还指出了一个单一的否定命题乃是以矛盾命题的姿态与一个单一的肯定命题相对立的,并且我们已经说明了这些是什么命题;我们也已经说出相反命题和矛盾命题是有区别的,以及什么是相反命题;还指出了就一对对立的命题而言,不是永远是一者为真一者为假。此外,我们还指出了这一点的理由何在,以及在何种情况之下,一者的真必然包含一者的假。

〔论逻辑的第一格〕

23.〔亚里士多德:"分析前篇",第一卷,第四章,页25b—26b〕作了这些区别之后,现在我们来说明每个三段论式是以什么方法、在什么时候以及如何产生出来的;以后还要谈到论证。应该在讨论论证之前来讨论三段论式,因为三段论式是更一般的:论证是一种三段论式,但是并非每种三段论式都是一个论证。

每当三个词彼此之间的关系具有这样的性质,即最后的词是包含在中间的词里面,像某一个东西包含于一个整体之中一样,而中间的词又包含于第一个词之中或被排斥于它之外,像某一个东西包含于一个整体或被排斥于它之外一样,这时候,最先和最后的词就必定借一个完全的三段论式而发生关系。那本身包含在另一词之中而又包含另外一个词的,我称之为中词:在位置上,它也处于中间。最后和最先的词,我的意思是指那本身包含在另一个词里面的词,和那包含另一个词的词。如果甲被用来述说所有的乙,乙被用来述说所有的丙,甲就必定可以用来述说所有的丙[①]:我们在前面已经解释过,"用来述说所有的"是什么意思。同样地,如果甲不被用来述说任何的乙,而乙则被用来

[①] 这就是逻辑里第一格的第一个式:大前提全称肯定,即所有的乙都是甲(A命题);小前提全称肯定,即所有的丙都是乙(A命题);由此得出的必然的结论也是全称肯定,即所有的丙都是甲(A命题)。这个式的专名是Barbara,取其中的三个母音都是A以便记忆。——编者

述说所有的丙,那么,就必然没有任何丙是甲①。

但是如果最先的词属于所有的中词,而中词不属于任何最后的词②,那么,就不会有关于最先的词和最后的词的三段论式,因为当各词之间有这样的关系时,不能有什么必然的推论产生出来,因为很可能最先的词属于所有的最后的词,也可能不属于任何一个最后的词,因而既非必然有一个特称的结论,也非必然有一个全称的结论。但是,如果没有必然的推论,就不能借这些前提而形成一个三段论式。我们可以举出"动物"、"人"、"马"这三个词作为最先的词和最后的词之间的全称肯定关系的例子;全称否定关系的例子,可以举出"动物"、"人"、"石头"这三个词。再者,当最先的词既不属于任何一个中间的词,而中间的词又不属于任何最后的词时③,也不能形成一个三段论式。最先的词和最后的词之间有肯定关系的例子,可以举"科学"、"线条"、"医学"三个词,否定关系的例子,可以举"科学"、"线条"、"单位"三个词。

所以,如果各词是以全称命题形式联系着时,就能清楚地看出在这一格中什么时候可能形成一个三段论式,什么时候不可能;也可以清楚地看出,如果可能形成一个三段论式,则各词必定是以上述的方式发生关系,并且,如果它们是这样联系着,就必定会有一个三段论式。

---

① 这就是第一格第二个式:大前提全称否定(E命题);小前提全称肯定(A命题);由此得出的必然结论是全称否定(E命题)。这个式的专名是Celarent,取其中三个母音是EAE。——编者

② 即大前提全称肯定(A命题);小前提全称否定(E命题)。——编者

③ 即大前提全称否定(E命题);小前提全称否定(E命题)。——编者

但是，如果一个词是普遍性地与其主词发生关系，而另一个词则只是部分地与其主词发生关系，那么，每当普遍性（不论其为肯定的或否定的）用于大词之上，而特殊性则以肯定的形式用于小词之上时，就必定含有一个完全的三段论式，但每当普遍性是用于小词之上，或者各词之间是以任何别的方式相联系时，就不可能有一个三段论式。我称包含中词的那个词为大词，而被中词所包含的那个词为小词。假定所有的乙都是甲，而有些丙是乙。那么，如果"被用来述说所有的"这一用语意思是如上所说的那样。则必然有些丙是甲①。如果没有任何乙是甲，而有些丙是乙，那么就必然有些丙不是甲②。（"不被用来述说任何的"一用语的意义上面已有规定。）所以，会有一个完全的三段论式。如果前提乙丙③是不确定的命题④，只要它是肯定命题，那么刚刚所说的话仍有效。因为不论这个前提是不确定的或特称的，我们都将获得同样的三段论式。

但是如果肯定的或否定的普遍性是用于小词之上的，则不可能有一个三段论式，不管大前提是肯定的还是否定的，不确定

---

① 这是第一格的第三个式：大前提全称肯定（A命题）；小前提特称肯定（I命题）；由此得出的必然结论是特称肯定（I命题）。这个式的专名是Darii，取其中的三个母音是AII。——编者

② 这是第一格的第四个式：大前提全称否定（E命题）；小前提特称肯定（I命题）；由此得出的必然结论是特称肯定（I命题）。这个式的专名是Ferio，取其中的三个母音是EIO。——编者

③ 即"乙属于丙"，丙为主词，乙为宾词。——英译者注

④ 所谓不确定的命题，指例如"人是白的"这样的命题。这种命题中所说的"人"，并没有指出是全称的还是特称的，所以这种命题不同于"所有的人都是白的"和"有些人是白的"那样的命题，亚里士多德在"解释"篇中讨论了这个问题。——译者

的还是特称的：例如如果有些乙是或不是甲，而所有的丙都是乙[1]。最先和最后的词之间有肯定关系的例子，可以举"善"、"状况"、"智慧"；有否定关系的例子，可举"善"、"状况"、"无知"。再者，如果没有一个丙是乙，而有些乙是或不是甲，或者并非每个乙都是甲[2]，就不能形成一个三段论式。试取"白"、"马"、"天鹅"；"白"、"马"、"乌鸦"这些词为例。如果前提甲乙是不确定式时，这些词也可以当作例子。

当大前提是全称的肯定命题或否定命题，而小前提是否定的特称命题时，也不能形成一个三段论式，不论小前提是不确定的还是特称的：例如，如果所有的乙是甲，而有些丙不是乙，或者，如果并非所有的丙都是乙[3]。因为在这种场合中，大前提也许可以用来述说所有的小词，也许不能用来述说任何一个小词，这小词的某一些，是中词所不能加以述说的。假定这几个词是"动物"、"人"、"白"；其次，取某些不能用"人"来加以述说的白的东西——如"天鹅"和"雪"，这样，"动物"就可以用来述说其中之一的全部，但不能被用来述说另一的任何一部。因此，不能有一个三段论式。再者，假定没有一个乙是甲，但有些丙不是乙[4]。可以取"无生命的"、"人"、"白"等词为例：然后，取某些不能用人来加以述说的白的东西——如"天鹅"和"雪"；此时"无生命的"一词，可以被用来述说其中之一的全部，而不可以用来述说另一的任何一部。

---

[1] 大前提 I 或 O，小前提 A。——编者
[2] 大前提 I 或 O，小前提 E。——编者
[3] 大前提 A，小前提 O。——编者
[4] 大前提 E，小前提 O。——编者

再者，既然说有些丙不是乙乃是一种不确定的说法，同时，不论在没有一个丙是乙的时候，或在并非所有的丙都是乙的时候，有些丙不是乙这个命题都是真的，并且，既然各词之间若具有这样的关系，即没有一个丙是乙，就不能形成一个三段论式（这一点上面已经说过），那么，很显然，各词如果这样配置①，就不能提供出一个三段论式：否则，以一个全称否定命题为其小前提的三段论式就会是可能的了。如果大前提是否定命题，也能提出一个同样的证明②。

如果主词和宾词的关系，在大小两前提中都是特称的，不论是肯定命题或否定命题，或者其一为否定命题而另一为肯定命题，③或其一为不确定的命题而另一为确定的命题，或两者皆为不确定的命题，都绝不能形成一个三段论式。可以举出作为上述各种情形的例子的词是："动物"、"白"、"马"；"动物"、"白"、"石头"。

从上面所说的看来，可见在这一格中如果有一个带有特称命题为结论的三段论式，那么各个词必定是以上述的方式相联系着的；如果它们是以其他方式相联系，就绝不可能形成任何三段论式。这个格中所有的三段论式显然也都是完全的三段论式（因为它们都是借原来所提出的前提而完成的），并且，所有的结论，全称的和特称的，肯定的和否定的，都是用这个格来证明。这样的格，我称为第一格。

---

① 大前提A，小前提O。——编者
② 大前提E，小前提O。——编者
③ 即II，OO，IO，OI。——编者

〔十范畴〕

24.〔亚里士多德:"范畴篇",第一章至第五章,页 1a—4b〕

（1）当若干事物虽然有一个共同的名称,而其中每一事物与这个名称相应的定义却各不同时,则所定之名,乃是"歧义语"。例如一个真的人和一个图画里面的人像,都可以称为"动物",但此两者乃是同名而异义,因为两者虽然有一个共同的名称,但与这个名称相应的定义,却各不相同。因为,如果有人要规定在什么意义之下这两者各是一个动物,则他所给予其中一者的定义就将只适合此一者。

反之,当若干事物有一个共同的名称,而相应于此名称的定义也相同的时候,则所定的这些事物的名称就是"同义语"。一个人和一头牛都是"动物",它们是被同名同义地定名的,因为两者不仅名称相同,而且与这个名称相应的定义,对于两者也都是相同的。如果有人要说出在什么意义之下这两者是一个动物,则他所给予其中一者的定义,必完全同于他所给予另一者的定义。

如果事物的名称是从另外一个名称引申出来的,但是引申出来的名称和原来的名称有不同的语尾,则这些事物的名称就是"转成语"。例如"语法家"这个名称乃是从"语法"这个词引申出来的,"勇士"则是从"勇敢"这个词引申出来的。

（2）语言的形式或者是简单的,或者是复合的。后者的例子如像"人奔跑","人获胜";前者的例子如像"人","牛","奔跑","获胜"。

事物本身,有些可以用来述说一个主体,但绝不存在于一个主体里面。例如"人"可以用来述说一个个别的人,但绝不存在于一个主体里面。

所谓"存在于一个主体里面",我的意思不是指像部分存在于整体中那样的存在,而是指离开了所说的主体便不能存在。

有一些东西则是存在于一个主体里面,但绝不可以用来述说一个主体。例如,具体的语法知识是存在于心灵里面的,但却不可以用来述说任何一个主体;再者,一种白的性质可以存在于一个物体里面(因为颜色需要一个物质基础),但绝不可以用来述说任何东西。

另外有些东西则既可以用来述说一个主体,并且又存在于一个主体里面。例如知识存在于人的心灵里面,又可以用来述说语法。

最后,有一类东西既不存于一个主体里面,又不可以用来述说一个主体,例如个别的人和个别的马。更一般地说来,个别的和具有单一性的东西是绝不可以用来述说一个主体的,但是在某些情形之下,它可以存在于一个主体里面。例如具体的语法知识就是存在于一个主体里面。

(3)当一件东西用来述说另外一件东西的时候,则凡是可以用来述说宾词的,也可以用来述说主体。例如,"人"用来述说个别的人;而"动物"又被用来述说"人";因此,"动物"也可以用来述说个别的人;因为个别的人既是"人",又是"动物"。

不同的"种"如果是平行而没有隶属关系的,则这个"种"中所包含的"属差",和那个"种"中所包含的"属差"之间,在种类上也不相同。试以"动物"这个"种"和"知识"这个"种"为例:"有足的","两足的","有翼的","水栖的"等等乃是"动物"的

"属差";知识这个"种"中所包含的各个"属"之间则不是以这种"属差"来区分的。这一"属"的知识与另一"属"的知识之有差别,并不在于它乃是"两足的"。

但如果某个"种"是隶属于另外一个"种"的,就没有什么足以妨碍这两个"种"有相同的"属差":因为外延较大的"种"是可以被用来述说那外延较小的"种",因此宾词〔按即前一个"种"〕的一切"属差",也就会是主体〔按即后一个"种"〕的"属差"。

(4)每一个不是复合的用语,或者表示实体,或者表示数量、性质、关系、地点、时间、姿态、状况〔按即领有〕、活动、遭受。让我大略说一说我的意思:指实体的例子如"人"或"马";指数量的例如"二尺长"或"三尺长";指性质的例如"白的"、"通晓语法的"等属性;"二倍"、"一半"、"大于"等等则属于关系的范畴;"在市场里"、"在吕克昂"等等则属于地点的范畴;"昨天"、"去年"等等属于时间的范畴;"躺卧着"、"坐着"等等是指出姿态的语词;"着鞋的"、"武装的"等等属于状况〔按即领有〕;"切割"、"烧灼"等等是动作;"被刺"、"被烧灼"等等则属于遭受的范畴。

任何一个这样的语词,其本身并不包含着一种肯定〔或否定〕;只有借这类语词的结合,才产生肯定命题或否定命题,因为,如所公认,每一个断言必须或者是真的,或者是假的,但从任何方面说来都不是复合的用语,例如"人"、"白的"、"奔跑"、"获胜"等等,则既不能是真的,也不能是假的。

(5)实体,就其最真正的、第一性的、最确切的意义而言,乃是那不可以用来述说一个主体,又不存在于一个主体里面的东西，例如某一个别的人或某匹马。但是在第二性的意义之下作为"属"而包含着第一实体的那些东西，也称为实体；还有那作为"种"而包括了"属"的东西，也称为实体。例如，个别的人是包括在"人"这个"属"里面的，而这个"属"所隶属的"种"，乃是"动物"；因此这些东西，就是说，"人"这个属和"动物"这个"种"，都被称为第二实体。

由以上所说可以很清楚地看出：宾词的名称及定义两者都必须可以用来述说其主体。例如，"人"被用来述说个别的人。在这种情形之下，"人"这个属名被应用于个别的人，因为我们用"人"这个词来描述个别的人；而"人"的定义也可以用来述说个别的人，因为个别的人既是"人"又是"动物"。这样，属名及其定义，都可以用来述说个别的人。

另一方面，那些存在于一个主体里面的东西，一般地说来，都不能用其名称和定义来述说它们存在于其中的那个主体。不过，虽然定义绝对不可以用来述说主体，但名称在某种情形之下用来述说主体，却并无不可。例如，"白"是存在于一个物体里面的，并被用来述说它所存在于其中的物体，因为一个物体被称为是白的；但是"白"这个颜色的定义，却绝不可以用来述说此物体①。

除第一实体之外，任何东西或者是可以用来述说一个第一实体，或者是存在于一个第一实体里面。关于这一点，只要看看一些特殊例子，就会很清楚。"动物"被用来述说"人"这个

---

① 白的定义是"一种颜色"；我们能说一个物体是白的，却不能因此说一个物体是"一种颜色"。——译者

"属",因此就被用来述说个别的人,因为如果它不能被用来述说个别的人,那它根本就不能被用来述说"人"这个"属"了。再者,颜色是存在于物体里面,因此是存在于个别的物体里面,因为如果它不存在于任何一个个别的物体里面,那它根本就不能存在于物体里面。这样,除第一实体之外,任何其他的东西或者是被用来述说第一实体,或者是存在于第一实体里面,因而如果没有第一实体存在,那就不可能有其他的东西存在。

在第二实体里面,"属"比"种"更真正地是实体,因为"属"与第一实体更为接近。因为在说明一个第一实体是什么的时候,说出它的"属",比起说出它的"种"来,就会是更清楚、更得当的。例如,描述一个个别的人时,说他是"人",比起说他是"动物"来,就会是说得更清楚更得当,因为前一种说法在更大的程度上指出个别的人的特性,而后一种则过于一般化。再者,谈一株树时,提出"树"这个"属",比起提出"植物"这个"种"来,就会是说得更为清楚更为得当。

再者,第一实体之所以是最得当地被称为实体,乃是由于这个事实,即它们乃是其他一切东西的基础,而其他一切东西或者是被用来述说它们,或者是存在于它们里面。而且存在于第一实体与其他一切东西之间的关系,也同样存在于"属"与"种"之间:因为"属"对于"种"的关系正是主体对于宾词的关系。因为"种"被用来述说"属",但"属"却不能用来述说"种"。这样,我们就有了断定"属"比"种"更真正地是实体的第二个根据。

在"属"与"属"之间,除了那些本身就是"种"的"属"之外,没有一个"属"比另外一个"属"更真正地是实体。在谈到一个个别的人时说出他是"人"〔即他的"属"〕,比起在谈到一匹马时说出它是"马"〔即它的"属"〕来，不会就是对于个别的人给出了一个更得当的说明。同样，在第一实体与第一实体之间，没有一个比另外一个更真正地是实体；一个人并不比一头牛更真正地是实体。

这样，当第一实体被除开之后，我们很有理由把"第二实体"之称单只给予"属"和"种"，因为在所有的宾词之中，只有"属"和"种"才能说明第一实体是什么。因为正是由于说出"属"或"种"，我们才是得当地说明了一个人是什么；并且，如果提出他的"属"而非提出他的"种"，我们就会使我们的说明更确切。其他我们所说的，例如他是白的，他奔跑等等，都是不相干的。这样，除第一实体之外，就是这些（即"属"和"种"）应该被称为实体。

再者，第一实体之所以最正当地被称为第一实体，是因为它们乃是所有其他东西的基础和主体。存在于第一实体和其他一切东西之间的关系，也同样存在于第一实体的"属"和"种"与不包括在"种"和"属"里面的一切其他属性之间。因为"种"和"属"乃是这些属性的主体。如果我们称某个人为"通晓语法的"，则这个宾词也就适用于这个人所属的"属"和"种"。这条规律适用于一切场合。

绝对不存在于一个主体里面这一点，乃是一切实体都有的一个共同特性。因为第一实体既不存在于一个主体里面，又不被用来述说一个主体；而关于第二实体，从下面的论据（姑且不谈别的论据）就可以清楚地看出它们不存在于一个主体里面。因为"人"被用来述说个别的人，但"人"并不存在于任何一个主体里面；因为"人"并不存在于个别的人里面。同样地，"动物"

也被用来述说个别的人,但并不存在于他里面。再者,当一样东西存在于一个主体里面时,虽然这东西的名称可以用来作为它所存在于其中的主体的宾词,但它的定义却不能。但是第二实体,则不单其名称,而且其定义都可以适用于主体:我们会用人的定义和动物的定义来说明一个个别的人。因此,实体不能存在于一个主体里面。

但这个特性不是实体所特有的,因为"属差"也同样不能存在于主体里面。"有足的"和"两足的"这两个特性被用来述说"人",但它们并不存在于主体里面,因为它们并不是在人里面。再者,"属差"的定义可以用来述说"属差"本身被用来述说的那个东西,例如,如果"有足的"这个特性被用来述说"人"这个"属",则这个特性的定义也可以用来作为"人"这个"属"的宾词,因为"人"乃是有足的。

实体的部分看起来好像是存在于作为它们的主体的整体里面,这个事实不应该使我们犹豫,以为这些部分恐怕不应该被当作实体,因为,在解释"存在于一个主体里面"这句话的意思时,我们说它的意思是"并非像部分存在于整体里面那样的存在"。

在所有以实体和"属差"为宾词的命题里面,实体和"属差"乃是被"同义"地用来述说主体的,这一点乃是实体和"属差"的标志。因为所有这种命题都是或者以个体或者以"属"为其主词。就第一实体不能用来述说任何东西这一点而言,第一实体确乎不能成为任何命题的宾词。但在第二实体那里,"属"可以用来述说个体,"种"可以用来述说"属"和个体。同样地,"属差"被用来述说"属"和个体。再者,"属"的定义和"种"的定义可以适用于第一实体,"种"的定义可以适用于"属"。因为所有被用来述说宾词的,也可以用来述说主词,同样地,"属差"的定义也可以适用于"属"和个体。但上面已经说过"同义的"一词是用在那些有一个共同的名称和定义的东西上的。因此,应该认为在每个或者以实体或者以"属差"为宾词的命题里,实体和"属差"是"同义"地被用来述说主词的。

所有的实体看起来都表示那不可分的"某一个东西"(τόδε τι)。在第一实体那里,无可争辩地这乃是真的,因为所表示的东西是一个单一性的东西。在第二实体那里,例如当我们说到"人"或"动物"时,我们的语言的方式也给人一个印象,使人认为我们此地也是指"某一个东西",但这个印象并非严格是真的,因为,一个第二实体并不是一个个体,而是具有某一性质的一类东西,因为一个第二实体并不像一个第一实体那样是单一的、个别的。"人"和"动物"都可以用来述说一个以上的主体。

但是"属"和"种"也不是像"白色"那样单单表示某种性质;"白色"除性质外不再表示什么,但"属"和"种"则是就一个实体来规定其性质:"属"和"种"表示那具有如此性质的实体。这种性质在"种"那里比在"属"那里包括了更大的范围:那个用"动物"这个词的人,比起那个用"人"这个词的人,是用着一个外延较广的词。

实体的另一个标志,是它没有与它相反者。任何一个第一实体,例如一个人或一个动物,怎样能够有一个相反者呢?不能够有。"属"和"种"同样也不能有一个相反者。但这个特征不是实体所特有的,而是许多其他的东西像数量也有的。没有什么东西可以成为"长二尺"或"长三尺"、或"十"或任何其他这类语词的相反者。也许有人会辩说"多"乃是"少"的相反者,

"大"是"小"的相反者,但对于一定的数量,则没有相反者存在。

再者,实体是不能容许有程度上的不同的。我这样说意思并不是说一个实体不能比另外一个实体更真正地是实体,或更不真正地是实体,因为前面曾经说过,这种情形是有的;我的意思是说,没有一个实体在自身中能容许其本身的实质有程度上的不同。例如"人"这一个特殊的实体就不能够比另外一个时候的他自己或比另外一个人有多一些或少一些人的实质。一个人不能比另外一个人更是人,像一个白色的东西能够比另外一个白色的东西更白些或没有那么白一样,或者像一件美丽的东西能够比另外一件美丽的东西美丽些或没有那么美丽一样。还有,同一种性质被看作在不同的时候以不同的程度存在于一件东西里面。我们说,一个白的东西在某个时候比它以前白些;或者,一个热的东西在一个时候比另外一个时候更热些或没有那么热。但实体则不能说它更是它或更不是它:一个人在某个时候并不比他以前更是一个人;其他的东西,如果是一个实体,也不能更是这东西或更不是这东西。这样,实体是不能容许有程度上的变化的。

实体的最突出的标志似乎是:在保持自己的单一性前后不变的同时,能够容受相反的性质。从实体以外的东西里面,我们不能举出任何具有这个标志的东西。例如同一颜色不能既是白的又是黑的,同一个行为也不能够既是善的又是恶的:这条规律适用于不是实体的一切东西。但同一个实体,当它保持着自己的同一性的时候,却同时能够容受相反的性质。同一个人有的时候白,有的时候黑,有的时候热,有的时候冷,有的时候好,有的时候坏。这种特性在别的地方是找不到的,虽然也许有人会认为一个人所说的话或意见对于这个规律就是一种例外。谁都承认，同样的话能够既是正确的又是错误的。因为如果"他坐着"这话是真的，那么，当这个人站起来之后，这同样的话就是错误的了。关于意见方面情形也一样。因为，如果任何人以为某一个人是坐着而这个意见是真的，那么，当这个某人站起来之后，则同样的意见如果再坚持，就是错误的了。不过，虽然这个例外可以被承认，但是，无论如何，这情况发生的方式却是与实体那里有所不同的。实体乃是由于本身变化才能够有相反的性质。正是由于本身变化，先前是热的东西现在变成冷的，因为这个东西已进入了一种不同的状态。同样地，通过一种变化的过程，先前是白的东西现在变黑，先前是坏的现在变好；同样地，在所有其他的场合，都是由于变化，实体才能够有相反的性质。反之，话和意见本身在各方面却都维持不变，只是由于实际情况事实上有改变，才使得它们具有相反的性质。"他坐着"这句话保持不变，但有时候它是真的，有时候它是错误的，视当时的实际情况而定。这种情形也适用于意见方面。这样，就其发生的方式而言，实体能够有相反的性质，乃是实体特有的标志，因为实体乃是由于自身变化而有这种特性的。

因此，如果有人承认这个例外并根据它来主张言语和意见能够有相反的性质，这种主张就会是不对的。因为语句和意见被称为有这种特性，并非由于它们本身有所改变，而是由于另一些东西的情况发生了这种改变。言语是真的还是假的，取决于事实如何，而不是依靠言语本身能够具有相反性质的能力。简言之，言语和意见的本性无论如何是不能更改的。所以说，既然它们本身里面没有变化，就不能以为它们能够容受相反的性质，而在实体那里，正是由于那种在实体自身里面所发生的改变，一个实体才被称为能够有相反的性质；因为一个实体在自身里面容许健康或疾病、白或黑。正是在这种意义上，我们说实体能够具有相反的性质。

总括起来说，实体有一个显著的标志，就是，在保持着自身的单一性的同时，能够具有相反的性质，而这种改变之发生，乃是由于实体自身里面的变化。

关于实体的问题，就说这么多吧。

〔善是一切活动的目的；人的最高的善是伦理学和政治学的研究对象〕

25.〔亚里士多德："尼各马可伦理学"，第一卷，第一章，页1094a〕每种技艺和每种研究，都被认为是追求某种好处，同样地，每种行为和事业亦复如此；由于这个缘故，善曾经很正当地被宣称为一切事物的目的。但在各种目的之中，是有某种差别的；有些目的是活动，另一些目的则是离开产生它们的活动而存在的产品。在有离开活动而存在的目的的时候，产品胜于活动乃是产品的本性。现在，既然有许多种活动、技艺和科学，它们的目的也将是多种多样的；医术的目的是健康，造船术的目的是船只，战略的目的是胜利，理财术的目的是财富。但在几个这一类的技艺属于同一种能力的地方——例如造马勒和其他与装备马匹有关的技艺都属于驭马术，而驭马术和每一种军事行动又都属于战略，同样地，另一些技艺则属于另一些能力——在所有这些场合中，主导的技艺的目的应该比从属的技艺的目的更被重视；因为正是为了前者，后者才被追求。不论活动本身是行动的目的,抑或活动之外的某种东西才是目的,像上述各种科学那样,情形都一样。

26.〔同上,第二章,页1094a—b〕那么,如果我们所做的事都有一个目的,我们是为了这个目的本身而企求做这些事(一切其他的东西之被企求,都是为了这个目的),并且,如果我们不是选择任何东西都是为了某些别的东西(因为如果是这样,过程就会无止境,我们的企求就会落空),那么,显然这目的就必定是善和至善。那么,对于善的认识难道不会对人生有巨大的影响吗?难道我们不会像那些有一个目标的弓箭手一样,更能做出正确的事情吗?如果是这样,我们就应该尝试至少在大体上规定出善是什么,以及它是各种科学或能力中的哪一种的对象。善好像应当属于最有权威的技艺和真正主导的技艺。政治学看来具有这种性质,因为正是政治学规定哪一些科学可以在一个国家中研习,哪些科学该是各个阶级的公民学习的,以及他们应该把这些科学学习到何种程度,并且,我们看见,甚至那些最被看重的才干,如战略、理财学、修辞学等,也都是从属于政治学的。现在,既然政治学使用其他一切科学,既然是它法定了我们应该做的和不应该做的事,所以这门科学的目的必定包含其他各门科学的目的,所以这个目的应该是人所追求的善。因为,即令一个个人的目的和一个国家的目的是相同的,国家的目的似乎无论如何乃是更伟大更完全的东西,值得去取得和保存;虽则仅仅为了一个人去获得这个目的,也是值得的,但为一个民族或许多城邦而去获得它,则是更好、更神圣的。所以,这些就是我们的研究所追求的目的,因为这是一种政治的科学——在这个词的一种意义上说。

〔道德上的美德是什么〕

27.〔同上，第二卷，第五章，页1105b—1106a〕其次，我们必须来考察美德是什么。既然灵魂里面的东西有三种——激情、官能、性格状况，所以美德必是这其中之一。所谓激情，我的意思是指食欲、愤怒、恐惧、信心、妒忌、快乐、友善的心情、憎恨、渴望、好胜心、怜悯，以及一般地说来那些伴有愉快和痛苦的许多种感觉；所谓官能，是指那些我们借以感觉上述这些东西（例如生气、痛苦或怜悯）的东西；所谓性格状况，是指那些我们借以很好地或很坏地来对待这些激情的东西，例如，如果我们对愤怒的感觉太强烈或太微弱，那都是很坏地对待了愤怒这个激情，如果我们有适当的愤怒，那就是很好地对待了愤怒这个激情；对于其他各种激情也都如此。

可是，美德或恶行都不是激情，因为我们之被称为好或坏，并不是基于我们的激情，而是基于我们的美德和恶行才被称为好或坏。我们也不是由于我们的激情而被称赞或谴责（因为感觉到恐惧或气愤的人并不受到称赞，只感觉到气愤的人也不受到谴责，被谴责的乃是以某种方式生气的人），我们是由于我们的美德和恶行受到称赞或谴责的。

其次，我们感觉生气或恐惧，是不容选择的，但是美德却是选择的方式，或者牵涉选择。再者，就激情方面说，我们是被称为受激动的，但是在美德和恶行方面，我们却不是被称为受激动的，而是被称为处于某种的状态中。

基于这些理由，美德和恶行也不是官能；因为我们并不只是由于我们有感觉这些激情的能力，就被称为好或坏，受到称赞或谴责;再者,我们之有这些官能,乃是出于自然,但是我们成为好或坏并不是出于自然;这一点我们已经说过的。

那么,美德既不是激情又不是官能,剩下来的就只能是:它们乃是性格状况。

这样,就其种类而言,我们已说出了美德是什么。

28.〔同上,第六章,页1106a—1107a〕不过,我们应该不仅要说出美德是一种性格状况,而且要说出它是什么样的状况。我们可以这样说:任何一种东西的美好德性①都既使这个东西处于良好的状态中,又使这个东西的工作做得很好;例如,眼睛的美好德性既使眼睛好,又使眼睛的工作好;正是由于眼睛的美好德性,我们才能很好地看东西。同样地,马的美好德性使一匹马本身好,又使它善于奔驰,使它可被很好地乘骑,使它善于等候敌人的攻击。因此,如果在每种场合都是如此,那么人的美德也将是既使一个人本身好,又使他把自己的工作做好的那种性格状况。

如何来获得美德,这我们上面已经说过,但是也可以由下面对于美德的特性的考察来把这一点弄清楚。在每一种连续而可分的事物里面,都能够多取、少取或取一相等的量,并且这样做可以是就该事物本身而言,也可以是就其相对于我们而言;所谓相等,就是过多和不足之间的居间者,我的意思是指那与两极端距离相等的,对于一切人都是相同的东西;所谓相对于我们的居间者,我是指那既不太多也不太少的东西,——而这不只是

---

① ἀρετή原意是指"卓越的能力或性能",上面译成"美德",意义颇受限制,所以在谈到一般东西时,译为"美好德性"。——译者

一个，也不是对一切人都相同的。例如，如果十是太多而二是太少，那么，就物本身而言，六就是居间者，因为六以相等的数量多于二和少于十；这是按算术比例的居间者。但是那相对于我们而言的居间者则不是这样来选取的；如果吃十磅东西对于某个人是太多，两磅则太少，那位教练员不一定就因此吩咐吃六磅，因为这对于那个要吃它的人也许仍会太多或太少——对于米隆①太少，对于开始从事运动锻炼的人太多。关于奔跑角力亦复如此。所以，任何一种技艺的大师，都避免过多或不足，而寻求那居间者并选取了它——不是就事物本身而言的，而是相对于我们而言的居间者。

那么，如果是这样，即每一种技艺之做好它的工作，乃是由于寻求居间者并以它为标准来衡量其作品（正是因此，我们在谈起某些艺术的好作品时，常说它们不能增减任何东西，意思就是说过多和不足都会破坏艺术作品的优点，而执中则保存了这优点；而好的艺术家，我们说，在他们的工作中所寻求的正就是这个），并且如果美德比任何技艺都更精确、更好，正如自然也比技术更精确、更好一样，那么美德必定就有以居间者为目的这个性质。我是指道德上的美德，因为正是它才与激情和行动有关，而正是在这些里面，有着过多、不足和中间。例如，恐惧、信心、欲望、愤怒和怜悯，以及一般说来愉快和痛苦种种感觉，都可以是太过或太少，而这两种情形都是不好的；但是，在适当的时候、对适当的事物、对适当的人、由适当的动机和以适当的方式来感觉这些感觉，就既是中间的，又是最好的，而这乃是美德所特具的。

---

① 一个著名的角力士。——编者

关于行动，同样地也有过多、不足和中间。可是，美德就是涉及激情和行动的，在其中过多乃是一种失败的形式，不足也是这样，而中间则受称赞并且是一种成功的形式；而受称赞和成功，都是美德的特性。因此，美德乃是一种中庸之道，因为，如我们所看到的，它乃是以居间者为目的的。

再者，失败可能有多种方式（因为恶属于无限那个类，像毕泰戈拉派所说的，而善则属于有限那个类），反之，成功只可能有一个方式（因此为恶是容易的，为善则是困难的——射不中目标容易，而射中目标则很难）；也是由于这些缘故，所以过度和不足乃是恶行的特性，而中庸则是美德的特性；

因为人们为善只有一途，为恶的道路则有多条。

所以，美德乃是牵涉选择时的一种性格状况，一种中庸之道，即是说，一种相对于我们而言的中庸，它为一种合理原则所规定，这就是那具有实践智慧的人用来规定美德的原则。它乃是两种恶行——即由于过多和由于不足而引起的两种恶行——之间的中道。它之是一种中道，又是由于在激情和行动两方面，恶行是少于应该做的，或者越出了正当的范围。而美德则既发现又选取了那中间的。因此，就其实质和就表述其本质的定义而言，美德是一种中庸，而就其为最好的和应当的而言，它是一个极端。

但并非每种行为或每种激情都容许有一个中道，因为有些是名称已经蕴涵着坏的性质，例如怨毒、无耻、妒忌，在行为方面例如通奸、盗窃、谋杀，因为所有这些以及诸如此类的东西，名称已经蕴涵着它们本身就是坏的，而不是它们的过度或不足才是坏的，所以，在这些方面，一个人永远不能有作得对的时候，而只能总是错误的。在这些方面,好或坏并不是取决于是否与恰当的女人、在恰当的时刻和以恰当的方式去通奸,而是只要有任何这样的行为,就是错了。所以,要想在不义的、卑怯的和淫逸的行为中发现一种中道、一种过度和一种不足,也是同等荒谬的;因为,循这条路走去,就会有一种过度的中庸,一种不足的中庸,一种过度的过度和一种不足的不足了。但是,正如并没有什么所谓节制和勇敢的过多与不足一样,因为居间者在某种意义上说乃是一个极端,同样地也没有上述各种行为的中庸或其过多与不足,而是只要一有这样的行为,就是错的,因为,一般说来,既没有一种过度和不足的中庸,也没有一种中庸的过度和不足。

〔如何获得美德〕

29.〔同上,第二卷,第一章,页1103a—b〕可见美德有二种,即心智方面的和道德方面的,心智方面的美德的产生和发展大体上归功于教育(因此它需要经验和时间),而道德方面的美德乃是习惯的结果,也正因为如此,它的名称ἠθική(伦理)乃是由ἦθος(习惯)一字略加改变而形成的。从这里也可以清楚地看出,道德方面的美德没有一种是由于自然而产生的,因为没有任何由于自然而存在的东西能够形成一种违反其自然的习惯,例如那出于自然而有向下运动的石头,就不能用习惯使之有向上的运动,即使你把它向上抛几万次来训练它也办不到。火也不能用习惯使之有向下的运动,任何其他由于自然而有某种方式的行为的东西也不能被训练去作另一方式的行为。所以,我们的美德既不是由于自然,也不是由于违反自然而产生的;毋宁说,我们是由于自然而适于接纳美德,又由于习惯而达于完善。

再者，关于所有自然所给予我们的东西，我们总是先获得其潜能然后显露其活动的（这在感官方面是很显然的，因为并非由于我们时常看或听我们才获得这些感官，正相反，我们乃是在运用它们之前就已经有了它们的，我们也并不是由于运用而得到它们）；但是在美德方面，我们则由于首先运用才获得它们，正如在技艺方面的情形一样。因为，那些我们必须先学习才能干的事情，我们总是以实际干去学会它们的，例如，人们由于从事建筑而成为建筑家，由于弹琴而成为弹琴者；所以同样地，我们也是由于行为公正而成为公正的，由于行为有节制而成为有节制的，由于行为勇敢而成为勇敢的。

这一点，从国家中发生的许多事情，也可以获得证明，因为立法者是凭借使公民养成习惯而使他们好的，而这乃是每一个立法者所愿望的，那些没有作到这一点的人，就没有达到目的，正是这一点使得一个好的法制有别于一个坏的法制。

再者，每一种美德乃是由于相同的原因和相同的方法而产生和破坏的，每种技艺亦复如此，因为，正是由于弹琴，才产生出好的和坏的弹琴者。类似的话也可以应用在建筑者和所有其他的人身上；正是由于建筑工作做得很好或很坏，人们成为了好的或坏的建筑者。因为，如果不是这样的话，就不会需要一个教师了，所有的人都会天生就是他们自己那门技艺的能手或劣手了。所以，美德方面情形也是如此；由于我们在与他人交往中所干的事，我们才变成公正的或不义的，由于干那些在危险面前所干的事，并且习惯于感觉恐惧或自信，我们才变成勇敢的或卑怯的。关于欲求和愤怒的感觉，也完全如此；有些人成为有节制的和好脾气的，有些人成为纵欲无度的和易怒的，这都是由于在相应的情况中这样或那样行动所养成的。所以，一句话，性格的状况乃是从相同的活动中产生出来的。这就是何以我们所实现出来的活动必须属于某一类的缘故；因为性格的状况是与活动之间的差别相对应的。所以，我们从年青时起养成某一种或另一种习惯，关系是不小的；它造成了一个很大的差别，或者可以说整个的差别。

30.〔同上，第二卷，第二章，页1103b—1104b〕所以，既然当前的研究不是像其他的研究一样以理论的知识为目的（因为我们的研究不是为了去认识什么是美德，而是为了要使自己变好，要不然，我们的研究就会毫无用处了），因此我们应该来考察行为的性质，即我们应该有怎么样的行动，因为这些行为也规定那被产生出来的性格状况，像我们已经说过的。我们必须按照正确的规则来行事，这乃是一个共同的并且必须先被承认的原则——以后会讨论到这一点，这就是，正确的规则是什么，以及它和其他的美德的关系如何。但是这一点却是必须事先取得同意的，即关于行为这种事情，整个的说法只能是提纲挈领的，而不是精确详细的，正如我们在开始的时候所说的，我们所要求的对事物的说明，必须视对象性质而有所不同；关涉到行为的事情和什么是善的问题，正像关于健康的问题一样，对于我们是不能固定不变的。一般的说明既有这样的性质，特殊场合的说明就更不能精确了，因为它们不是受任何技艺或诫条所约束，而是行动者自己必须在每一场合考虑这种情况之下所适宜作的是什么，正如在医疗技术和航海术中的情形一样。

但是，虽然我们目前的说明是这样的性质，我们也应该尽力之所及来加以补救。那么，第一，让我们考虑这一点，即能被过度和不足所破坏乃是这类东西的本性，正像我们在体力和健康方面所见到的情形一样（为了弄清看不见的事物，我们必须利用可感觉的事物来作例证）；过度的和不足的锻炼会毁坏体力，同样地，超过或没有达到一定的数量的饮食则会破坏健康，反之，适量的饮食就既能产生又能增加和保持健康。在节制和勇敢和其他的美德方面亦复如此。逃避和害怕每种事物并且对任何事物都不能抵抗的人，就成为一个懦夫，反之，简直什么都不害怕而挺身面对任何危险的人，则成为鲁莽；同样地，贪享每一种欢乐、在任何欢乐之前都不止步的人，就成为纵欲无度，反之，像乡下人一样避开每种欢乐的人，则变成麻木不仁；所以节制和勇敢由过度和不足而破坏，由中庸而保存。

但是，不单它们的发生和发展的根源和原因跟它们的破坏的根源和原因是相同的，并且就是它们的现实化的程度也会是相同的，在那些更显然易见的东西如体力方面，这也是实情：体力是由于多吃食物和多作锻练而产生的，同时又正是强健的人才最能够干这些事情。美德方面亦复如此；由于戒绝寻欢取乐，我们就成为有节制的，又正是由于我们已变成有节制的，我们才最能够戒绝寻欢取乐；同样地，在勇敢方面亦复如此；由于养成蔑视可怕事物和在它们面前决不退缩的习惯，我们就变成勇敢的，同时也正是当我们已变成勇敢的时，我们才最能够正视它们。

〔心智上的美德是沉思生活〕

31.〔同上，第十卷，第七章，页1177a—1178a〕如果幸福就是符合于美德的活动，那么，它之应该符合于最高的美德，乃是很合理的;这将是我们之中最好的东西。不论这个被认为我们的自然的统治者和指导者、并思考着高贵和神圣的事物的因素是理性还是别的东西,不论它本身也是神圣的或只是我们之中最神圣的因素,总之,这因素的符合于其本身的美德的活动,将是完满的幸福。至于这种活动乃是沉思的,这一点我们已说过了。

现在,这好像既符合于我们前面所说的,又符合于实情。因为,第一,这种活动是最好的(既然不仅理性在我们乃是最好的东西,而且理性的对象也是可认识的对象中最好的东西);第二,它是最有连续性的,因为,比起干任何别的事情来,我们是更能持续不断地沉思真理的。并且我们认为幸福总带有愉快之感,而哲学智慧的活动恰是被公认为所有有美德的活动中最愉快的;无论如何,追求哲学智慧是被认为能给人以愉快的,这种愉快因其纯粹和持久而更可贵,并且,我们有理由认为那些有知识的人比那些正在研究的人会生活得更愉快。我们曾经提到的那种自足性,必定最为沉思的活动所具有。因为,虽说一个哲学家正像一个正直的人或一个具有其他任一个不同的美德的人一样,需要必需的生活条件,而当他们已经充分具备了这种东西之后,正直的人还需要那些他能对之作公正的行动的人们,而有节制的人、勇敢的人以及有其他美德的人也都是如此,但是,哲学家即使当一个人的时候,也能够沉思真理,并且他越有智慧就越好;如果他有共同工作者,这事他也许能做得更好些,但是他总还是最自足的。好像只有这种活动才会因其本身而为人所爱;因为除了沉思之外,没有别的东西从它产生出来,而从实践的活动中,则除行为本身之外,我们或多或少总是有所得的。并且幸福被认为是凭借闲暇的；我们之所以忙忙碌碌正是为了要能够有闲暇,从事战争正是为了要和平度日。可是,实践的美德的活动都表现于政治的和军事的事务里面,而与这些事务有关的行为似乎都不是悠闲自在的。战争方面的行为是完全如此的(因为没有人是为了要战争而选择投入战争或挑起战争的；任何一个人如果是为了要引起战争和屠杀而把自己的朋友变成敌人,那么,似乎只能说这个人是绝对嗜杀成性)；政治家的行为也不是悠闲的,它(且不说政治行为本身)是以专权和名位为目的,或者至多也不过是以他自己和同胞们的幸福为目的——这种幸福乃是不同于政治行为的一种东西,并且显然是作为不同的东西来求取的。所以,在美德的行为里面,政治的和军事的行为的特色是在于其高贵和伟大,而这些行为乃是不悠闲自在的,并且是向着一个目标,而不是因其本身而可取的,反之,理性的沉思的活动则好像既有较高的严肃的价值,又不以本身之外的任何目的为目标,并且具有它自己本身所特有的愉快(这种愉快增强了活动),而且自足性、悠闲自适、持久不倦(在对于人是可能的限度内)和其他被赋予于最幸福的人的一切属性,都显然是与这种活动相联系着的——如果是这样,这就是人的最完满的幸福,如果它被准许和人的寿命一样长久的话(因为幸福的属性中没有一种是不完全的)。

但这样一种生活对于人来说恐怕是太奢望了,因为人并不是就其作为一个人这个资格而会这样生活,而是就他之中有某种神圣的东西存在,他才能如此,而这些东西的活动胜过那种作为他种美德的运用的活动的程度,乃是视乎这种东西胜过我们复合的本性的程度而定的。那么,如果与人比较起来,理性乃是神圣的,符合于理性的生活与人的生活比较起来,就是神圣的。但是,我们应该不要听信有些人的话,这些人劝告我们,说我们既是人,就应当去想人的事务,并且,作为有生有死的人,就应当去想有生有死的东西。我们应该尽力使我们自己不朽,尽力按照我们里面最好的东西来生活,因为即使它在量上很微小,但是在力量和价值上,却远远胜过一切东西。这东西似乎就是每个人的本身,因为它是人的占统治地位的和更好的部分。所以,如果人不选择他自己的生活而选择别的东西的生活,那就太奇怪了。我们以前所说的,现在可以用得着了,即是:每一种东西所特有的,对于那种东西就自然是最好的和最愉快的;因此,对于人,符合于理性的生活就是最好的和最愉快的,因为理性比任何其他的东西更加是人。因此这种生活也是最幸福的。

〔一般的国家在实践上所能达到的好政体〕

32.〔亚里士多德:"政治学",第四卷,第十一章,页1295a—1296b〕我们现在必须来考察,对于最大多数的国家,什么是最好的法制;我们既不预先假定一个非普通人所能及的美德标准,也不预先假定一种由于特别的天赋和环境而得的良好教育,也不假定一个只是一种愿望而已的理想国家,而应考虑大多数人所能享有的那种生活,以及国家一般地所能够达到的那种政府形式。至于我们刚刚谈过的那些被称为贵族政体的,它们或者是超出了大多数国家所可能办到的,或者是近乎所谓立宪政体,因此不必另外加以讨论。并且,事实上,我们关于这些形式所达到的结论,都是基于同样的理由。因为如果"伦理学"中所说的是真的,即幸福的生活乃是一种不受阻碍而符合于美德的生活,而美德乃是一种中庸,那么,那种确实是中庸的生活,而且又是一般能被每人所达到的生活,必定就是最好的生活。同样地,关于美德和恶行的原则,也是城邦和法制所特有的,因为法制可以比作城邦的生命。

在任何国家中,总有三种成分:一个阶级十分富有,另一个十分贫穷,第三个则居于中间。既然已经认为中庸适度乃是最好的,所以很显然,拥有适度的财产乃是最好的,因为,在那种生活状况中,人们最容易遵循合理的原则。那在美貌、体力、家世或财富各方面大大胜于他人的人,或者反之,那非常贫穷或孱弱或非常不体面的人,就觉得很难遵循合理的原则。这两种人中,其一变成狂暴的大罪犯,另一则变成无赖和下贱的流氓。他们会犯相应的两种罪,其一起于暴戾,另一起于无赖狡诈。再者,中等阶级最不会逃避治国工作,也最不会对它有过分的野心;这两者对于国家都是有害的。其次,那些享有太多的幸运、体力、财富、朋友以及诸如此类的东西的人,是既不愿意也不能够服从政府的。这种病根是从家庭中开始的,当他们还是小孩子的时候,由于他们在其中长大的那种豪华奢侈的环境,他们就从来没有学得服从的习惯,甚至在学校中都没有学到。反之,那些十分贫穷的人,他们处于完全相反的地位,则是太下贱了。因此,一个阶级不能服从,而只能够专横地统治;另一个阶级不懂得如何指挥,必定像奴隶一样受统治。这样,就产生了一个不是自由人的而是主人和奴隶的城邦,主人鄙视奴隶,奴隶猜忌主人;再没有什么比这个对国家里面的同胞感情和友谊更是致命伤的了:因为良好的同胞感情是由友谊产生出来的;当人们彼此敌视的时候,他们是连走路也不愿走同一条的。一个城邦应该尽可能由平等和相同的人们组成；而这种人一般地就是中等阶级。因此，那以中等阶级的公民组成的城邦，在成分方面，即在我们认为国家的结构自然地由之构成的成分方面，可以说是组织得最好的了。这个阶级乃是一个国家中最安稳的公民的阶级，因为他们不像穷人那样觊觎邻人的东西；别人也不觊觎他们的东西，像穷人觊觎富人的东西那样；而且既然他们不谋害别人，本身又不遭别人的谋害，所以他们很安全地过活。所以，弗居利德的祷告乃是明智的：——"许多事物当其为中庸时乃是最好的；在我的城邦中我愿处于一个中间的地位。"

所以很显然，最好的政治社会是由中等阶级的公民组成的。这样的国家很有希望能治理得很好：即在其中中等阶级人数很多，并且在可能时还比其他两个阶级合起来更强，或者至少比两者中的任一个都更强，因为中等阶级加入某一边，就会使势力发生变化，这样就能阻止两个极端阶级之一占统治地位。所以，一个国家里面如果公民具有一份适当而充足的财产，这个国家就有很好的运气；因为，在某些人占有很多而其他人则毫无所有的地方，就很可能产生一种极端的民主政治或一种纯粹寡头政治；或者，从这两极端之一很可能产生出一种暴君政治——它或者从极跋扈的民主政治产生出来，或者从寡头政治产生出来；但是暴君政治从那些中等的法制或近似的法制中，就不会这么容易产生出来。以后当我谈到关于国家的革命的时候，我将对这一点的理由加以说明。中庸的国家情况显然是最好的，因为没有任何别的国家能够避免党争分裂；在中等阶级人数很多的地方，党派和纠纷存在的可能性就最小。基于同样的理由，大的国家比小的国家较少受党争之祸，因为在大的国家里面中等阶级是大的；反之，在小的国家里面，全部公民很容易分成两个阶级，他们或者是太富，或者是太穷，没有人居于中间。民主的国家比寡头的国家较安全和持久，因为民主的国家有一个人数更多、参与政府工作也更多的中等阶级。因为当没有中等阶级而穷人人数大大超过别种人的人数的时候，祸乱就发生了，国家不久也就完结了。最好的立法者都是中等阶级的人，这个事实就是中等阶级优越性的证明；例如梭仑就是如此，如他自己的诗所证明的；吕古尔戈也是如此，因为他不是一个国王；卡隆达以及几乎所有的立法者都是如此。

这些考察会帮助我们了解，何以大多数的政制或者是民主政治的，或者是寡头政治的。理由就在于在这些国家中中等阶级很少是人数众多的，于是不论是富人方面，或普通的人民方面，一逾越了中庸之道而占得优势，就把国家法制拉在自己一边，从而就或是产生了寡头政治，或是产生了民主政治。还有另一个理由：穷人和富人互相争执，而不论哪一边得胜，都不是建立起一个公正的或民众的政府，而是把政治权力视为一种战利品，其中一方会建立起一个民主制度，另一方会建立起一个寡头制度。再者，曾经在希腊占据过优势的这两个党派，都只顾到他们本方面的政府形式的利益，于是其一在一些国家中建立了民主政治，另一建立了寡头政治；他们只想到了自己的利益，根本不想到公众的利益。基于这些原因，中等的政府形式如果曾经存在过，也是极稀有的事，并且只有在很少数的国家里面。在所有曾经在希腊统治过的人里面，只有一个人是被说服而把这种中等的法制给予了国家的。但是现在，甚至连平等也不加理睬，这已经成为许多国家的公民之间的一种习惯了；所有的人都努力想获得统治权,或者,如果被战胜,就愿意服从。

什么是最好的政府形式,和什么使得它成为最好的,都已经很明白了;至于其他的法制,既然我们说民主政治和寡头政治的种类很多,那么在我们现在已规定出哪一种是最好的之后,就不难去认识按其优越性的次序,哪个是第一、哪个是第二或其他的位次了。因为,那最接近于最好的,必然就是较好的,那离最好的最远的,必定是更坏的,如果我们是就绝对的意义来判断而不是相对于特定的条件来下判断的话;我说"相对于特定的条件",是因为一个特殊的政府形式可以是较可取的,但对某些人民,另一种形式可能是更好的。

33.〔同上,第四卷,第十二章,页1296b—1297a〕现在我们必须来考察什么东西和哪一种政府适合于什么东西和哪一种人。我可以从这个假定出发,即:国家里面愿意现存法制持久存在的那一部分人,应该比与此愿望相反的人们为强,这乃是一切政府所共有的一般原则。每个城邦都是由质和量组成的。所谓质,我的意思是指自由、财富、教育和良好的出身,所谓量,是指人数上的优势。质可以存在于构成国家的各个阶级中的一个阶级里面,而量则存在于另一个阶级里面。例如,出身微贱者人数可能多于出身高贵者,或穷人多于富人,但是他们在量方面所占优势的程度,可能不及他们在质方面所占劣势的程度;因此,必定有一种量和质的比较。在穷人的人数比富人的财富在比例上占优势的地方,自然将有一种民主政治,其形式则随构成贫富各方的人是哪一种人而定。例如,如果农夫数目占优势,那么就会产生第一种的民主政治;如果是工匠和劳动阶级占优势,就会产生最后那一种民主政治;关于居间的各个形式亦复如此。但是在富人和显贵者在质方面占优势的程度大于他们在量方面占劣势的程度的地方，就产生了寡头政治，同样地，它也采取了不同的形式，随寡头们所具有的是哪一种优越性而定。

立法者永远必须把中等阶级包括在他的政治里面；如果他把他的法律订成寡头政治式的，那就让他要照顾到中等阶级；如果他把法律订成民主政治式的，他同样也应该用他的法律尽力去使这个阶级靠紧国家。只有在中等阶级较其他阶级之一或较两者都占上风的地方，政府才能够稳定，在这种情形之下，就不必怕富人会和穷人结合起来反对统治者了。因为这两个阶级中的任一个都永不会愿意服从另一个，而如果他们找寻一种更适合于双方的政府形式，他们就会发觉再没有什么比这个形式更好的了；富人和穷人永远不会同意轮流来统治的，因为他们彼此互相不信任。仲裁者永远是被信任者，而且只有中等阶级中的人才能是仲裁者。政治上各种成分的调配越完善，法制就越能持久。那些企望建立一个贵族政治的政府的人里面，有许多人犯了错误，这不仅是由于他们把太多的权力给予了富人，而且是由于他们企图欺瞒民众。到了一个时候，从一种假的善里面终于产生出来一种真的恶，因为富人的侵害行为比起民众的侵害行为来，对于法制是为害更大的。

〔诗 的 产 生〕

34.〔亚里士多德："诗学"，第四章，页 1448b—1449a〕显然，一般地说，诗的产生是基于两个原因，其中每一个都是人类本性的一部分。对于人，从他的童年开始，模仿就是一种自然的本能，人之所以胜于低级动物的一个原因，即在于他乃是世界上最富于模仿性的动物，他从最早时起就是以模仿来学习的。并且，从模仿的作品中取得愉快之感，也是所有人的本性。后面这一点的正确性，是由经验所表明的：虽然事物本身看起来也许会引起痛苦，但是我们却乐于看见在艺术品中把它们极其现实地表现出来，例如关于最下贱的动物和死尸的形状就是这样。对于这一点的解释，可以在下面这个事实中找到：学习某些东西是最大的快事，不单对于哲学家如此，对于其他的人也是如此，尽管他们的这种能力是如何地微小。看图画而感到愉快，其理由就在于一个人在看它的时候，同时也是在学习着——认识着事物的意义，例如，认识到那里是如此的一个人，因为如果一个人以前未见过那东西，那他的愉快就将不是由作为那个东西的模仿的这幅图画所引起的，而将是由它的技巧或颜色或某些类似的原因引起的。这样，既然模仿——以及和谐感和节奏，因为韵律显然只是节奏的一个"属"——乃是人类的本性，所以，人类正是借他们生性宜于诗艺，并且通过他们在最初的尝试中所进行的一系列通常是逐步而来的改良，才从他们那种即兴作品中创造出了诗。

但是诗不久就按照个别诗人性格的不同而分化为两种；因为诗人中较庄重者就会去把高贵的行为和高贵人物的行为重现出来；而较卑下者就会去表现鄙贱人物的行为。后一类诗人首先编下了讽刺诗，正如另外那种诗人首先编了赞歌和颂词一样。关于荷马以前的诗人的讽刺诗，我们一无所知，虽然大概是有过许多这种诗人的；不过，从荷马以后这种东西我们是能找到的，例如荷马的"马尔吉特"①和别的诗人的类似的诗。在这种讽刺诗里面，由于其自然的适当性，采用了一种抑扬格韵律；从这里导出了我们现在的"抑扬格"(ĭαμος)这个词，因为它乃是他们彼此之间的"讥刺"(ĭαμος)或讽刺的韵律。结果就使得古代诗人有些成为了史诗的作者，而其他的则成为了抑扬格诗②的作者。不过，荷马的地位却是特别的：正如他在严肃的文体方面乃是诗人的诗人，不单是由于他的文艺技巧卓越，并且也是由于他的模仿具有戏剧性而独立不群，同样地，他还最先给我们描出了"喜剧"的一般轮廓，因为他用一种"可笑的人物"的戏剧性的图画来代替戏剧性的嘲讽；事实上，他的"马尔吉特"与我们的喜剧之间的关系，正完全像他的"伊利亚德"和"奥德赛"与我们悲剧之间的关系一样。不过，当悲剧和喜剧一出现的时候，那些本性上倾向于一类的诗的人，立刻就变成喜剧作家而抛弃了抑扬格诗，那些本性倾向于另一类的诗的人，则变成了悲剧作家而抛弃了史诗，因为这些新的艺术形式比那旧的形式更庄严伟大，更受人重视。

〔悲剧的作用〕

35.〔同上，第六章，页1449b〕……所以，一出悲剧乃是一个严肃的行为的模仿，并且具有一定的长度，本身是一个完整的东西；在语言方面带着若干附属的装饰，各种装饰分别在作品的各个部分中出现；它的形式是戏剧性的而非叙述式的；带着能够

---

① Μαργίτης是荷马讽刺诗中的一个人物，此处即以此名称指这种诗体。——编者

② 即讽刺诗，或译长短体诗。——编者

引起怜悯和恐怖的细节，用那些细节来完成它对这两种情绪的净化作用。这里所谓"语言方面的修饰"，我的意思是指所附加的节奏、谐调或歌词；所谓"各种分别地出现"，我的意思是说，悲剧的有些部分只是用诗句构成的，反之，别的部分则是用歌词构成的。……

〔剧本的安排和长度〕

36.〔同上，第七章，页1450b—1451a〕……现在让我们考察一下什么是故事或剧情的适当的结构，因为这既是悲剧的第一个部分，又是它最重要的一个部分。我们已经把悲剧规定为一个本身完整的行为的模仿，并且是一个具有相当长度的整体；因为很微小的东西也可以是一个整体。可是，一个整体乃是那有开端、中部和终点的东西。开端就是本身不必在任何别的东西之后，却自然地有些别的东西在它之后的东西；终点就是本身自然地在某个东西之后的东西，它或者作为那个东西的必然的后果，或者作为那个东西的通常的后果；中部就是自然地在一物之后而又有别物在它之后的。因此，一个结构得很好的剧情既不能随意在任何地方开始，也不能随意在任何地方终止；开端和终点必须是刚才所讲过的那种形式。其次，一个生物或每一个由部分构成的整体，若要成为美丽的，就必须不单在它的各部分的安排上表现出一定的次序，并且也必须有一定的分量。美是由大小和次序造成的，因此它不可能（1）存在于一个极微小的东西里面，因为我们的知觉在看太微小的东西时就会变得模糊不清；也不可能（2）存在于一个太巨大——譬如说一千里长——的生物里面，因为在这种情形之下，整个东西就不能同时被看见,它的统一性和完整性也就不能被觉察出来。所以,正如一个由若干部分构成美丽的整体或一个美丽的生物必定具有一定的大小,这种大小乃是可以一览无遗的,同样地,一个故事或剧情也必须具有一定的长度,这种长度必须可以由记忆整个记住。至于它的长度的极限如何,这问题若是从公演和从观众的角度来考虑,乃是不属于诗的理论的范围之内的。如果人们必须演出一百出悲剧,那么悲剧的长度就应该由水钟①来计算,据说有一个时期就是这样办的。不过,若就悲剧的真正本性来规定其长度极限,那就是:只要不破坏对整体的完整认识,则故事越长,在宏大方面也就越好。大体上,我们可以这样说:"一个容许主角能通过一系列必然的或很可能的阶段从不幸过渡到幸福或经幸福过渡到不幸的长度",对于故事的分量来说可以算是足够了。

〔剧情的统一性〕

37.〔同上,第八章,页1451a〕剧情的统一性,不是像某些人所想象的那样,在于它有一个人作为它的主题。因为一个人所遭遇的事情无限多,其中有些是不能归而为一的;同样地,一个人还有许多不能构成一个行为的行为。因此,我们可以看出所有那些写了一篇"赫尔库勒颂"或"德修斯颂"或类似的诗篇的人是如何错误;他们以为既然赫尔库勒是一个人,赫尔库勒的故事也必定就是一个故事。但是荷马,不论是由于技艺或是由

---

① 古希腊的计时器,相当于中国的"铜壶滴漏"。——编者

于本能①，就显然很好地理解到这一点，正如他在任何其他方面都胜于其他诗人一样。在写"奥德赛"的时候，他并不叫他的诗篇包括他的主角的全部遭遇——例如，他的主角的遭遇中就有这样的事：在巴尔拿索山上受伤和在集中军队出发作战时装疯，但是这两件事彼此并无必然的或概然的联系——他不这样做，而是把一个带有我们所描写的那种统一性的行动作为"奥德赛"的主题，在"伊利亚德"里面也是一样。其所以如此，就是因为：正如在别的模仿性的艺术里面，模仿总是一件事物的模仿，同样地，在诗里面，故事作为一种行动的模仿，也必定代表一个行动、一个完整的整体，其中细节是如此紧密地互相联系着，以致任何一部分的移动或取消都会肢解和破坏整体。因为，凡是存在或不存在都不引起任何觉察得出的不同的，就绝不是整体真正的构成部分。

〔悲剧中细节的选择〕

38.〔同上，第十四章，页1453b〕悲剧的恐怖和怜悯可以由"表演"来引起，但它们也可以由剧本本身的结构和细节来引起——后一种方法是更好的，也显出作者是一个更好的诗人。剧情确实应该具有这样的结构，使得即使一个人虽然没有看见事情真正发生而只听到关于它的叙述，也必定会因那些事件而充满恐怖和怜悯；这种效果正是单纯朗诵"欧地普"②的故事就能使人感到的。借"表演"的方法来产生这种效果，就表示作者

---

① 即天才。——译者
② "欧地普"——希腊悲剧诗人爱斯启勒的作品，剧名即主人公的名称。——译者

较缺乏艺术手腕,并需要外来的帮助[①]。至于那些利用"表演"来把那些只是骇人而不能引起恐怖的东西放在我们面前的人,就完全是不懂悲剧的道理了;不应该向悲剧要求给我们以每一种的愉快,而只能要求它自己特有的那一种。

悲剧所能给予的愉快是怜悯和恐怖的愉快,诗人必须用一件模仿的作品来产生这种愉快;因此,很显然,在他的故事的事件里面,必须包含着原因。……

[①] 即要公众花去很多钱来布景。——译者

十二　怀疑派

文献记载

1.〔塞克斯都·恩披里可:"皮罗学说概略"第一卷,第一章,§3—4〕那些相信自己发现了真理的人,是"独断论者",特别是亚里士多德、伊璧鸠鲁和斯多葛派以及某些别的人被称为独断论者;克来多马柯和卡尔内亚德以及其他的学园派①的信徒认为真理是不可知的;怀疑派则继续从事探究。因此,主张主要的哲学派别有三派,即独断派、学园派和怀疑派,似乎是合理的。

2.〔同上,第一卷,第三章,§7〕怀疑学派,由于它的追求和研究的活动,也被称为"研究派"(ζητητική),出于研究者探究之后所产生的心理状态,也被称为"存疑派"(ἐφεκτική),由于他们怀疑和探索的习惯,以及由于他们对肯定和否定不作决定的态度,也被称为"犹疑派"(ἀπορητική),更由于我们觉得皮罗之委身于怀疑主义,要比他的前辈更彻底、更显著,所以也被称为"皮罗派"。

3.〔同上,第一卷,第六章,§12〕怀疑论的起因,我们说是希望获得安宁。有一些有才能的人,为事物中的各种矛盾所困惑,在就二者中选择一件加以接受时发生怀疑,于是进而研究事物中间什么是真的,什么是假的,希望通过这个问题的解决得到

---

① 即柏拉图学派。——编者

安宁。怀疑论体系的主要基本原则是,每一个命题都有一个相等的命题与它对立;我们相信只要停止独断,我们就会得到这个结论。

4.〔同上,第一卷,第八章,§31—33〕我们既然说过,安宁由悬而不决、不作判断而来,现在我们的第二个任务就是要说明我们是怎样达到这种悬而不决的存疑状态的。一般地说,可以说这是置事物于对立之中的结果。我们或者把现象与现象对立起来,或者把思想的对象与思想的对象对立起来,或者把现象与思想的对象对立起来。例如,我们说:"同一座塔,从远处看起来是圆的,从近处看起来是方的",这就是把现象与现象对立起来;有人根据天体的秩序论证有天意存在,而我们回答道,顺境常常是坏的,逆境常常是好的,从而推论出天意不存在,这就是把思想与思想对立起来。像阿那克萨戈拉那样,反对雪是白的,提出论证说:"雪是冻结的水,而水是黑的,所以雪也是黑的",就是把思想与现象对立起来。

5.〔第欧根尼·拉尔修,第九卷,第十章,§58〕阿那克萨尔柯是阿布德拉人,他曾经是斯密尔那的第欧根尼的学生,后者又是奇欧的梅特罗多洛的学生,梅特罗多洛常常说,他什么都不知道,甚至于不知道自己是什么都不知道的;……阿那克萨尔柯曾与亚历山大在一起,鼎盛年在第110届奥林比亚赛会时[①]。

6.〔同上,第九卷,第十一章,§61—62〕爱利亚的皮罗是普雷斯大尔科的儿子,这是狄奥克勒说的。根据阿波罗多洛在他的"纪年史"的说法,他起初是画家;后来他做了斯底尔朋的

---

① 即公元前340—前337年。——编者

儿子布吕孙的学生：这是亚历山大在《哲学家的师承》一书中说的。后来他与阿那克萨尔柯结交，他们结伴旅行各处，甚至一道与印度的裸形智者和波斯僧侣交往。

因此他选择了一种最好的哲学思想方法，据阿布德拉的阿斯卡纽说，这种哲学所采取的形式是认为真理不可知，不作任何判断。他否认事物有光荣的与不光荣的，正当的与不正当的。他并且一般地认为并没有事物真实地存在，而是人们的风俗习惯作下了这样的约定：因为没有一件事物本身是这样而不是那样的。

他的生活方式与他的学说是一致的。他不避免任何事物，也不注意任何事物，面对着一切危险，不管是撞车、摔倒、被狗咬，总之根本不相信他的感官的任何断定。据卡吕斯多的安提贡说，他的朋友们总是跟着他，把他救出危险。但是据爱内西德谟说，只是他的哲学建立在不作任何判断上，在日常生活中他仍然是谨慎行动的。这样一直活到近九十岁。

著作残篇

〔甲 梅特罗多洛〕

1. 我们谁都不知道任何事物，甚至于不知道"我们究竟是知道某物还是什么都不知道"。我们也不知道是不是有东西存在。

2. 一切事物都是个别的人把它想象成那样的。

〔乙 阿那克萨尔柯〕

3. 世界很像我们梦中或精神恍惚所呈现的境界或现象。

〔丙　皮　罗〕

4. 万物一致而不可分别。因此，我既不能从我们的感觉也不能从我们的意见来说事物是真的或者是假的。所以我们不应当相信它们，而应当毫不动摇地坚持不发表任何意见，不作任何判断，对任何一件事物都说，它既不不存在，也不存在，或者说，它既不存在而又存在，或者说，它既不存在，也不不存在。

5. 它既不是这样的，也不是那样的，也不是这样和那样的。

6. 没有任何事物是美的或丑的，正当的或不正当的，美和丑、正当和不正当只是相对于判断而言的。没有任何事物真正是这样的（像判断的那样），人们只是按照风俗习惯来进行一切活动。每一件行为都既不能说是这样的，也不能说是那样的。

7. 没有一件事情可以固定下来当作教训，因为我们对任何一个命题都可以说出相反的命题来。

8. 最高的善就是不作任何判断，随着这种态度而来的便是灵魂的安宁，就像影子随着形体一样。

9. 死与生之间并无分别。

10. 使人们完全解脱是很难的。

11. 我下功夫做一个诚实的人。

〔丁　蒂　孟〕

12. 我不说蜜是甜的；我只是承认，蜜看起来好像是甜的。

十三　伊璧鸠鲁

（公元前341—前270年）

著 作 残 篇

〔格　　言〕

1. 凡是幸福者和不灭者，自身既无烦恼，也不使任何他物烦恼；因之也不受愤怒和偏爱之情拘束，因为这些情感只存在于弱者中。

2. 死对于我们无干，因为凡是消散了的都没有感觉，而凡无感觉的就是与我们无干的。

3. 快乐的量的极限，就是一切能致使痛苦的事物的排除。在快乐存在之处，只要快乐持续着，则身体的痛苦，或心灵的痛苦，或并此二者，就都是不存在的。

4. 痛苦并不持续留住在肉体中，就是极端的痛苦，也不过出现于一个很短的期间内。在肉体中，那仅仅超过肉体快乐的痛苦并不一次持续多少天。久病本身对于肉体自有比痛苦还多的快乐。

5. 快乐地活着而不谨慎地、不正大光明地、不正直地活着，是不可能的；谨慎地、正大光明地、正直地活着而不快乐地活着，也是不可能的，那不谨慎地、正大光明地、正直地活着的人，也不可能快乐地活着。

6. 获得相对于别人而使自己得到安全的任何手段，都是自然的善。有些人设法使自己有名望，觉得这样他们就可以在与别人相对立之中得到安全。那么，如果这种人的生活真正安全了，他们就得到了自然的善；可是如果不安全，他们就没有达到本性所要求的、他们最初所寻求的目的。

7. 没有快乐本来就是坏的，但是有些快乐的产生者却带来了比快乐大许多倍的烦扰。

8. 如果我们可以说，每一快乐都凝聚起来而持续影响及全身，或影响我们本性的主要部分，则一种快乐和另一种快乐之间就没有分别了。

9. 如果那些使放荡的人快乐的种种事物能够制止人心由天象、死亡、痛苦而生的畏惧，如果这些事物指点给我们什么是欲望与痛苦的限制，我们就不打算去谴责那些完全致力于快乐和自任何方面都永不觉到任何痛苦或悲伤（这是大恶）的人了。

10. 如果关于天象的忧惧不曾扰乱我们，如果死亡的恐惧不使我们挂心，如果不能掌握痛苦及欲望的界限也不扰乱我们，我们就不需要自然科学的研究了。

11. 如果一个人不知道什么是宇宙的性质，而是生活在对那些关于宇宙的寓言所说的事的恐惧之中，对于这个人来说，排除对所谓最主要的事物的畏惧，就是不可能的，所以一个人没有自然科学的知识就不能享受无疵的快乐。

12. 当一个人处在对天上的事物、对地下的事物、简言之对无限宇宙中的事物有所畏惧的状态中，防备别人得到安全，对于他是并没有什么好处的。

13. 当相对于周围的人已经得到了大体上的安全时，就是在一种有充分力量支持并有物质的顺境的基础上，以真正的方式产生了离开人群的、安静的私人生活的安全。

14. 自然所要求的财宝是确定的而且容易得到的,虚浮的欲望是不能餍足的。

15. 贤哲的人只是受到运气的微小的帮助,而他的理性则给他最大的福利;他享受这些福利并且终身享受。

16. 正直的人是一切人中最不为不安所苦者,不正直的人永远为不安所苦。

17. 当由于缺乏而生的痛苦一旦免除时,肉体中的快乐并没有增加,而只是改换了。

18. 灵魂的最完满的幸福,有赖于我们思考到那些使人心发生最大的惊惧的东西,以及与它们同类的东西。

19. 无限的和有限的时间都具有同等的快乐,只要一个人以理性来衡量这种快乐。

20. 肉体意识到快乐无限,是需要无限时间的。

21. 但是理性能使我们思议肉体的终结和消散,使我们解脱对未来的畏惧,使我们如此完备地得到生命所能得到的一切快乐,以至我们没有必要把永恒纳入我们的欲望之中,但是理性并不逃避快乐,而且当环境使它脱离生命时,理性也不是没有享受过幸福的生活的。

22. 熟悉生命的限度的人,知道很容易得到解除由缺乏而生的痛苦的东西,以及使整个生命完善的东西,所以他不需要那些只能由劳动与斗争而取得的事物。

23. 我们一定要考虑真正的目的,也要考虑直接知觉的一切证据,我们的意见的结论永远是与这种证据相关联的;若不然一切就将充满可疑与混乱。

24. 如果你排斥一切感觉，你就连你所能指称的标准也不会剩下，这样，你就会没有可以用来判定你所责斥的错误判断的东西了。

25. 如果你排斥任何单个感觉，而不区别开某些意见的结论是关于等待证明的现象的，另一些结论是为感觉或感情所实际给予的，或者为心灵的每个直观认识所给予的，那么你就会把一切别的感觉同无根据的意见混同起来，从而排斥了每一个判断的标准。

26. 如果在那些由于你的意见而产生的观念里，你承认待证实的观念与本身具有直接确实性的观念同样可靠，你就会不免于错误；因为这样一来，你就在评判真确的意见与错误的意见时，保持着完全的模糊。

27. 在任何一种情况下，如果我们不使我们的每一个动作取决于自然的主要目的，而离开这个目的去找寻或躲避一些别的对象，我们言行之间就会缺少一致性。

28. 在智慧提供给整个人生的一切幸福之中，以获得友谊为最重要。

29. 这一个意见也鼓励人相信没有一种可怕的东西是永存的，甚至没有一种可怕的东西是持久的，它也使我们看清，在注定给我们的生活条件中，友谊最能增进我们的安全。

30. 有些欲望是自然的和必要的，有些是自然的而不必要的，又有些是既非自然又非必要的，它们的存在是由于空洞的意见而来。

31. 那些未得满足而并不引起痛苦的欲望是不必要的。当这些欲望显得难以满足或似乎要产生祸害时，是很容易平息它们的。

32. 当自然的欲望剧烈而倔强，但是不满足它们并不引起痛苦的时候，便足以证明其中混有虚浮的意见；因为那时的剧烈而倔强的力量并非生自这些欲望的本性，而是生自人的虚浮的意见。

33. 自然的公正，乃是引导人们避免彼此伤害和受害的互利的约定。

34. 对于那些不能相约彼此不伤害的动物，是没有公正或不公正这种东西的。如果有一些民族的分子不能或不愿有一种尊重相互利益的约定，则上述情形对于这些民族也是一样。

35. 公正没有独立的存在，而是由相互约定而来，在任何地点，任何时间，只要有一个防范彼此伤害的相互约定，公正就成立了。

36. 不公正并非本来就是坏的；其所以坏，只是因为有一种畏惧随之而来：怕不能逃避那奉命惩罚行为不公正者的人。

37. 一个人要想秘密地做违背人们为防范彼此伤害而订的约定的事，而相信永远不被觉察，乃是不可能的，哪怕他逃避人们的耳目已有一万次之多；因为直到他死，还是不能确定是否不会被发觉。

38. 一般地说，公正对于每个人都是一样的，因为它是相互交往中的一种互相利益。但是地点的不同及种种其他情形的不同，却使公正有所变迁。

39. 一件事一旦为法律宣布为公正，并且被公认为有利于人们的相互关系，就变成真正公正的事，不论是否被普遍认为公正。

40. 但是，相反地，一件事如果为法律所肯定，但是并非真正有利于社会关系，就不是公正的；而如果公正的事里所包含的有利曾经一度被认为公正，即使发生改变，"在当时它是公正的"这句话仍不失其为真，至少对于不自惑于空言而在一切情况中宁愿注意实际事实的人是这样的。

41. 如果没有任何新的情况发生，一件事过去曾被宣布为公正，而现在表明在实践中并不符合于一般的理解，那么，这件事就不是公正的。但是，如果一件事曾被宣布为公正，因为发生了新的情形，不再表现为与利益相符合，那么，这件曾是公正的事（因为它曾有利于社会关系和人类交往）只要不再有用，就不再是公正的。

42. 最善于应付对外面敌人的恐惧的是尽量交友；对于不能交为朋友的人，至少要避免和他们结怨；要是连这个也办不到，就要尽可能地避免和他们往来，为了自己的利益疏远他们。

43. 那些最能不畏惧周围的人们的人，便有了最可靠保证，这种人彼此极融洽地生活着，享受友谊的一切充分的利益，从而并不惋惜他们的朋友的夭亡，并不以为夭亡是一个可哀的境遇。

〔致赫罗多德的信〕

44.〔见：第欧根尼·拉尔修，第十卷，§35—83〕赫罗多德，我为那些不能仔细钻研我所写的全部关于自然的作品的人，或不能阅读我所写的较大的著作的人，已经准备了一个关于整个系统的足够详细的摘要，这样他们至少可以适当地记住每一部门里面最一般的原则，以便在从事研究自然的时候，遇到机会便可以在最重要的节目上对自己有所帮助。而那些在综览主要原则方面已经有不少进展的人,也应该把整个系统的基本要点所构成的概略记在心里。因为我们经常需要一般的观点,详细的说明倒不常需要。实际上,必须回到基本原则,并且经常把基本原则记牢,才能获得对事实的最基本的了解。事实上,如果完全掌握并且记住了各部门中的一般原则,就可以充分发现关于细节的准确知识,因为即使在一个完全入了门的人,一切准确知识的最基本的特点,也是迅速应用观察以及了解的能力,而如果把一切都总结在一些基本原则和公式里,就能够做到这一点了。因为不拘什么人,如果不能利用一些简短的公式,把所有可以详细地、精确地展开的东西包容在心里的话,就不可能在整个体系里把全部路程加以缩短。根据以上所说,由于我所描述的方法对于一切习惯于考察自然的人是有价值的,我又是极力劝说别人经常从事考察自然的,并且我的宁静主要就是由于过着以此为业的生活而得来的,所以我为你另写了这样一个摘要①,总结了整个学说的首要原则。

赫罗多德,首先我们一定要抓住语词所指的那些观念,以便能够根据它们来对意见的推论或对有关考察或思考的问题下判断,这样,我们就可以既不让一切成为不确定的东西,以至于进行没有终了的解释,也不至于应用无意义的语词。为了这个目的,如果我们真正要有一个标准来判断一个有关考察或思考的问题,或一个心理的推论,重要的是注意那与每一个语词相联系的第一个心理上的影像,并且不需要加以解释。此外,我们

---

① 伊壁鸠鲁曾为他的著作"论自然"写过一个较详细的提要。原作与提要都已亡佚。——编者

的一切考察都要依照我们的感觉，特别是要依照心灵的直觉或某个标准，以及要依照我们身上的直接感受，以便得到一些指示，借以判断感官知觉与不可见的东西这两方面的问题。

弄清楚这几点之后，现在我们要来研究那些不能为感官所知觉的东西。首先，从不存在的东西不会产生出任何东西来，因为如果有事物产生的话，一切事物便是从一切事物产生出来的，并不需要种子。而如果消失的事物消毁成为不存在，一切事物就会都毁灭了，因为它们分解而成的东西是不存在的。更进一步说，宇宙过去一向就和现在一样，将来也永远如此。因为它不能变成任何另外的东西，因为在宇宙之外没有任何东西会走进宇宙，引起变化。

并且，宇宙由许多物体与虚空（κενός）所组成。物体之存在是感觉本身通过一切经验所证实的，我们必须依据感觉的证明，运用推理来对不能感觉到的东西下判断，这是我已经说过的。如果没有我们称之为"虚空"、"地方"（χώρα）以及"不可触的实体"（ἀναφής φύσις）的东西，物体就会没有存在的地方，没有运动的场所，就不能像我们看见的那样运动了。除去这二者以外，我们无论运用理解或根据所想到的东西作类比，都不可能想到别的东西；我们可以把物体和虚空当作完整的存在物，而不能把它们说成属于这种存在物的偶性或性质。还有，物体中有些是复合物，有些则是构成复合物的东西。构成复合物的东西是不可分的（ἄτομος）①，并且，是不变的（也就是说，如果一切东西不是被消毁成为不存在，那么复合物分解以后就要剩下某种固定

---

① "原子"（ἄτομος）的原义就是"不可分的东西"。——编者

不变的东西),它们的本性是完全坚固,用任何方法都不能把它们分解成部分。所以毫无疑问,始基(ἀρχή)必定是不可分的有形体的存在物[①]。

并且,宇宙是无限的(τὸ ἄπειρον)。因为有限的东西必定有一个边界,而边界总要靠比照着另外的东西才能看得出来。宇宙由于没有边界,也就没有限制,又由于没有限制,所以它必然是无限的,不受限制的。此外,说宇宙无限,是就物体的数量无限以及虚空的范围无限两方面而言。因为一方面,如果虚空是无限的,而物体的数目是有限的,那么,物体就不能停留在任何地方,而会在通过无限虚空的行程中分散开来,没有任何东西顶住它们,使它们重新团聚,使它们处在适当的地方。但是另一方面,如果虚空是有限的,无限多的物体就会没有地方容身了。

此外,不可分的和坚固的物体(复合物由它们产生,也分解成为它们)在形状方面还有数不清的差别,因为这么丰富多样的事物决不可能来自原子的一些数目有限的形状。因此每一形状的原子数目都是完全无限的,但是它们形状的差别却并不是完全无限,而只是数不清。

原子永远不断在运动,有的直线下落,有的离开正路,还有的由于冲撞而向后退。冲撞后有的彼此远远分开,有的一再向后退,一直退到它们碰机会与其他原子卡在一起才停止,还有的为卡在它们周围的原子所包围。这一方面是由于那将各个原子分隔开来的虚空的本性使然,因为虚空不能提供抵抗力,另一方面,则是由于原子的坚硬使它们冲撞后向后退,一直退到冲撞后

[①] 即原子。——编者

与其他原子卡在一起时所能容许的那样远的距离。这些运动都没有开端,因为原子与虚空是永恒的。

这些简单的说明,如果将它都记在心中,对于我们理解存在物的本性就会提供一个足够的轮廓。

还有,存在着无限数目的世界,它们有的像我们的世界,有的不像我们的世界。因为原子数目无限,这是已经证明了的,它们被带到远远的地方。因为本性可以产生或制造出世界来的那些原子,并没有在一个世界或在有限数目的世界上面被用光,也没有在所有相像的世界或与这些不同的世界上面被用光,所以不会有妨碍无限数目的世界的障碍存在。

而且还有许多影像（ὁ τύπος）,与坚固的物体形状相似,而在结构的细微上则远超过可感觉的东西。因为并不是不可能在围绕对象的东西中形成这样一些放射物,也不是不可能有机会形成这种稀薄的结构,也不是不可能有一些流出物保持着自己以前在坚固物体中原有的位置与秩序。这些影像我们称为"像"（εὔδωλον）。

其次,在可感觉的事物中,并没有什么东西与我们认为影像在结构上有不可超越的细微性的那种信念相矛盾。因此,影像也具有不可超越的运动速度,因为它们的一切原子的运动都是一致的,此外,也没有东西或极少东西以冲撞来阻止它们放射,而一个由许多个或无限个原子构成的物体,则会立刻为冲撞所阻止。此外,也并没有什么东西与我们认为"像"的产生和思想一样迅速的信念相矛盾。因为原子之从物体表面流出,是继续不断的,可是这并不能根据物体的大小有任何减少而察觉出来,因为消失的原子的位置不断地被新的原子填充上了。影像的流出，在一个长时间里，保持着坚固物体中原子的位置与次序，虽然有时是混乱的。还有，在周围气体中，复合的"像"形成得很迅速，因为它们不必要一直到最里面都是充实的，并且还有一些其他方式产生这种存在物。这些想法与我们的感觉全不矛盾，如果注意一下在什么情况下感觉会给我们从外物带来清晰的形象，以及在什么情况下它会带来相应的性质与运动的次序的话。

我们也一定要认定，当某样东西从外物进入我们时，我们不只是看见它们的形状，并且还想到它们的形状[①]。因为外物不能借助处在它们与我们之间的气体，也不能借助任何一种从我们流到它们的射线或流出物，来使我们形成关于它们本身的颜色与形状的性质的印象，——做得像影像那样好；与外物在颜色与形状上相似，离开对象，按照它们各自的大小，或者进入我们视觉，或者进入我们心中，迅速地运动着，并且以这种方式重新产生一个个别的连续物的形象，而且与原来的对象保持相应的性质与运动的次序，当它们刺激动感官时，这种撞击是由于具体物体内的原子振动所造成的。

我们由于心灵或感官的认识活动而得到的每个影像，不拘是关于形状还是性质的影像，都是具体对象的形式或性质，这是由于影像不断重复或留下印象而产生的。错误永远在于把意见加到待证明的或不矛盾的事情上面，而结果竟没有得到证明，或者竟发生矛盾了。因为，我们所谓真实存在着的东西，以及作为与存在物相似的东西而被接受的影像（它们或者是在睡眠者身

---

① 伊璧鸠鲁认为视觉是由于影像流入眼睛所造成，而且认为思想也是由于影像流入心中所造成，不过流入心中的影像更精细。——编者

上产生，或者是由于心灵或其他判断工具的某些其他认识活动而产生），这二者之间的相似，若不是有这种性质的某些流出物实际上与我们的感官接触，是不会出现的。若不是有他种运动也在我们内部产生，与影像的认识紧密相连，可是又不相同，谬误是不会存在的；而正是由于这样，假设认识没有得到证明，或是矛盾的，错误就发生了；但如它被证明了，或是不矛盾，那它就是真的。所以我们要极力记住这个学说，一方面为的是使依据清晰见证的判断标准不致被推翻，另一方面为的是使谬误不致像真理那样得到稳固的根据，因而把一切弄得混淆不清。

再者，听觉也是由于从对象跑出的一种流，这对象就是说话、发声、发噪音或以任何其他方式引起听觉的对象。这个流分散成为微粒，每一个微粒都与整体相似，它们同时保持着性质上的互相符合，还保持着一种特性的统一，这个统一一直引回到发出声音的对象：就是这个统一在大多数情形中在听者方面产生了解，或者，如果没有这种特性的统一的话，那就仅只表明有外部对象出现。因为如果没有从对象传送过来某种性质上的符合物，这种了解是不会产生的。因此我们不要设想实在的气被发出的语音或被其他相似的声音弄成了一种形状——因为气根本不像这样受到声音的作用——，而是当我们发音时，在我们身上发生一击，立刻挤出一些微粒，这些微粒产生出一种气流，具有提供我们听觉的特性。

还有，我们要这样设想：嗅觉正如听觉一样，若不是从大小合适的对象跑出某些微粒来刺激感官，是不会引起任何感觉的；微粒有些是这一种的，有些是那一种的，它们刺激感官时，有些是以混乱而且奇特的方式，有些是以安静而且悦人的方式。

还有，我们要认定原子除了形状、重量、大小以及必然伴随着形状的一切以外，并没有属于可知觉的东西的任何性质。因为每一个性质都变化，而原子根本不变，因为在引起变化的复合物分解时，一定有某样东西依然是坚固而不可分解的；变化不是变成不存在或由不存在变来，变化是由于某些微粒的位置移动，以及另一些微粒的增加或离开。因此，重要的是：移动位置的物体应该是不能毁灭的，不应该具有变化的东西的本性，而应该有它们自己的分量（ὁ ὄγκος）和形状。这些一定是固定的。因为在我们知觉到的事物的形状中，形状自身总是存留下来，而其他性质就不是仍旧存在于变化的对象里，像形状那样存留着，而是在整个物体中消失了。而这些留存着的微粒就足以引起复合物体里的差异，因为要紧的是某些东西应该留存着，而不被毁灭成不存在。

还有，我们不要设想原子有各种各样形状①，这样，我们的想法就不会与现象的实证相矛盾了，可是我们要设想原子有某些不同的大小。因为如果如此，我们就可以更好地解释我们的感情与感觉里所发生的事实。而为了解释事物里的性质的差别，并不需要存在着各种各样大小的原子，因为这样就一定会有某些原子进到我们眼界之内，成为看得见的，但是我们从来没看见过这样的事，也不能想象一个原子如何能够变成可见的。

此外，我们也不要设想一个有限的物体里能有无限的部分或有各种程度微小的部分。所以，我们不仅要认为达到越来越

---

① 这是伊璧鸠鲁与德谟克里特的不同处。——编者

小的部分的无限分割是不可能的，这样就不至于使一切东西成为稀薄的，以至于在复合物体的组成中存在物不免于压碎以及消耗而成为不存在的；而且我们也不要设想在有限的物体里，有可能无限地继续不断过渡到越来越小的部分。因为如果有人说在一个物体里有无限的部分或有任何程度微小的部分，就不能设想：如何能成为这样的，以及这个物体的大小如何还能是有限的（因为很明显，这些无限的微粒一定有某种大小，不管它们是多么小，由于微粒数量无限，其聚集而成的物体也会是无限的）。还有，由于有限的物体有一个边界，即使它本身是不被知觉到的，可是它是可以区别开来的，你不能设想靠在它旁边的那一点在性质上是不相像的，如果你像这样从一点到另一点继续下去，你就可以在你心里一直注意到无限了。我们还要注意，感觉里面最小的东西与那容许从一部分到另一部分前进的东西既不完全相像，也不是在各方面完全不像，而是与这类物体有某种类似，却又不能被分割成一些部分。但是如果我们根据这种相类似，想把它划分出部分来，一个在这边，另一个在那边，就一定会有与第一点相似的另一点适应着我们的看法。我们从第一点开始继续看这些点，不是在同一点的界限以内，也不使一部分与一部分接触，但却用它们自己的真正特征来衡量物体的大小，在较大的物体里就较多，在较小的物体里就较少。我们要设想原子里的最微小的部分对于整体也有同样的关系，因为虽然它在微小上，很明显是超过了感觉所见到的东西，可是它却有同样的关系。因为实际上我们已经根据原子对于感觉到的物体的关系而肯定它有大小，只是说它在微小上比感觉到的物体差得很远。再进一步说，我们要认为这些最微小的不可分的点，在我们用思想对这些看不见的物体所进行的思考里面，是作为界标，以它们本身提供了对于原子大小度量的基本单位，不拘是较小的还是较大的原子都一样。因为原子的最小部分与可感知的东西的同类部分的类似，足以证明我们到此为止的结论；但是说它们会像运动着的物体那样聚在一起，那却是完全不可能的。

再进一步说，在无限中，我们不应该说"上"或"下"，好像是与一个绝对最高的或最低的东西比照着似的，实际上我们必须说，虽然从我们站着的任何地点，可能向我们头上那个方向进展到无限，可是绝对最高点却永远不会对我们出现。通过所想到的一点向下直到无限的那个东西，对于同一个东西说，也不能同时既在上又在下，因为这样想是不可能的。所以我们可以把那被想成向上达到无限的运动看成一个单独的运动，而把向下达到无限的运动看成另一个单独的运动，虽然那个从我们跑到我们头上的地方去的东西有无数次到达了那些在上面的东西的脚下，那个从我们跑到下面去的东西达到了那些在下面的东西的头上。因为尽管如此，在这两种情况之下，整个运动都是被想成向对立的方向一直进到无限。

并且，当原子在虚空里被带向前进而没有东西与它们冲撞时，它们一定以相等的速度运动。因为当没有东西与它们相遇时，重的原子并不比小的和轻的原子运动得更快；而当没有东西与它们相撞时，小的原子也不会比大的原子更快，它们的整个行程是等速的；由于打击而产生的向上或向一旁的运动，也不会更快，由于原子本身的重量而产生的向下运动也不会更快。因为只要这两种运动有一种在进行，就有像思想一样快的行程，一直到有一样东西从外面阻止了它,或者由于原子本身的重量对打击它的那东西的力量发生反作用而阻止了它。再者,当原子通过虚空而没有遇到任何物体发生冲撞时,它就在一个不可想象的短时间内完成一切可以思议的距离。因为快慢现象的产生,是由于有冲撞以及没有冲撞。再者,虽然事实上一切原子速度相等,但是在复合物体里,也可以说一个原子比另一个原子快些,这是因为即使在最小的一段连续时间内,复合物体里所有的原子都是向一个地方运动,虽然在只有思想才能知觉到的瞬间里,原子并不是向一个地方运动,而是经常地彼此挤撞,一直到它们的连续运动达到感觉范围之内。因为对看不见的东西加上一种意见,认为在只有思想才能知觉的瞬间中也会包含着连续运动,在这类情形之下,乃是不对的,因为我们要记住,我们用感官观察到的,或者用心灵通过一种认识而把握到的,才是真的。也不要设想在只有思想才能知觉到的瞬间里,运动的物体也跑到它的组成原子所移动到的某些地方去(因为这也是不可设想的,在那个情形之下,当整个物体在一段可感觉到的时间内从无限虚空中任何一点来到时,它不会是从我们认识到它的运动的那个地方出发的),因为即使我们超出知觉界限设想物体运动的速度并不由于冲撞而迟缓,整个物体的运动仍然是它的内部冲撞的外部表现。此外,把握住这个基本原则也是有好处的。

其次,永远要以感觉以及感触作根据,因为这样你将会获得最可靠的确信的根据。你应该认为灵魂是散布在整个构造中间的一团精细的微粒,很像混合着热的风,在某些方面像风,在另一些方面像热。还有一部分在组织的精微上甚至于比这两部分①还远远高出许多倍,因此它②更能够与整个构造的其他部分保持密切接触。所有这些部分,都由灵魂的活动和感触、灵魂运动的敏捷、灵魂的思想过程以及我们死亡时所失掉的东西而显示出来。此外,你还要理解到灵魂拥有感觉的主要原因,可是灵魂如果不是以某种方式为结构的其余部分所包住,它就不会得到感觉。而这个其余的部分又由于供给灵魂以这种感觉的原因,它自己也就从灵魂获得一份这种偶然的能力。可是它并没有得到灵魂所具有的全部能力,所以灵魂离开了身体,身体就不再有感觉。因为身体永远不是自身具有这种能力,只是常常对另一个存在物③为这种能力提供机会,而这个存在物是与它自身同时出现的,这个存在物由于具有本身内部准备好的力量作为运动的结果,常常自发地为自身产生出感觉能力,然后把它也传达给身体,这是由于接触以及运动的配合所造成,我已经说过的。——所以,只要灵魂留在身体里④,即使身体的某个其他部分失掉了⑤,灵魂也不会没有感觉;可是,当包住灵魂的东西⑥或是全部或是部分离开时,灵魂的某些部分也就随之消灭了,而灵魂只要继续存在,就保有感觉。另一方面,结构的其余部分如果一旦失掉了,那合起来产生灵魂的本性的全部原子,不管多么小,虽然继续整个或部分地存在,也不会保有感觉。还有,如果

---

① 指风与热。——编者
② 即所谓"无名的实体"(ἀκατονόμαστον)。——编者
③ 指灵魂。——编者
④ 意即只要人还是活的。——编者
⑤ 指失去了不致命的肢体。——编者
⑥ 指致命的部分。——编者

整个结构分解了，灵魂分散开来了，不再有同样的能力，也不再运动了，这样，灵魂也就没有感觉了。因为，如果灵魂不在这个机体里，而且不能引起这些运动，如果包围着灵魂的不再是灵魂现在存在于其中并且在其中实现这些运动的环境时，是不可能想象灵魂有感觉的。还有，我们也必须明白了解，"无形体"这个语词，一般是用来表示那可以被认为独立存在的东西的。可是不可能设想无形体的东西是单独的存在物，除非是虚空，而虚空既不能作用也不能被作用，它只是通过自身供给物体以运动的机会。因此那些说灵魂无形体的人是瞎说。因为如果它有这种本性，它就在任何方面都不能作用或被作用了。但是事实上，对于灵魂说，这两样事情都是很明显突出的。如果按照感触和感觉的标准来判断这一切关于灵魂的推理，并且记住我在起初所说的，就会看出那些推理都充分地包容在这些一般公式里面，可以在这个基础上把整个系统的各项细节准确地制定出来。

此外，对于物体，我们是用形状、颜色、大小、重量以及其他一切来述说的，好像这些东西或者是一切事物的伴随特质，或者是可以由感觉到这些性质而看到或认识到的事物的伴随特质，可是我们不要把它们或者设想成独立的存在物（因为那样想象是不可能的），或者设想成绝对不存在，或者设想成伴随着物体的某种其他的无形体的存在物，或者设想成物体的物质部分；我们倒应该设想整个物体的全体是由于这一切而得到它的永恒存在，可是意思并不是说，物体是那些由合起来形成物体的特质所组成（譬如，一个大的结构是由组成这个结构的各部分放在一起而造成，不管是起码的单位大小，或是其他比这个结构本身小的各部分，不拘是什么），而只是像我所说的，物体是由于这一切特质全体而得到它的永恒存在。这一切特质都各有其被知觉到以及被区别开的特殊方式,只要整个物体永远与它们在一起而从不与它们分开;物体正是由于被了解为许多性质的集合,因而得到物体的称谓。

还有,物体常常有偶性,偶性并不是恒常地伴随着物体;这些偶性,我们不要设想它们根本不存在,也不要设想它们具有整个物体的本性,也不要把它们设想成可以列入不可见的东西,或者设想成无形体的东西。所以当我们按照最普通的用法使用这个名词时,我们要弄清楚,偶性既没有我们了解为集合体并且称之为物体的那个整体的本性,也不是恒常伴随着物体的那些特质;没有这些特质,一个一定的物体就是不能设想的。但是作为某些认识活动的结果,只要有聚合的物体同它们在一起,它们每一个就都可以用这名词来称呼,但是只有见到它们出现的时候才可以这样做,因为偶性并不是永恒的伴随物。我们不要由于偶性没有它所依附的那个整体的本性,也没有那些恒常的伴随物的本性,便把这个清楚的事实逐出存在的领域之外;我们也不要设想这种偶然的东西是独立存在的(因为这对于偶性以及对于永恒的特质都是不能设想的),但是,正由于它们呈现在感觉中,我们必须把它们认作呈现于物体的偶性,而不认作永恒的伴随物,或者以为它们自身是属于物质存在物之列的,确切地说,应该把它们了解为正好像我们实际感觉所表示的它们的特性那样。

并且,你还要牢牢记住这一点:我们寻找时间,不要像在一个对象中寻找其他一切东西一样,把它们归结到我们心中所觉察到的一般概念,而必须采取直接的直观,我们便是按照这个直观来说"一段长时间"或"一段短时间",并且把我们的直观应用在时间上来加以考察,如同我们对其他的东西所作的一样。我们也不要找寻也许更好的语词,只要使用那些普通应用到时间上面的语词就成了。我们也不要用任何别的东西来述说时间,把那东西当作与这种特殊知觉具有同样的基本性质,像有些人所做的那样,我们必须单单特别注意我们拿来联系这个特殊知觉并且用来衡量它的那个东西。因为其实这是无需证明的,只要反省一下,就可以看出我们是把它联系在白天与黑夜以及昼夜的区分上,也把它联系在内部的感触或没有感触上,也把它联系在运动与静止状态上,也正由于同运动和静止相联系,我们便认为这个知觉是一种特殊的偶性,因此我们称之为时间。

除了我们已经说过的以外,我们还必须相信,众多的世界,以及一切不断地显示出与我们看见的事物相似的外观的有限复合物体,都是从无限中生出来的,凡是这样的东西,较大的和较小的全一样,都是从单个的物质集团分出来的,这一切东西又再分散,有的较快,有的较慢,有的遭遇到这一系列原因,有的则遭遇到另外一系列的原因。我们还应该相信,这些世界的产生,既不必是具有同一个形状的,也不必是具有各种形状的。还有,我们必须相信,在一切世界里,都有我们在这个世界里所见到的动物、植物以及其他事物,因为并没有人能够证明,在一个属于某一类的世界里,会或者不会已经包容着我们所见到的动物、植物和一切其他事物由之组成的种子的种类,而在一个属于另一类的世界里,这些种类则是不能存在过的。

再进一步说,我们必须设想,人类的本性也只是接受环境的教训,被迫去做许多各式各样的事情,后来理性对自然所提示的东西进行加工，作出进一步的发明，在某些事情上比较快，在另一些事情上比较慢，在某些时代作出伟大的进展，在另一些时代进展又较小。所以在最初的时候，名称也并不是审慎地加到事物上的，人们的本性由于部族的不同而具有自己的特殊感触，接受自己的特殊印象，因之每一部族都以自己的方式来吐气①，所吐出的气根据每一种这样的感情与印象而形成定型，又由于住的地方所引起的各族之间的差别而有所不同。后来，在每一部族里，通过公认而审慎地提出特殊名称，为的是使这些名词的意义减少纠缠不清并且表明起来更简单。有时有些人把一直不为大家知道可是他们自己熟悉的东西带过来，并且把它们的名称介绍过来，有时是自然而然地不得不说出它们来，有时则是由于依照通行的结合方式进行推理而选用它们，这样就使得它们的意义明确了。

还有，不能认为天体的运动和旋转、日月蚀、升起、降落以及与这些相类的现象，是由于某种实体②使然，这个实体管制、规定或者曾经规定过它们，同时又享受着完全的福祉与不朽（因为困难、忧虑、愤怒是和恩惠与幸福的生活不调和的，这些事情发生在有懦弱、恐惧以及依赖邻人的地方）。我们也不要相信天体会有幸福，并且自动使自己担当起这样的运动，它们不过是聚成一堆的火。当我们用名词来表示像福祉、不朽这类概念时，我们必须保持它们的充分庄严的意义，为的是不致从它们产生出与庄严的概念相反的意见。不然这个矛盾就会在人们的灵魂中引起

---

① 即发音。——编者
② 指神。——编者

最大的纷扰。所以我们必须相信,在世界的产生过程中,由于在这样一团一团的东西里原来包含着物质,因而这个有固定秩序的规律也就由之产生了。

还有,我们一定要相信,确切地发现最基本的事实的原因,乃是自然科学(ή φυσιολογία)的任务,我们要相信,由于认识天象而得到的幸福就在于此,也就在于了解从这些天象里见到的各种存在物的本性,了解其他一切与我们的幸福所必需的精确知识有关的东西。要知道,凡是以多种方式出现的东西,或者可以用别种方式出现的东西,都不属于上述的那些东西,凡是引起怀疑或不安的东西,都不能包括在具有不朽的和幸福的本性的东西里。这一点我们的心智可以确定是绝对如此的。但是,属于考察升起、降落、旋转、日月蚀之类的事情,对于知识所带来的快乐说,却没有任何价值,觉察到这一类事情的人们,仍然不知道这些事情的本性、根本原因是什么,依旧在恐惧之中,正像他们根本不曾知道这些事情一样。事实上,他们的恐惧甚至于可能更大,因为由于观察到这些事情而发生的惊奇,是不能发现任何答案或明了它们的基本规律的。因此,关于旋转、降落、上升、日月蚀之类的现象,即使我们发现了某些原因(我们考察特殊现象就是如此),我们也不要以为这些事情的探讨没有达到充分准确的地步,因而觉得对我们心灵的平静与幸福无所帮助。所以当我们研究天象以及一切不能为感官察知的东西时,我们要仔细考察一种相似的现象在地球上以多少方式产生。我们应该藐视那些人,他们不认识那种只能以一种方式存在或发生的东西,也不认识我们远远望见的东西中那种可以用几种方式发生的东西,他们更不明白在什么条件下心灵不能平静,〔以及在什么条

件下心灵能够平静]①。因此,如果我们认为一种现象是或然地以这一类的某种特殊方式发生,并且认为在一些情况下我们一样可以平静,当我们发觉它可以用几种方式发生时,我们就会像知道它以某种特殊方式发生一样,很少被扰乱。

除了所有这些一般的事情之外,我们还要把握住这一点:人们心里的主要不安的发生,乃是由于他们认为这些天体是幸福的与不朽的,可是又具有与这些属性不相合的意志、行为与动机;此外也是由于他们总是期待或想象着某种永久的苦难,像传说里所描述的那样,甚至于害怕死后会失掉知觉,好像这与他们有切身的关系似的;并且,也是由于他们之所以陷入这种情况,并不是以推理的意见为根据,倒是凭借某种非理性的预感,因此,由于他们不知道苦痛的限度,他们所受到的纷扰,比起根据意见达到这个信仰时所受到的纷扰来,是同样巨大,甚至更加广泛。而心灵的平静则是从以上所说的一切中解救出来,对一般的以及最基本的原理怀着经常不断的记念。

因此,如果对象是一般的,我们就应该注意一般的内部感触和外部感觉,如果对象是特殊的,我们就应该注意特殊的内部感触和外部感觉,我们还应该按照每一个判断标准来注意每一个直接的直觉。因为我们如果注意到这些,我们就会正确地找到我们心理上的不安与恐惧之所以发生的原因,并且,由于学习了天象以及其他一切经常发生的事件的真正原因,我们就会摆脱一切使其余的人发生极端恐惧的东西。

赫罗多德,这就是我关于一般原理的性质的一些要点的论

---

① 据希克斯本"第欧根尼·拉尔修",第二册,第608—609页辑补。——编者

述，这是一个简要的论述，这样我的说明就会易于准确把握了。我认为，即使一个人不能考察这个系统的所有细节，他也会由这个论述获得一种力量，与别人比起来可称无敌。因为事实上他将会根据我们的一般系统弄清楚许多细节，而这一些原理，如果他记在心里，是会经常帮助他的。因为它们的特点是这样，即使那些现在正把细节研究到相当的程度，甚至已经全面研究过的人，也会根据这样的纲要指导他们的分析，来进行他们对于整个自然的大部分考察。至于那些还没有充分达到完满境地的人，有一些则可以根据这个纲要，无需口授而很快地得到一个关于最重要的事情的概观，从而获得心灵的平静。

〔致美诺寇的信〕

45.〔见：同上，§122—135〕当一个人年青的时候，不要让他耽搁了哲学研究，当他年老的时候，也不要让他对他的研究发生厌倦，因为要获得灵魂的健康，谁也不会有太早或太晚的问题。说研究哲学的时间还没到或已经晚了，就像说享福的时间还没到或已经晚了一样。所以青年人和老年人都应该研究哲学，老年人通过回忆过去的愉快，仍然可以在好的事情上是年青的，而青年人由于对将来无所畏惧，也可以同时既年青又年老。

当幸福在时，我们便拥有一切，而当幸福不在时，我们便尽力来谋得它，所以一个人思虑到产生幸福的事物，是应该的。我时常指点给你的那些事，我都希望你去作并且实行，拿它当作幸福生活的根本原则。第一，要相信神是一个不朽和幸福的实体，一如世人关于神的共同意见所说；不要把任何与不朽和幸福不一致的东西加到你对神的观念上去，并且要相信神拥有足以保持这种幸福和不朽的一切。神灵是有的，因为我们关于神灵的知识是明显的，但是神灵的本性并不是像一般人所想的那样；一般人对于神灵所表的敬意，没有一点符合于他们所存的神灵观念。摈斥众人所信的神灵的人，并不是不敬神灵的，拿众人所存的关于神灵的意见加在神灵身上的人，才是不敬神灵的。因为众人关于神的肯定都不是从感觉得来的概念而是虚妄的假定，根据这种假定，临到恶人头上的大祸和降到善人身上的大福都被归之于神灵：因为众人总是把人类的美德联系到他们关于神灵的观念上，而把一切与人类性质不同的，都认为与神性不合。

你要习惯于相信死亡是一件和我们毫不相干的事，因为一切善恶吉凶都在感觉中，而死亡不过是感觉的丧失。因为这个缘故，正确地认识到死亡与我们无干，便使我们对于人生有死这件事愉快起来，这种认识并不是给人生增加上无尽的时间，而是把我们从对于不死的渴望中解放了出来。一个人如果正确地了解到终止生存并没有什么可怕，对于他而言，活着也就没有什么可怕。那么，如果有人说他之所以怕死，并不是因为死在当前使他难过，而是因为死还未到使他难过，那就是个傻瓜了。一件事情在当前并不使一个人忧虑，反而在未到时使他烦恼，这是很荒谬的。所以一切恶中最可怕的——死亡——对于我们是无足轻重的，因为当我们存在时，死亡对于我们还没有来，而当死亡时，我们已经不存在了。因此死对于生者和死者都不相干，因为对于生者说，死是不存在的，而死者本身根本就不存在了。然而一般人有时逃避死亡，把它看成最大的灾难，有时却盼望死亡，以为这是摆脱人生灾难的休息。贤者既不厌恶生存，也不畏惧死亡，既不把生存看成坏事，也不把死亡看成灾难。贤者对于生命，正如同他对于食品那样，并不是单单选多的，而是选最精美的；同样地，他享受时间也不是单单度量它是否最长远，而是度量它是否最合意。如果叫一个青年好好地活，而叫一个老人好好地死，就是一个傻瓜了，这不但是因为生命是愉快的，而且是因为好好地活和好好地死二者都属于同样的教养。更糟糕的是说，不出世最好，"如果出世了，就赶快进阴曹地府去吧"①。

因为如果他真是这样想，他为什么不捐生自尽呢？如果这真是他的信念，那是他很容易办到的事。可是如果他是在开玩笑，他就是在人们不会接受的情形下说蠢话。我们要记住，将来不是我们自己的，从另外一方面说，将来也并非完全不是我们自己的。所以我们既不能期待将来，认为它一定要来到，也不能对它失望，认为它永远不会来到。还有，我们要体会到，在欲望中间，有些是自然的，有些是虚浮的；在自然的欲望中，有些是必要的，有些则仅仅是自然的；在必要的欲望中，有些是幸福所必要的，有些是养息身体所必要的，有些则是生命本身的存在所必要的。我们对于这些东西，有了正确的了解，就能够为了肉体的健康和灵魂的平静（ἡ ἀταραξία）来考虑取舍，因为肉体的健康和灵魂的平静乃是幸福生活的目的。就是为了达到这个目的，我们才竭力以求避免痛苦和恐惧。我们一旦达到了这种境地，灵魂的骚动就消散了；动物就不需要寻觅所欠缺的东西，也不需要去寻找其他可以使灵魂和肉体安好的东西。

只有当我们痛苦时，我们才需要快乐，因为快乐不在场；而当我们不痛苦时，我们就不需要快乐了。因为这个缘故，我们说

---

① 索福克勒斯的诗句。——编者

快乐是幸福生活的开始和目的。因为我们认为幸福生活是我们天生的最高的善,我们的一切取舍都从快乐出发,我们的最终目的乃是得到快乐,而以感触(ἡ πάθος)为标准来判断一切的善。既然快乐是我们天生的最高的善,所以我们并不选取所有的快乐,当某些快乐会给我们带来更大的痛苦时,我们每每放过这许多快乐;如果我们一时忍受痛苦而可以有更大的快乐随之而来,我们就认为有许多种痛苦比快乐还好。

就快乐与我们有天生的联系而言,每一种快乐都是善,然而并不是每一种快乐都值得选取;正如每一种痛苦都是恶,却并非每一种痛苦都应当趋避。对于这一切,我们必须加以权衡,考虑到合适和不合适,从而加以判断;因为有的时候我们可以觉得善是恶的,而有的时候,相反地,我们可以觉得恶是善的。我们认为知足是一件大善,并不是因为我们在任何时候都只能有很少的东西享用,而是因为如果我们没有很多的东西,我们可以满足于很少的东西。我们真正相信,最能充分享受奢侈品的人,也就是最不需要奢侈品的人;凡是自然的东西,都是最容易得到的,只有无用的东西才不容易到手。当要求所造成的痛苦取消了的时候,简单的食品给人的快乐就和珍贵的美味一样大;当需要吃东西的时候,面包和水就能给人极大的快乐,养成简单朴素的生活习惯,是增进健康的一大因素,使人对于生活必需品不加挑剔。当我们偶尔过比较奢侈的生活时,朴素的习惯也可以使我们处理得更好一点,而对于命运无所畏惧。当我们说快乐是一个主要的善时,我们并不是指放荡者的快乐或肉体享受的快乐(如有些人所想的那样,这些人或者是无知的,或者是不赞成我们的意见或曲解了我们的意见)。我们所谓的快乐,是指身体的无痛苦和灵魂的无纷扰。不断地饮酒取乐,享受童子与妇人的欢乐①,或享用有鱼的盛筵,以及其他的珍馐美馔,都不能使生活愉快;使生活愉快的乃是清醒的静观,它找出了一切取舍的理由,清除了那些在灵魂中造成最大的纷扰的空洞意见。

这一切的开始以及最大的善,乃是审慎。因此审慎甚至比哲学还要可贵,因为一切其他美德都是由它而出。它告诉我们,一个人除非审慎地、正大光明地、正当地活着,否则就不可能愉快地活着;没有人会审慎地、正大光明地、正当地活着而不愉快地活着。因为各种美德都与愉快的生活共存,愉快的生活是不能与各种美德分开的。你还能想得出比这样一个人更好的人吗?——他对于神灵有虔诚的看法,对于死亡完全没有恐惧,他正确地思考自然所规定的目的,他领会到主要的善是容易完成并且容易图谋的,而最大的恶只能于短期内持续并且只能致使顷刻的痛苦。他不信有些人拿来当作万物之主的那个命运,他认为我们拥有决定事变的主要力量,他把一些事物归因于必然,一些事物归因于机遇,一些事物归因于我们自己,因为必然取消了责任,机遇是不经常的,而我们的行动是自由的,这种自由就形成了使我们承受褒贬的责任。就是听从那些关于神灵的神话,也比作自然哲学家们所主张的命运的奴隶好得多,因为神话还给我们指出一点希望,可以借崇拜神灵而缓和神灵的震怒,至于命运则对于我们显得是一种不可挽回的必然。

他也不像众人那样把机遇看成一位女神(因为一位神灵是不会胡乱行事的),他也不把机遇看成一个不确定的原因,因为

---

① 指男色与女色。——编者

他不相信善和恶是机遇为了使人生活得幸福而给人的,虽然大善或大恶的开始却是机遇所供给的。他以为遵从理性而不走运,比不遵从理性而走运还要好,因为凡是被判定为最好的行为,都是遵从理性正当地做成的。

你要日夜奉行这些诫命以及与此有密切关系的诫命,你要自己去做,并且和与你一样的人一道去做,这样,你就永远不会被睡眠中的或清醒时的妄念所扰,你就会在人群中像一尊神似的活着,因为一个生活在不死的神灵中的人是没有一点像有死的生物的。

十四 斯多葛派

（公元前三世纪）

文 献 记 载

1.〔艾修斯，第一卷〕斯多葛派说，智慧是关于人的事物及神的事物的知识，哲学便是企图产生那样知识的艺术实践。他们说，适合于这一目的的唯一艺术，以及一切艺术中最高的艺术，乃是美德，但是另外还有三种美德附属于总的德性：物理的、伦理的与逻辑的。因此哲学也有三部分，就是：物理学、伦理学与逻辑学。当我们考察宇宙同它所包含的东西时，便是物理学；从事考虑人的生活时，便是伦理学；当考虑到理性时，便是逻辑学，或者也叫作辩证法。

2.〔塞克斯都·恩披里可："反数学家"，第八卷，第十章〕斯多葛派说某些感官的对象以及某些理性的对象是真实的。可是，感官的对象并非不经过考虑就是真实的，而只是当它们把一个人带回到它们所伴随着的理性的对象时，才是真实的。凡是属于以及符合于某样东西的就是真实的，不如此的就是错误的。

3.〔第欧根尼·拉尔修，第七卷，第一章，§40—54〕他们把哲学比作一个动物，把逻辑学比作骨骼与腱，把自然哲学比作有肉的部分，把伦理哲学比作灵魂。他们还把哲学比作鸡蛋，称逻辑学为蛋壳，伦理学为蛋白，自然哲学为蛋黄。也拿肥沃的田地作比，逻辑学是围绕田地的篱笆，伦理学是果实，自然哲学则是土壤或果树。他们还把哲学比作有城墙防守的城市,为理性所管理;并且,像他们之中一些人所说,任何一部分也不被认为比别一部分优越,它们乃是联结着并且不可分地统一在一起,因此他们把这三部分全都结合起来讨论。但是另外一些人则把逻辑学放在第一位,自然哲学第二位,伦理学第三位。……

有些人又说逻辑的部分正好可以再分成两门学科,即修辞学与辩证法。有些人还加上研究定义的部分以及关于规则或标准的部分;可是有些人却不要关于定义的那部分。他们认为研究规则或标准的部分是发现真理的一种方法,因为他们在那里面解释了我们所有的各种不同的知觉。同样,关于定义的那部分被认为是认识真理的方法,因为我们是用一般概念来认知事物的。还有,他们认为修辞学是把平铺直叙的记事中的事情讲得佳妙的科学,辩证法是以问答来正确地讨论课题的科学;于是就有了他们关于辩证法的另外一个不能并行的定义,即:关于真、伪与既不真又不伪的论断的科学。……

他们把证明规定为从知道得较多的东西推进到知道得较少的东西的方法。还有,知觉是在心上产生的印象,这名称是很恰当地从印章在蜡上所作的印迹借来的。他们把知觉分为有说服力的知觉和缺乏说服力的知觉。有说服力的知觉——这个他们称为事实的标准——是由真实的对象所产生的,所以同时是符合于那个对象的。缺乏说服力的知觉与任何实在对象无关,或者,假如它有任何这一类的关系,可是由于与对象并不相一致,也只是模糊不清的表象。……

斯多葛派首先愿意讨论知觉与感觉,因为确定事实的真理性的标准是一种知觉,并且因为表示赞同与相信的判断,以及对于事物的了解(这是先于其他一切的判断),没有知觉就不能存在。因为知觉是领路的,然后是思想,用词句发表出来,以字来解释它得自知觉的感情。

知觉的过程与结果是有区别的。后者是心中的像,可以在睡眠里出现,前者是在心灵中印上某样东西的活动,是一个变化过程,如克吕西普在他的"论心灵"的第二篇中所说明的。他说,我们不要把"印象"照直了解为印章所打的印,因为不能设想有很多这样的印象会在同一时间出现于同一地点。所谓知觉,乃是来自真实对象的东西,与那个对象一致,并且是被印在心灵上,被压成一定形状的,如果它来自一个不真实的对象,就不会是这样。

他们认为某些知觉是可以感觉的,某些则不是。他们所谓可以感觉的,就是我们得自某一个或较多的感官的;而他们不叫作可以感觉的,则是直接发自思想的,例如与非具体的对象相关联的知觉,或为理性所包含的任何别的知觉。还有,可以感觉的知觉是为真实的对象所产生的,真实的对象把自身强加于理智,使它顺从。还有某些别的知觉,只是似乎如此的,只是模糊的影像,与真实对象所产生的知觉相似。……

他们主张真理的正当标准是具有说服力的印象,那就是说,这印象是来自真实的对象,像克吕西普在他的"物理学"第十二卷里所肯定的,安提帕特与阿波罗多洛都赞成他的说法。因为波爱修留下了很多的标准,像理智、感觉、欲望与知识;但是克吕西普不同意他的看法,克吕西普在他的"论理性"第一卷里说感觉与预想是仅有的标准。他所谓预想是一种得自自然秉赋的一般的观念(对于共相或一般概念的先天的了解)。但是早期斯多葛派其他的人物则承认健全理性是真理的一个标准。

4.〔同上，§85—133〕他们说动物的第一个爱好就是保护自己，因为自然一开始就使它自己对这个有兴趣，像克吕西普在他的"论目的"第一篇里所肯定的，他在那里说，每一个动物的第一个与最可贵的对象，就是它自己的存在以及它对这存在的意识。因为任何动物同它自己疏远了，或者甚至于变得对自己漠不关心，既不同自己疏远，也不对自己有兴趣，都是不自然的。所以，剩下的是我们必须认定自然以最大程度的一致和情感使动物约束于它自己身上，正是由于这个，它拒绝一切有害的，而吸引一切与它同类的和一切合意的。至于有些人说动物的第一爱好是求得快感，他们说那是错误的。斯多葛派说，如果有快感这样的事情，它也只是附属的，当自然自己还没有寻找并发现适于动物存在或结构的方法时，它根本不会出现的，它是一种收割后再生的草，可以用动物兴旺和植物茂盛的情况来说明。

他们说，当自然规定动物与植物没有自愿的运动或感觉时，自然并没有对它们作出区别；某些事情之在我们里面发生，是与植物里的情形相同的。但是，当某种爱好被添加到动物身上时，它们因此便能够寻找它们的正当食物；斯多葛派说，对于它们，自然的规则就是追随着爱好的指导。但是当理性按照一种更完满的原则被赋予理性动物时，所谓按照自然生活恰好便是正确地按照理性而生活。因为可以说，自然正是制造这种爱好的艺术家。

由于这个缘故，芝诺第一个在他的"论人的本性"里主张主要的善就是认定去按照自然而生活，这就是按照德性而生活，因为自然引着我们到这上面。克雷安德在他的"论愉快"里也这样说，还有波西多纽与赫卡通在他们的"论目的"以及"论主要的善"里也这样说。其次，按照美德生活，也就等于是按照一个人对那些由自然而发生的事物的经验而生活，像克吕西普在他的"论主要的善"的第一篇里所讲的。因为我们个人的本性都是普遍本性的一部分，因此，主要的善就是以一种顺从自然的方式生活，这意思就是顺从一个人自己的本性和顺从普遍的本性；不做人类的共同法律惯常禁止的事情，那共同法律与普及万物的正确理性是同一的，而这正确理性也就是宙斯，万物的主宰与主管。

其次，这件事情正好是快乐的人的美德和人生的完满的快乐，如果一切事情都是按照与每一个人的天才的和谐做出，并且与万物的主宰和主管的意志相关联的话。因此，第欧根尼明白地说，主要的善是按照健全理性根据我们本性所选择的事情去作。阿其德谟规定主要的善是在履行一切适宜的责任中生活。克吕西普还认为，在我们应该顺着生活的一种方式之下，本性既是共同的本性，也是特殊的人类的本性；但是克雷安德除了共同本性以外不承认有任何别的本性，认为人应该在一种方式中顺着共同本性而生活，他根本不提特殊的本性。他主张美德是心灵的一种倾向，永远是一贯的与和谐的，人应该为了它自身的目的把它发现出来，而不是由于希望或恐惧或任何外在的动机。并且，快乐也正在美德里面，因为在心灵里产生出永远与自身一致的生命的和谐；如果一个理性动物走错了路，那是因为他听任自己为外界事物的假的现象所误引，或是因为他为同伴的教唆所误引；因为本性自身永远给我们善的爱好。……

他们主张一切罪恶都是同等的，像克吕西普在他的"伦理问题"第四篇里所论证的,柏尔修与芝诺也这样说。因为如果一个真实的东西并不比另外一个真实的东西更真实,一个虚假的东西也并不比另外一个虚假的东西更虚假,那么,一个欺骗并不比另一欺骗更大,一个罪恶也不比另外一个罪恶更大。因为一个距离卡诺布五十里的人,同一个距离卡诺布只有半里的人,都同样不在卡诺布;一个犯了较大罪恶的人同一个犯了较小罪恶的人,都一样是不在正路上。……

他们也说到有智慧的人是不会被扰乱的,因为他没有强烈的嗜好。但是,这种不被扰乱的情况,坏人也会有的,可是那就完全是另外一回事,因为它之所以在坏人身上出现,只是由于坏人的本性是残酷无情的。他们还认为有智慧的人是没有虚荣心的,因为他把荣耀与不荣耀同等看待。同时,他们承认有另一种没有虚荣心的人,可是他们是鲁莽的人,实际上是坏人。他们还说一切有道德的人都是严肃的,因为他们从来不谈论愉快的事情,也不听别人谈论愉快的事情。同时,他们也称另外一种人是严肃的,这意思就差不多等于他们说到严肃的酒,这酒是用来配药的,不是为了喝的。

他们还宣称有智慧的人是诚心的人,迫切注意可以使他们更趋于完善的事情,应用某种原则,这种原则把恶隐藏起来,把善显现出来。可是他们并没有任何伪善,因为他们在声音同外貌上取消了一切伪装。他们也远远离开商业活动,因为他们细心地防止做任何违反他们责任的事情。他们喝酒,但是不使自己喝醉;他们从来不发狂。有时,由于某种忧郁或轻浮,一些不平常的想象可以对他们有片刻之间的统治,这种忧郁或轻浮之发生,并不是依照需要的原则,而是违反本性的。还有,有智慧的人也不会感觉悲哀，因为悲哀是心灵的一种不合理的感染，像阿波罗多洛在他的"伦理学"中所说的。……

他们还说各种美德彼此互相跟随着，一个人有了一种美德，就有了全部，因为所有的美德的教训都是共同的。……

斯多葛派的另一个学说是认为在美德与罪恶二者之间没有中间的东西；而逍遥学派则认为在美德与罪恶之间有一个阶段，是罪恶的改善，可是还没有达到美德。因为斯多葛派说，正如一根棍子一定或者是直的或者是弯的，一个人一定或者是公正或者是不公正的，而不会比公正更公正，或比不公正更不公正；这同一规则可以应用于一切情况。还有，克吕西普有这样的意见，就是美德可以失去，但是克雷安德认为美德不可能失去，一个说美德能因为酒醉或忧郁而失去，另一个则主张美德不能失去，因为美德在人里面印入了牢固的知觉。他们还宣称美德本身是一个正当的选择的对象；因此，当我们意识到光荣的事是唯一的善时，我们就对我们所作的不正当的活动引以为耻。还有，他们肯定美德本身对于快乐就是足够的。……

还有，他们说正义是由于自然而存在的，并不是由于任何定义或原则，正如法律或正确理性那样，像克吕西普在他的"论美"里告诉我们的。他们认为一个人不应由于在哲学家之间流行着不同的意见就放弃了哲学，因为根据这个原则，一个人就将完全放弃生活，波西多纽在他的"忠告"里这样说。克吕西普承认普通的希腊教育是有用的。

他们的学说认为在人与低等动物之间没有公道的问题，因为二者是不相同的。克吕西普在他的"论正义"的第一篇里，波西多纽在他的"论责任"的第一篇里这样说。还有，他们说有智慧的人会热爱青年,因为青年人的面貌表示着对美德的自然的秉赋。芝诺在他的"国家"里,克吕西普在他的"论人生的方式"的第一篇里,阿波罗多洛在他的"伦理学"里这样说。

他们对于爱情的定义是:由于可见的美的表现而趋向于友谊的努力,它的唯一目的是友谊,而不是肉体的享乐。无论如何,他们认为特拉松尼德虽然把他的情妇置于他掌握之中,可是又躲开她,因为她恨他。他们认为由这可以看出,爱情是依靠着尊敬,像克吕西普在他的"论爱情"里所说的,而不是为众神所送来的。他们把美描写成美德的花朵。

关于三种生活:静观的、实践的和理性的,他们宣称我们应该选择末一种,因为一个理性的存在是由于本性为静观和行动而特地产生出的。他们告诉我们,有智慧的人会根据合理的原因,为了他的国家或为了他的朋友,放弃自己的生命,或者遭受着难堪的痛苦、断肢或不治的病。

他们也主张有智慧的人们应该公妻,自由选择伴侣,像芝诺在他的"国家"里以及克吕西普在他的"论政府"里所说的,〔不只他们,还有犬儒派的第欧根尼和柏拉图〕。在这种环境里,我们将对一切儿童都有同样的父亲的爱,而由于通奸发生的嫉妒也就不会有了。他们认为最好的政府形式是民主、王政与贵族政治(或最好的人的统治)的混合。……

十五　卢克莱修

（约公元前98—前53年）

著 作 选 录

[实体是永恒的]

1.["物性论",第一卷,146—328行]

一般原理	能驱散这个恐怖、这心灵的黑暗的，
第一个规律：	不是初升太阳眩目的光芒，
无物能由无中生	也不是早晨闪亮的箭头，
	而是自然的面貌及其定律——
	这个教导我们的定律开始于：
	未有任何事物从无中生出。
	恐惧所以能统治亿万众生，
	只是因为人们看见大地寰宇
	有无数他们不懂其原因的事象，
	因此以为有神灵操纵其间。
	而当一朝我们知道
	无中不能生有，我们就会
	更清楚地猜到我们所寻求的：
	万物由之造成的那些原素，
	以及万物之造成如何未借神助。
证明：	假定一切都可从不论什么而来，

一切的东西都需要一定的种子	则任何东西就能够从任何东西发生， 而不需要一定的种子。人能从大海 升起，鱼类能从陆地出来， 而羽毛丰盛的禽鸟则从天空骤然爆出， 牛羊牲畜，以及一切的猛兽， 就会大大小小漫山遍野到处都是； 同样的果子也不会老守住它们的老树， 而是哪一种果子都能从任何枝干 随便地换来换去长出来。真的，
因为： 1.它们有有定的实体	如果每种东西不是各有产生它的原子， 事物怎能够每样都有它不变的老母亲？ 但是，既然一切都从有定的种子产生， 所以每一个生命之来到这光之岸，① 乃是由它自己的原始物体②所构成。 不是随便什么都能从随便什么生成， 因为每样东西里都有一种自己的秘密之力。 再者，为什么我们会看见大地上
2.有一定的季节	春天洒满玫瑰，夏天布满谷穗， 而当秋天发出魅力时葡萄就成熟累累， 如果不是因为万物的一定的种子 在它们自己的季节必会涌集在一起？ 如果不是因为新的创造只有展露在

---

① 即在世界上产生。——编者
② 即原子。——编者

> 适当的时刻已到,而怀孕的大地
> 能够安全地把它的脆弱的幼类
> 送上光之岸的时候?但如果它们
> 能够从无中生成,它们就会骤然地
> 不可预见地跳到世界上来,在反常的季节,
> 既然它们没有原始的胚种被自然扣住
> 不在不利的时刻为产育而交合。

3. 需要一定的时间来增长

> 有生命的种子的遇合也不会需要
> 经过一定时间才能使事物长成,
> 如果生命是"无"的一种增加:
> 小小的婴儿立刻会像一个大人一样行走,
> 从土地上会跳出一棵枝桠茂盛的大树——
> 这样闻所未闻的奇迹;但是自然的律令是:
> 每样东西都从它自己合法的种子缓缓长大,
> 借长大而延续自己的种类。
> 从这里就可以证实万物皆从自己的物质

4. 和一定的营养

> 长大并取得营养。这也就是为什么
> 大地如果没有她有定的雨季
> 就不会产生出那些使我们欢悦的东西,
> 而不论什么生物,如果得不到食物,
> 就再不会延续其种族而维持其生命。
> 因此,认为许多东西有共同的原始物体,
> (像单个的字母为许多的字所共有)
> 比起认为有些东西没有根源而能存在,
> 我们看到在道理上是更说得过去。

5.也有一定的发育的限度	再者,为什么自然不能产生 身体巨大而能涉江渡海 或者以双手就能撕开山岭 或者活万岁而征服"时间"的人物? 如果不是因为一切被生出的东西都有 其永恒不变的原料,而从这原料所能生出来的
6.耕耘使土地更肥沃	乃是永远永远地有定?最后我们看见 耕耘了的田地如何胜过未耕的荒地, 前者如何地在双手的劳动之下, 以它们更丰盛的果实报答我们; 在大地里面确实有许多东西的原始胚种, 当犁头翻起肥沃的泥土而加以揉捏的时候, 我们就把这些东西加快地催生。 要不然,你就会看见:无须我们的辛劳 东西就会自动生成,并且形状更美。 所以,应该承认:无物能从无中生, 既然一切都必须有自己的种子, 从种子生长,生长到微风里。
第二个规律: 无物能归于无, 否则	因此,自然也把一切东西再分解 成为它们的原始物体,并且没有什么东西 曾彻底毁灭地消失,
1.一切东西都会立刻被毁灭	因为任何东西如果是每部分皆不免一死, 那么它就会从我们的眼前骤然被抢走, 彻底毁灭,既然不需要什么力量

来分开它的各部分,把它的缚带松解。
但,事实上,因为所有的东西
都是带着不朽的种子而存在,所以
自然不容许任何东西灭亡或崩溃,
除非一种外力用打击来把它粉碎,
或一种内力进入它空虚的小隙

2. 世界也不会再被充满

将它肢解。再者,如果"时间",
那用岁月破坏世间的作业者,
能将全部消灭,将物质整个耗尽,
那么从何处维娜斯①还能使许多世代的生物
各如其类地复活到生命的亮光中来?
而当它们复生之后,巧妙的大地又怎能够
以她古老的食物充实而养育它们——
按照物类的不同,各各给以适当的食品?
而大海底下的水泉,或自远方
奔流而来的内陆河流
又怎能使深不可测的大洋永远水满?
以太②又能从哪里取得东西来养育星辰?
因为已逝的岁月和无限的年代一定
早已把一切有死的物类的形骸吃光:
但,尽管是"远古"已有那些胚种,
所有这些物类皆从它们吸取生命,

---

① 罗马人的爱神。——编者
② 指天空。——编者

	无疑地正是那些胚种永不会死,
	也没有什么东西会归于乌有。
3. 同样的力量会把一切毁坏	并且,同样的力量会使所有的东西
	全都完结,如果所有的东西不是仍然
	被永恒的物质所团结,各部分被束缚:
	或松,或紧。轻轻的一触就足以
	招致毁灭。因为最微小的力量
	会使事物的组织松懈,如果在事物里面
	没有半点不朽的东西。但现在
	由于原始的部分①的钩链
	是以不同的方式连接起来,而物质
	又是永存的,因此,事物就能保持自己
	安全不受伤害,除非遇到一种强力
	足以破坏各种事物的经纬:
	没有什么东西归于无有;一切东西都属于
	最初形式的物质,当它们瓦解的时候。
4. 但事实上一物的损失等于另一物的增加	瞧,以太父亲投到大地母亲胸怀里的
	雨点消失了,但这以后
	金黄的谷穗长出来,绿枝摇曳
	在树林间,而树木自己也涨大起来,
	载满累累的果实,这样,
	人类和动物就得到了食品,
	这样,快乐的城市就充满了少女少男,

---

① 指原子。——编者

而茂密的林地就回响着新的鸟鸣，
这样，肥大而贪睡的家畜
就会在使人欢乐的牧场上舒展躺卧，
而白色的乳汁就会从胀大的乳房滴滴流下，
这样，幼畜就用它们软弱的四肢
在嫩草上面跳跃，新生的心
由于暖热的鲜乳而充满快乐。所以
没有什么东西绝对死灭，虽然看来好像如此；
因为自然永远以一物建立他物，从不让
任何东西产生，除非有他物的死来补偿。
……①

不可见的微粒的存在，可以由其他不可见的东西的存在来佐证

现在既然我已经教你事物不能
从无中产生，产生之后也不能使它
归于无有，你切不要怀疑我的话，
说我们的眼睛并看不见原始胚种；
因为你该记得，有些东西虽被认为
存在于我们的世界里，但是却看不见：

1. 风

大风狂暴地鞭打我们的面孔和身体，
不可见地，把巨大的船只翻沉，云块撕开，
或者疯狂地卷旋而下，在平野上撒满
大树，或者用震撼森林的狂飙，
掠过山岭的峰头，它们就是这样
带着喧腾呼啸和凶兆的惨叫，向前怒号。

---

① 此处拉丁文原稿有中断。——英译者

所以很显然，风是不可见的物体疾扫过
大海、陆地和空中的云块，
暴烈地把一切搅扰，卷旋，抓起；
狂风就是这样继续奔流，遍地堆起废墟，
正如大量本来性质柔顺的水
变成一条滔滔巨流，
而高山上倾盆骤雨又以巨量雨水
使它猛涨，冲击着向前带走了
林地的断枝残干和整株整株的大树；
就是那些坚固的桥梁也不能抵抗这种冲击，
当水这样突然而至的时候：汹涌的巨流
为不可计量的雨水所增强，向桥墩四面攻打
使它们哗啦倾倒，用波浪卷走
倾倒了的砖石和庞然巨块，
把一切想要挡住它的东西都冲开。
一切的狂风就正像这样地运动着，
当它们像一条有力的水流
向某方进展时，就把许多东西向前驱赶，
然后又再以新增的暴力把它们抛下地面，
有时或者在卷旋中把它抓住
并举起在锥形的旋涡里，带往远方：
所以风乃是不可见的物体，不会有错——
既然它们的行径完全比得上
那些巨大的河流，那些可见的东西。

2. 气味　　还有，我们认识许多不同的物味，

	但却从未见过它们走向我们的鼻孔。
3. 热　4. 冷	用眼睛我们看不见炎热或寒冷,
5. 声音	人们的声音我们也总看不到。
	然而这些东西根本上必定有形体,
	既然它们能触到我们的感官：所以
	除了具有可触性的物体,就无别物。
6. 湿气	还有,衣裳挂在白浪拍岸的海边,慢慢就变湿,
	湿了的衣服晒在太阳底下,就会变干;
	但并没有人瞧见湿气如何侵入衣裳,
	也无人瞧见它如何被太阳赶走。所以我们知道
	湿气是分散的许许多多的小点,
7. 损耗的事例	小到眼睛看不见。还有一种情况：
	带在手指上的戒指会逐渐变薄,
	沿里面那边磨损,一年又一年;
	屋檐上的雨滴,会把墙脚石块滴出窟窿,
	弯弯的犁头,虽然是铁造,却慢慢
	在耕地里不知不觉地磨耗。我们也瞧见
	石铺的大路被无数的脚所磨光。
	许多城门旁边的铜像,
	由于无数过往旅人和它们握手致敬,
	它们的右手就因屡被触抚而变瘦。
	我们看见这些东西由于消耗如何越来越小,
	但每次究竟有多少微粒消失,
	妒忌成性的视觉却不让我们瞧见。
8. 增长	最后,时日和自然是把什么东西一点一滴

	加到许多东西上面,而驱使它们
	按一定的比例长大,这不管我们的眼光
	有多么锐利,也半点瞧不出来。
9.减少	我们也看不出每次失掉了多少:
	当许多东西由于岁月和腐败而衰老,
	或者悬崖如何为它们下面的海水所腐蚀。
	就这样自然总是借不可见的物体来工作。

〔虚　空〕

2.〔同上,第一卷,329—417行〕

虚空存在	但是世界上的东西并不是上下四周
	都被物体挤满堵住:它们里面有着虚空——
	认识了这一点,对你帮助会不少,
	它会使你免于旦夕疑惑不止
	永远究问一切而对我所说的失去信心。
	必定有一种虚空,
	一种其中无物而且不可触的空间。
1.没有虚空就不能有运动	因为,要不然,东西就不能运动,
	既然物体的那种能堵塞的本性
	会处处对一切发生作用。
	这样就没有什么东西能推向前进,
	因为别处没有什么东西肯先让路;
	但现在,遍海洋、陆地和高空,
	由于不同的原因并以不同的方式,
	有多少东西我们亲眼看见在运动,

如果没有虚空,它们就会被剥夺去
这不停的运动;不,那时候它们甚至
根本就不能生出,既然那时物质
会停留在静止中,各部分被迫挤在一起。

2. 虚空说明了看来坚实的东西的可透性

再者,任何东西不管看来如何结实,
它们还是由物质和虚空混合形成:
在石洞里面,有水滴渗出,
石壁上的水珠像许多眼泪。
还有,食物在每一个机体中找到进路;
树木长大并按照自己的季节结果,
因为养料灌注了它们的每一部分
从最深的树根经过树干和树枝;
声音穿过厚厚的墙壁,回荡着
经过房屋的紧闭的门户。
使人冻僵的寒气,渗入我们的肌骨。
如果不是有空隙让物体通得过,
显然这就绝不能发生。

3. 说明了等大的物体重量的不同

再者,为什么在物体中,我们能看见
有些东西还更重,虽然体积不更大?
真的,如果一个棉花小团里
有着一个大小相同的铅块那么多物体,
它们俩就会一样重,既然物体倾向于
使东西坠下去,而虚空
由于相反的本性,却是无重量的。
因此,一个同样大小而却较轻的东西

无误地告诉我们它包含更多的虚空。
我们用论证来探求的东西
无疑地乃是存在的,和事物混合在一起——
这就是虚空,那个不可见的无。

  这里我却必须阐明一个问题,预先
对某些人们①的思想加以答复,
不然它就会引你离开真理的道路:
水(他们说)在敏捷的鱼类面前
总是让开来,
使水中立刻就有路,
这乃是因为鱼类留下空隙在背后,这个空隙
立刻又被那让路的水流所填满。
这样,事物在它们自己中间也能运动,
并且互换位置,不管事物的总和怎样满。
这个被人接受的意见,其实完全是错误。

1. 没有空间怎能运动?

因为,鱼类怎能向前突过去
除非水已让开路?再者,
水又怎能让开路,
当鱼类还不能向前游去的时候?
所以或者是所有的物体都没有运动,
否则一切东西就该包含着虚空,
从它获得运动的开端。

2. 在两个突然彼

最后,在两个宽而平的物体撞在一起

---

① 指斯多葛派。——英译者

此分离开的物体之间,有一个瞬间的虚空	突然又彼此跳开的地方,空气必定涌进 这两个物体之间刚刚形成的整个虚空; 但空气不管冲流得多么快, 也不能一下子把空隙填满——因为首先 它流向一个地方,在它充满整个空间之前。
关于空气的凝缩的错误理论:	但是,如果有人认为这事①之发生, 在物体跳开的时候,乃是由于空气 如此如此地凝缩了——他就是离开了真理。 因为本来不是虚空的,现在就会成虚空; 而本来虚空的地方,现在则是被填满。 并且空气也并不能这样凝缩, 就算它能够,但如果没有真空,我想 它仍然不能把自身收缩, 并把所有的部分聚集在一起。 因此,尽管争论,尽管反驳, 你还应该承认事物里有虚空。

〔原子和虚空之外别无他物存在〕

3.〔同上,第一卷,418—482行〕

现在,回头再来编写我们的故事:

自然:物质和虚空	独立存在的全部自然,是由于 两种东西所构成:由物体和虚空,

---

① 指分开来的两个物体之间的空隙被填满这件事。卢克莱修驳斥那种把空气看成可伸缩的弹性流体的见解,认为即使空气有伸缩的弹性,这种弹性也必须以虚空的存在为前提。——译者

十五　卢克莱修

　　而物体是在虚空里面，在其中运动往来。
　　我们人类的共同本能告诉我们
　　物体自己存在着：而如果不是这个
　　根深蒂固的基本信念不欺骗我们，
　　我们就没有什么东西能够依赖
　　来帮助我们处理深奥的问题，当我们企图
　　用心智有所证明的时候。再者，如果
　　没有我们称为虚空的空间、场所，
　　那么物体就无处安置，也就根本
　　不会往来移动——已如上面所说。

没有第三种自然　　此外，你也不能声称有什么东西
　　能离开物体而生存，与虚空也无涉——

1. 可触性表明物质，不可触性表明虚空
　　是自然里面的第三种。因为，无论什么，
　　如果它存在，就必定是些东西；这种东西
　　如果是可触的，那么不管它是多么轻微，
　　也会以它的或大或小的贡献，
　　对物体的总量有所增加；

2. 物体能动作或承受动作，虚空是动作的场所
　　但，如果它是不可触的，并且
　　不能阻止任何东西通过自己
　　随便来去，那么，它就不外是
　　那个我们称为虚空、称为无的东西。
　　再者，任何存在着的东西，本身
　　一定或是有所动作，或是承受动作。
　　否则定是事物在其中运动和存在的那个东西。
　　但除物体之外，没有什么能动作或承受动作；

	除虚空之外，没有什么能提供场所。所以
	除了虚空和物体以外，在一切东西中
	找不到第三种自然——
	这种第三者任何时候一点也不出现
	在我们的感觉范围里，也不被
	任何人的心智推理所把握。
特质和偶性	在所有的创造物中，不管你提起什么，
	你将发现它不过是前面两种东西的特质
	或那两者所产生的偶然事件。
	一种特性完全不能够
	从一件事物割裂分开
	而不引起事物致命的解体：例如
	重量之于石头，热之于火，
	流动性之于水①，可触性之于有形体的东西，
	不可触性之于看不见的虚空。
	奴役、贫穷、富裕、
	自由、战争、和谐以及其他
	时来时去而物的本性却停留不变的东西，
	我们正确地习惯于称之为偶性。
时间不是一种独立的存在，而是物的偶性	就是时间也还不是自己独立存在的②；感觉
	在事物中间区别出什么是从前发生，
	什么是现在存在，什么是将跟着来的：

---

　①　有人译为"润湿之于水"。——译者

　②　卢克莱修此处仍是在驳斥斯多葛派。后者认为时间是本身存在的，甚至称它为一个"物体"。——译者

十五 卢克莱修

应该承认,如果离开了事物的运动和静止,
就没有人能感觉到时间本身。

错误的论证：许多过去事件中的人物已经不存在，但我们仍说"有"这样的事，所以它们不是那些人物的偶性，而是独立的 但是 1. 这些事件可以称为尚存在着的地方的偶性 2. 如果没有物质和空间，事件也不会发生

所以当他们①说,有海伦公主的被劫掠,
有特罗亚的被围与遭劫②,
你就要当心,不要让他们
迫使我们承认这些事情本身就存在,
仅仅因为人类中的那些种族
（这些事情就是他们的偶然事件）早已经
为不可唤回的岁月所带走：
因为一切过去的活动,
一方面可以说只是人类的偶性,
另一方面也可以说是世界某一部分的偶性。
并且,如果没有物质,没有空间
使所有的东西得在其中运动,那么,
欲火就不会为海伦的美貌所煽起,
弗吕吉亚的亚历山大胸中的火焰
就不会引起那次野蛮的战争的
著名的战斗,希腊人的木马
也不会使柏加曼烈火熊熊③：

---

① "他们"指斯多葛派。——译者

② 荷马史诗中的故事,叙述美人海伦为特罗亚王子巴里斯所拐骗,希腊人为抢回海伦发动大军远征,攻破特罗亚城。——编者

③ 柏加曼指特罗亚。因为特罗亚城坚难破,希腊军伪装退去,留下大木马,马腹中藏有军士；特罗亚人将木马带进城内后,希腊军士便走出来攻占了城。——编者

半夜里从木马中涌出大群希腊勇士。
所以你能看清楚每一个行为
根本不是自己独立存在,也不是
像有物体那样的有,也不像有虚空那样的有;
而却不如说更宜于称之为
物体的一种偶性,或空间的偶性——
一切东西运动于其中的那个空间。

〔**宇宙的无限性**〕

4.〔同上,第一卷,958—1113行〕

(1)宇宙是无限的:
1.因为它没有限界点

因此,宇宙在它的向前的道路上,
没有一个地方是被限定了的,
因为如果有限界,就得也有它的终点,
但我们看到,对于任何物永不能有一个终点,
除非更远一点还有着
一些东西可以在那里限制这个东西——
以致这个东西在那个地方被看见,
超过这个地方,我们的感觉在本性上
就再看不见什么。现在,因为
我们必得承认在整个宇宙之外没别物,
所以也没有一个终点,因此也没有任何末端,
不管你把自己放在哪个地方,
放在宇宙的任何地区,都没有关系;
一个人不论站在任何地方,
在他的周围总会有那无限的宇宙

2.飞矛的实验	向各方面伸展；或者暂时假定 全部的空间是有限的， 如果有人旅行到最远的地方， 跑到天的尽头，向前投射 一支飞矛，你是宁愿认为 这被用力投射的飞矛会向被投往的目的地 飞射到远远，还是宁愿那里有一物 能把它阻住？因为这样或那样， 你总得承认一种，不论其一或其他， 都对你关闭了逃避之门而迫使你 必得承认宇宙向各方伸展， 绝无止境。既然不论你认为 有一些东西能阻止它使它不能达到 它被投往的地方使它不能射中目标， 或是认为它会继续向前飞去， 它都不是从任何终点出发[①]。就这样 我将追问下去，不论你在什么地方 定下终极的岸边，我都将询问："你的 飞矛又如何……"事实会是： 没有什么地方能有一个世界的末端， 向前继续飞的机会永远延长着
（2）空间是无限的，	飞行本身。此外，如果宇宙的

---

① 意思就是说，那投矛者不是站在宇宙的最终点，因为所谓"终点"是可以无限地向前推进的。——译者

否则物质就会沉积在底部	全部空间是被限定在 一定的岸与岸之间,周围有界限, 那么,世界的全部物质就会 从各方面由于坚实的重量而汇合 流向世界的底部,沉淀、沉淀, 也就没有什么能在天宇之下发生, 根本也就不会有一个天或太阳—— 真的,全部的物质会堆集在一起, 经过无限的时间而沉积下来。 但是事实上,安息并没有给予 原素中的任何一个, 因为并没有一个底部 可以让它们汇流沉下去, 并且成为它们的安静的居地。 每样东西都在无终止的运动中, 永远永远;从一切地区,甚至 从底下的深渊和辽阔的太空, 被冲撞的物体永远获得补充。 场所的本性,深渊的空间, 乃是这样的:即使是闪亮的雷电 在它们的疾驰中也不能完全穿透, 尽管它们奔跑了无穷的时间。 也不能由于它们不断的奔跑, 而使得它们的路程缩短半点。 这么多的空间为一切事物向周围伸展——

十五 卢克莱修

	每方面都有空间,毫无止境。
宇宙的情形不同于可见的世界,不能有另外的东西限住宇宙	最后,就在我们眼前,能见得到物限住了物;空气把山与山隔开,而山岭则围住空气;陆地止住大海,海反过来止住陆地;但对于宇宙实在没有什么东西能在外边把它围住。
物质是无限的	还有,全部事物的总量本身不能够有力量给自己定下一个限度,这一点,伟大的自然绝不放松,她强迫虚空围住一切物体,正如物体围住所有的虚空,由这样的交替而使得整个成为一个无限;要不然就是其一或其他既不受对方所限,就伸展着,虽然只有它自己,也仍然是无限地向四面伸延……①
否则物就不能生存下去	那么就没有海洋、陆地或光亮的天宇,没有众生族类,或神灵的神圣之躯能够片刻保持自己的存在。因为,从它的适当的遇合被驱开,散开了的物质原料会飘浮过无限的虚空远远而去,
或者甚至不能被	或者事实上它们根本就永不会结合

---

① 此处约漏二句,芒洛曾试图补出如下的意思:
"但空间我已讲过是无限的伸展。
所以,如果物质的总量是有限。"——译者

创造出来 而使什么东西生出来,因为,散布得远远,
 它会不能联起来。因为,说真话,
我们的世界不是 原初胚种既不是由计谋而建立自己,
由计划造成的 不是由于什么心灵的聪明作为
而是由原子的偶 而各各落在自己的适当的地位上;
然运动而形成的 它们也不是订立契约规定各自应如何运动;
 而是,因为有极多的胚种以许多不同的方式
 移动在宇宙中,它们到处被驱迫着,
 自远古以来就遭受接续的冲撞打击,
 这样,在试过了所有各种运动
 和结合之后,它们终于达到了
 那些伟大的排列方式,由这些方式
 这个事物的世界就被建立起来,
 并且由于这些方式,在悠长的年代里,
 世界才被保存,当它一度被投进了
 适当的运动之后;这样,就使得
 河流对贪馋的大海补充以
 大量的洪水,而大地
 为太阳的热气所养育,
 就增添它的产物,而强健的
 生物的族类就得以生育并壮大,
 以太的滑动的火就能维持生命——
 这些事情原始胚种怎么也做不来,
 除非有大量物质从空间的无限中出来,

从那里,在一定的季节,

它们对所有损失了的东西加以补充。

因为正像当生物被剥夺了食物的时候

就会衰萎而失去它的躯体,

同样地,所有的东西都必定立刻解体

当物质一旦不管由于什么原因

离开了它的常轨供应间断的时候。

> 世界是由外面的撞击而被保持着的

而外面的撞击也不能再

从各方面把那不论怎样已经结成一体的

世界保持下来。它们当然能够

由于屡屡的撞击,维持住一部分,

直到别的到达来补充总量;

但同时它们也常常被迫跳开,

向后退去,而当它们跳开时,

就对那些产生世界构成世界的原素

让开了空间和给予时间供它们逃跑,

容许它们离开那巨大的结合体

> 必然要有无限的物质

而自由远去。由此,再次足以证明:

必定需要有许许多多永不间断的供应;

还有,撞击本身必须是

> 斯多葛派的错误理论:世界是由向心力所紧束着的

永远不停的,必定永远

要有无限的物质力量在四面八方。

在这些问题中,我的明米佑,

> 绝不要相信那个著名的说法①：
> 说什么一切的东西都向中心进迫；
> 因此世界就坚固不易，
> 永远不必有外来的撞击，也不能
> 分散到任何地方——既然所有高低部分
> 向来都永远向中心迫进。
> （如果你准备相信有任何一物

这理论的荒谬

> 本身能停息在本身上面）；或者说什么
> 大地下面那些有重量的东西
> 全都向上迫进并且终于停止
> 在大地上面，以头脚倒置的方式，
> 好像我们所看见的那些物影
> 此刻在水里那样。同样地，
> 他们又主张一切生物
> 都脑袋向下行走着，但却不会
> 从大地掉进下面的天空，
> 正如我们这些身体不会自动地
> 向我们顶上的天穹飞去；
> 说什么当那些生物瞧着太阳时，
> 我们则看见夜晚的星空；
> 以及什么他们和我们之间
> 轮流地分有天的各个季节，这样一来

---

① 指斯多葛派的理论。他们认为一切的东西都倾向世界的中心，这种理论很像近代关于引力的观念。卢克莱修当然不能采取这种看法，因为它和伊璧鸠鲁的基本理论是矛盾的，后者认为事物的自然的运动是永远向下的。——译者

他们就度他们的夜等于我们的白天,①
但一种空洞的〔错误〕把这些〔幻想给了〕愚人,
是"用歪曲的推理"他们才相信了这些东西。
因为中心是不能有的,〔既然世界是〕
无限的;但就算有一个中心,
任何东西也不会在那里有一个固定位置,
而不因别的原因〔从那里被逐开〕。
因为那我们称为〔虚空〕的所有场所空间,
中心也好,非中心也好,〔必定〕都一样
给重的东西让路,在它们运动指向的任何地方。
也不会有一个什么地方,当物体到达之后,
它们就能够在那里停定在虚空中,
失去了重量的力;虚空也不能
对任何东西提供支撑,——不,它应该是:
忠实于它的本性的倾向,不断地让路。
由此可见,物根本不能以这样的方式
被紧结在一起,好像被迫如此,
由于向中心的渴望。

这种理论的不一贯性;因为不是所有的东西都趋向中心

但是,此外,
鉴于他们以为并非一切物体
都向内迫往中心,而只是那些
土的或水的物体(像海流

---

① 此句以下共八句,在卢克莱修原稿中有损坏,依芒洛意见补上大意,补上各字以〔〕号标出。——译者

和从山岭倾泻下来的大量洪涛，
以及任何包藏在——比方说——
土的躯体里的东西)，反之，他们教导人
稀薄的气以及热的火如何
从中心被带走，以及
整个天空如何因此就闪烁着繁星，
而太阳的火焰就沿着整个蓝天得到补养
(因为从中心逃开的火
全部集中在那里)；还有，树枝
如何在树顶上会不能长出绿叶，
除非持续地从泥土里，
对每株树供给了养料……
……①

没有无限的物质，
世界会被毁坏

以免像那些有翼的火焰一样
世界的墙垒也飞逃开去，
突然消解于辽阔的虚空，
其他的东西也跟着飞走；
还有，以免雷电所在的天穹会爆裂
而在上空散开；以免大地
从我们足底匆匆撤退，而它的整个大块

---

① 最好的卢克莱修原稿标出此处佚失八行，芒洛在此处所提出的猜测大意是：
"……由自然所供给，
可见他们的思想本身不能调和。
所以，必须有一无限的物质的储备。"——译者

连同天地的一切残骸，
和全部到处在滑散着的原始胚种，
都沿不可测量的虚空逝去，
永不复返，并且在那一瞬间，将没有什么
残剩的东西会留下来，除了
那荒凉的空间，和不可见的胚种。
因为不论你认为哪一方面最先
没有原始物体存在，瞧，哪一方面
就将是物的死亡的大门：
大群物质会全部冲过这个大门
消散尽净。

〔原子的运动〕

4.〔同上，第二卷，第62—332行〕

原子的运动：
来吧，现在我将为你逐步解答：
产生世界万物的物体借什么样的运动
把这个多样的世界产生出来，
而当它产生之后又不断把它分解，
以及它们受什么力量所约束而这样做，
以及什么样的速度被赋予了它们，
以哪样的速度在辽阔的虚空中向下运动：
你要切记住听信我所说的话。

陆续的长成和衰老
因为，说真话，物质并不粘合，也不挤得紧紧，
既然我们看见每样东西都衰萎，
我们也观察到一切如何涨落，

比方说，如何与光阴偕逝，并且从我们眼前
岁月如何到底总将每样东西带走，
但是总量看来却永远一样，
不受损失，因为这些离开每样东西的微粒，
使它们所离开的那东西减少，但却增大了
那些它们跟着就投往的东西。
迫使这些在老年里枯萎，
迫使那些在壮年中开花（但却
并不是长久留在它们中间）。因此总量
永远得到补充，我们就借着永恒的
予和取而作为凡人来活着。
有些民族强大了，有些衰落了；
在短短的时间内许多世代过去了，
像赛跑者一样，把生命的火炬
递给别人。

原子的不断运动　　　　　但如果你相信
及其二种原因：　　物的原初胚种能静止，
而在它们的静止中产生新的运动，
那你就是远远地离开了真理的道路。
因为既然它们动荡着经过虚空，
所有物的原初胚种必定是
或者由于它们自己的重量，或者由于
外面另外一个胚种的撞击而运动。
虚空中游离原子　　因为，当它们在不断的运动中
的运动　　　常常相遇而冲撞的时候，就会发生这样的事：

它们突然彼此跃开,各自退后:不足为奇——
因为它们很硬,并具有重量而且很坚实,
在它们背后又没有东西阻止它们的运动。
为了使你自己更清楚地看出所有
这些物质微粒如何到处跳来跳去,
请记住在整个宇宙里面是怎样
没有什么地方有底,——没有什么地方是
原初物体可以安息的区域,因为
(正如可靠的推理已经充分指出和证明的)
空间没有边界和限度,并且
向周围所有方向无限地伸展。
既然这是绝对确实,所以无疑地
在整个无限的虚空里面,
原初物体得不到任何安息;正相反,
它们是不断地为各种运动所袭击,
当它们挤在一起的时候有些就向后跳开
而留下巨大的空隙在中间,有些则被撞开
而在四周迅速转动着,留下小小空隙在中间。

结合在一起的原子的运动

那些更紧密地碰集而结合在一起的
向后跳开时又不是跳开得很远,
它们由自己的相互勾搭的形状所联起来,
所有这些胚种就形成了石头的坚固的基础
以及蛮硬的铁块,和所有别的
同种类的东西。……
别的跳开很远,退得很远,

在中间留下极大空隙：这些就供给
我们以稀薄的空气和太阳的亮光。
还有另外许许多多在辽阔的虚空里动荡——
它们是从存在物的结合被抛开
在宇宙里到处不被接纳，
绝不和其他的胚种在运动中联结起来。
关于我在此地所描写的这个事实，
有一种相似的形象常常出现
在我们眼前；因为，你瞧，每当

阳光里面微粒的
例子

你让太阳的光线投射进来
斜穿过屋内的黑暗的厅堂时，你就会看见
许多的微粒以许多的方式混合着，
恰恰在光线所照亮的那个空间里面，
不停地互相撞击，像在一场永恒的战争中，
一团一团地角斗着，没有休止，
时而遇合，时而分开，被推上推下。
从这个你就可以猜测到
在那更广大的虚空里面
是怎样有一种不停的种子的运动——至少

这是那不可见的
原子的运动的一
幅图画和一种标
志

就一件小事能够暗示大事来说，
借这个例子把你引去追寻
知识的踪迹。也是为了这缘故你就应该
更多地用心注意这些物体，
它们如何在这个光柱里互相撞击：
因为这些撞击正足以标示

十五 卢克莱修

原初物质的许多运动也正
秘密地不可见地隐藏在下面、在背后。
因为在这里你将看见许多微粒
为不可见的撞击迫使而改变它小小的路线,
向后退开之后又再回来,
时而这里,时而那边,在四周所有方向。
注意,所有这些变换着的运动乃是古老的,
从最初的原子来的;因为正是这些
物的原初的种子最先自己运动,
接着那些由原子的小型结合所构成
并且最接近最初原子的物体,
就由那些原子的
不可见的撞击的推动而骚动起来,
以后,这些东西又刺激更大些的东西:
这样,运动就从原子开始上升①
逐步逐步地终于出现在我们的感觉面前,
直到那些物体也动起来,它们是
我们能在阳光中见到的,虽然看不出
什么撞击在推动它们。

> 虽然整体看来是静止的,但原子乃在不可见的运动中

这里,不必疑惑
为什么既然物的种子全都
永远运动着,但整个看来事物却像是

---

① 所谓上升,并不是逐步加速而是逐步变慢,终于达到人的眼睛所能见的适当的速度。——译者

完全静止的,除了有时在有些地方
一件东西显出它整个地在运动。
因为远远地落在感觉范围之外,
这乃是世界的那些根源的本性;
因此,既然那些东西本身你不能看见,
它们也必定把它们的运动对人遮盖起来——
因为,你看,我们能看见的东西如何事实上
却常常把自己的运动隐藏起来,
当它们离我们很远,

经验的事实 散布在远处景色里的时候。譬如,常常
在一个山坡上,一群绵羊
在啮食它们的好东西,缓缓地,
移向那缀满了新鲜露珠的牧草
招引着它们去的地方,许多的羊
吃得饱饱,正在欢跃、角斗着玩耍:
但这一切我们从远处看来却模糊不清——
一小片光亮的白色静静地在绿色的小山上。
还有,有时巨大的队伍正在迈进,
把下面平原所有地方都充满,
举行着一场演习的战争,刀光剑影
缭乱四射,而整个战场
都闪烁着铜盔铁甲,底下
从壮健的将士们脚底,升起了一种声响,
山岭的高壁被呐喊所冲击,
就把这些声音直送上云霄;

十五　卢克莱修

这里那里，到处疾驰着骑兵，
并且猝然深入敌方阵地
猛冲过去，猛烈得足以摇动
坚实的大地；然而在高高的山顶上还有一个地方
从那里看来，这一切都像是静止不动——
只是停在平原上的一些闪光。

原子的速度与阳光的比较	现在，什么样的速度被赋予了物质原子， 你能够，我的明米佑，从这几句话得知： 当黎明最初用新鲜的亮光 洒满大地，而各种的禽鸟都离巢 在无人迹的树林里飞来飞去，用清彻的歌声 充满那空气芬芳的地方的时候， 我们看见，一切人也都能显然看见： 初升的太阳是如何惯于突然地 在这个时刻把它自己的光辉
阳光是受到外物所抗阻的	散布和披盖在一切上面；但太阳的 温暖的热气和肃穆的光线 所经过的并不是一个虚空；因此 它们就不得不进行得徐缓些， 同时，譬如说，它们又把气流分割开；
也受到内部的阻碍的	这些热气的小粒也不是 一个一个地单独旅行着，而是全都 缠结在一块，因此同时 既是彼此互相牵制，并且也受着 从外部来的阻碍，只好被迫进行得更加缓慢。

原子则是完全不受阻碍的	但是原初的原子带着它们原本的 单纯的坚实性,当它们经过 虚空的时候,既完全不遭受 外面任何东西的阻滞,而它们每一个 又由于其各部分的本性而是单一的①, 所以在前往它们所企图 达到的地方的时候,无疑地必定是 有更大的速度,并且比阳光 移动得更急速,所冲过的地区 一定来得更广大,在太阳的光辉 扩散在天空的同样长短的时间里。 ……② 也不要老追住单个的原子, 而需去看每件东西借以生存的规律。
认为世界是神力为人而创造的,这是一种错误的理论	但有些人不认识物质,就反对这意见, 而认为如果没有神灵涉足 在这种有利于人类的安排中, 自然就不能更换一年四季, 不能产生谷物,以及其他一切

---

① 就是说,每一个原子固然是由它的各部分组成的,但这些部分只能作为部分存在,不能不以这个资格而存在。因此,每一个原子乃是不可分的、单一的。——译者

② 此处所佚失的行数似不少。卢克莱修可能在此处先说出了原子速度的另外一些理由,然后解释原子如何借它们的运动把事物创造出来并加以解散;下面接着的两句,看来像是佚失的这一段的结论。这两句就是说使一事物产生、存在和发展的,是众多原子的运动的结果,而不是单一原子的运动的结果。——译者

由神圣的欢乐——生命的引导者——
劝导人类去接受的那些东西；
她引领他们前进，
用意就是要通过她的爱的狡谲的勾诱，
叫人类总是把新的世代繁殖出来，
以免人类绝灭。但当他们设想
神灵但为人类才创造万物的时候，
看来他们无论如何乃是远远地

世界是造得很坏的

违背了真实的推理：因为即使我从未认识
原初的种子是什么，我也敢于
肯定这点，我的深刻的判断
乃是基于诸天的行径与作为——
此外我之主张这点也是由于许多事实——
那就是：宇宙绝对不是
由一种神圣的力量为了我们而造的——
它充满着如此之多的缺点：
关于这个，我的明米佑，以后我们将
给你说清楚。现在我们将把我们
关于运动的其他的思想摊出来。
在这些问题中，我想，这里该是时候
来对你证明这一点：没有什么物质的东西
能够由它自身的力量使其上升[①]

[①] 卢克莱修认为向上的运动永远是外力的结果，即使在原子中间，向上的运动也只能由于冲突的结果才发生。例如，当一个原子被挤压在另外两个原子之间因而向上飞射的时候。——译者

1.普遍的向下的运动	或向上运动——也不要让火焰的物体在这里欺骗你：因为它们产生时就是带着向上的冲动力的，因此也向上增长，借此金黄的谷物和树木才向上生长，虽则它们之中的重量总在把它们向下拉。
向上的运动永远是由于暴力	也不应该以为，当火从下面四处跳上屋顶，而烈焰迅速地升上去舐食梁柱的时候，火焰乃是根据自己的本性这样做，底下并没有什么力量在推它们向上。正同样，从我们身体射出的血，乃是向上喷出而使血污四溅。还有，你难道未见过水用了怎样的力量吐出木材和梁柱？我们把它们按得越深入水底，我们人数越多，我们越用气力硬压它们下去，水就越把它们吐上来，把它们抛回来，以致它们有大半截会突出水面跳上来。但我们从未怀疑，我想，它们里面所有的重量都是在虚空中往下沉的。那么，同样地，火焰应该也能够，当被挤压的时候，通过空气的微风而向上升，虽则它们里面的重量竭力要把它们往下拉。你难道未见过：疾扫过远远的高空的

流星，那些天上的午夜的火把，
如何在自己后面拖着一条长长的火焰
在自然让出一条通路的任何地方？
星辰和星座如何落下大地
难道你未见过？不，还有太阳也从天顶
向周围每个地方注下它大量的热，
并且在那刚犁好的田地上播下它的光：
可见太阳的热也是朝着大地往下走。
你看见闪电在雨中斜穿飞过；
有时这里，有时那里，从云层进出的火，
曲折地冲下来——火焰的力
同样是向大地落下。

2.原子的偏斜

在这些问题里面
我们希望你还认识这一点：
原子，当它们自己的重量把它们向下拉
垂直地通过虚空的时候，在极不确定的时刻
和极不确定的地点，会从它们的轨道
稍稍偏斜——可以称为，譬如说，
不外略略改变方向。因为若非它们惯于
这样稍为偏斜，它们就会各自向下落，
像雨点一样，经过无底的虚空；
那时候在最初的原素之间
就永不能有冲突也不会有撞击；而这样
自然就永远不会把什么东西创造出来。

错误的理论：较重的原子落得较快	但是，如果竟然有谁相信① 较重的原子当它们更迅速地 在虚空中笔直落下时，就能够从上面 击中较轻的原子，因此产生撞击， 足以引起那些把事物产生出来的运动， 那他们就是远远地离开了真理的大道。 因为任何在水中下落的东西， 或任何在稀薄空气中下落的东西 都按各自的重量以不同的速度落下， 这是由于水和稀薄空气两者的物体 绝不能以相等的程度延阻每一物， 而是对较重的东西就让开得更快；
这不能在虚空里发生	反之，虚空就不能 在无论那一边、在任何时候对于任何东西 加以抗拒，而总是会屈服， 忠于它本性的倾向。因此，每样东西 虽然重量不相等，却必定以同等速度 冲下，通过静寂的虚空向下运动。 可见较重的物体绝不能够从上面 迅速地打中较轻的而产生出那些撞击， 足以引起不同的运动，借这些运动
一种轻微的偏离是需要的	自然执行它的工作。所以我说， 原子必定有时稍微从它的轨道偏离——

---

① 卢克莱修认为在真空里面，一切东西都以同等速度落下。——译者

十五 卢克莱修

	但仅仅是最微小的偏离,
	否则我们会想象有倾斜的运动,
	而事实在这方面会把我们驳倒。
	因为这一点我们看得很清楚:
	不管重量如何,它总不能倾斜运动,
	而是从上面笔直往下掉下去,
并且是不被事实所否决的	至少就你能看见的都如此;但有谁
	能借感觉认出根本就没有什么东西
	能够从它的直线的道路稍微向旁边偏开?
偏离说明了生物的自由运动的能力	再者,如果一切运动都永远互相联系着,
	并且从古以来新的东西总是
	在一定的秩序中出现,而原初种子
	也并不以它们的偏离产生出某种运动的
	新的开端来割断命运的约束,
	以便使原因不是永远地从原因接着来,
	如果是这样,大地上的生命将从何处得到这自由意志,
	它如何能从命运手中被夺取过来,——这个
	我们借以一直向欲望招引各人前去的地方
	迈进的意志?这个我们借以同样地
	在运动中略为偏离,不在一定的时刻、
	一定的空间路线,而在
它发端于意志而透过四肢	心灵自己推促的地方偏离的意志?
	因为毫无疑问,在这些事情中
	乃是每个人的意志本身

给予了发端,因此透过我们所有的四肢,
新开始的运动就流遍全身。

〔原子的结合、形状〕

5.〔同上,第二卷,第 333—729 行〕

原子的形状和多样性	现在,接着要认知它们 有什么种类,形式是如何大大不同, 各种各色的形状是如何多样—— 宇宙的这些古老的始基; 不是说只有很少原子具有 一个相同的形式,而是说它们 彼此之间并不是绝对地全都相同。
这是由于原子数目的无限而产生的	不足为奇:既然它们的数目是这么巨大 以致像我已指出的没有止境也计算不完, 所以它们实在一定不是一个个全都带着 相等的体积和一样的形状。 ……
并且是同一类的个体之间的区别的原因	再者,人类和那些 在河流里游泳的哑巴鱼类, 以及到处的快活的畜群和一切野兽, 和所有的鸟类——那些栖居在 近水的美好的地带 在河岸、泉潭和池塘旁边的鸟类, 以及那些群集飞翔在树木间 在人迹不到的森林里的鸟类——

	随便你挑哪一种：你总会发现
	每一个和其他的总是形状有所不同。
	如果事情不是这样，
	子女就不能认识母亲，
	母亲不能认识子女——可是我们却看见
	它们能够这样做——
	它们借清楚的记号彼此有别，与人与人的情况一样。
以例子说明：	例如，常常地，在美丽的神庙前边，
	在焚着香的圣坛旁边，被宰杀的
母牛和她的小犊	一只才一岁的小犊倒毙了，从它胸部
	流出了温暖的血；失去了幼类的母亲，
	这时候正在青青的林间草地上到处徘徊，
	她很熟识那些分趾蹄所踏成的足迹，
	她用双眼瞧瞧四周每个地方，
	寻求着什么地方有她所失去的稚犊的影迹，
	有时，突然停下来，用她的哀鸣
	充满了林间空地；她时常再回牛厩里
	去找寻，仍然为她的渴望在心碎。
	温柔的柳树和蒙着露珠的茂草，
	低低的两岸之间平静可爱的流水，
	都不能吸引她的心，使她忘记那不测带来的痛苦；
	就是在附近吃草的别的小犊的形象
	也不能转移她的心情，或使痛苦减轻半点——

	她如此焦急地寻着她熟知的属于她的东西。
小山羊和羊羔及它们的母亲	再者，咩咩地鸣叫着的小山羊，
	能认识它们有角的母亲，
	而那些用角抵着玩的羔羊
	也认识自己的羊群，因此它们各个
	都常常无误地奔回各自的母亲的乳房，
谷粒	如其本性所向往。最后，试看任何谷粒，
	你会看到对于任何谷类说来，
	其中没有一粒是和另一粒这样地相同，
	以致它们之间在形状上再没有区别。
贝壳	由同样的规律我们看见大地上如何杂陈着
	贝壳和螺蛳，在这里海水的轻波
	撞击着曲折的海岸的贪饮的沙滩。
	因此，一次又一次地，既然物的种子
	是按自然存在的，也并非用双手
	按照另外一个种子的模型来造成，
	所以它们必定是带着各种不同的形状
	各处来回地运动着。
	……
正是基于这种多样性，有些东西才能经过别的东西所不能通过的地方	只要用心想想，便很容易解答何以
	与我们用地上的松脂所生的火比较起来，
	闪电的火更能穿透过许多东西。
	因为你能够说闪电的天火是如此精细，
	是由细致得多的形体所构成，
	因此能通过各种小孔，这些小孔是

我们以木料和松材所生的火
所不能通过的。再者，光能穿过
角灯①射出来，而雨点则被挡开。
为什么？除非那些光的物体
比水的甘霖的那些物体更为精细。
我们看见酒能多么迅速地
流过滤器；反之，那迟钝的
橄榄油是如何流得慢吞吞：毫无疑问，
因为它乃是由更大的原素所造成，
或由更弯曲和彼此勾结着的原素，
因此它的原始胚种就不能够
这么突然地彼此分开，并且
——渗透过一件东西的各个小孔。

味觉的不同也基于它

此外，再注意蜜汁或乳液
在口里引起一种愉快的味觉，
而令人作呕的苦艾和辛辣的龙胆草，
则用它们的恶劣的味道叫人嘴唇都歪起来；
由此很容易看到：所有一切
能够愉快地触动我们的感官的东西，
都是由圆滑的原素所构成，
而那些显出苦味和辛辣的东西，
乃是由弯弯曲曲的原素缠结在一起而构成，

---

① "角灯"可能是用一种透明的兽角薄片作成的灯，既能透光，又能挡雨水。——译者

	因此老是钩呀割呀才进得我们的感官
	而当它们进入时就撕切着我们的身体。
还有听觉中的不同也由于它	总之，所有对感觉好的和坏的东西，
	既然由如此不同的形状所构成，
	所以是彼此敌对的——以免你会以为
	尖锐而使人起疙瘩的拉锯子的声音①，
	是由于同样光滑的原素所构成，
	像那由纤巧的手指在琴弦上所唤醒的、
	巧妙的乐师所塑造的歌声一样；或者以为：
并且气味的不同也由于它	是同样形状的原子钻进了人们的鼻孔，
	当腐臭的尸体在焚化的时候，正如当舞台
	刚撒满了西里西亚的番红花、
	而附近的圣坛散放着阿拉伯香味的时候；
视觉亦然	或者认为那些赏心悦目的东西的美好色彩，
	正如那些刺痛眼睛使人流泪
	或以可憎的面目显出其凶恶的东西，
	乃是相似的种子所构成。
愉快和痛苦乃是由原子的形状决定的	因为从未有一个迷醉我们感官的东西
	能不是由某种平滑的原素所构成；
	反之，凡是粗糙而讨厌的东西，
	总是由粗糙的原素构成。
	还有一些则是被人们很正确地认为

---

① 卢克莱修认为，声音正像视觉和气味，乃是由于对象放出了许多微粒透进耳朵而引起的。——译者

既不是平滑又不是带着倒钩以致十分参差，
而只是略为凸凹不平，
能撩动感官而不伤害感官，
属于这类的是酸性的酒石
和土木香花的醪酱的味道。
再者，烈火和寒霜
具有不同的毒牙来螯刺
我们身体的感官，这点已由触觉所证明。

触觉是感觉的最终原因

因为触觉——借神灵的圣威！[①]——
触觉的确是身体唯一的感觉[②]：
不论是当有些什么东西从外面进入体内
或有些什么身体所生的东西在使我们痛苦；
或使我们快乐，当它沿着
爱神的生殖道走出体外的时候；
也不论是当种子由于冲撞而在身体内
乱转并且以骚动和混乱
搅扰了一切的感觉的时候——
像你能够发现的那样，如果你用手
试试击打自己身体的任一部分。
所以，原素的形式，
必定彼此大有差别，因此
足以引起不同的感觉。

---

① 这个插入语是对天起誓以表确信的意思。——译者
② 意即痛苦、快乐、不安……等感觉归根到底乃是原子的冲撞引起的。——译者

硬的东西也由于原子形状不同	再者， 凡对我们显出是硬的和密实的东西， 必定是由原子中结合得更紧的原子所造成， 它们仿佛像是由一些有枝杈的原子 在内部深处牢固地结合着——在这类东西中 要首推金刚钻，一切打击的蔑视者； 以及那结实的燧石和硬铁块 和铜条，它在锁里面硬转的时候
还有流体亦然	就轧轧地响叫。凡是液体，凡是具有 流动性的东西，它们必定是 由更圆滑的原素所构成—— 因为它们的小圆球粒子彼此不善于粘合： 从手掌里吸罂粟子， 正像喝水一样很容易。
流动而苦涩的东西亦然	在流动的东西中你看见 有些则是苦涩的，例如海水， 这一点也不足为奇…… 因为既然它是流体，它的原子就是光滑 和圆形的，其中混合着刺人的粗原子； 但这些原子不必是紧紧钩在一起； 实际上，虽然粗糙，它们却也是球形的， 能同时滑过而又摩擦感官。 为了使你在这里更能相信我， 相信光滑的原素混合着粗糙的， （因此有了海神的咸而苦的身躯）

有一种方法能把这两者分开，
借它可以确定地看见
甜蜜的水如何当它多次地
在地下滤过之后，就再次新鲜地
在一个洼地里流出来；因为它把那
令人作呕的盐水的原初胚种留在上面，
它们粗糙的原子更容易粘住在土里。

<small>酷烈而易逝的东西亦然</small>

最后你所见到的任何能在一瞬间
消散的东西——烟、云和火焰——
必定不是（即使并非都是光滑而滚圆）
由许多纠缠在一起的原子联结而成，
因此它们能够不紧紧地粘在一起
而会钻进我们的身体和穿透石头①。
凡是我们看见〔被烈风吹散，像毒物一样〕②
被给予我们的感官的，你必定能知道
并非由缠结的而是由有刺的原子所构成。

<small>原子形状的不同，在数目上是有限度的。否则有些原子便会有极巨大的体积</small>

把这些教给了你之后，我将要
在这上面加上一个有关的事实，
这事实从上面这些取得其证明：
这些原始胚种有不同的形状，但这些形状仅
　　有有限的种类。
因为如果这些形状数目是无限，那么，

---

① 钻进身体的如烟之类，因为烟会刺激眼睛流泪；穿透石头的指火焰，因为火能把石头烧红变碎。——译者

② 此处原稿有损坏，括弧内是根据布里格尔（Brieger）译本辑补的。——译者

有些种子就会有一个无限大的身体。
因为在一个种子中,
在任何种子的小小身躯中,
各种形状不能彼此有很大的不同。
譬如说,假定是三个最小限度的部分
构成了原初种子——
如果你愿意,也可多加几部分
现在,当把这一个物体的这些部分排放
在顶上、底下、左右换来换去的时候,
你就会在每种轮流变换中看到
它整个躯体的形貌是怎么样
由每次新的排列所带来;如果你想
进一步再改变它的原有形状,
新的部分就必须被加上;因此可以推断,
如果你还要改变它的形状,
由相同的逻辑,每个排列就总是
要求另外的部分的增加。因此
跟随着形式的每一新变化而来的,
必然是它的结构的一种增大,
因此,你不可能相信
种子在形式方面有无限多的不同,
否则你就会迫使一些种子真成为
一种不可测量的巨大的东西——
这我在上面已指出不能被证实。

〔没有第二性质〕

6.〔同上,第二卷,730—990行〕

<small>原子是无色的</small>

来吧,这个由我快乐的劳动所找到的智慧,
你要注意认识,否则你也许会猜想
那些在你的眼前闪烁的白色东西
乃是用白色原子造成,而黑色的
则是用黑原子造成;或相信任何
染上任何种色彩的东西乃是
从带着该种色彩的小块物质取得其颜色。
因为物质的基体丝毫不带色彩
既不是同于事物的色,也不是不同于事物的色。

<small>但心灵能很好地
意想它们</small>

但如果你竟然以为心灵
本身不能投射它自己的影响到
这些基体里面,你就是大错特错。
因为既然生而盲的人,虽从未见过
阳光,但借触觉仍然能认出
那些他们活下来就未见其颜色的东西,
所以你就能知道物体同样能够
落在我们心灵的认识范围之内,
虽则它们没有染上什么色彩。
再者,我们自己在黑暗中
所触及的任何东西,我们同样感觉不到
它们是染着任何颜色。

现在,既然

颜色能变化，但原子必须是不变的	我已赢得论证，我将跟着来指出……①
	现在每种颜色都会变化，没有例外，
	而且每一种……
	但原始基体无论如何不应该会这样。
	因为一种不变的某物必须要永住，
	以免一切东西彻底地归于无有。
	因为任何东西的变化若超出其界限，
	就等于原来的东西立刻死亡。
	因此小心不要用颜色染污
	物的种子，否则对于你万物就将
	全部彻底归于无有。
如果原子是无色的，它们的形状等等的不同就足以说明事物的颜色的不同	而现在，如果种子没有获得任何颜色，但却总具备着不同的形式，
	从这些形式它们就产生各种颜色
	并加以变化（因为最要紧的是：
	跟什么种子、以什么姿态相结合，
	以及它们给予和取得什么样的运动），
	那么你就可以很容易地猜出
	何以一小时之前是黑色的东西，
	能够突然像大理石一样发起光来，——

---

① 此处佚失的一行，贝里认为可能是如下的意思："原初物体并不具有任何颜色。"——译者

十五　卢克莱修

如同大海当狂风掀起了
它平静的水面时,就变为一片白浪,
白得像大理石:因为你能够宣称,
我们平常看见是黑的东西
当它的物质被重新搅混,
有些原子重新安排,有些被抽走,
有些被加上的时候,我们就看见

但如果(1)它们是与它们所构成的东西同颜色,那么变化就会不可能,而(2)如果它们有一切颜色,那么各单独的颜色就都会被看见

它变成白亮亮的。但如果是蔚蓝的种子
构成了大洋的平静的海水,
海水就绝不能变白:因为不论
你如何把蔚蓝的种子摇荡,它们也永不能
转成大理石的颜色。

但是,如果种子里面——
那些这样产生了海洋那种纯色的种子——
有些是带着一种颜色,有些带着另一种,
像通常许多形式相异形状不同的小块
能造成一个形状整齐划一的立方体,
那么,很自然,正如在这种立方体中
我们看到了那些形式各不相同,
同样地在大海的明亮中我们也会看到
(或者在你愿意的任何纯一的光泽中)
许多不同的颜色并且完全不相同。
此外,那些不同形状的小块绝不妨碍
整体在外貌上是一个立方;

整体不会有一种

但物的不同的色彩却能妨碍

划一的颜色。另外，这种看法也违背事实	整体总的结果成为一种颜色。 再次，那引诱我们有时 把颜色归属于种子的推理， 是完全被粉碎了，既然白的东西不是 由白的东西造出来，黑的也不是由黑的， 它们常常是由 各种颜色的东西造成的。真的，白的东西 更容易从无色的东西 生出来，较之从黑色或任何 和它敌对相反的颜色。
颜色需要光，但原子和光不发生关系	此外，既然没有光就不能有颜色， 而原初种子却不出现在光里， 你就应该知道它们并不带着颜色—— 真的，什么样的颜色能够存在于 不见五指的黑暗中？不，就是在光里面 一种颜色也会变化，显出不同的色泽， 当被垂直或倾斜的光线所照耀的时候。 例如，在阳光里，那环绕和装饰着 鸽子的颈项的柔毛就会显出： 有时红得像光亮的石榴石， 有时，由一种奇异的感觉，它变成 像绿宝石混合着珊瑚红。 孔雀的彩尾，浴在大量的光线里面， 转来转去时同样也引起颜色的变化。

因此,既然颜色是由光的撞击而产生
没有这种撞击这些颜色就不能生成。

<small>颜色的知觉是由于眼睛上的一种撞击;而对于触觉至关重要的是形状而非颜色</small>

　　而既然眼睛的瞳孔在它自身里面
接受了一种撞击,当我们说
它感到一种白色的时候;
然后是另一种撞击,
当它感觉到黑色或任何其他颜色的时候,
并且既然你所触到的东西随便
具有哪种颜色,都无关重要,
要紧的倒是它具有什么种形状,
所以你能够知道原子并不需要颜色,
而仍能够产生各种触觉,
随它们的不同的形式而不同。

<small>颜色和形状既然不是相联的,如果原子有色,那么在同一类动物中,就会有颜色不同的个体</small>

　　　　　　　　　　此外,
既然特定的形状没有一种特定的颜色,
而原初胚种的一切形式
你都能给以任何色彩,那么为什么
那些由它们所构成的东西不是
每一类都染上每一种的颜色?
因为那时候,如果飞着的乌鸦
从白色的两翼射出白色的光辉,
或者天鹅由于黑种子而变黑,
或任何你愿意要的颜色,也不足为奇。

〔无限多的世界〕

7.〔同上，第二卷，1030—1104行〕

有别的许多世界。
1. 既有无限多的原子在无限的空间相遇，机会时常就能使世界产生出来

第一，我们发现，
向着周围一切的区域，在每一边，
上面，下面，遍整个宇宙，
止境是没有的——正如我所指明，
也正如事情本身已经大声宣称，
也正如无底的深渊的本性已经
清楚地显露出来。既然空间
向一切方面无限而自由地伸展，
而数目不可计量的种子，在无底的
宇宙中，以许多方式在飞翔，
在永恒不断的运动中动荡，
所以我们无论如何不能以为
只有我们的这个大地和天
曾被创造出来，而那些如此众多的物质物体，
却不能在这之外完成另外的作品；
这一点更是由于这个世界也是
由自然这样制成的：物的种子
由内在的运动偶然碰撞而结合——
在它们以许多方式被驱使偶遇在一起、
不是有计划地而是毫无结果地之后——
终于只有那一类的种子结合在一起，
这类种子当突然被抛在一道的时候，

十五 卢克莱修

时常能够把适宜的发端
给予伟大的东西——大地、海和天
以及生物的族类。因此，我说，
一次又一次地，必须承认
在别处也有像这样的物质的聚合，
一如我们这个世界，容纳在辽阔的以太
巨大的胸怀里。

2.在物质、空间和自然保持同一的情况之下，必然会产生世界

此外，当物质很丰富
而随手可得，当空间多得很，且没有东西
或原因来延阻的时候，不足为奇地
事物必然会被推动进行并造成，——
事实上，如果种子的数量
是如此巨大以致生物一生一世
都不能把它们数尽……
并且如果它们的力量和本性总是一样，
总能够把事物的种子抛在一起
各得其所，正如这里种子被抛
在一道，在我们这个世界里，
那就必须承认在别的地方
仍有其他的世界，其他的人类，
和其他的野兽的种族。

3.自然里面没有什么东西是独特的

由此也就发生这样的情形：在宇宙里面
没有一物是它的种类中单独诞生出来的，
是单独和唯一长大起来的；它只是
某一产生出来的种类的一员而已，

像同类的许许多多其他的个体一样。
首先,注意那些有生命的东西:
你会发现在山岭间逡巡的野兽
就正是这样,人类的子孙也是如此诞生,
最后,那些沉默的有鳞的鱼类,
以及各种各样的飞鸟,也莫不如此。
因此我们根据同样理由就必须承认:
大地、太阳、月亮、海洋和其他一切
都不是孤单单地存在的,——
而是在数量上有无限之多的。
因为那深藏着的生命的古老的界碑[①]
对于它们仍然并无不同,
而它们的躯体之不免于一死,
也不下于任何一种在我们这个大地上
如此成员众多地存在着的东西。

<small>可见自然是自己工作着,不受神灵的控制</small>

  如果你好好地认识这一点并把它记住,
那么从任何主宰解放出来
而自由了的自然,就能被看到是
由自己独立地作它所有的事情,
摒弃一切神灵的干预。因为——神灵!
他们的心在和平的悠久的静穆中
度过无忧无虑的岁月和宁静的生活!——
请问谁能够、谁能够有力量

[①] 所谓"古老的界碑"就是定律。——译者

十五 卢克莱修

统治那无边无际的宇宙,
以坚定的手执住那无底深渊的
巨大缰绳? 谁能有力量
同时使诸天旋转,
同时以天上的火来使这一切
众多的世界的所有丰饶的土地获得热力,
在任何时候出现在任何地方,
用他的云块来建立黑暗,
用他的声音来震动天空的宁静地带,
并投射他的闪电——并且如何常常地
突然冲毁他自己的庙宇,
而当向荒野撤退时就在那里
运用他的雷霆来大肆咆哮,
但霹雳一声却常常把有罪者放过,
而将正直无罪的人们加以屠杀!?

〔怕死的愚蠢〕

8.〔同上,第三卷,828—1092行〕

死对于我们是不存在的,我们在死后将没有知觉,正像在生前没有知觉一样

因此死对于我们
不算什么,和我们也无半点关系,
既然心灵的本性是不免于死。
而正如对于过去的那些年代,
我们并未感觉其痛苦,当四面八方
迦太基的大军涌集来厮杀,
而整个世界被汹涌的战争所骇震,

在覆盖着的高高的天穹底下
打颤战栗,而所有的人们
都不知道谁将取得至高的权力来统治
陆地和海洋的时候;
同样地当我们不再存在时,
当那使我们成为一个人的身体和灵魂的结合
已到了分离时,说实话,那时候
对于已不存在的我们,就没有什么事
能够发生,能够挑动我们的感觉——
因为我们荡然无存,

<u>即使灵魂单独时能感觉,那也与我们无关</u>　尽管地连着海,海连着天。即使假定
心灵的本性和灵魂的能力
在离开我们身体之后仍有感觉,
那依然与我们无关,因为我们是
在灵魂和身体的结合中活着,
借这种联姻我们才被造成一个人。

即使时间把那些形成我们的原子再结合在一道,那也不影响到我们。　即使时间在我们死后收集起
我们肢体的物体而把它全部
再安排成现在这个样子,并且再一次
生命的光又被给予了我们,
那个过程仍然与我们无半点涉,
我们的自我连续的记忆
一旦被割断。现在和这里的
我们,很少关心到那些自己,
那些以前的我们,也不为了他们

十五　卢克莱修

而遭受痛苦的磨折。因为如果你
向后回顾，越过时间的所有的昨天，
那无限的时间，并想起有如何繁多的
物质的运动，那么，你就很可能
也承认这点：不止一次地这些种子
（它们构成今天的我们）从前也曾经被安排
在同样的秩序里，像它们今天这样——
但这点我们却不能记起来，
借那回忆的心灵。因为这之间
已经有过一次生命的中断，并且远远地
所有的运动已向各方面走散，

<small>痛苦和忧愁必须有一个承受者：但死取消了我们感觉忧苦的可能</small>

离开了我们的感官。因为悲哀和疾病
如果正在等待着，那么，那一个
灾祸能降落在身上的人，
必须本身是在那里，在那个时候。
但死亡已取消这个可能，
因为它不把生命给予那个人，
那个这种烦恼忧虑能群集其身的人。
所以，应该承认：死没有什么值得我们害怕，
对于那不再存在的人痛苦也全不存在，
正如他从来就未被生出来一样，
当不朽的死神把有死的生命取去的时候。

<small>一个自认相信灵魂有死的人，常常不是真心如此</small>

　　因此，当你看见一个人在忧愁，
因为死后身体被埋掉他就会腐烂，
或者会在火焰中或野兽的爪牙底下消灭掉，

你就应知道：他的话是假的，骨子里
仍有一个看不见的痛苦刺着他的心，
不管他怎样否认他是相信
在死后他还有任何的感觉。
因为，我想，他并不承认他所说的，
也不认识他的话的根据，他并未
把他自己连根从生命拔掉，
并把那自我抛掉；很不自觉地
他仍意想着一部分的自己留在后面。

<small>他意想着一个自我活着留下来为身体的命运悲伤</small>

因为当活着时一个人如果想象着
他的死去的身体为野兽和兀鹰所啃，
他就是在可怜他自己；就是还没有把自己
与那境况分开，没有把自己足够地
从被抛掉的身体挪开，还意想着
自己就是那死尸，并且向它里面投进了
他自己站在它旁边时的感觉，因此
他埋怨他生为凡人，也没有注意到
在真正的死亡中并没有第二个自我
活下来并能够为被毁的自我而忧伤，
或站着来哀悼那个自我躺在那里
被啃啮被燃烧。因为，如果这是一种坏事：

<small>但没有一种处置死尸的方式比另一种方式更能伤害他</small>

在死后被野兽的爪牙翻来翻去
地啃食，那么，我真不懂为什么
这怎能不也是痛苦的事：
躺在火堆上被火焰烧烤，

十五 卢克莱修

或在香蜜中窒息,并且,躺卧在
一个冰冷的光滑的石条上
逐渐变僵变冷,或沉埋在
从上面向下压下来的泥土底下①。

死者再也没有对　　　　　　　　　　　"对于你,
生的快乐的渴望　现在再没有快乐的家庭和贤妻来欢迎,
再没有稚子奔跑过来争夺你的抱吻,
再没有无言的幸福触动你的心,
你将不再在你的事业中一帆风顺,
也不再能是你家庭的保护赡养者。
可怜的人,"他们说,"一个不吉的时日
已经把生命的许多赏赐从你那里取掉。"
但没有加上:"但在你身上,再也没有
半点点对它们的欲望存在着。"
如果他们只要能用心灵看出这一点,
并且言行相符,那他们就会
把他们的生命的境况从痛苦和恐惧中解放。

生者不应为死者　"啊,这里你已坠入死的睡眠,
之进入安眠而悲　同样你也将安息着一直到永远永远,
伤　　　　　　　不被每一种恼人的痛苦所扰。但我们,
我们则带着不能抑止的悲哀为你哭泣,哭泣,
站在你旁边,而在那黯惨的火堆上
你正在变成骨灰;将没有一个日子能够

---

① 以上几句所写的,大概是罗马人处理死尸的方式。——译者

> 从我们的心中把这永恒的忧愁取掉。"
> 但我们要问哀悼者:
> 究竟有什么大不了的哀痛,
> 以致一个人竟要在永恒的忧伤中憔悴下去,
> 如果说到头来事情不外是睡眠和安息?

<small>在睡眠中,我们没有对生命的欲望</small>

> 因为当灵魂和躯体一起沉入了
> 睡眠中的时候,就没有什么人还渴求自己
> 和生命。是的,这个睡眠可能是永恒的,
> 不再有对任何自我存在的渴望,
> 这种渴望对于已入睡了的我们毫无关系。
> 然而那些原始胚种在当时并没有,
> 根本上没有四散地走开,
> 远离它们自己那些造成我们感觉的运动——
> 因为,当一个人从睡眠中被惊醒时,

<small>更不用说在死中</small>

> 他就收拾起他的感觉。那么死亡对于我们
> 更是微不足道——如果还有一种东西比无
> 更微不足道的话:因为紧随着死亡
> 就发生了更大群的物质的一种分散,
> 并且对于那生命的冰冷的中止已经
> 落在其身上的人,没有一个能再苏醒。

十六 罗马斯多葛派

甲 爱比克泰德

（鼎盛年约在公元90年）

著 作 选 录

1.〔阿里安："爱比克泰德手册"①§1〕因此，你要立刻尝试着对每一个不使我们喜欢的表现说："你只是表现，而决不是真的东西。"然后根据你自己所有的准则来检查它；首先并且主要地是根据这个准则：它所关涉的是在我们自己力量之内的事物②，还是不在我们自己能力范围之内的那些事物③？如果它关涉到任何超出我们能力范围的事物，那就打算好承认它对你是不相干的。

2.〔同上，§5〕人们并不是为事物所扰乱，而是为他们对事物所采取的观点所扰乱。例如死并不可怕，要不然它对苏格拉底就会成为可怕的了④。恐惧在于我们对死的想法，认为死是可怕的。所以，当我们受到阻碍，或者被扰乱，或者陷入忧愁时，我

---

① 这是爱比克泰德的学生阿里安辑录的一个爱比克泰德学说摘要。——编者
② 指我们的思想、意志等。——编者
③ 指我们的身体、财产、名誉、地位等。——编者
④ 指苏格拉底被判处死刑后并不害怕，泰然服刑的故事。——编者

们决不要把它归咎于别人,而要归咎于我们自己,就是说,归咎于我们自己的观点。由于自己的不幸而谴责别人,是一个没有教养的人的行为;如果谴责自己,那就是一个正在进入教养的人的行为;如果既不谴责别人也不谴责自己,则是一个受过完满教养的人的行为。

3.〔同上,§8〕不要要求事情像你所希望的那样发生,而要希望它们正像它们实在发生的那样发生,这样你就会好好地过下去。

4.〔同上,§31〕要确信敬神的本质在于对神形成正确的意见,认为神灵是存在着,并且是公正地、很好地管理着宇宙。你要坚持这样的决心:服从神灵,向他们投降,在一切事变里心甘情愿地追随它们,因为一切事变是为最完满的智慧[①]所统治着的。因为像这样,你就永远不会非难神灵了,也不会谴责他们不照顾你了。要做到这样,任何别的办法都没有用,只有使你自己躲开不在我们自己能力范围之内的事物,而认定善或恶只在于那些属于我们自己能力范围之内的事物。

5.〔阿里安:"爱比克泰德谈论集"[②],第一卷,第一章〕那么,神灵单单把这个最优越的和上等的能力,也就是把对于事物的现象的正确的应用,放到我们的力量之内,把其他一切事情都不放到我们的力量之内,乃是适当的。他们不把其他一切事情放到我们力量之内,是因为什么呢?我愿这样想:如果他们能够的话,他们就已经把这些也都给我们了,但是他们的确不能够。

---

① 指神的智慧。——编者
② 这是阿里安所记录的爱比克泰德的言论。——编者

因为，我们既然被放在地上，又限制在这样一个身体里，并且又限制在这样的一些同伴里，我们如何能够在这些方面不被我们以外的东西所阻碍呢？

但是，宙斯说什么呢？"噢，爱比克泰德，如果可能的话，我就让你的这个小小的身体和财产自由不容易受到阻碍。但是你不要弄错，身体并不属于你自己，它只是比较精致的泥土混合物。由于我不能把这个给你，我就把我自己的某一部分给了你，就是那种努力来追求和躲避、欲望和厌恶的能力，一句话，就是那种运用事物现象的能力。要注意这一点，让你自己所有的就在于这个，你就会永远不受限制，永远不被阻碍，你就不会呻吟，不会抱怨，不谄媚任何人。然后怎么样？难道所有这些好处对你似乎是算不了什么吗？千万不要这样！让它们使你满足，并且还要感谢神灵。"

但是，当我们的力量足够留神一件事情，并且从事于一件事情时，我们却宁愿来留神许多事情，并且使我们自己牵挂着许多事情——身体、财产、兄弟、朋友、小孩和奴隶——由于这么多的累赘东西，我们就背上重担而被压倒了。譬如，天气不适于航行时，我们坐着发愁，并且不断地往外看。风的方向如何？北风。我们对这个该怎么办？西风什么时候刮？朋友，当西风愿意的时候，或者当爱欧洛①愿意的时候，才会刮西风，因为宙斯并没有让你成为风的发散者，而是让爱欧洛管风。

那么怎样办呢？

好好地运用在我们能力范围以内的东西，别的就听其自

---

① 风神。——译者

然吧。

"自然"是什么意思呢?

就是神的愿望。

6.〔同上,第一卷,第六章〕那么你是不是还可以由于感觉到这个,考虑到你所具有的一些能力,再对它们加以考察,然后说:"宙斯,随你给我什么困难都可以,因为我有了你给予我的能力,并且有力量借以在每一件事情里获得光荣"?

7.〔同上,第二卷,第八章〕神是有益的。善也是有益的。那么,似乎神的本质在哪里,善的本质也就在哪里了。那么,神的本质是什么呢?——肉体?决不是。土地?名誉?决不是。智慧?知识?健全的理性?当然是的。那么,在这里找善的本质就没有什么困难了。因为,你要在植物里寻找那个性质吗?不会。或者在兽类里去找?不会。那么,如果你仅只在理性的主体里寻找它,你为什么不在那个把它与无理性的东西区别开来的东西中去找寻呢?植物对于事物不能作自由的运用,所以你不把善这个词用到它们身上。因此,善就包含着这样的运用。没有别的吗?如果是这样,你就会说善、快乐和不快乐也属于其他动物了。但是你不这样说,你是正确的,因为,不拘它们怎样运用事物,它们也不会有出于理智的运用,也不会伴随着很好的理由,因为它们是被制作出来为别的东西服务的,它们并不是头等重要的东西。一头驴为什么被制作出来呢?是由于它有头等重要?不是,只是因为我们需要能载重担的脊背。我们也需要它能运动,所以它另外被加上了对事物的自由运用,不然它就不能动了。但是它的秉赋到这里为止,因为,如果也添上对于那种运用的了解,那么,在理性方面,它就不会从属于我们,也不会给我们做这些事情,而会与我们相像并且平等了。所以,你为什么不在那没有它就不能承认在任何事物里有善的东西之中去寻找善的本质呢?

然后怎么样呢?这一切东西不也是神灵的创作吗?它们是神灵的作品,不过不是头等的存在,也不是神灵的一部分。但是你是一个头等的存在。你是神灵的本质的一个特殊部分,并且在你自己身上包含着神的某一部分。那么你为什么不知道你的尊贵的出身呢?你为什么不想一想你是从哪里来的呢?当吃饭时,你为什么不记起正在吃东西的你是谁呢?还有,你在养育谁?你同女人在一起的时候,你说话的时候,你锻炼身体的时候,你参加讨论的时候,你不知道你养育的是神,你锻炼的是神吗?你带着神跟你在一起,可怜虫,可是你不知道。你以为我说的是在你以外的某个金的或银的神吗?你是在自己身上也带着他,你没有觉察到你用不纯洁的思想和不干净的行为亵渎了他。如果仅只是神的外面形象出现了,你就会不敢于像你所做的那样去行动,而当神自身是在你里面,一切都听到了看见了,你这样思想和行动——不觉到你自己的本性并且与上帝为敌,你不以为羞耻吗?

8.〔同上,第二卷,第十三章〕有一些事情看来固然是祸害,但是一个人自己的力量却足以防止它们,那么他对于那些事情会害怕吗?

当然不会。

那么,如果独立于我们意志的事物是既非善的,也非恶的,而依赖于意志的一切事物乃是在我们自己能力范围之内的,若非我们愿意,它们既不能从我们取走也不能给予我们,那么还有什么忧虑的余地呢？然而我们对自己这个卑微的身体或者自己这一点财产有顾虑，或者对于到凯撒想些什么有顾虑，对于我们内部的任何事情却一点也没有顾虑。我们对于不接受错误的意见是否有过顾虑呢？没有，因为这是在我们自己的能力范围之内的事。对于不追求任何违反本性的事情是否有过顾虑呢？不，这也没有。所以，当你看见任何人由于忧虑而脸色发白，正如医生根据面色断定这个病人的脾有毛病，另外一个病人的肝有毛病一样，你也可以说，这个人的欲望和厌恶的意志有毛病；他不能决然地走路，他在发烧。因为没有别的东西可以改变面色，或引起战栗，或使牙齿颤动作声。

9. 〔阿里安："爱比克泰德手册"，§33，§35〕当你要去同任何一个人，特别是同一个似乎比你优越的人谈话，心里想着苏格拉底或芝诺在这种情况中会如何做时，你就不会对于任何发生的事情没有正当的应付办法了。……如果你做任何事情是由于一种明确的判断而认为应该做，那就不要怕人看见你做，即使广大的人群会误解；因为如果你行为不正，就不要这样做；如果做得正当，为什么要害怕那些错误地非难你的人？

10. 〔同上，§43〕每一件东西都有两个把柄，一个把柄你可以用来拿它，另一个你不能用来拿它。如果你的兄弟对你做得不公正，就不要用他不公正那个把柄来把握这件事，因为用那个把柄你拿不了它；而要用另一个把柄，就是他是你兄弟，他同你一起被养大；这样你就用可以拿住它的那个把柄把握住它了。

11. 〔同上，§46〕永远不要宣称你是一个哲学家，也不要在无知的人中间多谈你的原则，而要用行动来表示出你的原则。譬如，在宴会上，你不用谈人们应该如何吃东西，只要像你应该的那样吃好了。因为你要记住苏格拉底也正是这样完全避免了一切虚夸。当人们找他，要求他把他们介绍给哲学家时，他就带他们去并且给他们介绍；虽然受轻视，他也忍耐得很好。所以如果在无知的人中间有任何关于原则的讨论，多数时候都要沉默。因为匆忙地把没有融会的东西抛出来是很有危险的。如果一个人说你什么也不懂，而你并不由于这个发起怒来，这时你就会确实知道你已经真正开始了你的工作了。因为羊并不是仓促地把草呕吐出来，向牧羊人表示它们已经吃了多少，而是在肚子里边把它们所吃的加以消化，然后把所吃的往外长成羊毛与奶。所以，你不要在无知的人面前显示你的原则，而要表现出由于消化了那些原则所引起的行为来。

12.〔阿里安："爱比克泰德谈论集"，第三卷，第二十章〕你愿意给我什么，就请给我好了，我都要把它变成善。给我疾病、贫穷、谴责、终生苦难吧。所有这些，由于黑梅斯①的神杖，都会成为有利的。"你对于死亡怎样了解呢？"不用说，那对你不过是一种装饰，那只是你以行动表示一个认识到自然意志并且跟随着自然意志的人是什么样子的方法。"你对疾病怎样了解呢？"我要把它的本性指出来，我要在其中作出一个好的形象来。我一定镇静而快乐，我不要恳求我的医生，可是我也不要求死亡。你还要再问什么？不管你给我什么，我都要使它成为快乐的、幸运的、可敬的以及合意的。

可是，你却说："你要注意不要生病——那是坏事。"这正像说："你要注意不要有三就是四那样的印象，那是坏事。"人呀，

---

① 希腊神话中的通报神，他的神杖一指，坏的东西就变好。——编者

那何以是一件坏事呢？如果我对它像我应该的那样去想，它对我还会有什么害处呢？它对我岂不是甚至于将会有利的吗？如果我想到贫穷、疾病、政治的混乱时，像我所应该的那样去想它们，那对我不是足够了吗？那么我为什么还要在周围的事物中去找善或恶呢？

13.〔同上，第三卷，第二十四章〕要意识到你是在服从神，用这个意识来代替一切别的喜乐，并且不要以空话，而要以行动来履行一个有智慧的和有道德的人的责任。有一件非常伟大的事情，就是能向你自己这样说："别人现在正在郑重其事地在学院中辩论的，并且能够用自相矛盾的说法陈述出来的，我都把它付诸实践。"在那里所谈论的、所争辩的、所颂扬的那些品质，我已经使它们成为我自己所有的了。宙斯愿意让我在我内心里认识到这个，他自己也愿意弄明白他在我身上是不是得到一个适合于做一个武士以及一个公民的人，也愿意把我当作一个向别人证明不能为意志所控制的事物的证人来使用。注意，你的恐惧是徒然的，你的欲望是徒然的。不要向外面去寻找善，在你自己里边寻找吧，不如此你就永远找不到。因为这个缘故，他一时把我带到这里，一时又送我到那里，把我放到人们面前，穷困、衰弱、生着病，把我驱逐到吉阿拉，把我送进监狱，这都不是由于他恨我——天神不准！因为谁会恨他的最忠实的仆人呢？——他也不会轻视我，因为他不会轻视最渺小东西之一，而只是锻练我，使用我作为对别人的一个证人。被派定这样一个任务，我还会顾虑我在哪里，或同谁在一起，或人们怎样议论我，而不用全部精神注意上帝同它的命令和差遣吗？

著 作 残 篇

1. 一切事物：大地、海洋、太阳、星球以及地上的植物与动物，都侍奉和服从宇宙①。我们的身体既然生病和健康，年青和年老，并且通过被规定了的其他一些变化，也是服从宇宙的。所以，那依赖于我们自己的东西，也就是我们的理智，不会是仅有的叛徒，这是合理的。因为宇宙是强有力的并且是优越的，它在与全体的联系之中管理我们，这样把我们照顾得非常好。此外，如果与此相反，则除了不合理以外，是只会产生徒然的挣扎，把我们抛入痛苦忧愁里面的。

乙 奥勒留

（公元120—180年）

著 作 选 录

1.〔**奥勒留**：**"沈思录"**，**第三卷**，**第六章**〕我说你要直截了当地并且自由地选择那至善的东西，并且坚持着它——可是，有用的就是至善的——好，如果它对作为一个有理性的存在的你有用，那你就坚持它；可是，如果它只是对于作为一个动物的你有用，那就拒绝它，坚持你的判断而不骄傲，只是你要注意用一个确当的方法来考察。

2.〔**同上，第九—十章**〕要尊重产生意见的那种能力。在

---

① 指有规律的宇宙。——编者

你的发号施令的部分里是不是会存在着与一个理性动物的本性与气质不相容的意见，是完全要由这个能力决定的。这个能力将使你不至于有草率的判断，将使你对人们友善，对神服从。

要把一切东西丢开，只固执着这些少数事情。此外还要记住，每个人只生存在当前这个时间，这是一个不可分的点，而他的生活的其余部分或是已经过去，或是不确定的。因此每个人生存的时间是短暂的，他在地上居住的那个角落是小的，最长久的死后的名誉也还是短暂的，即使是这个名誉也只是为可怜的人类的继续所保持，他们也将很快死去，他们甚至于连自己也不认识，更不用说早已死去的人了。

3.〔同上，第六卷，第三十七—四十章〕一个人看见了当前的事物，也就看见了一切，包括亘古发生的一切事物以及将要永无止境的一切事物，因为一切事物属于同一系统、同一形式。

要经常考察宇宙中一切事物的联系以及它们互相间的关系。因为一切事物都以某种方式互相牵涉着，因而在这种情况之下一切事物都是亲密的；因为一件事物按照着次序在另一事物之后出现，而这是由主动的运动、相互的协作以及实体的统一性所造成的。

要使你自己适应于你的命运注定要同它们在一起的那些事物，以及你命定要和他们在一起的那些人，要爱他们，要真正地、忠实地这样做。

每一个器具、工具、器皿，如果它实现了它被制作的目的，那就是好的，可是制作它的人并不在它那里。但是在为自然所组合成的东西里面，制作它们的力量是存在着、停留着；因此，宜于尊重这个力量，并且想：如果你真是按照它的意志生活和行动，那么属于你的一切就都是符合于理智的。就是这样,宇宙中那些属于它的事物也都是符合于理智的。

4.〔同上,第六卷,第四十二章〕我们都是在一起工作,向着一个目的,有些人具有认识并且有目的,而另外一些人却不知道他们是在干什么。……

5.〔同上,第六卷,第四十四章〕如果神灵对于我、对于必须对我发生的事情,都已经作出了决定,他们的决定便是适当的,因为即使想象一个没有远虑的神都是不容易的。至于说加给我伤害,为什么他们会打算那样做呢?因为,那样做对他们或者对作为他们的特殊仁慈照顾的对象的整体,会产生什么好处呢?即使他们对我这个个体没有作出决定,他们也一定至少对整体作出了决定,在这个总的安排里面按着次序发生的事情,我应该欣然接受,并且满足于此。如果他们完全没有决定——这样想是不敬神的,如果真是这样,我们就不用祭祀、祈祷、发誓,也不用做任何别的好像神灵在面前并且同我们生活在一起时我们所做的事情——但是,假如神灵没有决定任何牵涉到我们的事情,我就能决定我自己了,就能对有用的事物加以考究了;符合于一个人自己的气质与本性的,就是对每一个人有用的。但是我的本性是有理性的和合群的;就我是安托宁①来说,我的城市与国家是罗马;但就我是一个人来说,我的国家就是这个世界。因此,对于这些城市有用的,对我才是有用的。

6.〔同上,第十卷,第六章〕不管宇宙是原子的集合,还是自然界是一个体系,我们首先要肯定,我是自然所统治的整体的一

---

① 奥勒留是罗马帝国皇帝,他的全名是:马尔可·奥勒留·安托宁。——编者

部分；其次，我是在一种方式下和与我自己同种的其他部分密切关联着。因为要记住，由于我是一个部分，对于一切出于整体而分配给我的事物，我都将满意，因为如果凡是为了整体的利益而存在的，对于部分就不会有害。因为整体不会包含着对于它没有利益的东西；一切本性固然都有这个共同的原则，但是宇宙的本性却另有这个原则，它甚至于不能由任何外面的原因迫使它产生任何对它自己有害的东西。因此，由于记住我是这种整体的一部分，我就会对一切发生的事情满意。而由于我同与我自己同种的那些部分在一种方式中密切地关联着，我就不会做不合乎人群的事情，而宁愿使自己趋向与我自己同类的东西，会把我的全副精力放到共同利益上面，而使它离开与共同利益相反的事情。那么，如果这样办，生活就一定过得愉快；你可以看到，一个公民，经常所做的事情都是对其他的公民有利的，并且满足于邦国指派给他的一切，这样他的生活就是愉快的。

7. 〔同上，第四卷，第四十一—四十三章〕要永远把宇宙当作一个活的东西，具有一个实体和一个灵魂。要注意一切事物如何与一个知觉相关联，与一个活的东西的知觉相关联；一切事物如何以一个运动活动着；一切事物如何是一切存在的事物的合作的原因；也要注意那继续不断的纺纱和网的各部分的互相关联。

你是一个带着躯体的小小的灵魂，就像爱比克泰德常说的那样。

事物经历变化并不是坏事，而事物由于变化而保持其存在也并不是好事。

时间好像一条由所发生的各种事件构成的河流，并且是一条激流；因为刚刚看见了一个事物，它就被带走了，另一个事物来代替它，而这另一个也将被带走。

8.〔同上，第二十四章〕哲学家说，如果你愿意平静，那就去从事较少的事情。但是想一想是不是这样说更好：做必要的事情，以及本性合群的动物的理性所要求的一切事情，并且像所要求的那样作。因为这样不只带来由于做事适当而产生的平静，并且也带来由于作较少的事而产生的平静。因为我们所说和所做的最大部分事情都是不必要的，一个人如果取消这些，他将有更多闲暇和较少的不舒适。因此一个人应该每当作一件事时问问自己：这是一件不必要的事情吗？一个人不只应该取消不必要的行动，并且应该取消不必要的思想，这样，无聊的行动就不会跟着来了。

9.〔同上，第十卷，第七章〕我以为，整体的各个部分，自然地包含在宇宙里的每一事物，都必然要毁灭；但是要在这样的意义下来了解，就是：它们一定要经历变化。但是如果对于各个部分来说，这件事自然地既是一件坏事而又是一种必然性，整体就不会在一个好的条件下继续存在了，因为它的各个部分都在变化中，并且它们的结构使得它们在不同方式下毁灭。因为，究竟是自然自身计划好对那些作为它的部分的事物做恶事，从而使它们从属于恶，并且必然地陷入恶中，还是这些结果发生了而自然并不知道呢？事实上，这些设想都是不可相信的。但是如果一个人即使是不谈这个"自然"（作为一个发生作用的力量），而把上述的事物都说成是自然的，即使是那样，一方面肯定整体的各部分以其本性从属于变化，同时另一方面又觉得惊奇或烦恼，好像有什么违反本性的事情在发生，特别是好像事物的分解是分解成为每个东西的组成部分似的,那将是可笑的。因为或者是组合成万物的各种元素的分散,或是由固体到泥土、从气体到气的转变,使这些部分回到普遍的理性,而这或者是在一定周期内为火所消灭,或者是为永恒的变化所更新。不要设想固体和气体的部分从产生的时候起就属于你。因为它们所得到的这一切生长,只是昨天和前天由食物和吸进的空气而来的,我们可以这样说。那么,得到生长、变化的这一切,并不是你母亲所产生的那个。但是可以设想你母亲所产生的这个使你同那另外的具有特殊变化的性质的部分在很大程度上牵连着,事实上这与上面所说过的并不违反。①

10.〔同上,第四卷,第四十四—四十五章〕每一件发生的事情都像春天的玫瑰花和夏天的果实一样亲切并且为人熟知,因为疾病、死亡、诽谤、叛逆以及任何别的使愚蠢的人喜欢或烦恼的事情就是这样。

在事物的系列中,跟在后面的永远与在前面的那些恰恰配合,因为这系列并不像一些不相联结的事物的单纯列举,仅只有必然的次序,而是一种合理的联系:正如一切存在的事物都被和谐地安排在一起一样,开始出现的事物表现出不只是继续,而且是某种奇异的关联。

11.〔同上,第五卷,第八章〕正像我们一定了解这样的话:爱斯库拉普②给这个人开药方,让他练骑马或洗冷水浴或赤足走路;同样地,我们也一定了解这样的话:宇宙的本性给这个人开

---

① 这地方的原文可能有误。——编者
② 希腊人的药神。——编者

药方,让他生病、折断肢体、灭亡或别的属于这类的事情。因为在前面的情形之下,开药方的意义是这样:他为这个人开这个药方作为适于获得健康的东西;在第二种情形之下它的意思则是:对于每个人发生(或者适合)的事情,都是在一种方式下对他是确定的,与他的命运相合的。因为这就是我们所谓事情对我们合适,正如当工匠把石头相互适合地联结起来的时候,说墙壁或金字塔里面的方块石头合适一样。因为总共就是一个适合、和谐。正如宇宙之成为这样的一个物体,乃是由所有的个别物体构成的,同样,必然性(命运)之成为这样一个原因,乃是由于所有的实在的个别原因造成。甚至于那些完全无知的人也了解我的意思,因为他们说:它(必然性、命运)给这样一个人带来这样的事情。——那么,这样的事落在了他身上,这是他命定的药方。那么,我们接受这些事情吧,就像接受爱斯库拉普的药方!事实上有许多人的药方并不令人舒服,但是由于希望健康,我们都接受了。各样事情的完满与成就——这种为共同的本性断定是好的东西,你也把它断定是与你的健康属于同类的吧!要接受每一件发生的事情,即使它看来并不令人舒服,但它导致这个——宇宙的健康与宙斯(宇宙)的成功和幸福。因为宙斯带给任何人的,如果不是对整体有用,就不会带给他了。不拘是什么东西,它的本性都不会引起任何与它所支配的东西不相合的事情。因此,你有两个理由应该满足于对你发生的事情,第一,因为它是为你而作的,是给你的药方,并且在一种方式下它对你的关联是根源于与你的命运交织在一起的那些最古老的原因;第二,因为那个别地临到每个人的,对于支配宇宙的力量来说,也是幸福和完满的原因,甚至于是宇宙继续存在的原因。如果你从各个部分或各个原因的联结与继续中间打断任何事情,整体的完整就破坏了。而当你不满意并且在一种情形下企图消灭任何事情时,你确是就你力所能及地把它打断了。

12.〔同上,第十二卷,第三十二—三十六章〕分给每一个人的是无限的、不可测的时间中的多么小的一部分!它立刻就被吞没在永恒里。还有,分给每一个人的是整个实体的多么小的一部分!是普遍灵魂的多么小的一部分!你匍匐在上面的是整个大地上的多么小的一块土壤!想到这一切,就要认定:除了按照你的本性所领着你的去作,以及忍受共同本性所带给你的东西之外,就没有伟大的事情了。

管制的能力怎样运用自己呢?一切都以此为基础。而其他一切,不管在不在你意志的能力范围之内,都只是死灰和烟。

这种思想最适于使我们轻视死亡,甚至于那些以快感为善、以痛苦为恶的人,也曾看轻过它。

一个人,如果对于他只有那在适当时机来临的才是善,那么,对于他,作较多的或较少的合乎正当理性的行为乃是同样的,对于他,有较长或较短时间来默想这个世界并没有什么不同——对于这个人,死亡也就不是一件可怕的事情了。

人呀,你是这个大国家(世界)里的一个公民,五年(或三年)会对你有什么不同呢?因为与规律相合的事情对一切都是公正的。如果没有暴君也没有不公正的法官把你从国家中打发走,把你打发走的只是送你进来的自然,那么又有什么艰苦呢?这正像一个司法官曾雇用一名演员,现在把他辞退让他离开舞台一样。——"可是我还没有演完五幕,只演了三幕呢"。——你说得对,但是在人生中三幕就是整个戏剧;因为怎么样才是一出完全的戏剧,是决定于那个先前曾是构成这出戏的原因、现在又是解散这出戏的原因的人,可是你却两方面的原因都不是。所以,满意地离开吧,因为他也是满意的,他是解除你的职务的。

13.〔同上,第十一卷,第十六章〕以最善的方式生活,这样的能力是在于心灵,如果它对无关重要的事情采取漠然的态度的话。它之能采取漠然的态度,是在于它对每一件这样的事情都分开来看,又都总起来看,还在于它记得,这些事情中间任何一件既不会使我们产生关于它的意见,也不会到我们这里来;这些事情都是始终不动的,是我们自己做出了关于它们的判断,我们可以说,是我们自己把它们写在我们心里,因此我们是可以不写它们的,如果偶然这些判断不知不觉地进入我们心里,我们是可以消灭它们的;还在于我们也记住这样的念头只会存在一个短时期,那时生命就要结束。此外,这样做有什么困难呢?因为,如果这些事情是顺乎自然的,那就喜欢它们,它们对你就会是舒服的;但是,如果是违反自然的,那就去找合于你自己本性的东西,努力追求这个东西,即使它不会带来名誉;因为每个人都是可以去寻求他自己的善的。

十七　晚期希腊哲学派别

甲　晚期怀疑派

（公元三世纪时）

著 作 选 录

1.〔塞克斯都·恩披里可:"皮罗学说概略"，第一卷，§164〕为了证明我们必须采取保留的态度，一共有五种根据。第一种根据是由我们对同一对象的各种观点互相矛盾而得来，第二种根据是由论证一直引导到陷于无止境而得来，第三种根据是由相对性得来，第四种根据是由前提的任意性得来，第五种根据是由循环论证得来。第一种建立在矛盾上的证明就是：不管是在生活中间，或是在哲学家们的看法中间，对于所求问的对象，都可以有一种不能作决定的意见分歧，因此，我们由于既不能作出一个肯定的判断，也不能作出一个否定的判断，便只有采取保留的态度了。第二种使人陷于无止境的情况就是：我们拿来证明所问的东西的根据，按照我们的说法，是需要进一步证明的，而这个证明又需要更进一步证明，这样下去，永无止境，因而便产生出保留的态度来了，因为我们没有可以拿来作为出发点的据点。第三种由相对性而来的证明就是：……客体是与作判断的主体相关联的，同时也与那些和它自身一块儿被感觉到的事物相关联，它表现出这样一种情形来，以致我们必须采取保留态度，对它的本性究竟如何不作判断。第四种从假定得来的证明的产生，是由于独断的哲学家们从一个假定出发而陷于"向无穷递进"，而他们并不能给这个假定作出证明，只是单纯地、毫无根据地以承认的方式以求达到这种假定。循环论证的产生，则是由于那用来证明所问的事情的根据，本身就要求确认所问的这件事。因为我们在这种情况之下不能应用这两个命题中间的一个命题来证明这个命题或那一个命题，所以必须采取保留的态度。

2.〔同上，§178〕因为一切被认识的东西，或者看起来是由它自身而被认识的，或者是由某种别的东西而被认识的，所以对一切都应当保持不决定的态度。我认为，没有任何东西由自身而被认识，这个道理是很明白的，因为在自然哲学家们关于可感觉的事物和可思想的事物的那些意见之间，是存在着重大的矛盾的。我们必须对这个矛盾保持不决定的态度，因为无论感性知觉或思维都不能给我们提供出一个真理的标志，我们可以用来当作真理标志的一切，都是充满着矛盾的，都是不可靠的。可是我们也不能由别的东西而认识任何东西，因为我们借以认识某物的那个东西如果又要借别的东西而被认识，我们就或者陷于循环论证，或者陷于"向无穷递进"了。

3.〔塞克斯都·思披里可："反数学家"第九卷，§207〕原因属于相对的东西，因为它是某物的原因，又是作用于某物的原因。例如刀是某物的原因，如割口的原因，又是作用于某物的原因，如作用于肉的原因。然而关系只是思维的对象，并非存在于实际之中，正如在关于证明那些陈述中所指出的那样，所以原因只是思维的对象,而不是存在的……还要补充一点:如果某物是另外一个东西的原因,那么或者是同时的东西为同时的东西的原因,或者是在先的东西为在后的东西的原因,或者是在后的东西为在先的东西的原因。可是同时的东西既不是同时的东西的原因,在先的东西也不是在后的东西的原因,在后的东西也不是在先的东西的原因,这一点我们将作出证明。因此原因是没有的。同时的东西不可能是同时的东西的原因,因为两者是并存的,这个不能产生那个,那个也不能产生这个,因为二者是同等地存在的。在先的东西也不能产生后起的东西,因为当原因存在的时候,结果还不存在,所以前者不复是原因,因为结果是没有的,而后者也不复是结果,因为产生出这个结果的东西已经不存在了。原因和结果都是关系,发生关系的事物一定要同时存在,不能一个在先,一个在后。此外还有一点要指出,就是在后的东西是在先的东西的原因。这是荒谬无比的,只有那些颠倒黑白的人才会作这种主张。……此外,如果有一个原因,那么,它或者是独自靠自身的力量成为某物的原因,或者是需要与承受结果的质料合作,因而必须把结果了解成二者的相遇。如果某物生就能够独自凭自身的力量产生某个结果,则它自身一定要始终保持着它所固有的力量,到处产生这种结果,而不是对一件东西起作用,对另一件东西不起作用。然而,如果像有些独断论者所主张的那样,原因并不是什么绝对自存的东西,而是一种相对的东西,那就更没有根据了,因为这样一来,就一定会认为原因与它所影响的东西并立,原因所影响的东西与原因并立了。如果把一个了解成与另一个并立,因而一个是影响者,另一个是被影响者,那么,同一个东西就是具有两个不同名称的概念了:

既是影响者,又是被影响者。照这样说,活动的力量就会既在影响者之中,又在被影响者之中了。既然影响者如果没有它所影响的对象就不能对任何东西发生影响,被影响者如果没有影响者在场也就不能承受任何影响了,由此就会推论出,产生结果的活动的力量是既在造成影响的原因之中,也同样在原因所影响的结果之中了。

乙 新柏拉图派

（公元三世纪时）

著 作 选 录

〔柏罗丁论"太一"〕

1.〔柏罗丁:"九章集",第六,第九篇§1〕一切存在的东西,包括第一性的存在,以及以任何方式被说成存在的任何东西,其所以存在,都是靠它的统一。因为,一件东西如果不是一件东西,它会是什么呢？把它的统一去掉,它就不再是我们所说的那个东西了。举例来说,一支军队如果不是一个统一体,就不是军队,一个合唱团或一个团体如果不是一个,就不是合唱团或团体了。没有任何房屋或船只是没有统一的,因为房屋是一个单一的东西,船只也是如此。如果失掉了这个统一,房屋就不再是一所房屋,船就不是一只船了。复合的有体积的物体中间如果没有统一,就不能存在。如果把它们分割开,它们既然失去了统一,也就改变了它们的存在。同样情形,植物和动物的身体都各自是一个单位,如果把它们打碎了,它们就从一变成了多,就破坏了它们所具有的本质，就不再是原来的东西，而变成别的东西了——这当然只是就它们仍然是单位而言。当身体组织成一个单位时，健康才存在；当统一的本性使各个部分结合在一起时，美才存在；当灵魂成为一个单位，在一个单一的和谐中统一起来时，才有美德存在于灵魂中。……

我们现在必须看一看，个别事物的统一与存在是否同一，一般存在是否与"太一"同一。可是，如果每一个个体的存在是多数的，而一不能是多，那么统一与存在就是不同的。现在人既是一个动物，又是一个理性动物，并且有许多部分，这些多数的部分是在统一中结合在一起的。所以人是一回事，统一是另一回事。人是可分的，统一是不可分的。一般的存在因为包括着一切实在的存在，所以它的本性也是多，与统一不同，它是"分有"着统一的。实在的存在既有生命，又有心智，因为它并不是无生命的尸体。因此它是多。如果心智是实在的存在，它就必须是多，如果它包含着观念，它就更是多。因为观念并不是一，而是许多东西，观念的总和是如此，每一个个别的观念也是如此。说观念是一，与说宇宙是一意义是相同的。一般说来，统一也是基本的，第一性的，可是心智、观念和实在的存在却不是第一性的。每一个观念都由许多部分构成，是组合的，是一种后果，因为组成一件事物的东西是先于这个事物的。

心智不能是第一性的。这一点根据以下的考察，也是很明白的：心智必定在思想中，而心智所观察的对象既是至善的而同时又不在它自身之外，所以它的思想的对象先于它自身。因为在回到它自身的时候，它也就回到了它的来源。此外，如果它既是思维，又是思想的对象，那它就是二元的，不是单纯的，也就不是"太一"。可是，如果它观察异于自身的另一个东西，它就会观察在任何方面都比它自身好并且先于它自身的东西了。然而，如果它观察它自身，它便是（作为思维）观察比它自身更好的东西（作为它的思想的对象）了，所以它是一个第二性的实体。

现在我应该设想心智是一个与善相通、与一切事物中最先的东西相通的东西，它观察着这个东西，并且还与自身相通，思维着自身，而且把自身思想成整个实在存在物的世界。心智有种种变化，所以决不是统一。"太一"不能是一切事物，因为如果它是一切事物，它就不再是"太一"了；它也不能是心智，因为心智是一切事物，如果它是心智，它就是一切事物了。它也不能是存在，因为存在就是一切事物。

那么"太一"是什么呢？它的本性是什么呢？既然存在和形式都不容易描述，我们不能很容易地回答这个问题，是毫不足怪的。我们的知识是建立在形式和概念上面的。可是灵魂越向无形式的东西前进，对这个东西便越不能了解，因为这个东西是无法下定义的，是缺少变化的迹象的。因此灵魂摇摆不定，开始害怕自己什么都抓不住，对这样一种高度感到厌倦，乐于一再往下降，从一切事物往回落，一直落到现象世界为止。在现象世界里，灵魂不做任何事情，静静地休息着，就像再一次到了稳固的地上似的。我们的视觉厌倦观看细小的事物而乐于观看大的对象时，也是这种情形。另一方面，当灵魂要求那绝对属于它自身并且依靠它自身的视觉时，在这个通过交流和结合而来的视觉里，灵魂不相信它通过结合而达到了自己所追求的对象，正是因为它的思想的对象并不是一个异于它自身的东西。

然而，我们正是拿"太一"作为我们的哲学沉思的对象的，我们一定要像下面这样做。既然我们在追求的是"太一"，我们在观看的是万物的来源，是善和原始的东西，我们就不应当从那些最先的东西的附近出发，也不应当沉入那些最后才来的东西，而要抛开这些东西，抛开这些东西的感性外观，委身于原始的事物。如果我们致力追求善的话，我们还必须摆脱一切罪恶，必须上升到藏在我们内部的原则，抛开我们的多而变成一，进而成为这个原则，成为"太一"的一个观看者。我们必须变成心智，必须把我们的灵魂信托给我们的心智，在心智中建立起我们的灵魂，这样我们才能意识到心智所观看的东西，并且通过心智享受对"太一"的观照。我们不可以加进任何感性经验，也不可以在思想中接受任何来自感觉的东西，只能用纯粹的心智，用心智的原始部分去观看那最纯粹的东西。

如果在作了这样的准备之后，我们现在在自己的想象中把广袤、形式或质量加到这个本性上，那么，引导我们的视线的就不是心智了，因为这些属性本来不是灵眼的对象，而是感觉活动的对象；随着感觉而来的只是意见。我们必须从心智中见到心智的力量所能达到的东西。现在心智所观看的或者是先于它的东西，或者是它自己的本性，或者是在它以后来的东西。心智的本性是纯粹的，可是那些先于它的东西，或者毋宁说那个先于它的东西，却更加纯粹，更加单纯。这个并不是心智，而是先于心智的。因为心智是一种存在的东西。但是这个另外一种本性却不是某个东西，而是先于任何事物的。它不是一个存在，因为存在的东西有着存在的形式，而它是没有形式的，甚至没有灵明的形式。我这样说，是因为创造万物的"太一"本身并不是万物中的一物。所以它既不是一个东西，也不是性质，也不是数量，也不是心智，也不是灵魂，也不运动，也不静止，也不在空间中，也不在时间中，而只是绝对形式的东西，或者说是无形式的东西，先于一切形式，先于运动，先于静止。因为这些东西都属于存在，而它创造了林林总总的这些东西。

如果它不运动，那么它为什么不是静止的呢？因为这两种属性各自属于存在，也都属于存在，静止的东西之所以静止是由于固定性，而它并不等于固定性。因此固定性是它的一个属性，它是单纯无比的。如果我们称"太一"为一个原因，我们也不是说出它的某种性状，而是说出我们自己的某种性状，因为我们是从它得到某种东西的，我们只它则是自存的。再者，严格地说，我们是不能说"太一"是一个"这个"或一个"那个"的，我们只是从外面看着它，只能希望说明一下它影响我们的那些方式。现在我们靠近它一点了，现在我们也离开它更远，因为有许多困难包围着它。

这些困难中有一个最大的困难，就是我们对于"太一"的理解与我们对其他认识对象的知识不同，并没有理智的性质，也没有抽象思想性质，而具有着以高于理智的方式呈现的性质。因为理智借概念而进行，概念则是一种属于多的东西，灵魂陷入数目和多的时候，就失去"太一"了。灵魂必须越出理智，而不在任何地方从它的统一中涌出。我说，它必须从理智和理智对象中抽出来，从任何一件别的东西里抽出来，甚至从对于美的观照中抽出来。因为任何一件美的东西都是后于它的，都是从它派生出来的，就像日光从太阳派生出来一样。因为这个道理，所以柏拉图说，"太一"是语言文字所不能名状的。……

〔柏罗丁论"流溢"的过程〕

2.〔柏罗丁:"九章集",第五篇,§2〕"太一"是一切事物,而不是万物中的一物。因为一切事物的来源是另一超然的存在,而不是它们自己;万物有其来源,因为它们都可以回溯到它们的源头去。说万物在原始的时候并不像现今的事物那样存在,而像未来的事物那样存在,也许要好一点。既然"太一"是单纯的,它的自我同一性中并不表现任何变化和二元,那么,万物怎样能从"太一"中产生出来呢?我回答说,理由正如万物中没有一件曾在"太一"中,一切都从"太一"中派生出来一样。再者,为了使万物能够是实在的存在物,"太一"便不是一个存在,而是各种存在的父亲。存在的产生,乃是第一个产生的活动。"太一"是完满的,因为它既不追求任何东西,也不具有任何东西,也不需要任何东西,它是充溢的,"流溢"出来的东西便形成了别的实体。……

3.〔同上,§4〕因为每当任何一件别的东西完满起来的时候,我们便看到它产生出别的东西,不愿仍然只在自己之内而创造出别的东西来。不但具有有意识的目的的生物是这样,无有意识的目的而盲目发展着的东西也是如此。的确,连无生命的对象也尽可能地孳生繁衍。因此火使事物变热,寒气使人战栗,药物对别的东西产生适当的效果,万物由于它们不断地要使自己的生命持续下去,由于它们的善,都尽力模仿着它们的来源。那最完满的原始的善怎样会封闭在自身之内,好像嫉妒或无能似的?它是万物的力量!它怎样能够是事物的来源呢?如果有任何一个由某物派生出来的其他实体存在的话,这个某物就一定是由它产生出来的了。必然有某物从它产生。产生出一切后于它的东西的，也一定是最值得崇拜的，而且次于它的实体也要比其他一切创造出来的东西更好。……

4.〔同上，§1〕如果现在有一个次于它的实体，而它本身是不动的，那么，这个次于它的实体的产生，一定不需要"太一"方面的任何倾向、意志或运动。这是怎样造成的呢？我们应当怎样来想这些围绕着"太一"的常住不变的本质的次等实体呢？我们应当把它想成一种从"太一"发出来的辐射，从常住不变的"太一"里发出来，正如围绕太阳的太阳光永远不断地从太阳里产生出来，太阳的实体却毫无改变和运动一样。万物当继续存在的时候，也都必然凭它们自身的力量、从它们自身的本质中产生出一个实体在它们自身之外，并且围绕着它们，附着在它们之上，——产生出一个形相，就是那产生它的原型的形相。火由自身发出热来，雪也并不把寒冷总是只保留在自身之内。这种事实的最好的证据是发出香气的东西。因为只要这些香的东西存在，便在周围发散出一种东西来，被站在附近的人闻到。一切事物在达到完备程度时都产生出别的东西，永远完满的东西则永远产生永远的东西；不过被产生出来的东西要次于产生者。我们现在对那最完满的东西说些什么呢？从它而来的东西只是它以后最伟大的东西。它以后最伟大的次一等的东西就是心智。……

5.〔同上〕 我们说心智是"太一"的形相。但是我们必须说得更精确一点。首先，我们称它为形相，是因为它是"太一"所产生的，并且保存着"太一"的许多性质，很像"太一"，就同阳光像太阳一样。不过它并不是"太一"。那么"太一"是怎样产生出心智来的呢？是这样的：——通过它所产生出来的东西回转来看它自己。这个观看便是心智。……

6.〔同上〕 "太一"是这个世界的可能性，心智知觉到它，把它与它的可能性分开。如果不这样，它就不是心智了，因为心智的本质就在于是对它的各种可能性与力量的一种知觉。它通过自己，凭借它从"太一"得来的可能性来规定它自己的存在。它是来自"太一"的东西的一部分，从"太一"获得它的本质，为"太一"所建立，它的本质由"太一"得到完善。它见到它自己和可分的东西一样，是从"太一"获得生命、思想和一切东西的，并且见到"太一"不是这些东西中间的一个。……

7.〔同上〕 这样产生出来的这个心智，是配做最纯粹的心智的，除了那最初的始基〔指"太一"〕之外，它没有别的来源。它被产生之后，自己又产生出其余的一切事物，产生出观念的美，产生出可知的善。它充满了它所产生的一切事物，又把它们可以说再吞咽下去，把它们包藏在自己内部，以免它们堕落成为物质。……

8.〔同上，§2〕 心智既然像"太一"，现在它就仿效"太一"，喷出巨大的力量来。这个力量是它自身的一种特殊形式，正如那先于它的始基所喷出来的一样。这种由本质里发出来的活动就是灵魂，灵魂的产生，并不需要心智的变化或运动，因为心智的产生也不要先于它的始基的变化或运动。但是灵魂并不创造，它是常住不变的，只是在变化和运动中产生出一种形相。灵魂在观看它的存在的来源时，是充满着心智，但是当它向别的相反的运动前进时，它便产生出自身的形相，产生出感觉和植物的本性来。但是这些东西没有一件是与先于它的东西脱离或割断的。……

9.〔同上〕 从万物的来源起到最后和最微末的事物止,有一个行列,每一件事物都被放在它的合适的地位上。被产生的东西处在比产生者低的位置上,然而每件东西在追求后于它的东西时,是与后于它的东西保持同一的。……

〔柏罗丁论神秘的灵魂解脱〕

10.〔柏罗丁:"九章集",第六,第九章〕 灵魂很自然地对神有一种爱,以一个处女对她的高贵的父亲的那种爱要求与神结合为一体。可是当她委身于创造时,她在婚姻中受骗了,于是她把她以前的爱转换成尘世的爱,失去了她的父亲,变得放荡起来。一直要等到她重新开始厌恶地上的放荡,她才再次纯洁起来,回到她父亲那里,才一切都好了。不知道这种天上的爱的人,也可以从地上的爱获知天上的爱的某种概念,以及拥有最喜爱的东西是多么愉快。且让他回想到他所爱的这些对象是凡俗的、变灭的,他的爱所攫取的只是一些泡影,很快地对事物发生厌恶,因为这些事物不是真正的爱的对象,也不是我们的善,也不是我们所追求的东西。而在更高的世界里,我们找到了真正的爱的对象,当我们抓住了、掌握了这种对象时,我们便有可能与它结合为一体,因为它并不是披挂着血肉的。

看到过这种爱的对象的人,是知道我所说的话的真理的,他知道灵魂如何在走向这个真理,接近并且分享这个真理时,便获得了一个新生命,因而灵魂在它的新情况中得知真正的生命的给予者在它以外,得知它不需要任何别的东西。而这样一个人也知道,我们应当抛开其余的一切,只是常住在爱的对象里,只是变成这个对象，剥去裹在我们身上的其余的一切，因此我们一定要赶快脱离这个世界上的事事物物，痛恨把我们缚在这些事物上的锁链，最后以我们的整个灵魂拥抱爱的对象，不让我们有一部分不与神接触。即便在这个世界里，在肉体中间，我们也可能用这样的方式来看神和我们自己，因为我们这样看是合法的。我们看到自己沐浴在光明之中，充满着灵明事物的光辉，甚至可以说充满了光明本身，纯净，毫无重量，一直向上升。我们把自己就看成这个样子，不，就看成神自身。使我们燃烧起来的就是神。可是当我们又下沉到地上时，我们就脱离这种境界了。

后　记

　　这一卷所选录的,是古希腊罗马重要哲学派别的原著,基本上按时代先后编排,但是同一学派的著作则放在一起。选录的重点是唯物论学派的著作,如米利都学派、赫拉克利特、阿那克萨戈拉、恩培多克勒、德谟克里特、伊璧鸠鲁和卢克莱修等。其次是主要的唯心论学派,如苏格拉底和柏拉图。亚里士多德是西方古代最重要的哲学家,对以后哲学思想的发展,无论对唯物论学派或对唯心论学派,都有巨大的影响,因此用较大的篇幅选录了他的著作。爱利亚学派的思想方法具有特殊的意义,也尽量选入了必要的材料。智者派和斯多葛派中有唯物论者也有唯心论者,着重选录的是其中早期的唯物论作品。其余比较次要的唯心论学派,则只选录了少数代表性的章节。

　　古代哲学家有的并没有著作留下来,有的只留下少数残篇,我们只能依靠古代的文献记载了解他们思想的梗概。对于这些哲学家,除了编入他们的残篇以外,也编入了关于他们的古代记载,分别列入"著作残篇"和"文献记载"两项。至于有大量著作留下的哲学家,则按照他们学说的各个主要方面,选录主要的篇章,分别标题,列入"著作选录"项下。

　　这一卷中各篇翻译时所根据的和参考的,有下列各书:

I H.Diels: Fragmente der Vorsokratiker, 1921, Berlin.
II J.Burnet: Early Greek Philosophers, 1920, London.
III C.M. Bakewell: Source Book in Ancient Philosophy, 1907, New York.
IV J. Voilquin: Les Penseurs Grecs avant Socrate, 1941, Paris.
V M.Solovine: Héraclite d'Éphèse, 1931, Paris.
VI M.Solovine: Démocrite, 1928, Paris.
VII O. Apelt: Diogenes Laertius, 1921, Leipzig.
VIII R.Genaille: Diogène Laërce, 1941, Paris.
IX R.D. Hicks: Diogenes Laertius, 1925, London.
X R.Mckeon: The Basic Works of Aristotle, 1941, New York.
XI B. Jowett: The Dialogues of Plato, 1931, London.
XII Loeb Classical Library: Plato, 1913, London.
XIII Everyman's Library: Socratic Discources by Plato and Xenophon, 1913, London.
XIV W.E.Leonard: Lucretius' Of the Nature of Things, 1928, Lonon.
XV W. J. Oates: The Stoic and Epicurean Philosophers, 1940, New York.
XVI Nestle: Die Nachsokratiker, 1922, Berlin.
XVII Loeb Classical Library: Sextus Empiricus' The Outline of Pyrhonism, 1939, London.
XVIII C.D. Yonge: Diogenes Laertius, Lives and Opinions of Eminent Philosophers, 1853, London.

后　记

　　米利都学派、赫拉克利特、毕泰戈拉派、爱利亚学派、阿那克萨戈拉、恩培多克勒部分主要根据Ⅰ，参考Ⅱ、Ⅲ、Ⅳ、Ⅴ、Ⅶ、Ⅷ、Ⅹ，王太庆选译，洪谦校；德谟克里特部分主要根据Ⅵ，参考Ⅰ、Ⅳ、Ⅷ，陈修斋选译，王太庆校；智者部分主要根据Ⅹ、Ⅳ、Ⅺ，参考Ⅰ、Ⅲ、Ⅶ、Ⅷ，王太庆选译，任华校；苏格拉底部分主要根据Ⅺ、ⅩⅢ，参考Ⅻ，陈修斋选译，任华校；柏拉图部分主要根据Ⅻ，参考Ⅺ，任华选译，陈修斋校；亚里士多德部分根据Ⅹ，方书春选译，苗力田校；怀疑派部分根据ⅩⅥ、ⅩⅦ，王太庆选译，洪谦校；伊璧鸠鲁"格言"全部与"致赫罗多德的信"前一部分据"西洋伦理学名著选辑"（西洋哲学名著编译委员会本，商务版）选录，原译者徐孝通，根据ⅩⅧ，齐良骥据Ⅸ、ⅩⅤ校；伊璧鸠鲁其余部分根据ⅩⅤ，参考Ⅸ，齐良骥选译，王太庆校；斯多葛学派部分根据ⅩⅤ，参考Ⅲ，齐良骥选译，王太庆校；卢克莱修部分根据ⅩⅣ，参考ⅩⅤ，方书春选译，任华校；罗马斯多葛派部分根据ⅩⅤ，参考Ⅲ，齐良骥选译，王太庆校；晚期希腊哲学部分根据Ⅲ、ⅩⅦ，王太庆选译，郑昕校。本卷编辑工作由王太庆负责。

　　各篇所列序号系编者所加，第尔斯"苏格拉底以前哲学家残篇"（即Ⅰ）书中的序号也在括弧中注出（如D1），以便检查。另列专名译音对照表于卷尾备考。

编者

专名译音对照表

四 画

丹塔罗　Tantalos
内亚尔科　Nearchos
巴尔拿索　Parnassos
巴门尼德　Parmenides
巴拉美德　Palamedes
方东　Phanton
比亚士　Bias
比撒　Pisa
仓克勒　Zankle

五 画

加丹纳　Katane
卡尔内亚德　Karneades
卡尔其　Charkis
卡吕斯多　Karystos
卡利亚　Kallias
卡利马科　Kalimachos
卡德谟　Kademos
卡诺布　Kanopos
卡隆达　Charondas
弗里雍　Phliontos
弗吕吉亚　Phrygia
弗居利德　Phokylides
弗科　Phokos
尼古劳,大马士革的　Nikolaos Damaskenos
尼各马可　Nikomachos
布里格尔　Brieger
布吕孙　Blyson
艾比米修　Epimetheos
艾比美尼德　Epimenides
艾克萨弥亚　Examyos
艾修斯　Aetius
艾刻克拉底　Echechrates
卢克莱修　Lucretius Carus

六 画

伊达　Ida

伊里斯　Iris
伊利亚德　Ilias
伊柯　Ikkos
伊泰根尼　Ithagenes
伊奥尼亚　Ionia
伊璧鸠鲁　Epikouros
安尼都　Anytos
安托宁　Antoninius
安期多　Anchitos
安提丰　Antiphon
安提贡　Antigon
安提斯泰尼　Antisthenes
安提帕特　Antipatros
达马西亚　Damasias
达马西波　Damasippos
达玛修　Damasios
迈安德留　Meandrios
吉阿拉　Gyara
米利都　Melitos
米隆　Milon
西米阿　Simmias
西西里　Sicilia
西里西亚　Cilicia
西雷诺　Silenos
西塞罗　Ciceron

西蒙尼德　Simonides
色雷斯　Thrakia
贝里　Bailey
芒洛　Munro
芝诺　Zenon
亚历山大　Alexandros
亚里士多德　Aristoteles
毕托克来德　Pythokleides
毕勒斯　Pyres
毕泰戈拉　Pythagoras
讷斯蒂　Nestis
扬布里可　Iamblikos

七　画

伯罗奔尼撒　Pelopennesos
克吕西普　Chrysippos
克贝　Kebes
克安　Kean
克里尼亚　Krinias
克里特　Kreta
克利尼亚　Klinias
克来多马柯　Kleitomachos
克拉左美奈　Klazomenai
克拉底洛　Kratylos
克罗顿　Kroton

克欧　Keos	狄奥开塔　Diochaitas
克雷安德　Kleanthes	狄奥克勒　Diokles
克雷门　Clemens	狄奥尼修　Dionysios
克雷翁　Kleon	狄奥梅敦　Diomedon
克雷奥斐洛　Kreophylos	辛普里丘　Simplicius
克莱奥布琳娜　Kleoboulina	麦加拉　Megara
克散陀　Xanthos	麦里梭　Melissos
克塞诺芬尼　Xenophanes	麦森尼亚　Messenia
克塞诺斐洛　Xenophilos	麦顿　Meton
克塞诺封　Xenophon	阿布德拉　Abdera
克娄苏　Kroisos	阿尔克迈恩　Alkmaion
庇提亚　Pythias	阿尔其罗科　Alchilochos
吕古尔戈　Lykourgos	阿尔刻劳　Archelaos
吕底亚　Lydia	阿尔基达玛　Archidamas
吕科弗隆　Lykophron	阿尔德孟　Artemon
希巴索　Hippasos	阿加托克勒　Agathokles
希比亚　Hippias	阿米克拉　Amyklas
希波　Hippon	阿各斯　Argos
希波吕特　Hippolytes	阿里安　Arianus
希波格拉底　Hippokrates	阿里斯多克森　Aristoxenos
希波博德　Hippobotos	阿里斯托德谟　Aristodemos
杜里　Douris	阿里斯顿　Ariston
条塔梅　Teutames	阿枚尼雅　Ameinias
狄欧　Dio	阿波罗尼亚　Apollonia
狄凯　Dike	阿波罗多洛　Apollodoros

专名译音对照表

阿那克西美尼　Anaximenes
阿那克西曼德　Anaximandros
阿那克萨尔柯　Anaxarchos
阿那克萨戈拉　Anaxagoras
阿马西　Amasis
阿格里根特　Akragantin
阿格诺罗　Agenoros
阿特拉　Atlas
阿基里斯　Achilles
阿斯卡纽　Askanios
阿德诺克里特　Athenokritos
苏格拉底　Sokrates

八　画

法莱勒　Phaleres
法博里诺　Phaborinos
波东　Boton
波吕格拉底　Polykrates
波吕格雷特　Polykleitos
波西多纽　Poseidonios
波林拿斯多　Polymnastos
波爱修　Boethios
波奥提亚　Boiotia
宙克西　Zeuxis
宙克西波　Zeuxippos

宙斯　Zeus
底仑　Tyrrhen
图居第德　Thoukydides
图里翁　Thourion
迦勒底　Chaldaia
迪农　Dinon
拉克唐修　Laktantios
拉栖代孟　Lakedaimon
奇欧　Chios
奈雷　Neileos
居齐克　Kyzikos
居鲁士　Kyros
姆奈萨尔科　Mnesarchos
明米佑　Memmius
欧布洛　Euboulos
欧多克索　Eudoxos
欧弗尔布　Euphorbos
欧吕多　Eurytos
欧吕斯特拉特　Eurystratos
欧地普　Oidipos
欧里披德　Euripides
欧波利　Eupolis
欧诺比德　Oinopides
欧德谟　Eudemos
罗朋　Lobon

罗得斯　Rhodes
凯勒丰　Kairephon
凯撒　Caesar
泽尔士　Xerxes

费罗培门　Philopoimenes
费罗德谟　Philodemos
费雷居德　Pherekydes
费通　Phaiton

九　画

品达　Pindar
哈吕斯　Halys
柯斯　Kos
柏尔修　Persaios
柏加曼　Pergama
柏里克勒　Perikles
柏克尔　Bekker
柏奈特　Burnet
柏拉图　Platon
柏罗丁　Plotinos
叙鲁　Syros
科依里洛　Choirilos
科罗封　Kolophon
美利斯　Melis
美迪　Media
美诺　Menon
美诺寇　Menoikeos
美兰尼比德　Melanippiades
费罗劳　Philolaos

十　画

高尔吉亚　Gorgias
海伦　Hellena
埃及　Aigyptos
埃塞俄比亚　Aithiopia
恩培多克勒　Empedokles
爱比卡尔谟　Epicharmos
爱比克泰德　Epictetus
爱内西德谟　Ainesidemos
爱戈斯·波大摩　Aigos Potamos
爱多纽　Aidoneos
爱利亚　Elea
爱非斯　Ephesos
爱欧洛　Aeolus
爱斯启勒　Aischyles
爱斯库拉普　Aiskoulapios
班都　Pontos
班特娅　Pantheia
格老科　Glaukos
格老康　Glaukon

格拉底	Krates
泰利士	Thales
泰阿泰德	Theaitetos
泰坦	Titan
特利德	Thelidos
特拉松尼德	Thrasonides
特拉叙洛	Thrasylos
特罗亚	Troja
特拜	Thebes
朗普萨柯	Lampsakos
留基波	Leukippos
索福克勒	Sophokles
荷马	Homeros
莱吉翁	Rhegion

十一画

梅大邦丁	Metapontinos
梅特罗多洛	Metrodoros
梭蒂雍	Sotion
第尔斯	Diels
第欧根尼·拉尔修	Diogenes Laertios
第欧根尼,斯密尔那的	Diogenes Smyrnaios
第欧底谟	Diotimos
维娜丝	Venus
萨蒂罗	Satyros
萨摩斯	Samos

十二画

斐多	Phaidon
斐莱波	Philebos
斐第亚	Pheidias
斐德罗	Phaidros
普拉克夏德	Praxiades
普列尼	Priene
普利马科	Polymarchos
普罗米修	Prometheos
普罗克洛	Proklos
普罗迪科	Prodikos
普罗泰戈拉	Protagoras
普雷斯大尔科	Pleistarchos
普鲁泰克	Plutarchos
（智者）	Sophistos
腓尼基	Phoinikia
斯巴达	Sparta
斯多葛	Stoa
斯底尔朋	Stilpon
斯底克斯	Styx
策勒尔	Zeller

雅典　Athenes
雅典娜　Athena
黑梅斯　Hermes
塔仑丁　Tarentinos
奥尔托门尼　Orthomenes
奥尔斐　Orpheos
奥尔泰戈拉　Orthagoras
奥林比亚　Olympia
奥林比欧多　Olympiodos
奥克安诺　Okeanos
奥勒留，马尔可·安托宁　Aurelius, Marcus Antoninius
奥德赛　Odysseus
蒂迈欧　Timaios
蒂孟　Timon

赫卡通　Hekaton
赫尔米波　Hermippos
赫尔库勒　Herkoules
赫尔谟达玛　Hermodamas
赫尔谟多罗　Hermodoros
赫尔摩底谟　Hermotimos
赫西阿德　Hesiodes
赫拉克利特　Herakleitos
赫拉克利德　Herakleides
赫拉贡德　Herakontos
赫格西布洛　Hegesiboulos
赫格西斯特拉特　Hegesistratos
赫罗多德　Herodotos
赫罗迪科　Herodikos
赫斐斯特　Hephaistos

十三画

塞林布里亚　Selymbria
福开亚　Phokeia
意大利　Italia
歇罗尼谟　Hieronymos

十四画

赫卡泰　Hekataios

十五画

墨西拿　Messina
摩爱里多　Moeridos
德尔斐　Delphi
德尔都良　Tertullianus
德克修　Dexios
德弥洛　Demilos
德欧　Teios

德梅特留 Demetrios

德谟克里特 Demokritos

德蒂斯 Tethys

德娄泰戈拉 Teleutagoras

德修斯 Theseus

德奥弗拉斯特 Theophrastos

潘斐勒 Pamphile

十六画

穆塞 Mousaios

薛雷 Hyeles

（希腊文一律以拉丁字母转写）